DAS GROSSE BUCH DER PALÄO ERNÄHRUNG

Diane Sanfilippo
Bill Staley | Robb Wolf

riva

Bibliografische Information der Deutschen Nationalbibliothek:
Die Deutsche Nationalbibliothek verzeichnet diese Publikation in der Deutschen Nationalbibliografie; detaillierte bibliografische Daten sind im Internet über http://d-nb.de abrufbar.

Für Fragen und Anregungen:
info@rivaverlag.de

2. Auflage 2015

© 2014 by riva Verlag,
ein Imprint der Münchner Verlagsgruppe GmbH,
Nymphenburger Straße 86
D-80636 München
Tel.: 089 651285-0
Fax: 089 652096

Copyright © 2012 Diane Sanfilippo
All rights reserved.
Die englische Originalausgabe erschien 2012 bei Victory Belt Publishing Inc. unter dem Titel *Practical Paleo*.
Book design by Joan Olkowski, Graphic D-Signs, Inc.
Illustrations by Alex Boake
Food photography (recipes) by Bill Staley
Photography (additional) by Kelty Luber

Alle Rechte, insbesondere das Recht der Vervielfältigung und Verbreitung sowie der Übersetzung, vorbehalten. Kein Teil des Werkes darf in irgendeiner Form (durch Fotokopie, Mikrofilm oder ein anderes Verfahren) ohne schriftliche Genehmigung des Verlages reproduziert oder unter Verwendung elektronischer Systeme gespeichert, verarbeitet, vervielfältigt oder verbreitet werden.

Übersetzung: Martin Rometsch
Lektorat: Matthias Michel
Umschlaggestaltung: Kristin Hoffmann, am Original angelehnt
Satz: Grafikstudio Foerster, Belgern
Druck: Florjancic Tisk d.o.o., Slowenien
Printed in the EU

ISBN Print: 978-3-86883-480-2
ISBN E-Book (PDF): 978-3-86413-643-6
ISBN E-Book (EPUB, Mobi) 978-3-86413-644-3

Weitere Informationen zum Verlag finden Sie unter
www.rivaverlag.de
Beachten Sie auch unsere weiteren Verlage unter
www.muenchner-verlagsgruppe.de

INHALT

Vorwort	7
Widmung und Danksagung	8
Zur Einführung	11

Teil 1: Das Warum – Nahrung und Ihr Körper

Was ist Paläo-Ernährung?	22
Tipps zu Paläo-Lebensmitteln	29
Tipps zur Paläo-Vorratshaltung	30
Tipps zur Lebensmittelqualität	31
Alles, was wir über gutes Essen gelernt haben, ist falsch	32
Paläo-Kost zu Hause: Lebensmittel einkaufen	42
Tipps zu Fetten und Ölen	44
Tipps zu Kochfetten	45
Paläo-Ernährung in der Öffentlichkeit: Restaurants und Partys	49
Paläo-Kost unterwegs: Auf der Straße oder in der Luft	55
Ihr Verdauungssystem: Die Teile, der Prozess und der Stuhlgang	58
Tipps zur Verdauung	74
Tipps zum Stuhlgang	75
Hat Ihr Darm Löcher?	76
Tipps zur Heilung einer pathologisch durchlässigen Darmwand	88
Tipps zum Gluten	89
Blutzuckerregulierung: Welche Kohlenhydrate sind gesund?	92
Tipps zu kohlenhydratreichen Paläo-Lebensmitteln	110
Tipps zu Süßstoffen	111
Häufig gestellte Fragen	112

Teil 2: 30-Tage-Menüpläne

Der Umgang mit den Menüs	128
Autoimmunkrankheiten	131
Blutzucker-Regulierung	139
Gesunde Verdauung	149
Gesunde Schilddrüse	159
Multiple Sklerose, Fibromyalgie und chronische Erschöpfung	167
Gesundes Nervensystem	177
Gesundes Herz	185
Genesung nach Krebs	193
Sportliche Leistungsfähigkeit	201
Gewichtsabnahme	209
Mustergültige Paläo-Kost	217

Teil 3: Rezepte

Einmaleins der Küche	224
Frühstück	240
Geflügel	256
Rind- und Bisonfleisch	278
Fisch und Meeresfrüchte	302
Lamm	318
Schweinefleisch	328
Beilagen und Salate	336
Soßen und Dips	382
Leckereien und Süßigkeiten	392
Register	412
Register der Rezepte und Zutaten	414
Tipps zum Heraustrennen	417

Rezepte

Einmaleins der Küche
So schneidet man eine Zwiebel	224
So schneidet man Gemüsepaprika	226
So schneidet man alles	228
Kräuter- und Zitronensalzmischungen	230
Gewürzmischungen	232
Mineralstoffreiche Knochenbrühe	234
Gelatinewürfel, in Kräutertee getränkt	234
Perfekt gebackener Speck	236
Schmelzbutter und Ghee	236
Rohes Sauerkraut (probiotisch) mit gerösteten Jalapeños und Knoblauch	238

Frühstück
Gewirbelte Quiche ohne Kruste	240
Kürbispfannkuchen	242
Möhren-Lebkuchen-Muffins	244
Heidelbeer-Zitrone-Muffins	246
Kürbis-Cranberry-Muffins	246
Eiersalat mit Speck	248
Zucchini-Pfannkuchen	248
Vanille-Mandel-Biskuitbrot	250
Brei ohne Getreide, 2 Varianten	252
Pesto-Rührei	252
Apfelstreuselmuffins	254

Geflügel
Ganzes gebratenes Huhn mit Zitrusfrucht und Kräutersalz	256
Hühnerflügel, 2 Varianten	258
Gebackenes Knoblauch-Aioli	258
Huhn mit Zitrone und Artischocken	260
Rauchige Hühnerschenkel (Smoky Blend), in Speck gewickelt	262
Pikante gebackene Hähnchenkeulen	264
Hühnerschenkel mit Senfglasur	266
Truthahn-Burger mit indischem Gewürz	268
Hühnerfleisch-Salat-Wraps	270
Salatkörbchen mit chinesischem Fünf-Gewürze-Pulver	272
Gebackene Ente mit Kirschsoße	274
Truthahnkeulen, mit Salbei gebacken	276

Rind- und Bisonfleisch
Kurze Rippchen, in Balsamessig geschmort	278
Spaghettikürbis Bolognese	280
Bisonfleisch mit Butternusskürbis, Kakao und Chili	282
Rinderbeinscheiben, mit Orange geschmort	284
Rindfleisch und gemischte Gemüsepfanne	286
Geröstete Markknochen	288
Mamas gefüllte Kohlrouladen mit Tomaten-Cranberry-Soße	290
Hayleys Rinderbauchlappensteak-Tacos	292
Gegrilltes Flankensteak mit Knoblauch, Paprika und Zwiebeln	294
Würziger Taco-Salat	296
Fünf Arten Salsa	296
Feurige Jalapeño-Büffelburger	298
Süßkartoffel-Pfannkuchen	298
Gefüllte Paprikaschoten nach italienischer Art	300

Fisch und Meeresfrüchte
Thunfisch mit rotem Palmöl und Koriander auf Daikon-Nudelsalat	302
Jakobsmuscheln nach asiatischer Art	304
Gegrillter Lachs mit Zitrone und Rosmarin	306
Pesto-Garnelen und Kürbis-Fettuccine	308
Einfache Lachskuchen	310
Tomatillo-Garnelen-Cocktail	312
Scholle mit Orange und Macadamianüssen	314
Lachs im Noriblatt	316
Einfaches Garnelen-Ceviche	316

Lamm
Zitronen-Lamm-Dolmas (gefüllte Weinblätter)	318
Mediterraner Lammbraten	320
Lamm-Salatschiffchen mit Avo-Tsiki-Soße	322

Gewürzte Lammfleischbällchen mit Balsamfeigen-Kompott	324
Lammkebabs auf griechische Art	326
Lammkoteletts mit Oliventapenade	326

Schweinefleisch
Schweinefilet mit Kreuzkümmel und Wurzelgemüse	328
Chorizo-Fleischbällchen	330
Oma Barbaras gefüllte Pilze	332
Fleischbällchenfüllung	334

Beilagen und Salate
Dicke Brokkoli-Blumenkohl-Suppe mit Speck	336
Spargel mit Zitrone und Oliven	338
Kandierte Möhren	340
Koriander-Blumenkohl-Reis	340
Gegrillter Kürbis mit Ananas	342
Pürierte Faux-Tatoes	344
Gebackener Romanesco mit Zitrone	346
Butternusskürbissuppe mit Salbei	348
Rosenkohl mit Fenchel	350
Gebratene Rosmarinwurzeln	350
Gedünsteter Rotkohl mit Zwiebeln und Äpfeln	352
Geröstete Feigen mit Rosmarin	354
Gebackene Grünkohlchips	356
Eichelkürbis mit Zimt und Kokosnussbutter	358
Grüne Bohnen mit Schalotten	358
Butternusskürbis und Kumquats	360
Pikante Süßkartoffeln	362
Gebackene Rote Rüben mit Fenchel	362
Knusprige Süßkartoffelscheiben mit Curry	364
Kirschtomaten-Confit	366
Gedünsteter Spinat mit Pinienkernen und Korinthen	366
Datteln mit Pekannüssen und Ananas, in Speck gewickelt	368
Gebackener roter Knoblauch	370
Gebackene Perlzwiebeln	370
Regenbogen-Rotkohlsalat	372
Zucchini mit Caprese-Nudelsalat	374
Griechischer Salat mit Avo-Tsiki-Soße	374
Möhren-Grünkohl-Salat mit Zitronen-Tahini-Soße	376
Gemischter grüner Salat mit Roten Rüben und Blutorangen	376
Flankensteak-Salat mit Balsam-Vinaigrette	378
Spinatsalat mit Walnüssen und Artischocken	380
Gemischter grüner Salat mit Persimonen, Spargel und Fenchel	380

Soßen und Dips
Sahniger Blumenkohl-Hummus	382
Orangen-Vinaigrette	382
Hühnerleberpastete	384
Taramosalata	386
Soße aus gebackenem Knoblauch und Tahini	386
Einfache Cranberrysoße	388
Zwiebel-Knoblauch-Aufstrich	388
Baconnaise	390
Ananas- (oder Mango-)Teriyaki	390

Leckereien und Süßigkeiten
Trüffelchips mit Minz- oder Schoko-Orangen-Aroma	392
Orangencreme- und Minze-Plätzchen	394
Schokolade-Kokosnuss-Kekse	394
Vanille-Tahini-Trüffel	396
Mandelbutter-Cups, dunkel und hell	398
Kürbiskern-Gojibeeren-Rinde	400
Nussige Speckrinde	400
Schokocreme ohne Milch	402
Pistaziencreme ohne Milch	402
Kürbispudding mit Vanille	404
Frische Heidelbeerstreusel	406
Gefrorene Himbeertorte	408
Mokka-Speck-Brownies ohne Mehl	410

Vorwort

von Robb Wolf, Autor des New-York-Times-Bestsellers *The Paleo Solution*

Als ich das Vorabexemplar des *Großen Buchs der Paläo-Ernährung* las, schossen mir gleich mehrere Gedanken durch den Kopf: 1. Mann, das ist für viele Leute ein wirklich nützliches Buch! 2. MIST! Ich wollte, ich hätte einen Teil des Materials in meinem Buch *The Paleo Solution* so präsentiert, wie Diane es in ihrem Buch getan hat! Sie stellt komplexe Vorgänge wie die Verdauung und die Heilung krankhaft durchlässiger Darmwände verständlich dar. 3. Mann, bei den abgebildeten Gerichten läuft mir das Wasser im Mund zusammen!

Ich befasse mich mit dem Paläo-Prinzip seit fast fünfzehn Jahren, und es ist erstaunlich, wie stark unser Wissen darüber zugenommen und wie weit es sich verbreitet hat. Vor Jahren musste man jagen (oder sammeln?), um Informationen über die Paläo-Lebensweise zu finden, ganz zu schweigen von praktischen Tipps für Menschen, die sich mit bestimmten Problemen herumschlugen, zum Beispiel mit Magen und Darm oder mit dem Immunsystem.

Viele Leute bestätigen mir, dass die Paläo-Ernährung ihnen gut tut, aber sie wissen nicht, was sie konkret machen sollen, wenn es um ihre Angehörigen oder andere ihnen nahestehende Menschen geht: Wie helfe ich meiner Mutter, die an Diabetes Typ 2 leidet, oder meinem kranken Vater oder Freund? Ich habe diese Fragen auf meiner Website, in meinem Blog, in meinem Podcast und in meinem Buch Tausende Male beantwortet, aber dieses Buch erklärt alles, was wir wissen und was den Menschen helfen kann, anhand von klaren, leicht verständlichen Plänen. Sie brauchen nicht zu raten, was Sie tun können, um Ihre Gesundheit in die eigenen Hände zu nehmen – von der Lebensweise über die Ernährung bis zu sinnvollen Ergänzungsmitteln. Und als Zugabe bekommen Sie viele herrliche Rezepte!

Früher war es schwierig, an diese Informationen zu kommen, und wenn Sie das Glück hatten zu finden, was Sie brauchten, handelte es sich um trockene Abhandlungen in wenig ansprechender Aufmachung. Das ist vorbei. Meine gute Freundin Diane Sanfilippo hat mit dem *Großen Buch der Paläo-Ernährung* ein Kunstwerk geschaffen, das ebenso nützlich wie schön ist. Sind Sie Sportler oder Sportlerin? Leiden Sie an Verdauungsstörungen oder an einer Autoimmunkrankheit? Oder wollen Sie einfach nur lange leben und auch nackt gut aussehen? Einerlei, welches Ziel Sie haben, Diane hat Ihnen die schwerste Arbeit abgenommen und die wissenschaftlichen Aspekte sowie eine Menge praktischer Tipps in mundgerechte Happen zerlegt.

Robb Wolf

Widmung und Danksagung

Zuerst und vor allem danke ich meiner Großmutter Barbara Frank, die neunzig wird, wenn dieses Buch erscheint.

Dieses Buch gäbe es nicht, wenn die Idee eines elektronischen Buches (E-Book) dich nicht verwirrt hätte und du mich nicht gefragt hättest: »Warum schreibst du nicht ein richtiges Buch?« Worauf ich antwortete: »Ich weiß nicht. Hab nie daran gedacht.« Etwa einen Monat später schlug mir jemand vor, dieses Buch zu schreiben. Deine Geschichten und deine Unterstützung waren für mich der wichtigste Grund, dieses Projekt lieber heute als morgen zu vollenden, und jetzt freue ich mich sehr, mein Baby mit dir zu teilen. Ja, dieses Buch muss einen Urenkel ersetzen – tut mir leid, Oma.

Dank auch an meinen Großvater Bill, der nicht mehr erfahren konnte, dass dieses Buch im Entstehen war. Ich bin dankbar für sein Vertrauen in mich als Mensch mit guten Absichten und als Geschäftsfrau. Seine Unterstützung in jeder Phase meines Lebens und Berufes war unerschütterlich. Einerlei, welchen Weg ich ging, er glaubte daran, dass es für mich der richtige war. Und wenn es doch nicht der richtige war, traute er mir zu, einen Weg zu bahnen.

Ich danke meinen Eltern, die mich unter dem Motto aufzogen: »Tu, was dich glücklich macht.« Manche glauben vielleicht, das führe zu einem genusssüchtigen und verantwortungslosen Leben, doch ich lernte aus erster Hand, wie wichtig dieses Prinzip in meinem Leben ist. Nach mehreren Jobs, die mich nicht gerade mit brennender Leidenschaft erfüllten, klingen die Worte »Tu, was dich glücklich macht« immer noch nach. Es ist schön, jeden Morgen aufzuwachen und das Leben zu führen, für das ich mich selbst entschieden habe. Ich danke ihnen für ihre hundertprozentige Unterstützung.

Meinen Lehrern im Fach Ernährung am Bauman College, Nori Hudson und Laura Knoff, danke ich dafür, dass sie mich nicht anstarrten, als hätte ich ein drittes Auge, als ich schon am Anfang meiner Ausbildung mit einer neuen Leidenschaft für eine Lebensweise ohne Getreide und Hülsenfrüchte im Unterricht erschien, und dafür, dass sie die Lehre von Dr. Weston Price unterstützten und förderten, sodass traditionelle tierische Lebensmittel stets als gesunde Optionen diskutiert wurden, obwohl der Lehrplan eindeutig einen vegetarischen Drall hatte.

Robb Wolf bin ich dafür dankbar, dass er den Elan und die Passion in mir weckte, die machtvolle Botschaft von der Paläo-Ernährung zu verbreiten. Ich hörte acht Stunden lang zu, wie du die Biochemie der Ernährung und ihre Folgen für alle Krankheiten erklärt hast. Das genügte, dass ich erfasst wurde, dass ich dazu gebracht wurde, nie wieder Quinoa zu essen, und dass ich in mir das Feuer verspürte, diese Botschaft auf meine Weise mit anderen zu teilen. Du hast mir einen Schubs gegeben, wenn ich ihn brauchte, aber nie einen Handzettel oder Hilfe auf einem Silbertablett. Davor habe ich eine Menge Respekt. Du versuchst unermüdlich, den Menschen einfach zu helfen, und das motiviert und inspiriert mich weiter. Du bist ein Geschenk für die Menschheit.

Chris Kresser danke ich dafür, dass er eine nüchterne und zuverlässige Informationsquelle ist. Wenn du etwas empfiehlst, stützt du dich immer auf Tatsachen und eine angemessene Dosis Vernunft. Ich kann deinem Rat immer vertrauen – und es gibt nur wenige Menschen, bei denen ich Rat suche.

Dank auch an meinen Trainer Dave Engen, der mir als Erster empfahl, Kokosöl in meinen Speiseplan aufzunehmen, aber kein Gluten. Ich weiß, dass ich mich mit Händen und Füßen dagegen wehrte, Fett zu mir zu nehmen, und schimpfte, du wüsstest nicht, wie es sei, auf seine Ernährung achten zu müssen. Du hast geduldig gewartet, bis ich selbst herausfand, dass du recht hattest. Das erwähne ich jedes Mal, wenn ich in Seminaren von meiner Phase des Widerstands gegen Veränderungen spreche.

Ich danke meinem Freund John Tsafos, der mir beibrachte, in einer chaotischen Welt Ruhe zu finden. Obwohl du es heute vielleicht nicht bemerkst, war ich vor unserer Freundschaft ein viel ängstlicherer Mensch.

Meiner Lehrpartnerin Liz Wolfe danke ich dafür, dass ich sie in diese verrückte Welt der »Ernährungs-Rockstars« hineinziehen durfte und dass sie mit mir durchs Land reist, um das Wort vom echten Essen zu verbreiten. Du bist mir eine liebe Freundin geworden, und der Respekt, den ich für dich und deine Arbeit empfinde, ist enorm. Ich suchte länger als ein Jahr nach einer Lehrpartnerin und bin glücklich, dich gefunden zu haben.

Meinem alten Chef Dan Antonelli bei Graphic D-Signs, Inc. in New Jersey bin ich dafür dankbar, dass er mir beibrachte, Informationen grafisch darzustellen, sodass die Menschen sie immer wieder nutzen und gesünder leben können.

Alle meine alten und neuen Freunde mussten es ertragen, dass ich in den letzten paar Jahren ganz in meiner Arbeit aufging. Ich weiß, ich muss öfter für euch da sein, schöne und entspannte Stunden mit euch verbringen, Spaß mit euch haben. Danke, dass ihr immer da seid, wenn ich euch brauche.

Dank schulde ich auch meinen Leser(inne)n und Anhänger(inne)n. Ihr seid toll! Eure Unterstützung und Dankbarkeit machen diesen Job lohnenswert.

Ich könnte mir nicht vorstellen, an diesem überaus anstrengenden Projekt mit jemand anderem zu arbeiten als mit meinem Verleger Erich Krauss. Du hast mein Baby behandelt, als sei es deines, und mich immer unterstützt. Danke!

Last, but not least, danke ich Bill Staley und Hayley Mason. Ohne euch beide wären die Rezepte in diesem Buch wahrscheinlich von iPhone-Fotos begleitet worden, aufgenommen mit einer 99-Cent-App. Ihr habt mich sechs Wochen in euer Heim aufgenommen, fotografiert, mir geholfen, Rezepte zu testen, und mich unterstützt, während ich am Material für den Rest des Buches arbeitete. Bill, ich danke dir dafür, dass du nicht müde wurdest, jedes Rezept in diesem Buch sorgfältig und präzise zu fotografieren, als wäre es dein eigenes. Hayley, deine ständigen Beteuerungen, dass ich mit meinen Rezepten auf einem guten Weg sei, haben mir sehr geholfen. Und ich bin euch beiden dankbar dafür, dass ihr jedes einzelne Gericht probiert habt – ich weiß, das war der härteste Teil! Eure Freundschaft bedeutet die Welt für mich, und ohne euch wäre dieses Buch auf keinen Fall das, was es ist.

Diane Sanfilippo

Zur Einführung

»Lass Nahrung deine Medizin und Medizin deine Nahrung sein.«
Hippokrates

Als Kind spielte ich Fußball, Volleyball und Softball. Über meine Ernährung machte ich mir wie die meisten anderen Kinder wenig Gedanken. Und als ich heranwuchs, kam es mir nie in den Sinn, vielleicht einmal meine Essgewohnheiten ändern zu müssen. Ich aß, was mir schmeckte. Ich war ziemlich gut in Form und hielt mich für gesund und stark.

Dann, in der Highschool, hatte ich immer öfter Verdauungsbeschwerden, so heftig, dass ich mehrere Male in der Woche Imodium einnahm. Außerdem litt ich jedes Jahr wiederholt an einer Nebenhöhlenentzündung. Irgendwann war ich so an die Infektionen gewöhnt, dass ich von meinem Hausarzt jedes Mal gleich Antibiotika verlangte. Schließlich hatte ich gelernt, dass Medikamente das beste Mittel sind, um Symptome loszuwerden.

Meine engen Freunde und ich kämpften mit den gleichen chronischen Beschwerden, etwa Akne, Rachenkatarrh, Sodbrennen, Kopfschmerzen, Karies und nachlassender Sehkraft. Niemand von uns kam auf die Idee, dass wir die Macht hatten, diesen Störungen vorzubeugen.

Nach achtzehn Jahren als aktive Jugendliche wurde ich im College viel bequemer – und schwerer. Lange Abende mit Pizza und Chickenwings führten dazu, dass ich auch nach dem berüchtigten ersten Studienjahr weiter zunahm. Ich aß immer noch wie eine Sportlerin, obwohl ich den Sport fast ganz aufgegeben hatte. Als ich das College verließ, hatte ich über dreizehn Kilo zugelegt. Ein Foto von meinem Abschlussessen zeigt meinen aufgedunsenen Bauch. Ich benutze dieses Foto als »Vorher-Bild«, wenn ich auf Seminaren meine Geschichte erzähle. Damals hatte ich keine Ahnung, dass mein Körper total auseinanderfiel.

Wie viele Menschen, die während der College-Jahre zunehmen, dachte ich: »Das passiert eben, wenn man älter wird.« Später lernte ich natürlich, dass so etwas dann geschieht, wenn man sich zu wenig bewegt und ungesund ernährt. Meine Symptome mögen »üblich« gewesen sein, aber ich erkannte erst später, dass »üblich« nicht unbedingt »normal« bedeutet.

Nachdem ich weitere viereinhalb Kilo zugenommen hatte, wies mich eine Krankenschwester während einer Routineuntersuchung auf mein Gewicht hin. Sie sprach mit mir über Portionsgrößen, und mir wurde plötzlich klar, wie schlecht meine Ernährung geworden war. Obwohl alle in meinem Umfeld sich ebenso ernährten, konnte ich nicht leugnen, dass ich mich weder wohlfühlte noch gut aussah.

In diesem Winter besuchte ich ein Fitnessstudio und versuchte, »auf meine Ernährung zu achten«. Aber ich wusste nicht, was das bedeutete. Ich verspeiste auswärts Fritten und Burger

Diane Sanfilippo

(natürlich auf großen Brötchen mit ganzen Körnern) und spülte alles mit Cola hinunter. Immerhin wusste ich, dass Limonade ungesund ist; darum ersetzte ich sie manchmal durch Wasser. Zu Hause aß ich Nudeln mit Tomatensoße und analysierte meine Mahlzeiten: »Das sind nur ein paar Nudeln mit Tomaten, also ist das gesund.« Ich trug mir etwas weniger auf als meinem Freund und schwitzte im Fitnessstudio auf dem Cardiogerät vor mich hin. Wahrscheinlich überrascht es Sie nicht, dass mein Gewicht unverändert blieb.

Monate später trat ich einen neuen Job an und war plötzlich von Frauen im mittleren Alter umgeben, die zu den Weight Watchers gingen. »Schön«, dachte ich, »was die können, kann ich auch.« Also begann ich mit der Diät und blieb dabei – bis zum Ende jedes Arbeitstages, an dem ich zwar immer noch Hunger, aber keine Punkte mehr hatte (so messen die Weight Watchers die Nahrungsaufnahme). Obwohl ich gelegentlich schummelte, wirkte die Diät allmählich.

Den Weight Watchers bin ich vor allem dafür dankbar, dass sie mir beibrachten, die Zutatenliste zu lesen. Sicher, jetzt empfehle ich das aus ganz anderen Gründen, aber für mich war es ein Anfang. Zum ersten Mal achtete ich auf die Kalorien und den Ballaststoff- und Fettgehalt pro Portion. Infolgedessen verlor ich meine ersten fünf Kilo, allein dadurch, dass ich meine Diät einhielt und mich mehrere Male in der Woche 30 Minuten auf dem Crosstrainer abstrampelte. Die anfängliche Gewichtsabnahme gab mir so viel Vertrauen, dass ich öfter ins Studio ging und zum ersten Mal seit vier Jahren wieder Gewichte stemmte.

Aus Tagen wurden Wochen und Monate, und ehe ich mich versah, hatte ich gut dreizehn Kilo verloren. In mancher Hinsicht fühlte ich mich großartig. Endlich sah mein Körper wieder so aus, wie ich es gewohnt war. Doch innerlich ging es mir nicht besser: Ich litt an Verdauungsstörungen, chronischen Nebenhöhlenentzündungen und nachlassender Sehkraft. Obendrein war nun auch mein Blutzuckerspiegel zu hoch.

Was stimmte nicht? Ich aß immer noch fast 300 Gramm Kohlenhydrate am Tag und griff nach Brot mit Olivenöl, wenn mein Abendessen mich nicht ganz sättigte. Mitunter wurde ich fast ohnmächtig, weil mein Blutzuckerspiegel plötzlich sank. Wenn ich zitterte, schwitzte und benommen wirkte, sagte eine Freundin meist: »Gebt ihr einen Müsliriegel!« Das war natürlich das Letzte, was ich brauchte.

Was ich über Getreideprodukte nicht wusste

Erst mehrere Jahre später entdeckte ich die Wurzel meiner chronischen Beschwerden. Zuerst hielt ich es für absurd, dass Brot – ganz gewöhnliches Brot – die Ursache derart heftiger Symptome sein könne. Selbst als ich die lange Liste der Beschwerden las, die mit Glutenunverträglichkeit zusammenhängen, brauchte ich noch ein Jahr, um auf Brot zu verzichten. Dann kam der große Wendepunkt.

Nicht lange nach meiner Umstellung auf eine zu 90 Prozent glutenfreie Kost nahm ich an Robb Wolfs Paleo-Solution-Seminar teil. Damals hatte ich mich schon viele Jahre lang mit Ernährung beschäftigt, aber dieser Tag brachte zwei wichtige Erkenntnisse für mich:

1. Meiden Sie Gluten wie die Pest.
2. Um gesund zu werden, müssen Sie den Blutzucker- und Insulinspiegel senken und die systemische Entzündung beseitigen.

Anschließend entfernte ich jedes Getreidekorn aus meinem Haus: Quinoa, Buchweizen, Reis, Hirse, glutenfreien Hafer und so weiter. Ich bereitete Fleisch und Gemüse mit etwas Fett und Gewürzen zu und machte morgens Eier und Speck, um sie in einer verschließbaren Glasschüssel mit zur Arbeit zu nehmen und am Schreibtisch zu essen. Meine Kollegen beneideten mich, während sie an Müsliriegeln kauten und ganze Schüsseln voller Frühstücksflocken vertilgten, mit denen die Büroküche stets gut bestückt war. Mittags versorgte ich mich mit möglichst viel Eiweiß und Gemüse, und wenn es bei einem überraschend anberaumten Arbeitsfrühstück nur Gebäck und Obst gab, machte ich eine zehnminütige Pause und kaufte im Feinkostgeschäft hartgekochte Eier.

Wenn ich in einem Restaurant oder Feinkostladen nicht genug gesunde Kost bekam, brachte ich mir zusätzlich Essen mit. Das erforderte natürlich ein wenig Planung; aber im Grunde war es nicht schwierig.

Die Ergebnisse waren dramatisch. Ich wurde von sämtlichen chronischen Beschwerden geheilt, die mich fast mein Leben lang geplagt hatten. Meine Verdauung arbeitet jetzt vorhersehbar gut, ich bekomme selten eine Nebenhöhlenentzündung und die Unterzuckerung ist längst verschwunden. Ich fürchte nicht mehr, ohne einen Imbiss umzukippen oder zu unpassenden

Zeitpunkten zur Toilette rennen zu müssen. Meine Sehkraft verschlechtert sich nicht mehr und ich habe seit langem keine Karies mehr. Wenn ich Sodbrennen oder Kopfschmerzen habe – sehr selten –, finde ich schnell heraus, welches Nahrungsmittel schuld ist. Ich werde höchstens ein oder zwei Mal im Jahr krank – auf einer Flugreise oder wenn ich zu wenig Ruhe bekomme. In diesem Fall brauche ich keine Antibiotika, und mein Körper ist die Erreger innerhalb von drei bis fünf Tagen wieder los. Die Akne war etwas hartnäckiger, doch die Vitamine A und D in einem hochkonzentrierten, natürlichen Ergänzungsmittel machten ihr den Garaus.

Alle Beschwerden, die mich jahrelang heimgesucht hatten, verschwanden nach meiner Ernährungsumstellung. Dafür gab es zwei Gründe:

1. Mein Verdauungssystem und mit ihm mein ganzer Körper wurden geheilt.
2. Mein Blutzuckerspiegel normalisierte sich.

Als diese beiden Hauptprobleme gelöst waren, bedurfte es nur noch einer Feinabstimmung meiner Ernährung, um meine Gesundheit zu optimieren. Jahrelang musste ich ohne Grund leiden – doch meine neue Lebensweise fühlt sich außerordentlich befreiend an.

Um gesund zu werden, müssen Sie sich selbst helfen

Nachdem ich herausgefunden hatte, wie ich gesund werden und bleiben konnte, wollte ich mein Wissen mit anderen teilen und so auch ihnen zu diesem Gefühl der Befreiung verhelfen. Also beschloss ich, Ernährungsberaterin zu werden. Ich gründete ein Geschäft, das Biokost auslieferte; doch nach wenigen Monaten wurde mir klar, dass ich zwar die Arbeit für meine Kunden machte, ihr Leben damit aber nicht veränderte. Ich musste ihnen zeigen, wie sie selbst ihre Lebensweise von Grund auf umstellen konnten.

Seitdem ich diesen Entschluss gefasst habe und approbierte Ernährungsberaterin geworden bin, teile ich meine Leidenschaft für nahrhaftes Essen mit anderen und helfe ihnen, Ernährungspläne zu erstellen, die sie gesünder und glücklicher machen. Das ist eine lohnende Beschäftigung. Es war nur folgerichtig, dieses Buch zu schreiben, um noch mehr Menschen zu erreichen.

Ich weiß, dass bereits viele Bücher über Ernährung auf dem Markt sind, aber sie sind oft schwer zu verstehen. Dieses Buch ist leicht verständlich, einerlei, ob Sie ein Neuling auf dem Gebiet der Paläo-Ernährung sind oder ob Sie bereits Erfahrung damit haben. *Das große Buch der Paläo-Ernährung* ist ein praktischer Leitfaden für das tägliche Leben, der Ihnen genau erklärt, was in Ihrem Körper mit dem Essen geschieht und wie Sie maßgeschneiderte Menüs zusammenstellen, die Ihren persönlichen Nährstoffbedarf decken. Wenn Sie das Buch gelesen haben, verfügen Sie über die Werkzeuge, die Sie brauchen, um die richtigen Lebensmittel einzukaufen und köstliche Mahlzeiten zu kreieren, die Ihrem Körper geben, was er benötigt, um gesund und vital zu bleiben.

Wenn Sie wissenschaftliche Lektüre mit vielen Fachausdrücken und Zitaten bevorzugen, die Sie im Internet nachschlagen müssen, ist dieses Buch nicht das Richtige für Sie. Deshalb bezeichne ich es als »praktischen« Leitfaden. Ich habe meine jahrelange Ausbildung und Erfahrung in einem Handbuch zusammengefasst, das leicht lesbar und einfach nützlich ist.

Das ist keine Diät!

Dieses Buch will Ihnen helfen, Ihr Leben so zu ändern, dass Sie nicht nur in den kommenden Wochen und Monaten gesund bleiben. Eine »Diät« ist zeitlich begrenzt. Dieses Buch zeigt Ihnen, was Lebensmittel im Körper bewirken, damit Sie einen Plan erstellen können, der für Ihren Körper optimal ist.

Das große Buch der Paläo-Ernährung wendet sich nicht nur an Menschen, die gesünder sein wollen, sondern auch an Kranke, selbst wenn ihnen gesagt wurde, dass sie ein Leben lang mit ihren Symptomen leben müssen. Wenn Sie zu Letzteren gehören, ist dieses Buch genau richtig für Sie. Ich möchte Ihnen beweisen, dass es einen besseren Weg gibt. Nicht jeder muss mit Tabletten und Schmerzen leben. Vielen Kranken könnte es besser gehen, einerlei, was die Ärzte ihnen gesagt haben. Sie entscheiden, was Sie essen, und Ihr Essen ist die stärkste Medizin, die es gibt.

Gesund werden in einer modernen Welt

Als ich meiner neunzigjährigen Großmutter erzählte, dass ich Ernährungsberaterin werden wollte, fiel es ihr schwer zu verstehen, warum es ein Beruf sein kann, den Menschen zu erklären, was sie essen sollen.

Sie wurde in einer anderen Zeit geboren. Damals gab es noch echte, vollwertige Lebensmittel, die nur einen kurzen Weg vom Bauernhof zum Esstisch hatten. Sie denkt gerne an die Zeit zurück, als sie Kühe molk, Eier einsammelte und die Farmtiere fütterte.

Als verarbeitete Nahrungsmittel eingeführt wurden, gaben meine Oma und ihre Altersgenossinnen ihre guten Essgewohnheiten auf und kauften, was sich schneller und bequemer zubereiten ließ. Als meine Oma aufwuchs, brauchte sie keinen Unterricht darüber, wie und was sie essen sollte. Heute ist das anders. Heute brauchen wir alle diesen Unterricht.

In den riesigen modernen Lebensmittelgeschäften stehen zahlreiche Regale voller abgepackter, verarbeiteter »Nahrungsmittel«, die unsere Großmütter in ihrer Jugend nie zu Gesicht bekommen hätten. Unsere Generation wurde dagegen mit pasteurisierter Milch, Feinmehlprodukten und zuckerreichen Nahrungsmitteln wie verpackten Makkaroni, verpacktem Käse, Limonade in Flaschen oder Dosen und Getreideprodukten aus der Fabrik aufgezogen. Selbst gesundheitsbewusste Familien stopften sich voll mit tischfertigen Haferflocken, Vollkornbrot und Magermilchjoghurt.

Als wir anfingen, Nahrungsmittel aus der Fabrik zu essen anstatt Erzeugnisse vom Bauernhof, gaben wir gesundheitsfördernde Grundnahrungsmittel allmählich auf, und unser Körpergewebe wurde nach und nach aus essbaren, aber künstlichen, nährstoffarmen, »nahrungsähnlichen« Substanzen gebildet. Ist es nicht selbstverständlich, dass Probleme die Folge waren? Die nachlassende Gesundheit und Vitalität der meisten Menschen in unserer Umgebung gibt eine ziemlich klare Antwort.

Heute halten Medikamente meine Großmutter am Leben, während ihr Körper an den Folgen einer jahrzehntelangen Fehlernährung mit industriell hergestellten Produkten und an nicht diagnostizierten Nahrungsmittelallergien lei-

Diane Sanfilippo

Ihre Konstitution

Die Konstitution ist Ihre körperliche Gesundheit und Robustheit, die Grundlage, auf der Sie mit mehr oder weniger Mühe optimale Gesundheit erlangen oder bewahren können.

Ein Mensch, der von einer gesunden, robusten Mutter auf natürliche Weise geboren und gestillt wurde, bis er vollwertige, echte Lebensmittel essen konnte, besitzt wahrscheinlich eine robustere Konstitution als jemand, der diese Vorteile nicht hat und als Kind eine ungesunde Kost aus Getreide und industriell gefertigten Nahrungsmitteln bekam.

det. Es ist traurig, dass sie die meisten ihrer ernsten Krankheiten hätte verhindern können, wenn sie industriell gefertigte Nahrung gemieden hätte, seitdem diese die Regale der Geschäfte zu füllen begann. Trotzdem hat meine Oma noch Glück. Eine gute Ernährung in ihrer Kindheit (zumindest mit wenig verarbeiteten Produkten) bildete die Grundlage für einen robusten Organismus. Sie ist viel stabiler als die heutigen Kinder, die nicht nur von Müttern geboren werden, die mit modernen industriell gefertigten Nahrungsmitteln aufgewachsen sind, sondern auch Kinderfertignahrung zu essen bekommen, die angeblich so gut und gesund wie Muttermilch ist. Wäre meine Oma mit den Nahrungsmitteln aufgezogen worden, die heutzutage fast alle Leute regelmäßig essen, wäre sie wahrscheinlich nie neunzig Jahre alt geworden.

Ich erkläre meiner Großmutter, dass die meisten Nahrungsmittel heute nicht mehr so hergestellt werden wie in ihrer Kindheit. Und darin liegt das Problem. Ich füge hinzu, dass wir Leute suchen und unterstützen müssen, die Lebensmittel auf »althergebrachte Art« produzieren. Nachdem wir uns viele Jahrzehnte lang auf industriell gefertigte Nahrungsmittel verlassen haben, bleiben solche Argumente meist nicht hängen. Oma erinnert sich noch gut an meine Zeit als »Krümelmonster« und bietet mir heute noch Kekse an, weil sie vergisst, dass ich dieses Zeug nicht mehr esse. Wenn ich sie dann daran erinnern möchte, dass es mir ohne diese Produkte besser geht, frage ich sie immer: »Sehe ich etwa hungrig aus?« Zugegeben, das ist ein bisschen frech ihr gegenüber, weist aber nichtsdestotrotz auf den wesentlichen Punkt hin, nämlich dass wir uns vollwertig mit Lebensmitteln ernähren können, die nicht aus Getreide gemacht wurden.

Oma war fasziniert, als ich ihr erzählte, dass die Menschen ziemlich verwirrt sind, was die Ernährung anbelangt, und dass eine simple Ernährungsumstellung zu besserer Gesundheit beitragen kann. Deshalb seien Ernährungsberater wichtig.

Selbst Menschen, die jahrelang mehrere Medikamente eingenommen haben, um Symptome zu lindern, können ihre Gesundheitsprobleme lösen, wenn sie sich anders ernähren. Das verwirrte meine Großmutter, zum Teil deshalb, weil ihrer Meinung nach die Ärzte das letzte Wort haben und weil diese nie vom Essen als Medizin sprachen. Sie lebt mit Krankheiten wie Gallenblasenentzündung, Schilddrüsen- und anderen Autoimmunstörungen, Divertikulitis und heftigem Ischias. Ich bin sicher, dass sie auch an Zöliakie (Sprue) leidet, deren Ursache Glutenunverträglichkeit ist.

Voriges Jahr wurde bei ihr Darmkrebs festgestellt. Ich erklärte ihr, dass sie kein Gluten vertrage, und es fiel ihr anscheinend leichter, diese Erklärung zu akzeptieren, wenn es um eine Krankheit des Verdauungssystems ging. Ich schickte sie unter anderem mit glutenfreiem Brot nach Hause. Den meisten Menschen empfehle ich das nicht, aber diese Neunzigjährige war wohl kaum bereit, auf ihren Toast am Morgen oder auf ihre Kekse am Nachmittag zu verzichten. Ich hoffte, sie werde ihr Essverhalten wenigstens ein bisschen ändern.

Ein paar Tage nach ihrer Entlassung aus dem Krankenhaus fragte ich sie, wie es ihr gehe. Sie berichtete, ihre Bauchschmerzen, die sie seit ewigen Zeiten gehabt habe, seien verschwunden. Die Ursache der Beschwerden war offenbar eine lebenslange Nahrungsmittelallergie, verschlimmert durch ständigen Konsum von Gluten. Ich frage mich, ob diese langfristige Unverträglichkeit auch bei anderen Beschwerden eine Rolle spielte, als sie älter wurde. Als sie mir sagte, die Schmerzen seien weg, war ich davon überzeugt, dass sie unnötig gelitten hatte, wahrscheinlich jahrzehntelang.

WAS IST GLUTEN?

Das Wort Gluten wird oft als Sammelbegriff für das Eiweiß Gliadin und einige andere Getreidebestandteile benutzt, die manche Menschen nicht vertragen. Gluten ist in Produkten aus Weizen, Gerste, Roggen, Triticale, Hafer (meist durch Kreuzkontamination) und anderen Getreidearten enthalten, aber auch in einigen industriell gefertigten Nahrungsmitteln.

Diane Sanfilippo

GLUTEN AUFSPÜREN

In den »Tipps zum Gluten« auf Seite 89 finden Sie weitere Informationen darüber, wo Gluten sich versteckt!

Warum die Paläo-Ernährung so wirksam ist

Ich weiß sehr wohl, dass ein Medikament oder ein chirurgischer Eingriff in manchen Situationen notwendig und lebensrettend sein kann. Aber die meisten chronischen Krankheiten sind auf ein geschwächtes oder überaktives Immunsystem zurückzuführen, und gerade sie sprechen auf unsere Ernährung an. Diese Krankheiten werden also von einer Ernährungsumstellung beeinflusst, sofern wir dazu bereit sind. Gesundheit ist ein natürlicher Zustand für Menschen, und Medikamente zur Linderung von Symptomen sind meist keine echte Lösung.

In den letzten paar Jahrzehnten haben wir vergessen, was »echte Nahrung« ist, und suchen verzweifelt nach Lebensmitteln, die unser Körper wirklich braucht. Aber es gibt Hoffnung. Die Tatsache, dass wir – aus gutem Grund – von der herkömmlichen Meinung enttäuscht sind, ist ein Schritt in die richtige Richtung.

Viele Menschen sind zwar bereit, sich zu ändern, verfügen aber nicht über die Informationen, die ihnen helfen könnten, ihre chronischen Symptome loszuwerden. Aus der Desillusionierung darüber ist eine Gesundheitsbewegung

entstanden, die glücklicherweise immer mehr an Zulauf gewinnt und zusehends einflussreicher wird, weil sie zahllosen Menschen geholfen hat, scheinbar unheilbare chronische oder sogar unerkannte Gesundheitsprobleme zu lösen.

Die Menschen fangen an zu begreifen, dass es nicht ihr Schicksal ist, an Krankheiten oder kleineren Beschwerden zu leiden, deren Ursache das moderne Essen und eine stressige Lebensweise sind. Wir haben einen besseren Weg gefunden. Ich möchte Ihnen zeigen, was ich im Laufe der Jahre meiner Großmutter erklärt habe: dass wir tatsächlich Lebensmittel essen können, die von natürlich gehaltenen Tieren und gesunden Pflanzen stammen. Sie müssen sich nicht auf abgepackte industriell hergestellte Produkte verlassen, die von der Werbung als gesund angepriesen werden. Herrlich einfache, unverarbeitete, vollwertige Lebensmittel können Ihnen außergewöhnliche Gesundheit schenken.

Diane Sanfilippo

TEIL 1: DAS WARUM — NAHRUNG UND IHR KÖRPER

Was ist Paläo-Ernährung?

»Paläo« steht kurz für paläolithisch (altsteinzeitlich).
Aber der Name ist weniger wichtig als das, was dahintersteckt.

Die Bezeichnung »paläo« begegnet Ihnen mittlerweile überall in den Medien und in Buchhandlungen und Bibliotheken. Menschen, die dieser Lebensweise folgen, sind dadurch gesünder geworden. Man könnte ebenso gut von »Urnahrung« oder von »getreidefreier«, »echter«, »vollwertiger«, »nährstoffreicher« oder »angestammter« Nahrung sprechen. Wie auch immer, die Paläo-Ernährung ist einfach: Wir imitieren unsere Vorfahren, die seltener an chronischen Krankheiten litten als moderne Menschen. Das heißt natürlich nicht, dass Sie wie ein Höhlenmensch leben müssen. Unsere Lebensmittel und unsere Umwelt unterscheiden sich von denen unserer Urahnen, und deshalb müssen wir unsere Lebensweise auch anpassen, wenn die Forschung neue Informationen ans Licht bringt.

Kurz gesagt, geht es einfach darum, 1. vollwertige Lebensmittel zu essen, die für den Körper ein besserer Treibstoff sind, und 2. verarbeitete, raffinierte, nährstoffarme Produkte zu meiden. Wir müssen also Getreide, Hülsenfrüchte, raffinierten Zucker und Produkte aus pasteurisierter Milch meiden. Manche Menschen glauben, es sei mit erheblichen Schwierigkeiten verbunden, nur vollwertige Lebensmittel zu essen, und sie würden dadurch in ihrer Nahrungsmittelwahl beschränkt. Aber das stimmt nicht. Anfangs mag die Umstellung schwerfallen, doch im Grunde brauchen Sie nur Produkte wegzulassen, die Ihrer Gesundheit nicht förderlich sind.

Dennoch kann es verwirrend sein, alle diese Informationen in die Tat umzusetzen. Wir müssen einen Schritt weiter gehen und einen Plan erstellen, der auf die Bedürfnisse Ihres Körpers zugeschnitten ist. Das ist der Weg zu optimaler Gesundheit. Nachdem Sie die wichtigen grundlegenden Entscheidungen getroffen haben, müssen Sie auf eine gute Verdauung und einen normalen Blutzuckerspiegel achten. Außerdem müssen Sie wissen, was Sie tun können, um Ihre persönlichen Gesundheitsziele zu erreichen. Die Paläo-Ernährung ist keine Einheitsernährung, sondern eine Ernährungsweise, die für alle Menschen geeignet ist. Mit anderen Worten: Sie sind ein Mensch, und darum gibt es auch einen Paläo-Plan, der für Sie der richtige ist.

Ich bin davon überzeugt, dass die Paläo-Ernährung eine ausgezeichnete Basis für einen dauerhaften Ernährungsplan darstellt. Die Menge und Qualität der wissenschaftlichen Studien zu diesem Thema ist erstaunlich. Wissenschaftler haben nachgewiesen, dass diese uralte Ernährungsweise zu außergewöhnlicher Gesundheit führt. Wenn Sie mehr über die wissenschaftliche Grundlage dieser Idee wissen wollen, empfehle ich Ihnen die Arbeiten folgender Experten:

- Dr. Loren Cordain, Autorin von *Die Paleo-Ernährung*
- Dr. Staffan Lindeberg, Autor von *Food and Western Disease: Health and Nutrition from an Evolutionary Perspective*
- Dr. Alessio Fasano, einem führenden Wissenschaftler bei der Erforschung der Wirkung des Glutens auf die Darmbakterien
- Robb Wolf, Biochemiker und Autor des New-York-Times-Bestsellers *The Paleo Solution*
- Dr. rer. nat. Mathieu Lalonde, organischer Chemiker
- Chris Kresser, zertifizierter Akupunkteur, Experte für ganzheitliche Medizin

Aber die Höhlenmenschen wurden doch nur 30 Jahre alt?

Die Paläo-Ernährung ist zwar keine Kopie der Höhlenmenschenkost, aber das Märchen von der geringen Lebenserwartung der Vorzeitmenschen ist längst widerlegt. Ihre Lebensspanne hing von mehreren Faktoren ab:

1. Da es keine moderne Medizin gab, war die Kindersterblichkeit hoch. Die geschätzte Lebenserwartung schließt jedoch auch Kinder ein, die bei der Geburt starben. Ein Durchschnittsalter von 30 Jahren bedeutet natürlich nicht, dass jeder Mensch der Altsteinzeit an seinem 30. Geburtstag tot umfiel. Diejenigen, die etwa 20 Jahre alt wurden, hatten danach eine geschätzte Lebenserwartung von um die 60 Jahre.
2. Ohne moderne Medizin starben mehr Menschen an Infektionskrankheiten.
3. Manche Höhlenmenschen wurden von Raubtieren getötet.
4. Sie waren vor den Elementen schlechter geschützt.

So stellen Sie sich auf Paläo-Ernährung um

Bevor Sie den für Sie besten Ernährungsplan erstellen können, müssen Sie die Grundprinzipien dieser uralten Ernährung mit echten Lebensmitteln verstehen.

1. Essen Sie vollwertige Lebensmittel

Was nicht vollwertig und natürlich ist, wurde wahrscheinlich verarbeitet und raffiniert und ist daher nicht optimal. Wenn wir unsere Ernährung zu sehr »intellektualisieren« und uns als Menschen von dem komplexen Gewebe, das die Natur ausmacht, entfernen, stellen wir uns gegen unser Geburtsrecht auf Gesundheit. Wenn Sie Lebensmittel essen, wie die Natur sie liefert, fördert diese Kost die Gesundheit und die Genesung und macht Sie widerstandsfähig gegen Krankheiten.

2. Meiden Sie moderne, verarbeitete und raffinierte Produkte

Dazu gehören Getreide, Produkte aus pasteurisierter Milch, industriell hergestellte Öle (z. B. Öle aus Mais, Baumwollsamen, Sojabohnen oder Raps) und Zucker sowie künstliche Süßstoffe, vor allem Maissirup mit hohem Fruchtzuckergehalt. Was eine Fabrikanlage durchlaufen hat, ehe es essbar wurde, ist kein Lebensmittel; es ist eher ein »essbares Produkt« oder eine »nahrungsähnliche Substanz«.

PALÄO-ERNÄHRUNG IST KEIN REZEPT
Sie ist eine Vorlage, keine Vorschrift. Es gibt keine Nullachtfünfzehn-Paläo-Ernährung. Wenn sie nur Hühnerbrust, Brokkoli und Olivenöl zu sich nehmen, haben Sie nichts verstanden.

Das Warum – Nahrung und Ihr Körper

3. Essen Sie für eine gesunde Verdauung

Je nach Ihrer Konstitution brauchen Sie möglicherweise eine andere Kost als Ihre Mitmenschen, damit Ihre Verdauung gesund bleibt. Sie müssen herausfinden, welche Nahrungsmittel Ihr Körper nicht verträgt und dann auf sie verzichten. Zum Beispiel vertragen manche Menschen Milchprodukte oder gelegentlich Getreideprodukte. Wenn Symptome einer Nahrungsmittelunverträglichkeit auftreten, will Ihr Körper Ihnen sagen, dass Sie Ihrer Verdauung schaden.

Warum ist es so wichtig, die Verdauung nicht zu stören? Weil die Fähigkeit, chronische und sogar akute Krankheiten abzuwehren, im Verdauungssystem (im Darm) beginnt. 60 bis 80 Prozent des Immunsystems befinden sich im Darm. Der gesamte Dünndarm enthält Immungewebe. In den Kapiteln über Verdauung und krankhaft durchlässige Darmwände erfahren Sie mehr darüber. Wenn Sie ständig Verdauungsstörungen haben, leidet das ganze Immunsystem darunter. Das kann zu harmlosen Beschwerden wie jahreszeitlich bedingten Allergien führen, aber auch zu ernsten Krankheiten wie Divertikulitis, Ekzemen, Psoriasis sowie Entzündungen und Autoimmunkrankheiten.

4. Essen Sie für einen normalen Blutzuckerspiegel

Wie lange dauert es, bis Sie nach dem Essen wieder hungrig werden, und wie geht es Ihnen vor der nächsten Mahlzeit? Das ist ein wichtiger Anhaltspunkt dafür, wie gut Ihr Blutzuckerspiegel reguliert ist. Wenn Sie alle zwei bis drei Stunden Hunger haben und essen, und wenn Sie vor jeder Mahlzeit oder Zwischenmahlzeit zittrig, schwach oder heißhungrig sind, ist Ihre Ernährung wahrscheinlich unausgewogen. Wenn Sie herausfinden, wie viel Eiweiß (Protein) und Fett Sie brauchen und wie viele »gesunde Kohlenhydrate« Sie essen sollten, bleibt Ihr Blutzuckerspiegel den ganzen Tag lang normal, obwohl Sie nur alle vier bis sechs Stunden essen. Auf die Details und die Bedeutung der Blutzuckerregulierung gehe ich später ausführlich ein.

5. Befolgen Sie einen Plan, der Ihnen hilft, Ihre persönlichen Gesundheitsziele zu erreichen.

Viele Leute fragen mich, ob die Paläo-Ernährung für jeden Menschen das Richtige ist. Nun, die Grundregel lautet: Essen Sie gesunde Lebensmittel und meiden Sie ungesunde Produkte. Das gilt meiner Meinung nach für jeden Menschen. Dennoch wäre es ein großer Irrtum zu glauben, dass wir alle das Gleiche essen sollten.

Heißt das, dass Sie einen Ernährungsplan erstellen können, der auf der Ernährungsweise Ihrer Vorfahren basiert? Wenn Ihr Stammbaum hundertpro-

---

ES IST NICHT NUR DER BAUCH

Auch eine chronische Entzündung kann die Verdauung stören. Aufstoßen, Blähungen, Durchfall oder Verstopfung sind also nicht die einzigen Symptome – aber sie sind ein sicheres Zeichen dafür, dass mit Ihrer Verdauung etwas nicht stimmt.

In den »Tipps zur Verdauung« auf Seite 74 finden Sie eine vollständige Liste der chronischen, entzündlichen Verdauungsbeschwerden.

zentig nachverfolgbar und »rein« ist, können Sie das versuchen, aber es wäre schwierig, genau die Lebensmittel zu finden, die vor so langer Zeit verzehrt wurden.

Die Stammbäume der meisten Menschen, zumindest in den Vereinigten Staaten, sind dies nicht; es mischen sich bei ihnen verschiedene Blutlinien aus der ganzen Welt, und es wäre daher unmöglich, die Ernährungsweise unserer Vorfahren zu ermitteln. Die Paläo-Ernährung basiert auf Abschätzungen: Was haben die Menschen der vergangenen Generationen in verschiedenen Teilen der Welt einst gegessen? Wir können abschätzen, welche tierischen und pflanzlichen Lebensmittel in unterschiedlichen Klimazonen und Regionen mit unterschiedlicher Wasserversorgung verfügbar waren. Wenn wir jedoch versuchen würden, die alten, natürlichen Ernährungsweisen exakt nachzuahmen, müssten wir genau die einheimischen Pflanzen und Tiere finden, die es schon in der Vergangenheit gab.

Obwohl ich Ihnen empfehle, bestimmte Lebensmittel als optimal zu betrachten und in Ihren Ernährungsplan aufzunehmen, kann es durchaus sein, dass Sie mit anderen Lebensmitteln völlig gesund bleiben und voller Energie sind. Allerdings kommt es selten vor, dass ein Mensch, der industriell gefertigte Nahrung isst, sich einer hervorragenden Gesundheit erfreut. Leider kennen die meisten Menschen in unserer modernen Welt meiner Erfahrung nach keine hervorragende Gesundheit.

Stellen Sie sich diese Fragen

Ihre ethnische Herkunft ist Ihnen bekannt. Aber Sie können auch, so gut es geht, Ihre Ernährung in Ihrer Kindheit einschätzen und berücksichtigen, ob Ihre Erbanlagen die Entstehung bestimmter Krankheiten begünstigen. Beantworten Sie dann die folgenden Fragen zu Ihrem derzeitigen Gesundheitszustand:

- Wie fühlen Sie sich gewöhnlich?
- Wie fit sind Sie, oder wie gut ist Ihre sportliche Leistung?
- Wie setzt sich Ihr Körpergewebe zusammen; das heißt, wie hoch sind der Fettanteil und der Muskelanteil?
- Wie ist Ihre Stimmung?
- Schwankt Ihr Energiepegel während des Tages?
- Wie ist Ihr Appetit?
- Sind Sie bisweilen heißhungrig? Auf Zucker? Auf Kohlenhydrate? Auf salzige oder fette Gerichte?
- Sieht Ihre Haut gesund, rein und strahlend aus?
- Wie gut sehen Sie?
- Wie gesund sind Ihre Zähne?
- Haben Sie regelmäßig Stuhlgang?
- Wurde bei Ihnen eine bestimmte Krankheit diagnostiziert?

Wenn Sie alle diese Fragen positiv beantworten konnten, gratuliere ich Ihnen. Sie gehören einer kleinen Minderheit an und können bis zum Rezeptteil dieses Buches vorblättern. Falls Sie zur Mehrheit gehören, haben Sie nicht alle Fragen positiv beantwortet, und das bedeutet, dass Sie davon profitieren können, wenn Sie Ihre Lebens- und Ernährungsweise möglichst bald kritisch überprüfen. Lesen Sie weiter, um mehr über die Wirkung des Essens im Körper zu erfahren und um zu lernen, wie Sie auf natürliche Weise eine gesunde Verdauung und einen normalen Blutzuckerspiegel erlangen können. Diese zwei Komponenten sind der Schlüssel zu langfristiger, optimaler Gesundheit, weil sie alle Körpersysteme in die richtige oder falsche Richtung zwingen.

Wenn Sie bereit sind, sich gesünder zu ernähren, dann fangen Sie sofort damit an – es macht Spaß

Wenn Sie Ihren allgemeinen Gesundheitszustand verbessern wollen, bringen die »Tipps« und die Rezepte in diesem Buch Sie auf den richtigen Weg. Wenn Sie krank sind, an Krankheitssymptomen leiden oder ein bestimmtes gesundheitliches Ziel haben, sollten Sie alle Kapitel lesen, um zu erfahren, was das Essen im Körper bewirkt. Anschließend helfen Ihnen die 30-Tage-Menüpläne, den für Sie besten Weg zu finden.

Sie können herausfinden, welcher Plan der beste für Sie ist, indem Sie die Einführung vor jedem Menü lesen. Dort erfahren Sie auch, bei welchen Krankheiten und Symptomen die einzelnen Menüs hilfreich sind. Bis Sie so weit sind, verschafft Ihnen die folgende Tabelle einen Überblick über die Lebensmittel, die Sie essen oder meiden sollten, wenn Sie sich auf die Paläo-Ernährung umstellen wollen.

Grundlagen der Paläo-Ernährung

[+] Essen Sie vollwertige Lebensmittel

FLEISCH, FISCH, MEERESFRÜCHTE UND EIER
Ideal ist Fleisch von Wildtieren oder von Tieren, die mit Gras gefüttert, auf Weiden gehalten oder mit Biofutter aufgezogen wurden, sowie Fische und Meeresfrüchte aus nachhaltiger Zucht.

GEMÜSE UND OBST
Nach einer Ernährungsumstellung muss Ihr Essen nicht eintönig sein! Auf Seite 29 finden Sie mehr als 50 Gemüsearten. Nutzen Sie diese Tipps und die Rezepte in diesem Buch regelmäßig, um auf Wochenmärkten und in Lebensmittelgeschäften neue und interessante Gemüsearten zu entdecken. Besser noch: Bauen Sie im Garten oder am Haus Ihr eigenes Gemüse an.

Zu viel Obst kann den Blutzuckerspiegel erhöhen. Deshalb sollten Sie Ihren Obstkonsum einschränken. Obst sollte kein Teil Ihrer Mahlzeiten sein – essen Sie es als Nachtisch. Wenn Sie viel Sport treiben und Ihre Form bewahren wollen, dürfen Sie mehr Obst in Ihren Speiseplan aufnehmen.

NÜSSE UND KERNE
Wenn die Paläo-Ernährung neu für Sie ist, sind Nüsse ein guter Imbiss. Essen Sie aber nicht zu viele Nüsse, wenn Sie abnehmen wollen. Beachten Sie also die Portionsangaben in den Rezepten.

FETTE UND ÖLE
Wenn Sie kochen oder eine Mahlzeit mit sehr magerem Fleisch durch gesundes Fett schmackhafter machen wollen, sollten Sie die beste Qualität verwenden, die Sie finden. Die »Tipps zu Fetten und Ölen« (S. 44) helfen Ihnen, empfehlenswerte Fette zu finden.

[-] Meiden Sie industriell gefertigte Nahrung

WEISSMEHLPRODUKTE
Dazu gehören unter anderem Frühstücksflocken (auch Haferflocken), Toast, Muffins, Milchbrötchen, Hörnchen, belegte Brote, Burritos, Tacos, Pfannkuchen, Waffeln, Nudeln, Reis, Pitabrot und Bagels.

VOLLKORNPRODUKTE
Dazu zählen unter anderem Weizen, Weizengrütze, Gerste, Roggen, Hafer, Dinkel, Mais, Reis, Quinoa, Hirse, Buchweizen und Amarant.

ABGEPACKTE IMBISSE
Frühstücksriegel, Müsliriegel, getoastete Backwaren, Proteinriegel, abgepackte Proteindrinks, Cracker, Kekse, Brezeln, Chips und andere Backwaren.

MILCHPRODUKTE
Verarbeitete und pasteurisierte Milchprodukte wie z. B. Käse, Joghurt, Hüttenkäse, Eiscreme, Frozen Yogurt usw. (Die »Tipps zur Lebensmittelqualität« auf Seite 31 enthalten Informationen über die Qualität von Milchprodukten.) Rohmilch gehört in eine Grauzone.

BESTIMMTE GETRÄNKE
Trinken Sie nichts, was mit Zucker oder Süßstoffen gesüßt wurde, z. B. Limonade, Diätlimonade, Energiedrinks, Säfte, gesüßten Tee, gesüßten Kaffee, Mixgetränke, Smoothies. Minimieren Sie den Koffeinkonsum durch Kaffee und Tee. Meiden Sie alkoholische Getränke, vor allem wenn sie Gluten enthalten. (Siehe »Häufig gestellte Fragen« auf Seite 119 mit Empfehlungen zu Koffein und Alkohol.)

SÜSSSTOFFE
Verwenden Sie Süßstoffe nur in kleinen Mengen, und meiden Sie industriell gefertigte Nahrung mit Süßstoffen. Die besten und schlimmsten Süßstoffe finden Sie in den »Tipps zu Süßstoffen« auf Seite 111.

Das Warum – Nahrung und Ihr Körper

Tipps zu Paläo-Lebensmitteln

Essen Sie vollwertige Lebensmittel. Meiden Sie Produkte, die modern, verarbeitet und raffiniert sind. Essen Sie so natürlich wie möglich, und verzichten Sie auf Produkte, die den Körper (den Blutzucker, die Verdauung usw.) belasten. Essen Sie nährstoffreiche Lebensmittel, die Energie schenken. Genießen Sie Ihr Essen, und denken Sie beim Essen positiv.

Fleisch, Fisch, Meeresfrüchte und Eier

UNTER ANDEREM:

- Austern
- Bison
- Büffel
- Eier
- Ente
- Forelle
- Gans
- Garnelen
- Goldmakrele
- Hammel
- Heilbutt
- Hering
- Huhn
- Hummer
- Kalb
- Kammmuscheln
- Kaninchen
- Karpfen
- Lachs
- Lamm
- Makrele
- Miesmuscheln
- Reh
- Rind
- Sardinen
- Schnapper
- Schnecken
- Schwein
- Schwertfisch
- Strauß
- Taube
- Thunfisch
- Truthahn
- Venusmuscheln
- Wachtel
- Wels
- Wild
- Wildschwein
- Zackenbarsch
- Ziege

Fette und Öle

- Avocadoöl
- Butter
- Entenschmalz
- Ghee
- Kokosmilch
- Kokosöl
- Macadamiaöl
- Nierenfett
- Olivenöl, k.g.
- Palmöl
- Rindertalg
- Schmalz
- Schweinefett
- Sesamöl, k.g.
- Speck
- Walnussöl

Nüsse und Kerne

- Haselnüsse
- Kastanien
- Kürbiskerne
- Macadamianüsse
- Mandeln
- Paranüsse
- Pekannüsse
- Pinienkerne
- Pistazien*
- Sesamsamen
- Sonnenblumenkerne
- Walnüsse

Getränke

- Kokosmilch
- Kokoswasser
- Kräutertee
- Mandelmilch, frisch
- Mineralwasser
- Wasser

Super-Lebensmittel

MILCHPRODUKTE (VON TIEREN, DIE MIT GRAS GEFÜTTERT WURDEN):
- Butter, Ghee

BIOFLEISCH:
- Leber, Nieren, Herz usw.

MEERESGEMÜSE:
- Rotalgen, Kelp, Seetang

KRÄUTER UND GEWÜRZE

KNOCHENBRÜHE:
- selbstgemacht, kein Fertig- oder Instantprodukt

VERGORENE LEBENSMITTEL:
- Sauerkraut, Möhren, Rote Bete, hochwertiger Joghurt, Kefir, Kombucha

ANMERKUNGEN
k.g. = kalt gepresst
fett = Nachtschattengewächse
kursiv = kann Kropfbildung fördern

* = FODMAPs (fermentierbare Oligo-, Di- und Monosaccharide sowie Polyole; s. S. 115)
^ = Kaufen Sie Bioprodukte!

Gemüse

UNTER ANDEREM:

- Algen
- Artischocken*
- **Auberginen***
- Bambussprossen
- **Blattkohl**
- **Blumenkohl***
- brauner Senf*
- **Brokkoli***
- **Brunnenkresse**
- Daikon-Rettich
- Endivie
- Fenchel*
- **Gemüsepaprika***^
- grüne Bohnen
- grüne Zwiebeln*
- **Grünkohl**^
- Gurken
- Knoblauch*
- **Kohlrabi**
- Kopfsalat^
- Lauch*
- Lotoswurzeln
- Löwenzahnblätter*
- Mangold
- Maniok (Kassava)
- Möhren
- Okra*
- **Pak Choi (Senfkohl)**
- Pastinaken
- Petersilie
- Pilze*
- Portulak
- Radicchio
- **Rettich**
- **Rosenkohlsprossen***
- Rote Bete*
- Rucola
- Schalotten*
- Sellerie^
- Spargel*
- Speisekürbis
- **Spinat**^
- Steckrüben
- Stielmus (Rübenstiel)
- **Süßkartoffeln**
- Taro
- **Tomaten**
- **Tomatillo**
- Topinambur
- **Weißkohl***
- Yambohnen*
- Yamswurzel
- Yucca
- Zuckererbsen
- Zuckerschoten
- Zwiebeln*

Obst

UNTER ANDEREM:

- Ananas
- Äpfel*^
- Aprikosen*
- Avocados
- Bananen
- **Birnen***^
- Brombeeren*
- Erdbeeren^
- Feigen*
- Granatäpfel
- Grapefruit
- Guaven
- Heidelbeeren*
- Himbeeren
- Kirschen*
- Kiwis
- Kochbananen
- Limonen
- Litschis*
- Mangos*
- Melonen
- Nektarinen*^
- Orangen
- Papayas
- Passionsfrucht
- Persimonen
- **Pfirsiche***^
- Pflaumen*
- Preiselbeeren
- Rhabarber
- Sternfrucht
- Tangerinen
- Wassermelone*
- Weintrauben^
- Zitronen

Kräuter und Gewürze

UNTER ANDEREM:

- Anis
- Annatto
- Basilikum
- Bockshornklee
- **Cayennepfeffer**
- Chicorée
- **Chipotlepulver**
- Curry
- Dill
- Estragon
- Fenchel*
- Galgant
- grüne Minze
- Ingwer
- Johannisbrot
- Kaffir-Limettenblätter
- Kardamom
- Kerbel
- Knoblauch
- Koriandergrün
- Koriander
- Kreuzkümmel
- Kümmel
- Kurkuma
- Lakritze
- Lavendel
- Lorbeerblatt
- Majoran
- Meerrettich*
- Minze
- Muskatblüte
- Nelke
- Oregano
- **Paprika**
- Petersilie
- Pfeffer, schwarz
- Pfefferminze
- **Pfefferschoten**
- Rosmarin
- Safran
- Schnittlauch
- Selleriesamen
- Senf
- Sternanis
- Thymian
- Vanille
- Wacholderbeeren
- **Wasabi***
- Zatar
- Zimt
- Zitronengras
- Zitronenverbene

Das Warum – Nahrung und Ihr Körper

Tipps zur Paläo-Vorratshaltung

Frisch ist am besten. Fast alles, was Sie brauchen, bekommen Sie im Lebensmittelgeschäft. Aber Sie brauchen auch Gewürze und einiges als Vorrat, damit Sie schmackhafte Gerichte zubereiten können und über Reserven verfügen. Einige dieser Lebensmittel werden tiefgefroren verkauft und müssen kühl gelagert werden, auch wenn sie verpackt sind.

Kräuter und Gewürze

EINIGE KRÄUTER SIND FRISCH ODER GETROCKNET ERHÄLTLICH. UNTER ANDEREM:

- Anis
- Annatto
- Basilikum
- Bockshornklee
- **Cayenne**
- Chicorée*
- **Chilipulver**
- **Chipotlepulver**
- Curry
- Dill
- Estragon
- Fenchel
- Galgant
- grüne Minze
- Ingwer
- Kaffir-Limettenblätter
- Kardamom
- Kerbel
- Knoblauch
- Koriander
- Koriandergrün
- Kreuzkümmel
- Kümmel
- Kürbiskuchenwürze
- Kurkuma
- Lakritze
- Lavendel
- Lorbeerblätter
- Majoran
- **Meerrettich**
- Meersalz
- Minze
- Muskat
- Muskatblüten
- Nelke
- Oregano
- **Paprika**
- Petersilie
- Pfeffer, schwarz
- Pfefferkörner, schwarz, ganz
- Pfefferminze
- Rosmarin
- Safran
- Salbei
- Schnittlauch
- Selleriesamen
- **Senf**
- Sternanis
- Thymian
- Vanille
- Wacholderbeeren
- **Wasabi**
- Zatar
- Zimt
- Zitronengras
- Zitronenverbene
- Zwiebelpulver*

In Dosen oder Gläsern

UNTER ANDEREM:

- Apfelmus*
- Austern
- Fischrogen
- Hering, wild
- Kapern
- Kokosmilch*
- Kokoswasser/-saft*
- Kürbis
- Lachs, wild
- Oliven
- Sardellenbutter
- Sardinen, wild
- Sauerkonserven
- *Süßkartoffeln*
- Tahini
- Thunfisch, wild
- **Tomaten, sonnengetrocknet**
- **Tomatenmark**
- **Tomatensoße**

Nüsse, Kerne und Trockenfrüchte

- Ananas, getrocknet
- Äpfel, getrocknet*
- Aprikosen, getrocknet*
- Bananenchips (auf Zutaten achten)
- Cranberrys, getrocknet
- Datteln
- Feigen, getrocknet*
- Haselnüsse
- Heidelbeeren, getrocknet
- Himbeeren, getrocknet
- Kastanien
- Kokosbutter*
- Kokosflocken*
- Korinthen, getrocknet
- Kürbiskerne
- Macadamianüsse
- Mandelbutter
- Mandelmehl
- Mandeln
- Mango, getrocknet*
- Paranüsse
- Pekannüsse
- Pinienkerne
- Pistazien*
- Sesamsamen
- Sonnenblumenkerne
- Walnüsse

Produkte Ihrer Wahl

VIELLEICHT HABEN SIE IHRE PALÄOFREUNDLICHEN LIEBLINGSPRODUKTE AUF DEN LISTEN OBEN NICHT GEFUNDEN. TRAGEN SIE SIE HIER EIN, UND VERWENDEN SIE DIE SEITE ALS EINKAUFSLISTE

Fette und Öle

Siehe »Tipps zu Fetten und Ölen«

- Avocadoöl, k.g.
- Ghee
- Kokosöl
- Macadamiaöl, k.g.
- Olivenöl, natives, extra
- Palmkernbackfett
- Palmöl
- Sesamöl, k.g.
- Speck
- Walnussöl, k.g.

Soßen

- Essig: Apfelessig, Rotweinessig, Branntweinessig, Reisessig, Balsamessig (meiden Sie Bieressig)
- Fischsoße
- Kokosnuss-Aminos* (Sojaersatz)
- **scharfe Soße (glutenfrei)**
- **Senf (glutenfrei)**

Getränke

- Grüntee
- Kaffee (Bioprodukt)
- Kräutertee
- Mineralwasser
- Weißer Tee

Süßigkeiten

Für den gelegentlichen Verzehr

- Ahornsirup
- Honig
- Johannisbrotpulver
- Kakaopulver
- Melasse
- Schokolade, dunkel

ANMERKUNGEN

k.g. = kalt gepresst
fett = Nachtschattengewächse
kursiv = kann Kropfbildung fördern
* = FODMAPs (fermentierbare Oligo-, Di- und Monosaccharide sowie Polyole; s. S. 115)

Kaufen Sie möglichst viele Bioprodukte zum Einlagern!

Das große Buch der Paläo-Ernährung

Tipps zur Lebensmittelqualität

Kaufen Sie möglichst viele echte, vollwertige Lebensmittel. Dazu gehören Lebensmittel ohne gesundheitsbezogene Aussagen auf dem Etikett, besser noch: unverpackte Ware, z. B. landwirtschaftliche Erzeugnisse, Fleisch vom Metzger sowie Fisch und Meeresfrüchte. Sobald Ihnen die richtige Auswahl leichtfällt, müssen Sie auf die Qualität achten. Die beste Qualität wäre ideal, aber lassen Sie sich von Werbesprüchen nicht daran hindern, das Beste zu kaufen, was Sie sich leisten können.

Fleisch, Eier und Milchprodukte

Rind und Lamm
Am besten: vollwertige, lokale Produkte von 100 % grasgefütterten oder Weidetieren
Besser: mit Gras gefüttert, geweidet
Gut: Bioprodukte
Notlösung: industriell hergestellte Produkte (ohne Hormone und Antibiotika)

Schweinefleisch
Am besten: geweidet, lokal
Besser: freilaufend, Bioprodukte
Gut: Bioprodukte
Notlösung: industriell hergestellte Produkte

Eier und Geflügel
Am besten: freilaufend, lokal
Besser: freilaufend, Bioprodukte
Gut: Bodenhaltung, Bioprodukte
Notlösung: industriell hergestellte Produkte

Milchprodukte
KAUFEN SIE NUR VOLLFETTPRODUKTE.
Am besten: mit Gras gefüttert, roh/nicht pasteurisiert
Besser: roh/nicht pasteurisiert
Gut: mit Gras gefüttert
Notlösung: industriell hergestellte oder Bioprodukte – nicht zu empfehlen

Fisch und Meeresfrüchte

Am besten: wilder Fisch
Besser: wild gefangen
Gut: artgerecht gezüchtet
Notlösung: in einer Farm gezogen – nicht zu empfehlen

Wilder Fisch und wild gefangener Fisch
»Wilde Fische« haben nur in der Wildnis gelebt und wurden dort gefangen. »Wild gefangene« Fische können in einer Fischfarm gelaicht und dort einen Teil ihres Lebens verbracht haben, ehe sie in die Wildnis zurückgebracht und später gefangen wurden.

WAS DIE ETIKETTEN AUF FLEISCH, EIERN UND MILCHPRODUKTEN BEDEUTEN

Auf Weiden gezogen
Tiere dürfen in ihrer natürlichen Umgebung frei herumlaufen und nahrhaftes Gras und andere Pflanzen oder zu ihrem natürlichen Futter gehörende Insekten/Larven fressen. Dafür gibt es zwar kein Zertifikat, aber Biofleisch muss von Tieren stammen, die ständig Zugang zu Weiden haben.

Bodenhaltung
»Bodenhaltung« heißt, dass die Tiere in Scheunen oder Lagerhäusern gehalten werden, jedoch nicht in Käfigen. Meist lässt man sie nicht hinaus. Dass sie sich gegenseitig mit dem Schnabel verletzen, wird toleriert. Unabhängige Kontrollen gibt es nicht.

Biologisch
Die Tiere bekommen keine Hormone oder Antibiotika, außer wenn sie krank sind. Sie fressen Biofutter und dürfen ins Freie, sofern sie wollen. Nicht immer wird mit Gras gefüttert. Das Zertifikat ist teuer, und einige Betriebe mit gutem Ruf sind gezwungen, darauf zu verzichten. Es gibt unabhängige Kontrollen.

Natürlich
Das bedeutet »minimal verarbeitet«. Das Wort ist oft irreführend. Alle Teilstücke eines Schlachttieres sind minimal verarbeitet und frei von Aromastoffen und Chemikalien.

Freilandhaltung
Das Geflügel muss frei herumlaufen dürfen und darf nicht in Mastparzellen gehalten werden. Das Futter ist nicht vorgeschrieben. Dass Hühner einander mit dem Schnabel verletzen, wird toleriert. Es gibt keine unabhängige Kontrolle.

Natürlich aufgezogen
»Naturally Raised« ist ein vom US-Landwirtschaftsministerium (USDA) verliehenes Prädikat. Es bedeutet meist: »Ohne Wachstumshormone und unnötige Antibiotika aufgezogen.« Über die Gesundheit und das Futter sagt der Begriff nichts aus.

Ohne Hormone
Es ist verboten, Geflügel oder Schweinen Hormone zu verabreichen. Deshalb ist diese Bezeichnung ein Marketingtrick.

Vegetarisch gefüttert
In den USA bedeutet dies, dass das Tierfutter rein pflanzlich ist. Die Behörden prüfen das jedoch nicht nach. Da Hühner keine Vegetarier sind, lässt dieser Hinweis für die so angebotenen Hühner oder Eier darauf schließen, dass die Tiere kein artgerechtes Futter bekamen.

Landwirtschaftliche Erzeugnisse

Am besten: lokal, biologisch, saisonal
Besser: lokal und biologisch
Gut: biologisch oder lokal
Notlösung: konventionell

Wann Bioprodukte kaufen?
Kaufen Sie so oft wie möglich Bioprodukte mit dem Biosiegel. Dieses Güte- und Prüfsiegel ist Produkten aus der ökologischen Landwirtschaft vorbehalten.

Fette und Öle

SIEHE »TIPPS ZU FETTEN UND ÖLEN«
Am besten: biologisch, kalt gepresst und von gesunden Tieren
Besser: biologisch, kalt gepresst
Gut: biologisch oder konventionell

Nüsse und Kerne

Am besten: lokal, biologisch, kalt gelagert
Besser: lokal, biologisch
Gut: biologisch
Notlösung: konventionell

Quellen: www.humanesociety.org, www.ewg.org, www.sustainabletable.org

Das Warum – Nahrung und Ihr Körper

Alles, was wir über gutes Essen gelernt haben, ist falsch

☑ **Essen Sie vollwertige Lebensmittel und meiden Sie moderne, verarbeitete und raffinierte Produkte.**

☐ Essen Sie für eine gesunde Verdauung.

☐ Essen Sie für einen normalen Blutzuckerspiegel.

☐ Befolgen Sie einen Plan, der Ihnen hilft, Ihre persönlichen Gesundheitsziele zu erreichen.

Wir leben in einer Zeit, in der wir »oben« oder »schwarz« sagen und »unten« oder »weiß« meinen. Man will uns weismachen, dass industriell gefertigte Nahrung sicherer und gesünder ist als das, was unsere Großmütter gegessen haben.

Denken Sie eine Minute darüber nach. Wenn »Produkt A« aus einer Fabrik kommt und so verarbeitet wurde, dass es etwas ganz anderes ist als das ursprüngliche Naturprodukt, und wenn »Produkt B« mit dem natürlichen Produkt identisch ist (außer dass es gejagt, gesammelt oder gekocht oder auf andere, moderne Weise zubereitet wurde), welches Produkt ist dann gesünder? Die Antwort liegt auf der Hand, oder?

Immer mehr »Nahrungsmittel« werden heutzutage als gesund angepriesen; dennoch ist jede Generation weniger gesund. Das passt nicht zusammen. Die Zahl der fettleibigen Kinder wächst, immer mehr Kinder leiden an Verhaltensstörungen, Autoimmunkrankheiten werden immer früher diagnostiziert, und auch die Pubertät setzt immer früher ein.

Sogenannte Autoritäten stellen weitreichende Behauptungen über Gesundheit und Ernährung auf, und zwar im Interesse von Unternehmen, die uns das Geld aus der Tasche ziehen wollen und denen es oft gar nicht darum geht, uns gesund zu erhalten.

Wussten Sie, dass die Ausbildung der Ärzte in Ernährungsbiochemie meist weniger als eine Woche dauert? Trotzdem landen jeden Tag Menschen, die wegen langjähriger falscher Ernährung und Lebensweise krank geworden sind, in den Arztpraxen. Die meisten Ernährungsberater können nicht helfen, weil man ihnen beigebracht hat, die Empfehlungen des USDA zu verbreiten und zu unterstützen, die seit mehr als drei Jahrzehnten dazu beitragen, dass unsere Gesundheit sich verschlechtert.

Die Richtlinien des Ministeriums basieren nicht auf soliden wissenschaftlichen Theorien oder schlüssigen Beweisen, sondern auf unlogischen und potenziell gefährlichen Hypothesen und Behauptungen, die weder Hand noch Fuß haben. Also bleiben uns nur noch die Ernährungsratschläge der Medien, die uns mit Widersprüchen überhäufen. Wir werden mit Empfehlungen bombardiert, die nicht helfen, während die Menschen krank bleiben.

> Denken Sie daran:
> Wir sind nicht klüger als die Natur.
> Wir können keine bessere Nahrung herstellen als die Natur.
> Wir müssen echte, vollwertige Nahrung zu uns nehmen – Punkt.

Ein verantwortungsbewusster Mensch, der sich darüber informieren will, wie er gesund werden kann, misstraut dem Status quo, den Medien, der Regierung und sogar den wohlmeinenden, aber wahrscheinlich schlecht informierten Ärzten. Wir müssen uns selbst weiterbilden und dürfen konventionelle Weisheiten niemals für bare Münze nehmen. Und wir müssen uns Informationen beschaffen, die vernünftig und hilfreich sind und uns intuitiv überzeugen. Wenn das, was ich Ihnen in diesem Buch empfehle, Ihnen intuitiv unglaubhaft vorkommt und wenn Sie sich nicht besser fühlen, nachdem Sie meine Ratschläge befolgt haben, dann sollten Sie etwas anderes probieren. Es ist töricht, immer wieder das Gleiche zu tun und dabei jedes Mal andere Resultate zu erwarten. Versuchen wir, diesen Kreislauf zu durchbrechen. Damit uns das gelingt, möchte ich Ihnen aufzeigen, was Ihnen eingetrichtert wurde.

Was die Regierung Ihnen eintrichtert

Werfen wir einmal einen Blick auf die Ernährungsempfehlungen der amerikanischen Regierung, die viele Jahre lang als »Nahrungspyramide« bekannt waren, ehe sie in MyPlate umbenannt wurden. Seither werden sie vom USDA und der FDA (einer US-Behörde, die für die Nahrungs- und Arzneimittelüberwachung zuständig ist) alle fünf Jahre unter dem Namen »Ernährungsleitlinien für Amerikaner« neu aufbereitet.

> **In den neusten »Ernährungsrichtlinien« lesen wir:**
> »Menschen sollten die folgenden Empfehlungen als Teil eines gesunden Essverhaltens befolgen und dabei ihren Kalorienbedarf berücksichtigen:
> - Essen Sie mehr Gemüse und Obst.
> - Essen Sie verschiedene Gemüsearten, vor allem dunkelgrünes, rotes und orangefarbenes Gemüse sowie Bohnen und Erbsen.
> - Essen Sie mindestens die Hälfte aller Getreideprodukte als Vollkornprodukte. Steigern Sie Ihren Konsum von Vollkornprodukten, indem Sie raffinierte Getreideprodukte durch Vollkornprodukte ersetzen.
> - Nehmen Sie mehr fettfreie oder fettarme Milch oder Milchprodukte zu sich, zum Beispiel Milch, Joghurt, Käse oder angereicherte Sojagetränke.
> - Essen Sie verschiedene Proteine, zum Beispiel Fisch, Meeresfrüchte, mageres Fleisch und Geflügel, Eier, Bohnen und Erbsen, Sojaprodukte und ungesalzene Nüsse und Kerne.
> - Steigern Sie die Menge und Vielfalt der Fische und Meeresfrüchte, die Sie essen, indem Sie einen Teil des Fleisches und Geflügels durch Fisch und Meeresfrüchte ersetzen.
> - Ersetzen Sie eiweißreiche Nahrungsmittel, die viel festes Fett enthalten, durch solche, die weniger festes Fett und Kalorien enthalten und/oder Öle liefern.
> - Ersetzen Sie festes Fett wenn möglich durch Öle.
> - Essen Sie Nahrungsmittel, die mehr Kalium, Ballaststoffe, Kalzium und Vitamin D enthalten, bei denen in Amerika eine Unterversorgung droht. Dazu zählen Gemüse, Obst, Vollkornprodukte, Milch und Milchprodukte.«*

* Quelle: Dietary Guidelines for Americans 2010, www.dietaryguidelines.gov

Auf den ersten Blick sieht es so aus, als versuche das USDA, uns zum Verzehr »echter Nahrung« zu bewegen. Vorsicht! Zwar sind einige Empfehlungen intuitiv richtig – mehr Gemüse, verschiedene Gemüsesorten und Proteine, mehr

Fisch –, aber vier von neun übergreifenden Empfehlungen sind vom Standpunkt der Ernährungsbiochemie und der Gesundheit aus extrem fehlerhaft. Leider sind dies die strittigsten Punkte, wenn wir versuchen, den Menschen eine neue Idee nahezubringen: Was wir über Ernährung zu wissen glauben, ist falsch.

Schauen wir uns die folgenden fragwürdigen Empfehlungen des USDA einmal genauer an.

Empfehlung 1

Diese Empfehlung lautet: »Essen Sie mindestens die Hälfte aller Getreideprodukte als Vollkornprodukte. Steigern Sie Ihren Konsum von Vollkornprodukten, indem Sie raffinierte Getreideprodukte durch Vollkornprodukte ersetzen.« Wie sieht es wohl auf unserem Teller aus, wenn wir unsere »raffinierten« Getreideprodukte durch »Vollkornprodukte« ersetzen? Essen wir dann Weizengrütze und Weizenkörner anstelle von Weißbrot, Frühstücksflocken und Nudeln? (Nicht, dass ich Weizengrütze und -körner für gesund hielte, aber sie sind »ganz« im Vergleich zu den üblichen Supermarktprodukten.) Nein, wir kaufen die gleichen Produkte, wenn auch mit anderen Namen. Die Nahrungsmittelindustrie will kein Geld verlieren. Deshalb glauben Sie, das neue Brot, das Sie kaufen, sei gesund, und Sie können es kaum erwarten, Ihrem Arzt, Freund oder Nachbarn zu berichten, dass Sie jetzt Vollkornbrot essen.

Puffreis, Puffmais, Getreideflocken, Getreideschrote, mit Mehl bestäubte Produkte, Fertigprodukte und so weiter sind »verfeinert«.* Dazu zählen auch glutenfreie Brötchen, glutenfreier Hafer, Brot aus ganzen oder gekeimten Körnern, Quinoa-Nudeln und Maischips, um nur einige zu nennen. Sie befinden sich nicht mehr in ihrem natürlichen Zustand, einerlei, wie »ganz« die Körner gewesen sein mögen, bevor sie in eine Fabrik kamen.

Denken Sie daran: Auch Vollkornprodukte sind »verfeinert«.

Der »Verfeinerungsprozess« von ganzen Körnern schließt lediglich mehr Bestandteile des Korns ein, als man sie in Weißbrot, Frühstücksflocken oder Nudeln findet. »Verfeinerte« Produkte können die Gesundheit niemals stärker fördern als vollwertige Lebensmittel, auch nicht, wenn man ihnen das Wort »Vollkorn« aufklebt.

Der Verzehr von Getreide – auch von sogenannten »Vollkornprodukten« – löst bei vielen Menschen eine Menge Störungen aus. Damit befassen wir uns im Kapitel »Ihr Verdauungssystem« genauer. Hier möge der Hinweis genügen, dass die Empfehlung des US-Landwirtschaftministeriums, »Vollkornprodukte« zu essen, sich auf »vernünftige Indizien« stützt. Dem Ministerium zufolge sind diese Indizien »etwas weniger beweiskräftig oder etwas weniger einheitlich. Das Beweismaterial kann Studien mit schlechterem Design und/oder einer gewissen Widersprüchlichkeit der Ergebnisse einschließen, oder das Beweismaterial lässt sich nicht verallgemeinern.«**

Mit anderen Worten: Die Studien, auf die das Ministerium seine Behauptungen stützt, sind nicht ganz solide, oder man kann ihnen nicht trauen. Und das wissen diese Leute.

---

* Quelle: Radhia Gleis, »popped, puffed ...«
** Dietary Guidelines for Americans 2010, www.dietaryguidelines.gov

Bringen Regenschirme Regen?

Die meisten zitierten Ernährungsstudien sind epidemiologische Studien. Das bedeutet, dass sie sich allein auf das Studium von Mustern und Zusammenhängen in Bevölkerungsgruppen stützen. Eine Korrelation ist jedoch kein Beweis für Kausalität. Sie besagt nur, dass zwei Faktoren anscheinend miteinander zusammenhängen, berücksichtigt aber nicht jede andere mögliche Variable. Würden Sie beispielsweise behaupten, die Schirme der Leute an einem regnerischen Tag seien die Ursache für den Regen? Gewiss nicht. Diese Studien über Ernährung sind keine randomisierten und kontrollierten Studien in Stationen für Stoffwechselkrankheiten (wo man das Essen der Probanden genau abmisst und registriert). Mit solchen Studien kann man Ursachen und Wirkungen bestimmen und Ernährungsratschläge wissenschaftlich absichern. Wenn die Teilnehmer von epidemiologischen Studien über ihre Ernährungsgewohnheiten berichten, sind ihre Erinnerungen oft mehrere Jahre alt.

Seien wir realistisch! Erinnern Sie sich daran, was Sie voriges Jahr, vorigen Monat, vorige Woche oder auch gestern gegessen haben? Offensichtlich haben solche Behauptungen nichts mit Wissenschaft zu tun.

Wenn Sie umfangreiche Ernährungsempfehlungen ohne biologische Erklärung hören, können Sie davon ausgehen, dass sie auf epidemiologischen Studien und auf den abgefragten Erinnerungen ihrer Teilnehmer beruhen. Hüten Sie sich davor.

Das Warum – Nahrung und Ihr Körper

Wie steht es mit dem Kalzium in der Paläo-Kost?

Fakt 1: Kalzium ist in nicht nur in Milchprodukten reichlich enthalten. Wussten Sie, das Knochenbrühe, Sardinen, Sesamsamen und dunkles Blattgemüse gute Kalziumquellen sind? Mehr noch, diese vollwertigen, nicht verarbeiteten Lebensmittel sind obendrein reich an Magnesium, das die Resorption von Kalzium im Körper verbessert. Es ist also ganz einfach, sich mit Kalzium und Magnesium zu versorgen.

Fakt 2: Um Kalzium zu resorbieren und zu nutzen, müssen wir mehr als nur Kalzium zu uns nehmen. Unsere Knochen werden nicht stärker, wenn wir mit Milchprodukten oder anderen Nahrungsmitteln lediglich Kalzium aufnehmen. Wir brauchen dazu auch die fettlöslichen Vitamine A, D und K2. Derzeit entdecken Forscher das Vitamin K2 immer mehr als Substanz, die die Einlagerung von Kalzium in die Knochen reguliert – dort wollen wir es haben, nicht im weichen Gewebe. Mit anderen Worten: Es geht nicht darum, viel Kalzium aufzunehmen, sondern darum, eine ausreichende Menge zu resorbieren, und zwar an den richtigen Stellen. Wenn Sie mit dem Kalzium, das Sie zu sich nehmen, eine starke Knochenmatrix aufbauen wollen, müssen Sie auch Lebensmittel essen, die reich an Vitamin K2 sind, vor allem fermen-

Empfehlung 2

In einer weiteren Empfehlung heißt es: »Nehmen Sie mehr fettfreie oder fettarme Milch oder Milchprodukte zu sich, zum Beispiel Milch, Joghurt, Käse oder angereicherte Sojagetränke.«

Damit kann auch pasteurisierte, verarbeitete Milch gemeint sein, ebenso Milchprodukte von Kühen, die »Kraftfutter« bekommen haben, sowie stark verarbeitete Milchersatzgetränke aus Soja. Sie können lange nach einem Bauern suchen, der sein Vieh mit Gras füttert und fettarme oder fettfreie Milch verkauft. Warum? Weil dieses nahrhafte Getränk frisch vom Bauernhof die Vitamine A, D und K2 enthält. Durch Abschöpfen der Sahne und Verarbeiten gehen wertvolle Nährstoffe verloren.

Alle vom Ministerium genannten Produkte sind »angereichert«. Das bedeutet, dass man ihnen Nährstoffe beigegeben hat. Warum das? Um Mangelzustände in der Bevölkerung zu verhindern, die in der westlichen Welt auftreten, seit es industriell gefertigte Nahrung gibt. Sobald wir anfingen, ein vorher gesundes Lebensmittel (rohe, nicht pasteurisierte Milch von Kühen, die mit Gras gefüttert oder geweidet wurden) zu pasteurisieren, homogenisieren und entfetten, entfernten wir die natürlichen Vitamine – vor allem A und D – aus der Milch. Wir brauchen diese fettlöslichen Vitamine für das gesunde Wachstum, ein starkes Immunsystem und starke Knochen. Es geht nicht allein darum, wie viel Kalzium Sie aufnehmen.

tierten Lebertran oder vergorene Milchprodukte von Kühen, die mit Gras gefüttert wurden (zum Beispiel Kefir oder Joghurt, der 24 Stunden fermentiert wurde). In pasteurisierter Milch von getreidefressenden Kühen (und sogar in Biomilch) ist wahrscheinlich kein Vitamin K2 enthalten.

Fakt 3: Getreidekonsum kann die Kalziumresorption sogar hemmen. Wie Sie weiter unten erfahren werden, enthalten alle Getreideprodukte Antinährstoffe, Phytate genannt. Diese Phytate verbinden sich mit Mineralien und verhindern, dass der Körper sie resorbieren kann. Wenn Sie also eine Schüssel Frühstücksflocken mit Milch essen, blockieren Sie die Resorption des in Ihrem Essen enthaltenen Kalziums!

Fakt 4: Nicht alle Milchprodukte sind empfehlenswert. Natürliche Milchprodukte sind unbedenklich. Das Hauptproblem ist, dass wir glauben, man müsse Milchprodukte verarbeiten, damit sie »gesünder« werden. Dadurch verpfuschen wir alles! Wenn Sie in Ihrer Nähe Rohmilch von Kühen bekommen, die mit Gras gefüttert wurden, und sie vertragen – machen Sie weiter so. Ein großer Teil der Studien, die Probleme nach dem Genuss von Milch feststellten, haben entweder isoliertes Milcheiweiß wie Kasein oder Molke getestet, also nicht das vollwertige Lebensmittel, das Kasein und Molke als Paket enthält, oder sie haben verarbeitete und fettarme Milchprodukte untersucht.

Ohne die Vitamine A, D und K2 kann der Körper das verzehrte Kalzium nicht richtig verwerten. Zwar nehmen die meisten Menschen zusätzliches Kalzium aus fettarmen Milchprodukten und Tabletten zu sich, aber ihnen fehlen diese Vitamine, die für die Resorption des Kalziums sorgen. Als Reaktion auf Mangelzustände ordnete die Regierung an, die Milch mit Vitaminen anzureichern, nachdem die natürlichen Nährstoffe beim Verarbeiten zerstört wurden. Aber diese »Anreicherung« erfolgt mit synthetischen Nährstoffen.

Trotzdem empfiehlt uns die US-Regierung, fettfreie oder fettarme Milch und Milchprodukte zu konsumieren. Warum? Ist sie der Meinung, frische Kuhmilch sei nicht zu empfehlen und verarbeitete Milch, die fast alle traditionell geschätzten Bestandteile verloren hat, sei womöglich gesünder? Die Regierung hat anscheinend nicht nur vergessen, wie echte, nahrhafte Milch erzeugt und konsumiert werden soll, sondern sie interpretiert auch die epidemiologischen Daten erneut falsch. Ist die Regierung schlauer als die Natur?

Denken Sie daran: Echte Milch ist roh (nicht pasteurisiert), stammt von Kühen, die mit Gras gefüttert oder geweidet wurden, und ist weder fettarm noch fettfrei.

Das Warum – Nahrung und Ihr Körper

Wenn Sie Milchzucker nicht vertragen, können Sie vielleicht Rohmilch problemlos trinken, weil das Enzym Lactase, das für die Aufspaltung der Lactose benötigt wird, in roher Milch noch vorhanden ist. Echte Milch enthält reichlich Eiweiß, Fett, Kohlenhydrate, Kalzium und die fettlöslichen Vitamine A, D und K2, die alle wichtig für die Knochendichte sind. Wenn Sie Milchprodukte gut vertragen, ohne an verstopften Nebenhöhlen, Niesen, Verdauungsstörungen oder chronischer Entzündung zu leiden (siehe Seite 74), sollten Sie einen vertrauenswürdigen Produzenten suchen und Milch in vollfettem, natürlichem Zustand genießen.

Falls Sie Milchprodukte schlecht vertragen (nachdem Sie echte Milch probiert haben, wie oben beschrieben), können Sie vielleicht Butter von Kühen essen, die mit Gras gefüttert wurden. Sie enthält nicht so viele reizende Milchproteine. Sie können auch Ghee (geklärte Butter) essen, das fast kein Milcheiweiß enthält (auf Seite 236 erfahren Sie, wie Sie Ghee einfach zu Hause herstellen können). Probieren Sie auch ein Ergänzungsmittel aus Butterschmalz, das am wenigsten Milcheiweiß enthält. Reines Butterschmalz löst meist keine Allergie aus, weil die Milchproteine, zum Beispiel Kasein und Molke, oder Milchzucker wie Lactose das eigentliche Problem sind. (Mehr über die Auswahl gesunder Milchprodukte erfahren Sie auf Seite 31.)

Empfehlungen 3 und 4

In diesen Empfehlungen lesen wir: »Ersetzen Sie eiweißreiche Nahrungsmittel, die viel festes Fett enthalten, durch solche, die weniger festes Fett und Kalorien enthalten und/oder Öle liefern.«

Und:

»Ersetzen Sie festes Fett wenn möglich durch Öle.«

Diese Empfehlungen beruhen auf der Vorstellung, dass Cholesterin im Blut die Ursache für Herzkrankheiten ist und dass wir Herzkrankheiten verhindern können, indem wir auf cholesterinhaltige Nahrungsmittel und gesättigte Fette verzichten. Aber diese Behauptungen sind nie wissenschaftlich bewiesen worden. Cholesterin in der Nahrung erhöht den Cholesterinspiegel um weniger als ein Prozent! Außerdem kann natürliches gesättigtes Fett sowohl das »gute« (HDL) als auch das »böse« (LDL) Cholesterin erhöhen – aber das ist kein Grund zur Besorgnis. Wenn Sie Lebensmittel essen, die die Cholesterinproduktion steigern, unterstützen Sie Ihren Körper und ermöglichen ihm eine Pause, weil er dieses Cholesterin nicht selbst herstellen muss.

Ein großer Teil der Studien über den Cholesterinstoffwechsel stützt sich auf Kaninchen, deren natürliches Futter kein Cholesterin enthält! Glauben Sie, das der menschliche Cholesterinstoffwechsel mit dem eines Kaninchen vergleichbar ist, der gar kein Cholesterin aufnimmt?

INFOS ÜBER FETT
In den »Tipps zu Fetten und Ölen« auf Seite 44 finden Sie weitere Informationen.

Denken Sie daran: Es gibt keine wissenschaftlichen Befunde, die die Dämonisierung des Cholesterins und der gesättigten Fette rechtfertigen könnten. Das USDA irrt, und seine Empfehlungen bringen den Produzenten von raffinierten Samenölen viel Geld ein, indem sie den Verbrauchern Angst vor Eiern, Speck und Butter einjagen.

Der erste Bericht über Ernährungsempfehlungen für Amerikaner wurde Ende der siebziger Jahre erstellt, fast zwanzig Jahre, nachdem zum ersten Mal behauptet worden war, Fett und Cholesterin im Essen seien schädlich. Zwar wurde diese Hypothese schon in den fünfziger Jahren als Wahrheit verkauft, um mehr verarbeitete Pflanzenöle statt natürlicher tierischer Fette zu verkaufen; doch erst seit Kurzem werden wir mit furchterregenden Behauptungen über das Fett in echten, vollwertigen Lebensmitteln überschwemmt. Die Nahrungsmittelkonzerne sahen ihre Chance, tierische Fette und früher verwendete tropische Öle wie Kokos- und Palmöl durch billigere Pflanzenöle zu ersetzen, die »teilweise gehärtet« sind. Wie wir heute wissen, weisen diese Worte auf künstliche Transfette hin. Im Jahr 1978 kam es zu einer noch aufregenderen Entwicklung: Man konnte die Fettmenge in vielen industriell hergestellten Produkten verringern und den Geschmack dennoch bewahren. Wie? Natürlich mit Fructose-Glucose-Sirup. Au Backe!

Ein Artikel im Time Magazine (1984) mit dem Titel »Meiden Sie Eier und Butter« ist Teil der sehr einflussreichen Propaganda, welche die moderne Nahrungsmittellandschaft formte. Der Artikel behauptete: »Cholesterin ist nachweislich tödlich, und unsere Ernährung wird vielleicht nie wieder dieselbe sein.«* Und weiter: »Jahrzehntelang hatten Forscher schlüssig nachzuweisen versucht, dass Cholesterin einer der Hauptschuldigen an dieser Epidemie [Herzkrankheiten] ist. Es war nicht einfach. Schließlich ist Cholesterin nur ein Stück in einem großen Puzzle, zu dem auch Fettleibigkeit, Bluthochdruck, Rauchen, Stress und Bewegungsmangel gehören. Sie alle spielen bei Herzkrankheiten eine Rolle ‚wie Mitglieder eines Orchesters', erklärt der Pathologe Richard Minick vom Krankenhaus Cornell Medical Center in New York. Trotz seines schlechten Rufes ist Cholesterin lebenswichtig: Es ist ein Baustein für die äußere Zellmembran und ein Hauptbestandteil der Galle, der fetthaltigen Hülle, die die Nerven umhüllt, und der Geschlechtshormone, unter anderem des Östrogens und der Androgene.«*

Der Artikel widerspricht seinem Titel und der wichtigsten Behauptung. Leider erinnern sich die Leute eher an die Schlagzeilen und Umschlagbilder als an die Details. Das Titelbild von Time Magazine zeigte einen Teller mit zwei Spiegeleiern und einem Speckstreifen, die so angeordnet waren, dass sie ein trauriges Gesicht darstellten. Die Biologie und die Wissenschaft (oder deren Fehlen) waren weniger eindrucksvoll als das verblüffende Bild. Der Artikel löste große Furcht vor dem Fett (vor allem vor gesättigtem Fett) im Essen und vor Cholesterin aus. Er behauptete, ein hoher Cholesterinspiegel steigere das Risiko für Herzkrankheiten drastisch.

Es gibt nur ein Problem. Nach Dr. Mike Eades hat »nur etwa die Hälfte der Menschen, die einen Herzinfarkt bekommen, einen erhöhten Cholesterinspiegel«.**

Noch widersprüchlicher ist diese Stelle in dem Time-Artikel: »Allerdings ist es den Experten noch nicht ganz gelungen, das Cholesterin zu überführen. Fred Mattson, ein führender Wissenschaftler an der University of California in San Diego, erklärt: ‚Uns fehlte ein wichtiges Glied in der Beweiskette: Niemand hatte je nachgewiesen, dass es vorteilhaft ist, den Blutcholesterinspiegel zu senken.'«

Quellen:
* Wallis, Caludia et al., »Hold the Eggs and Bacon«, Time Magazine, 26. März 1984

** Eades, Michael. »You Bet Your Life: An Epilogue to the Cholesterol Story«, www.proteinpower.com, 11. Oktober 2010

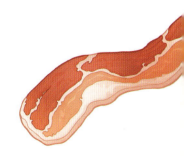

Das Warum – Nahrung und Ihr Körper

Danach wurde das ganze Land auf Gedeih und Verderb und trotz widersprüchlicher Informationen ermuntert, natürliche Lebensmittel wie Butter, Sahne, Eigelb und fettes Fleisch nicht mehr zu essen – alles unter Berufung auf wissenschaftliche Beweise, die nicht existierten. Und wir fielen darauf herein. Ei-Ersatzprodukte erschienen auf dem Markt (gewiss keine vollwertigen Lebensmittel), und Eier galten als ungesund, obwohl sie reich an essenziellen Nährstoffen sind, darunter Cholin, Selen, Vitamin B2 und Vitamin B12.

Fettarme und fettfreie Produkte, die viel Profit brachten, überrollten uns wie eine Lawine. Fettfreie Kekse, »leichter« Joghurt voller Süßstoff, fettfreier Pudding und fettarme Margarine füllten unsere Schränke und Kühlschränke und verdrängten die natürlichen Lebensmittel, die früher in jeder amerikanischen Küche vorrätig waren.

Ohne es zu merken, wurden wir Opfer der Bequemlichkeit, des Geschmacks und der Werbung. Unser Taillenumfang nahm zu und unsere Biochemie geriet aus dem Gleichgewicht.

Denken Sie daran: Künstliche Transfette und raffinierte Samen- und Pflanzenöle (Raps-, Sojabohnen- und Maisöl, um nur einige zu nennen) sind nicht gesund und können sogar als giftig gelten.

DIE FRAMINGHAM-STUDIE:

In der Framingham-Studie heißt es: »Je mehr gesättigtes Fett [der/die Teilnehmer[in] aß, desto mehr Cholesterin und Kalorien nahm er/sie zu sich und desto niedriger war sein/ihr Serum-Cholesterinspiegel. Wir stellten fest, dass Menschen, die am meisten Cholesterin, Kalorien und gesättigtes Fett zu sich nahmen, am wenigsten wogen und am aktivsten waren.«

Quelle: »Cholesterol and Mortality: 30 Years of Follow-up From the Framingham Study«. Journal of the AMA, April 1987, Bd. 257, Nr. 16

Wir wissen, dass synthetische Transfette gefährlich sind, aber warum müssen natürliche gesättigte Fette wie jene im Eigelb, im Fleisch, im Kokosöl und in Milchprodukten ebenfalls verteufelt werden, obwohl sie eine ganz andere Herkunft und chemische Struktur haben? Zu viele Leute glauben, natürliche gesättigte Fette seien ebenfalls schädlich – wahrscheinlich wegen der Medienberichte zu diesem Thema, die solche Ideen immer noch verbreiten. Die Wahrheit ist, dass die chemische Struktur einer mittel- oder kurzkettigen »gesättigten« Fettsäure – zum Beispiel in Butter oder Kokosöl – sogar leichter aufzubrechen und zu verdauen ist. Warum? Weil sie weniger Galle benötigt, die Fette spaltet oder »emulgiert«.

Wir können Naturprodukte nicht verbessern

Die Verfeinerung von Lebensmitteln, um sie zu »verbessern«, ist entweder ein Widerspruch in sich selbst oder schlicht Unfug. Wir können nur hoffen, dass die amerikanische Regierung sich künftig zurückhält und Leuten das Wort erteilt, die qualifizierter sind, wenn es um öffentliche Gesundheit geht. Wenn Sie wissen wollen, wie Behörden sich über Ernährungsempfehlungen einigen, ist Marion Nestles Buch *Food Politics* eine interessante Lektüre. Zwar sind ihre Ernährungsratschläge meiner Meinung nach im Großen und Ganzen fehlerhaft, aber sie gilt als Autorität, wenn es um die komplexe Frage geht, wie die Politik in den Vereinigten Staaten die Ernährung beeinflusst und was jeden Tag auf unseren Tellern liegt.

Nestle kommentierte die Änderungen, die im Laufe der Jahre an den Ernährungsempfehlungen vorgenommen wurden, so: »Um eine Übereinkunft hinsichtlich dieser Neuerungen zu erreichen, ermunterte das USDA führende Ernährungsexperten in der Regierung, in der Forschung, in der Nahrungsmittelindustrie und in landwirtschaftlichen Betrieben, vorläufige Entwürfe zu prüfen, weil es der Meinung war, ‚dass die Nahrungsmittelindustrie ein vitales Interesse an einem staatlich geförderten Ernährungsleitfaden hat.'« Ja, sie hatte ein Interesse daran.

Natürlich sind die Nahrungsmittelindustrie und die landwirtschaftlichen Betriebe an Ernährungsrichtlinien interessiert, die über das ganze Land verbreitet werden! Schließlich sinken ihre Profite, wenn ein wichtiger Bericht der Regierung feststellt, dass ihre Produkte nicht zu empfehlen sind oder gar ein großes Risiko für die öffentliche Gesundheit darstellen.

Dennoch müssen bei jeder Überprüfung Veränderungen vorgenommen werden. Die empfohlenen Mengen für bestimmte Nahrungsmittelgruppen wurden beispielsweise gesenkt. Nestle schrieb dazu: »Die AMA (American Medical Association) bemerkte, dass ihre Empfehlungen ‚die Produktion bestimmter landwirtschaftlicher Güter verringern könnten, was aus der Sicht der Regierung möglicherweise nicht deren Ernährungsziele fördert ... Obwohl der Widerstand gegen die Ernährungsziele sich oft auf Zweifel an der Qualität der zugrunde liegenden Forschung berief, ging er häufiger auf die tiefgreifenden wirtschaftlichen Folgen der Empfehlungen zurück.'«*

Der Widerstand gegen die »Pyramide«, die »Ernährungspyramide« und die »Ernährungsziele« (für uns sind diese Begriffe gleichbedeutend) gründete nicht unbedingt auf Forschungsergebnissen oder auf dem Wunsch, die öffentliche Gesundheit zu fördern, sondern auf den wirtschaftlichen Folgen der Empfehlungen.

Je genauer Sie sich nach den Empfehlungen des USDA richten, desto mehr industriell gefertigte Produkte müssen Sie kaufen. Sie können unmöglich all diese Getreideprodukte und fettarmen Milchprodukte konsumieren, ohne auf Frühstücksflocken, fettarme Milch oder fettarmen Joghurt zurückzugreifen. Viele Großkonzerne halten sich an diese Empfehlungen und verdienen eine Menge Geld mit Ihren Essgewohnheiten. Für die Herstellung brauchen sie nicht viel Geld auszugeben. Viele Produkte, die sich am USDA orientieren, werden aus den gleichen Bestandteilen hergestellt, zum Beispiel Mais, Weizen und Soja. Manchmal essen Sie diese Dinge, manchmal werden sie von den Milchkühen gefressen. Wie dem auch sei, Sie sind der Endverbraucher.

Quelle: »Marion Nestle, Food Politics: How the food Industry Influences Nutrition and Health.« Berkeley. University of California Press, 2007

Ja, dazu gehört auch der unschuldig aussehende fettarme Joghurt, der fantastisch schmeckt, wenn wir der verführerischen Werbung glauben, aber auch eine Menge Zucker enthält. (Ich muss es wissen, da ich dieses Zeug früher kübelweise gegessen habe.)

Kein Wunder, dass alle Leute verwirrt sind und nicht wissen, was sie essen sollen. Aber machen Sie sich keine Sorgen. Wenn Sie dieses Buch gelesen haben, legt sich Ihre Verwirrung und Sie verfügen über das Wissen, das Sie brauchen, um sich in der modernen Nahrungsmittellandschaft gut zurechtzufinden.

Das Warum – Nahrung und Ihr Körper

Paläo-Kost zu Hause: Lebensmittel einkaufen

Wenn Sie auf Paläo-Kost umstellen wollen, fühlen Sie sich vielleicht entmutigt, weil Sie auf die billigen Füllstoffe verzichten müssen, die Sie jahrzehntelang unablässig verspeist haben.

Kein Reis und keine Bohnen mehr. Kein Brot, keine Nudeln und keine Frühstücksflocken mehr. Das alles sind Billigprodukte, und zwar mit Recht, weil sie kaum einen Nährwert haben, verglichen mit Gemüse, Fleisch, Obst, Nüssen, Samen und hochwertigen Fetten und Ölen.

Zwar ist der größte Teil des Geschäfts mit Produkten gefüllt, die Sie früher gekauft haben, aber von nun an gehen Sie ganz anders vor. Greifen Sie zu so vielen vollwertigen Lebensmitteln wie möglich. Das sind Lebensmittel ohne Gesundheitswerbung auf der Packung oder, besser noch, unverpackte Ware. Kaufen Sie stattdessen landwirtschaftliche Erzeugnisse, Fleisch vom Metzger und Fisch.

Im Lebensmittelgeschäft: Gehen Sie die Wände entlang

Wenn Sie derzeit vor allem Produkte essen, die Sie in den mittleren Regalreihen des Geschäfts gefunden haben, kaufen Sie sehr wahrscheinlich raffinierte, verarbeitete Nahrungsmittel. Darum rate ich Ihnen, die Regale an den Wänden zu bevorzugen. Dort finden Sie landwirtschaftliche Erzeugnisse, Fleisch, Fisch und Eier. (Dort befindet sich auch die Bäckerei, die Sie jedoch meiden sollten!) Abseits des Zentrums finden Sie die meisten frischen Lebensmittel, weil das Geschäft dort am leichtesten dafür sorgen kann, dass die Ware kühl und feucht bleibt und nicht verdirbt. Echte Lebensmittel halten nicht lange und verderben spätestens innerhalb von zwei Wochen (außer tiefgefrorenes Gemüse und Fleisch).

Erst zum Schluss werfen Sie einen Blick auf die Regale in der Mitte. Diese können nützlich sein, wenn Sie Fette und Öle zum Kochen, Essig, Senf, »saubere« Soßen, Gewürze und einige wenige Produkte in Dosen oder Gläsern kaufen wollen.

☑ **Essen Sie vollwertige Lebensmittel und meiden Sie moderne, verarbeitete und raffinierte Produkte.**

☐ Essen Sie für eine gesunde Verdauung.

☐ Essen Sie für einen normalen Blutzuckerspiegel.

☐ Befolgen Sie einen Plan, der Ihnen hilft, Ihre persönlichen Gesundheitsziele zu erreichen.

UNVERSTÄNDLICHE ETIKETTEN?
Die »Tipps zur Lebensmittelqualität« auf Seite 31 helfen Ihnen.

Erst lesen, dann kaufen

Wenn Sie an den Regalen sind, die das Zentrum des Geschäfts bilden, lesen Sie die Etiketten genau! Wenn Sie bisher die Liste der Zutaten nicht gelesen haben, werden Sie überrascht sein, wie viele scheinbar harmlose Dinge versteckte Süßstoffe, Konservierungsstoffe und künstliche Fette enthalten.

Werden Sie zum Etikettendetektiv. Wenn Sie eine Zutat nicht kennen, etwa weil ihr wissenschaftlicher Name angegeben ist, stellen Sie das Produkt am besten ins Regal zurück, legen Sie es nicht in den Einkaufswagen. Selbst in manchen angeblich gesunden Produkten sind einige sehr häufig verwendete Zusätze enthalten.

Halten Sie Ausschau nach den Süßstoffen, die auf Seite 111 genannt werden, oder auf verstecktes Gluten (siehe Seite 89). Die »Tipps zur Paläo-Vorratshaltung« auf Seite 30 helfen Ihnen, sich zwischen den Regalen zurechtzufinden.

Wenn Sie mehr Verpackung als Inhalt sehen, ist das Produkt wahrscheinlich keine gute Wahl. Lassen Sie es lieber liegen. Wenn die Verpackung Ihnen das Produkt unbedingt verkaufen will, ist es fast mit Sicherheit ungesund. Damit meine ich Werbung wie »fettfrei«, »fettarm«, »gesund fürs Herz« oder »aus dem ganzen Korn«. Vollwertige Lebensmittel brauchen diese Werbung nicht und sind oft sparsam oder gar nicht verpackt.

Es ist nicht ratsam, etwas zu kaufen, was als fettarm oder fettfrei angepriesen wird. Die meisten Milchprodukte in den Geschäften werden aus der Milch von Kühen hergestellt, die in Mastparzellen gehalten werden. Das sind keine echten, vollwertigen Lebensmittel. Fruchtjoghurt, Joghurtgetränke, Käse in Scheiben oder in Plastik verpackte Käseblöcke sowie Milch, die mit den Vitaminen A und D angereichert wurde, sind ebenfalls nicht ganz vollwertig und daher zu meiden. Auf Seite 31 erfahren Sie mehr über die richtige Auswahl von Milchprodukten.

Budget-Priorität Nr. 1: Fette und Öle

Fette sind die kalorienreichsten Lebensmittel. Kaufen Sie also nur die allerbesten Fette und Öle. Fettsäuren lagern sich in die Phospholipiddoppelschicht ein, eine zweilagige Zellschicht, die Teil der Zellmembran ist. Zwar gelangen alle Makronährstoffe ins Zellgewebe und tragen dort zur Bildung neuer Zellen bei, aber bei Fettsäuren kann der Austausch während der natürlichen Zellregeneration länger dauern. Da der Körper ständig Zellschäden reparieren muss, sollten Sie ranziges (durch Licht, Hitze oder Luft oxidiertes) oder minderwertiges Öl möglichst meiden.

Ein sehr wichtiger erster Schritt besteht darin, Fette von höchster Qualität zu kaufen; Sie sollten nie Transfette, stark verarbeitete Gemüseöle oder ranzige Öle verwenden. Kaufen Sie nur die besten frischen Nüsse und Kerne. Wenn sie schlecht riechen oder einen ranzigen Beigeschmack haben, gehören sie in den Müll. Die »Tipps zu Fetten und Ölen« auf Seite 44 helfen Ihnen bei der Auswahl.

Auf den folgenden Seiten erfahren Sie, dass Sie im Lebensmittelgeschäft nur wenige gesunde Fette und Öle – sowohl für heiße (gekochte) Gerichte als auch für Salate und zum Bestreichen – zu kaufen brauchen.

Das Warum – Nahrung und Ihr Körper

Tipps zu Fetten und Ölen

Um durch und durch gesund zu werden, müssen Sie die richtigen Fette und Öle verwenden. Das ist der erste Schritt, wenn Sie Mahlzeiten aus vollwertigen Lebensmitteln mit hoher Nährstoffdichte zubereiten wollen. Meiden Sie zu stark verarbeitete und raffinierte Öle und Fette, und bevorzugen Sie Bioprodukte, wann immer es möglich ist. Weitere Informationen finden Sie in den »Tipps zu Kochfetten«.

Essen Sie: GESUNDE, NATÜRLICHE, MINIMAL VERARBEITETE FETTE

Gesättigt: ZUM KOCHEN

Kaufen Sie unverarbeitete Bioprodukte:

- Kokosöl
- Palmöl

Am besten Bioprodukte von Tieren, die geweidet und mit Gras gefüttert wurden:

- Butter
- Ghee (reines Butterfett)
- Schweineschmalz, ausgelassener Speck
- Talg (Rinderfett)
- Gänsefett
- Hühnerfett
- Lammfett
- vollfette Milchprodukte
- Eier, Fleisch und Fisch

Ungesättigt: FÜR KALTE GERICHTE

Kaufen Sie kalt gepresste, native Öle (Bioprodukte):

- Olivenöl
- Sesamöl
- Macadamianussöl
- Walnussöl
- Avocadoöl
- Nüsse und Kerne sowie Nuss- und Kernbutter
- Leinöl**

ANMERKUNG: Ungesättigtes Fett wird meist bei Zimmertemperatur flüssig. Es oxidiert rasch, wenn man es erhitzt. Verwenden Sie kein oxidiertes Fett.

** Kalt gepresstes Leinöl dürfen Sie gelegentlich verwenden. In Zusatzpräparaten oder in Dosen von 1 bis 2 Esslöffeln am Tag ist es jedoch nicht zu empfehlen, weil Sie die Zufuhr von mehrfach ungesättigten Fettsäuren (PUFAs) minimieren sollten.

Meiden Sie: UNGESUNDE, KÜNSTLICHE UND RAFFINIERTE SAMENÖLE

Gehärtete oder teilweise gehärtete Öle, künstliche Transfette und butterartige Brotaufstriche sind nicht gesund. Diese Öle werden stark verarbeitet und sind durch Licht, Luft oder Hitze oxidiert.

- Margarine, butterartige Brotaufstriche
- Rapsöl
- Maisöl
- Pflanzenöl
- Sojaöl
- Traubenkernöl
- Sonnenblumenöl
- Färberdistelöl
- Reiskleieöl
- Backfette aus den oben genannten Ölen
- ohne Fett
- butterähnlicher Aufstrich

Tipps zu Kochfetten

Stellen Sie sich beim Kauf von Fetten und Ölen diese Fragen: 1. Wie wurden sie hergestellt? Wählen Sie natürliche, minimal verarbeitete Öle und Fette. 2. Welche Fettsäuren enthalten sie? Je gesättigter sie sind, desto besser sind sie vor Oxidation geschützt. 3. Rauchpunkt? Er sagt Ihnen, wann ein Fett zu heiß und somit beschädigt wird. Die Fettsäuren sind allerdings wichtiger.

Kochkünstler aufgepasst: KOCHEN SIE MIT GUTEN FETTEN!

PRODUKTNAME	% GFS	% MUFA	% PUFA	RAUCHPUNKT RAFFINIERT/NICHT RAFFINIERT
Beste Wahl: Für sehr hohe Hitze geeignet – ÄUSSERST STABILE FETTE				
Kokosöl	86	6	2	175°/230°
Butter/Ghee	63	26	0,03	150°/250°
Kakaobutter	60	35	5	185°
Talg/Rinderfett	55	34	0,03	205°
Palmöl	54	42	0.10	235°
Schmalz/ausgelassener Speck	39	45	11	190°
Entenfett	37	50	13	190°
Für sehr niedrige Hitze geeignet – WENIGER STABILE FETTE				
Avocadoöl*	20	70	10	270°
Macadamianussöl*	16	80	4	210°
Olivenöl*	14	73	11	190°
Erdnussöl**	17	46	32	160°/230°
Reiskleieöl**	25	38	37	210°
Nicht zum Kochen empfohlen – SEHR INSTABILE FETTE				
Färberdistelöl**	8	76	13	105°/265°
Sesamöl*	14	40	46	230°
Rapsöl**	8	64	28	205°
Sonnenblumenöl**	10	45	40	105°/225°
pflanzliches Backfett**	34	11	52	165°
Maisöl	15	30	55	230°
Sojaöl	16	23	58	255°
Walnussöl	14	19	67	205°
Traubenkernöl	12	17	71	215°

GFS: gesättigte Fettsäuren   MUFA: einfach ungesättigte Fettsäuren   PUFA: mehrfach ungesättigte Fettsäuren

* Im Kühlschrank aufbewahrte kalt gepresste Nuss- und Kernöle sind zwar nicht zum Kochen zu empfehlen, aber man kann sie verwenden, um Rezepte abzurunden, oder nach dem Kochen zum Abschmecken beigeben.

** Das Fettsäureprofil dieser Öle sieht auf den ersten Blick gut aus, aber sie sind ungesund aufgrund ihrer Verarbeitungsmethode. Weder für heiße noch für kalte Gerichte zu empfehlen.

Das Warum – Nahrung und Ihr Körper

Bewahren Sie Kokosöl und Ghee in einem kühlen, dunklen Schrank und Butter und Speck im Kühlschrank auf. Kokosöl wird im Kühlschrank extrem hart und lässt sich dann schwer handhaben. Ghee dürfen Sie ebenfalls in den Kühlschrank legen, aber es sollte auch im Schrank ziemlich haltbar sein, weil es aus reinem Fett besteht und kein Milcheiweiß enthält. Wenn Sie keine Milchprodukte vertragen, ist Ghee von grasgefütterten Kühen die beste Wahl.

Ungesättigte Öle wie Olivenöl und kalt gepresstes Sesamöl bewahren Sie am besten in dunklen Behältern oder Flaschen an einem kühlen, dunklen Ort oder im Kühlschrank auf.

Budget-Priorität Nr. 2: Eiweiß (Fleisch, Fisch, Eier)

Am besten schreiben Sie vor dem Einkaufen auf, was Sie besorgen müssen – das Wichtigste zuerst. Um die beste Ware zu bekommen, müssen Sie wissen, welche Qualitätsstufen es gibt und wie die Tiere aufgezogen und gefüttert wurden. Nutzen Sie Sonderangebote, um Ihre Vorräte aufzufüllen. Eine kleine Investition in eine zusätzliche Gefriertruhe zahlt sich schnell aus, wenn Sie größere Mengen zu niedrigeren Preisen kaufen.

Noch besser ist es natürlich, wenn Sie Fleisch auf einem Bauernhof in der Nähe kaufen. Dort bekommen Sie auch ganze Tiere oder Teile von ihnen. Sie werden meist auf Bestellung geschlachtet, und Sie können das Fleisch vielleicht mit anderen teilen, wenn ein ganzes Tier Ihnen zu viel ist.

Kaufen Sie, wann immer es möglich ist, Fleisch von Tieren, die nur mit Gras gefüttert und geweidet wurden, und essen Sie die Teilstücke, die Ihnen schmecken und die Sie bezahlen können. Kümmern Sie sich nicht darum, ob hochwertiges Fleisch mager ist. Wenn Sie sich nur Fleisch von geringerer Qualität leisten können, kaufen Sie magerere Teile, da das Fettsäureprofil von konventionellem Fleisch einen geringeren Anteil von nützlichen Omega-3-Fettsäuren aufweist.

Fleisch von Kühen, die auf der Weide leben, enthält dreimal so viel konjugierte Linolsäure (CLA) wie Produkte von Tieren, die das übliche Futter bekommen. CLA ist ein wichtiges Antioxidans, das Zivilisationskrankheiten wie Krebs, Herzkrankheiten und Diabetes verhindern hilft. Viele Leute nehmen CLA in Kapseln ein, weil sie abnehmen wollen, aber vollwertige Lebensmittel sind eine bessere Wahl.

Wie Menschen speichern auch Tiere Toxine in Fettzellen. Wenn Sie ein Tier essen, das schlechtes oder nichtbiologisches Futter bekommen hat oder Pestiziden, Herbiziden, Fungiziden, Antibiotika oder Hormonen (außer seinen eigenen) ausgesetzt war, befindet sich der größte Teil dieser Giftstoffe im Fett. In den USA wird Fleisch nach dem Grad der »Marmorierung« bewertet, also nach dem Fettgehalt, der sich durch das Fleisch zieht. Dieses Fett ist zwar schmackhaft, und ich schätze alles, was im Fleisch von grasgefütterten Tieren enthalten ist (dieses ist von Natur aus magerer als Fleisch von Tieren, die Getreidefutter bekommen haben, und nie stark marmoriert), aber es ist der ungesündeste Teil des konventionellen Fleisches. Andererseits ist jedes Fett, das im Fleisch von grasgefütterten oder geweideten Tieren enthalten ist, gesund, weil es keine Toxine enthält. Leider werden aber Tiere fetter, wenn sie unnatürliches Futter bekommen.

Budget-Priorität 3: Kohlenhydrate (Gemüse und Obst)

Beim Kauf von Obst und Gemüse der Saison können Sie bevorzugt zu lokal angebauten Produkten greifen. Sie sind in der Regel auch günstiger, weil der Bauer oder Händler keine hohen Transportkosten hat, und zudem kaufen Sie umweltbewusst ein.

Essen Sie verschiedene Gemüsesorten, damit Ihr Körper eine Vielfalt von Nährstoffen erhält. Wenn Sie es gewohnt sind, nach Brokkoli zu greifen, probieren Sie Rosenkohl. Anstelle von Weißkohl nehmen Sie Grünkohl. Versuchen Sie Süßkartoffeln, Rote Rüben, Möhren oder Steckrüben anstelle von Kartoffeln.

Müssen Sie immer Bioware kaufen? Hier sind einige Faustregeln zu diesem Thema:

- Wenn Sie vor dem Essen eine dicke Haut oder äußere Schicht vom Obst oder Gemüse entfernen, ist konventionelle Ware unbedenklich. Das gilt zum Beispiel für Bananen, Ananas, Kiwis, Melonen, Zwiebeln, Avocados und Zitrusfrüchte (es sei denn, Sie nutzen auch die Schale, etwa von Zitronen oder Orangen).
- Wenn Sie Obst oder Gemüse ungeschält essen oder wenn die Schale sehr dünn und porös ist, empfehle ich Bioware. Das gilt unter anderem für Äpfel, Beeren, Steinfrüchte (Pfirsiche, Nektarinen, Pflaumen und Kirschen), Gemüsepaprika und grünes Blattgemüse.
- Kaufen Sie alles, was auf der Liste »The Dirty Dozen« der Environmental Working Group steht, als Bioware, wann immer es möglich ist. Die konventionellen Versionen der ersten zwölf Obst- und Gemüsearten auf dieser Liste enthalten nachweislich die meisten Rückstände von Pestiziden, Herbiziden und Fungiziden. Besuchen Sie die Website der Environmental Working Group (www.ewg.org), da die Liste sich von Jahr zu Jahr ändern kann. Dort finden Sie auch eine vollständige Liste mit mehr als 24 Obst- und Gemüsearten.

ALLES ZU SEINER ZEIT!
Obst und Gemüse der Saison finden Sie im eigenen Garten, auf Wochenmärkten, in Bioläden und inzwischen auch in normalen Lebensmittelgeschäften und Supermärkten.

Weitere Tipps zum Sparen

Manche Leute glauben, vollwertige Lebensmittel seien teuer. Aber Sie sparen Geld, wenn Sie auf lokalen Wochenmärkten einkaufen, also direkt an der Quelle. Jeder Stand hat seine eigenen Preise, über die Sie teilweise verhandeln können, vor allem wenn Sie größere Mengen kaufen. Am besten klappt das gegen Ende des Marktes, weil die Händler ihre Bestände loswerden wollen. Das gilt vor allem am Samstag, weil sie an diesem Tag die letzte Chance haben, ihre Ware zu verkaufen.

Sie können auch dadurch Geld sparen, dass Sie jede Woche andere Waren (Fleisch, Gemüse und Obst) in größerer Menge kaufen, und zwar diejenigen, die gerade am preiswertesten sind.

Eine weitere Einsparmöglichkeit beim Fleisch ist der Kauf von Teilen, die weniger beliebt sind. Ich weiß, das geht vielen Leuten gegen den Strich, weil sie daran gewöhnt sind, Hühnerbrust ohne

Knochen und Haut zu kaufen, obwohl Hühnerschlegel mit Knochen und Haut schmackhafter und billiger sind. Aber wenn Sie Geflügel auf einem Wochenmarkt oder (das wäre ideal) direkt auf einem Bauernhof kaufen, bekommen Sie oft nur ein ganzes Huhn. Großartig! Braten Sie den ganzen Vogel (Rezept auf Seite 256). Und wenn Sie alles verspeist haben, machen Sie Brühe aus den Knochen (Rezept Seite 234). Innereien sind bei lokalen Höfen oft billiger, weil viele Leute sie verabscheuen und die Geflügelzüchter sie schwerer loswerden. Hühnerleberpastete (Rezept Seite 384) kann also sehr preiswert sein.

Eintöpfe, Suppen und Hackfleisch sind vorzügliche, gesunde Mahlzeiten für Preisbewusste. Die meisten Rezepte in diesem Buch sind nicht teuer, mit Ausnahme derjenigen, für die Sie wilden Lachs, andere Fische, Jakobsmuscheln oder Lammkoteletts brauchen. Manchmal bekommen Sie aber auch Lammkoteletts zu guten Preisen, wenn Sie wie ich direkt beim Bauern kaufen.

Paläo-Ernährung in der Öffentlichkeit: Restaurants und Partys

Als Ernährungsberaterin habe ich jede erdenkliche Begründung dafür gehört, dass es unmöglich sei, Ernährungsgewohnheiten zu ändern, wenn man sich nicht in der eigenen Küche befindet, wo jederzeit Kokosöl verfügbar ist. Aber ich verspreche Ihnen, dass auch gesellige Menschen Paläo-Kost genießen können.

Informieren Sie sich vorher

Wenn Sie vorhaben, in einem Restaurant zu essen, sollten Sie vorher die Speisekarte studieren, um herauszufinden, welche Auswahl Sie haben. Falls Sie nichts Gesundes finden, suchen Sie ein anderes Lokal. Die meisten Restaurants veröffentlichen ihr Menü auf ihrer Website oder als PDF-Datei, die man herunterladen kann. Wenn Sie Ihre Bestellung aufgeben, bevor Sie eintreffen, haben Sie mehr Zeit, mit Ihren Tischgenossen zu plaudern. Viele Restaurants gehen auf Ihre Wünsche ein, wenn sie im Voraus informiert werden. Rufen Sie vorher an und fragen Sie beispielsweise, ob das Lokal glutenfreie Gerichte serviert oder wie die Gerichte zubereitet werden, die Sie mögen.

Da immer mehr Gäste nach glutenfreien Gerichten fragen, bieten jetzt viele Restaurants solche Menüs an. Das bedeutet nicht, dass Sie »perfekte Paläo-Kost« bekommen, aber Sie können Verdauungsstörungen meist vorbeugen, wenn Sie glutenfrei essen.

Wenn Sie einen Tisch reservieren, können Sie dem Restaurant auch Ihre besonderen Wünsche mitteilen. Die Website bietet dafür in der Regel das Feld »Bemerkungen« an. Wenn Sie Ihre Ernährungsgewohnheiten für sich behalten wollen, sollten Sie diese vertraulichen Wege nutzen, damit Sie sich beim Bestellen am Tisch nicht unwohl fühlen.

Essen Sie, ehe Sie aufbrechen, einen kleinen Imbiss, zum Beispiel sojafreies Dörrfleisch, Nüsse, Nussbutter, ein paar Happen Avocado oder übrig gebliebenes Fleisch. Wenn Sie sich nicht hungrig an den Tisch setzen, ist die Gefahr viel geringer, dass Sie vom rechten Weg abweichen.

So umschiffen Sie die Klippen im Menü

Sobald Sie sich an den Tisch gesetzt haben, reichen Sie den Brotkorb weiter. Vielleicht können Sie dem Brot nicht widerstehen, wenn es direkt vor Ihnen steht. Führen Sie sich nicht in Versuchung! Wenn alle anderen zustimmen, bitten Sie den Kellner oder die Kellnerin einfach, kein Brot zu bringen. Es schadet Ihren Freunden nicht, wenn auch sie auf Brot verzichten. Bitten Sie stattdessen um Oliven, Stangensellerie, Möhren oder Gurken.

✓ **Essen Sie vollwertige Lebensmittel und meiden Sie moderne, verarbeitete und raffinierte Produkte.**

☐ Essen Sie für eine gesunde Verdauung.

☐ Essen Sie für einen normalen Blutzuckerspiegel.

☐ Befolgen Sie einen Plan, der Ihnen hilft, Ihre persönlichen Gesundheitsziele zu erreichen.

Das Warum – Nahrung und Ihr Körper

Fingerfood enthält oft Brot, Getreide, Milchprodukte oder Samenöl; manchmal wird es paniert oder gebraten. Aber gesündere Hauptgerichte aus einfachen, reinen Zutaten sind leicht zu finden, zum Beispiel gegrilltes oder gebackenes Fleisch, das seltener paniert wird. Lassen Sie die Vorspeisen weg oder essen Sie stattdessen einen Salat.

Wenn eine Mahlzeit Pommes frites, Brot oder Nudeln enthält, bitten Sie einfach darum, diese Bestandteile nicht auf Ihren Teller zu legen oder durch Gemüse zu ersetzen. Wenn Sie gegrillten Kürbis als Beilage zu einem anderen Gericht sehen, können Sie ihn wahrscheinlich auch als Beilage zu Ihrem Hauptgericht bekommen. Seien Sie aber ein höflicher Gast: Fragen Sie beispielsweise nicht nach Süßkartoffelbrei, wenn Sie ihn nirgendwo auf der Karte sehen.

Manche Restaurants verlangen einen Zuschlag für Gemüse, das Sie separat bestellen, aber sie vollziehen den Tausch, ohne mit den Wimpern zu zucken. Vielleicht häuft sich das Gemüse sogar auf Ihrem Teller, ohne dass Sie dafür zahlen müssen, weil das Restaurant nicht an den Austausch von Speisen gewöhnt ist und Sie zufriedenstellen will.

Seien Sie immer höflich, wenn Sie besondere Wünsche äußern. In neun von zehn Fällen bemüht sich der Kellner oder die Kellnerin, Ihnen entgegenzukommen. Das Küchenpersonal ist heutzutage oft mit Nahrungsmittelallergien vertraut. Natürlich besteht ein Unterschied zwischen einer ernsthaften Frage und einer schroffen Forderung. Wenn Sie an Zöliakie oder an extremer Gluten-Überempfindlichkeit leiden, sollten Sie eine Karte bei sich tragen, auf der steht, was Sie essen dürfen (in den »Tipps zum Gluten« auf Seite 89 finden Sie eine Karte zum Ausschneiden). Das zeigt dem Kellner oder der Kellnerin, dass Sie kein »schwieriger Gast« sein wollen.

Stellen Sie die richtigen Fragen

Selbst wenn Sie nicht sehr empfindlich sind, dürfen Sie höflich, aber bestimmt Ihre Wünsche äußern. Stellen Sie über die Zutaten der Speisen keine Mutmaßungen an.

Bitten Sie den Kellner oder die Kellnerin um Details – sie sind es gewöhnt. Nur dann können Sie sicher sein, dass das Essen lecker und sättigend ist und Sie nicht enttäuscht oder krank macht. Hier sind einige der wichtigsten Fragen:

- »Wird ein Teil dieses Gerichts paniert oder mit Mehl bestäubt?« Eiweißreiche Speisen werden vor dem Anbraten, Backen oder Grillen oft paniert oder sogar leicht mit Mehl bestreut. Gute Restaurants verzichten auf diesen Schritt, wenn der Koch Mahlzeiten nach Ihren Wünschen zubereitet.

- »Ich bin allergisch gegen Gluten. Können Sie mir sagen, ob die Soße oder ein anderer Bestandteil dieses Gerichts Gluten oder Mehl enthält? Wenn Sie nicht sicher sind, bestelle ich etwas anderes – Sie können mir bestimmt etwas Geeignetes empfehlen.«
- »Welches Bratfett verwenden Sie?« Die meisten Restaurants benutzen Pflanzenfett zum Braten. Deshalb sind gebratene Speisen keine gute Wahl, wenn Sie auswärts essen. Das gilt auch für gebratene Süßkartoffeln. Das Problem ist das Öl, nicht die Süßkartoffel. Denken Sie daran, dass Süßkartoffeln vor dem Braten meist mit Mehl bestäubt werden, damit sie knusprig werden.

Was soll ich in einem italienischen oder chinesischen Restaurant essen?

Italienisches Essen

Knausern Sie nicht mit dem Eiweiß. Bestellen Sie gegrilltes oder gebackenes Huhn, Fisch, Garnelen oder dunkles Fleisch. Sie bekommen Fleischbällchen mit Tomatensoße, aber fragen Sie vorher, ob sie Mehl oder Brotkrumen enthalten. Lassen Sie sich den Salat oder das Gemüse separat servieren. Natürlich meiden Sie Brot, Nudeln und paniertes Fleisch. Fleisch und Fisch werden in Italien vor der Zubereitung oft mit Mehl bestäubt, selbst wenn sie nicht paniert und gebraten werden. Die meisten dieser Gerichte kommen jedoch ohne Mehl aus. Erkundigen Sie sich danach. Andere gesunde Optionen sind Antipasti mit Fleisch und Gemüse oder gegrilltes Gemüse mit Olivenöl und Balsamessig.

Wenn Sie Nudeln unwiderstehlich finden, fragen Sie nach glutenfreier Pasta. Das sollte zwar nicht zur Regel werden, aber die Nudeln im Restaurant sind immer noch besser als die Produkte aus dem Supermarkt, die Sie zu Hause kochen. Achten Sie aber darauf, wie Sie sich nach dem Verzehr glutenfreier Pasta fühlen. Viele Menschen reagieren auf diese Teigwaren ebenso empfindlich wie auf glutenhaltige. Alle raffinierten Getreideprodukte können nach dem Essen Lethargie oder Müdigkeit auslösen, und das spricht nicht dafür, dass Sie etwas Gesundes gegessen haben. Zu Hause können Sie Nudeln aus nahrhaften Zucchini machen (siehe Seite 374).

Mexikanisches Essen

Bestellen Sie in einem mexikanischen Restaurant Fleisch, Salsa oder Guacamole. Als Vorspeisen eignen sich Yambohne, Gurken, roher Sellerie oder Möhren, die Sie in Guacamole dippen. In besseren Lokalen bekommen Sie Gemüse separat zum Hauptgericht. Meiden Sie Tortillas in jeder Form (Wraps, Schalen und Chips), die Mais- und Weizenmehl enthalten, sowie Bohnen und Reis. Fragen Sie, ob die Soße Mehl enthält, und bestellen Sie, wenn möglich, gegrilltes Fleisch. In Fast-Food-Restaurants wie Chipotle bekommen Sie sogar Fleisch, das nicht mit Pflanzen- oder Sojaöl zubereitet wurde.

»SONO CELIACO«
Zöliakie ist in Italien, wo die Nudel »geboren« wurde, sehr verbreitet. Deshalb bieten die meisten Restaurants glutenfreie Gerichte an. Es ist also einfach, im Italienurlaub Weizenprodukte zu meiden. Nehmen Sie eine »Zöliakie-Karte« mit italienischem Text mit (siehe Seite 89), oder sagen Sie: »Sono Celiaco.« Das bedeutet: »Ich habe Zöliakie.«

Japanisches Essen und Sushi

Sashimi ist eine naheliegende Wahl. Oder Sie bitten darum, die Rollen ohne Reis zuzubereiten. Das tue ich immer, wenn ich Sushi esse. Die meisten Köche rollen Sushi nach Ihren Wünschen, selbst wenn der Kellner oder die Kellnerin meint, das sei nicht möglich. Bitten Sie um eine Extraportion Daikon-Rettich (das geriebene weiße Zeug, das Sie für Garnierung hielten), und essen Sie ihn zusammen mit Sashimi oder Rollen. Meiden Sie gebratene Rollen, Tempura-Rollen und Rollen, die Tempura-Flocken enthalten, damit sie knuspriger werden. Oder bitten Sie darum, die Flocken wegzulassen. Manche Sushi-Restaurants sperren sich gegen jede Änderung, aber die meisten erfüllen Ihre Wünsche gerne, wenn Sie höflich fragen.

Wenn Sie Rollen mit Soße bestellen, müssen Sie darauf hinweisen, dass Sie keine Sojaprodukte mögen. Das schließt Sojasoße, Aalsoße und Ponzu ein. Wenn Sie sicher sind, dass Sie Sojaprodukte vertragen, können Sie Ihre eigene weizenfreie Bio-Tamari mitbringen (erhältlich in asiatischen Lebensmittelläden, Bioläden oder im Internet). Konventionelle Sojasoßen werden mit Weizen fermentiert, und die weitaus meisten Menschen fühlen sich besser, wenn sie selbst winzige Mengen Weizen meiden. Sojasoße war früher ein vergorenes Produkt, dessen Zubereitung ohne Weizen viel länger dauerte. Wie bei den meisten heutigen industriell hergestellten Produkten sind Tempo und billige Zutaten am wichtigsten, und die Verwendung von Weizen ist inzwischen üblich, sodass Sojasoße Gluten enthält.

Wenn Sie wie ich empfindlich gegen Gluten und Soja sind, sollten Sie Kokosnuss-Aminos probieren. Das ist ein fermentiertes Kokosnussprodukt, das fast wie Sojasoße aussieht und schmeckt und das Sie zum Tunken von Sushi nehmen können. In Rezepten können Kokosnuss-Aminos Sojasoße ersetzen. Sie gehören zu den besten Ersatzprodukten, die ich nach jahrelanger Suche gefunden habe, und inzwischen schmecken sie mir besser als Sojasoße.

Meiden Sie Teriyaki, Gyoza, Teigtaschen, Edamame und die meisten anderen Vorspeisen. Ich esse gerne Seealgensalat und halte Algen für ein vorzügliches Lebensmittel, aber sie werden meist konventionell zubereitet (nicht in jedem Restaurant frisch) und enthalten viel Sojasoße und oft Mononatriumglutamat (MNG), ein Nervengift.

Indisches Essen

In einem indischen Restaurant essen Sie am besten Fleisch und gegrilltes oder geröstetes Gemüse. Das Essen sollte jedoch nicht in Soße schwimmen. Das Naan-Brot und den Reis lassen Sie natürlich weg. Wenn Sie ein Currygericht essen möchten, erkundigen Sie sich vorher, ob die Soße mit Mehl zubereitet wird. Früher wurde in Indien mit Ghee gekocht, aber die meisten modernen Restaurants haben sich auf die billigeren Pflanzenöle umgestellt. Verlangen Sie, dass Ghee verwendet wird, sofern es vorrätig ist.

Thailändisches Essen

Bestellen Sie ein Currygericht oder andere Speisen, die mit Kokosmilch zubereitet werden, jedoch ohne den Reis. Fragen Sie, ob das Gericht Sojasoße enthält, wie viele thailändische Speisen. Viele Thai-Restaurants bieten heute glutenfreie Gerichte an; es ist also einfach, ohne Getreide thailändisch zu essen. Ich empfehle Reis zwar nicht zum regelmäßigen Verzehr, aber wenn Sie eine kleine Menge weißen Reis oder Reisnudeln vertragen, dürfen Sie ihn in Thai-Restaurants genießen, sofern es höchstens einmal im Monat vorkommt. Achten Sie wieder darauf, wie Sie sich nach dem Essen fühlen. Viele Leute leiden nach einem Reisgericht an Lethargie oder einem Völlegefühl.

Pizza

Wenn Sie auswärts essen, werden Sie keine gesunde Pizza bekommen. Backen Sie Ihre Pizza zu Hause, und verwenden Sie dabei Mandelmehl oder Kokosmehl. Wenn Sie im Internet »Meatza Rezept« oder »Paleo Pizzaboden Rezept« suchen, finden Sie Anleitungen. Wenn Sie eine Zeitlang Paläo-Kost gegessen haben, vertragen Sie vielleicht gelegentlich eine glutenfreie Pizza. Denken Sie aber daran, dass der Käse meist minderwertig ist, weil Restaurants oft die billigsten Zutaten einkaufen.

Chinesisches Essen

Ich empfehle Ihnen, chinesisches Essen ganz zu meiden, es sei denn, Sie kennen ein Restaurant, das Ihnen auf Wunsch Gerichte ohne Mononatriumglutamat und Soßen ohne Zuckerzusatz oder Soja serviert. Notfalls bestellen Sie gedünstete Gerichte, die meist unbedenklich sind. Am besten kochen Sie chinesisches Essen aber zu Hause, zum Beispiel kurz angebraten mit Kokosöl und Kokosnuss-Aminos. Wenn Sie allergisch auf Kokosnüsse reagieren, können Sie mit Ghee oder einem anderen Tierfett braten und das fertige Gericht mit einer Soße aus Tahini (siehe Seite 386) beträufeln.

Paläokost auf Partys

Wenn Sie zu einer Party eingeladen sind, fragen Sie die Gastgeber, was sie servieren wollen, damit Sie vorbereitet sind. Natürlich sollten Sie nicht viel Aufhebens um Ihre Essgewohnheiten machen, außer die Gastgeber sind aufgeschlossen und bereit, Ihnen entgegenzukommen. Wenn Sie keine Bedenken haben, sie über Ihre Ernährungsweise zu informieren, können Sie ihnen versichern, dass gegrilltes, gebackenes oder geröstetes Fleisch und Gemüse mit Kräutern für Sie bestens geeignet sind. Fügen Sie aber hinzu, dass einige Soßen problematisch sein könnten und dass es daher ideal wäre, sie separat zu servieren.

Wenn Sie einfach annehmen, dass Sie schon etwas Essbares finden werden, müssen Sie damit rechnen, eine Enttäuschung zu erleben und hungrig zu bleiben. Schließlich nutzen die meisten Leute Partys als Vorwand zum Schlemmen mit Leckereien und ungesunden Speisen. Darum nehmen Sie im Zweifel lieber ein oder zwei Gerichte mit, die Ihren Hunger mit Sicherheit stillen werden. Die Gastgeber haben bestimmt nichts dagegen, und Sie können sicher sein, dass Sie nicht den ganzen Abend hungern oder später leiden müssen. Am Ende dieses Buches finden Sie eine Menge partytauglicher Rezepte, die bestimmt allen schmecken!

Paläo-Kost unterwegs: Auf der Straße oder in der Luft

Ich weiß aus Erfahrung, wie schwierig es ist, auf einer Reise gut zu essen. Aber mit etwas Voraussicht und Planung ist es keinesfalls unmöglich.

Reisetipps

- Eine Kühltasche mit einem dichten Eisbeutel hält Lebensmittel im Hotelzimmer frisch.
- Verlangen Sie einen Minikühlschrank im Hotelzimmer. Behaupten Sie, wenn nötig, Sie hätten schwere Nahrungsmittelallergien.
- Verwenden Sie Schnellverschlussbeutel.
- Suchen Sie vor Beginn der Reise nach Bioläden oder Wochenmärkten an Ihrem Zielort.
- Nehmen Sie auf Flugreisen kleine, dichte Behälter (50–100 ml) für Flüssigkeiten mit. Das Volumen der Behälter sollte für den Zoll gut lesbar sein. Ich empfehle Ihnen, natives Olivenöl extra für Salate und andere Gerichte mitzunehmen.
- Verwenden Sie durchsichtige Behälter für Flüssigkeiten wie Guacamole, sodass der Inhalt gut zu sehen ist.
- Trockene Lebensmittel können Sie in der Reisetasche unterbringen.
- Nehmen Sie zusätzliche eiweiß- und fetthaltige Lebensmittel mit, z. B. Dörrfleisch und Nüsse, um auf Verspätungen vorbereitet zu sein. Sie wiegen nicht viel.
- In Flughäfen gibt es meist Imbisse, die Salate mit Fleischstückchen oder -streifen anbieten. Entfernen Sie einfach unerwünschte Zutaten, bitten Sie um etwas Zitrone und rühren Sie daraus und aus dem mitgebrachten Olivenöl eine Soße an.
- Oft bekommen Sie auch Burger nach Ihren Wünschen und ohne Brötchen.
- Notfalls eignen sich auch sehr dunkle Schokolade, Nüsse und/oder Studentenfutter als gesunde Snacks.

✓ **Essen Sie vollwertige Lebensmittel und meiden Sie moderne, verarbeitete und raffinierte Produkte.**

☐ Essen Sie für eine gesunde Verdauung.

☐ Essen Sie für einen normalen Blutzuckerspiegel.

☐ Befolgen Sie einen Plan, der Ihnen hilft, Ihre persönlichen Gesundheitsziele zu erreichen.

Das Warum – Nahrung und Ihr Körper

Nehmen Sie diese Gegenstände mit:

- einen kleinen Dosenöffner
- ein kleines, scharfes Messer (nur im kontrollierten Koffer, nicht im Handgepäck, sonst wird es beschlagnahmt)
- kleine, leere Frischhalteboxen und Schnellverschlussbeutel für Reste oder Eis
- Plastikbesteck oder wiederverwendbares Besteck
- ein paar Pappteller oder leichte wiederverwendbare Teller
- einen kleinen Salzstreuer
- kleine Gefäße mit Gewürzen oder Kräutern, z. B. mit schwarzem Pfeffer, Zimt, Knoblauchpulver, Rosmarin oder Oregano
- einen kleinen Schwamm und ein Spülmittel, wenn Sie widerverwendbares Besteck mitnehmen; das ist vor allem auf Autoreisen zu empfehlen

Manchmal müssen Sie auf einer Reise einige Lebensmittel mitnehmen, damit Sie gesund essen können. Hier ist eine Liste von eiweiß-, kohlenhydrat- und fetthaltigen Produkten für die Reise:

Praktische Eiweißquellen

- Fleisch aus dem Feinkostgeschäft (ohne Carrageen)
- wilder Lachs oder Thunfisch aus der Dose
- Importfleisch wie Chorizo enthält oft nur Schweinefleisch, Gewürze und Salz
- ganze gebratene Hühner (entweder ohne Zutaten oder mit Salz und Pfeffer oder nur mit Zutaten, die Sie kennen – die meisten Hühner enthalten unerwünschte Zutaten)
- Dörrfleisch ohne Sojazusatz oder Zusätze, die Sie nicht kennen
- hartgekochte Eier
- Nüsse (die jedoch mehr Fett als Eiweiß enthalten) sind in Notfällen gut geeignet

Praktische Fettquellen

- natives Olivenöl extra in einem tragbaren, dichten Behälter
- Kokosöl in einem dichten Behälter
- Nussbutter, Kokosnussbutter
- Macadamianüsse, Walnüsse, Haselnüsse, Kokosflocken
- Guacamole
- dunkle Schokolade (80 % Kakaoanteil), gute Qualität mit wenig Zucker

Praktische Kohlenhydratquellen

- Gemüse, z. B. Möhren, Stangensellerie, Paprikaschoten
- Salate bekommen Sie fast überall. Essen Sie sie »pur« und mit reichlich Gemüse.
- Romana-Salatherzen eignen sich hervorragend zum Einwickeln von Fleisch.
- Süßkartoffeln oder Butternusskürbis aus der Dose
- Obst, z. B. Äpfel, Orangen, andere Zitrusfrüchte, Weintrauben, Bananen. Beeren gehören in die Kühltasche. Fruchtsalat ist fast überall erhältlich, auch auf Flughäfen.
- Frucht- oder Nussriegel oder Studentenfutter ohne Zusatzstoffe

Ihr Verdauungssystem: Die Teile, der Prozess und der Stuhlgang

Zur Verdauung gehören mehrere Schritte, an denen verschiedene Organe beteiligt sind, die miteinander zusammenarbeiten

- ☐ Essen Sie vollwertige Lebensmittel und meiden Sie moderne, verarbeitete und raffinierte Produkte.
- ☑ **Essen Sie für eine gesunde Verdauung.**
- ☐ Essen Sie für einen normalen Blutzuckerspiegel.
- ☐ Befolgen Sie einen Plan, der Ihnen hilft, Ihre persönlichen Gesundheitsziele zu erreichen.

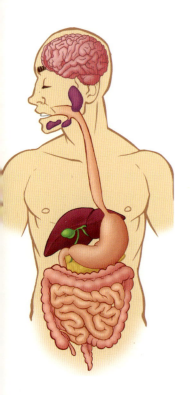

In diesem Kapitel erfahren Sie mehr über diese Organe, die Resorption und den Stuhlgang.

Stellen Sie sich die Verdauung als Nord-Süd-Prozess vor. Vielleicht glauben Sie, die Verdauung beginne im Mund und ende, Sie wissen schon, wo. Aber sie beginnt eigentlich bereits, ehe Sie die Nahrung in den Mund nehmen: im Gehirn.

Das Gehirn

Erinnern Sie sich daran, dass Ihre Mutter Sie, als Sie ein Kind waren, nach dem Mittagessen eine halbe Stunde warten ließ, bevor Sie herumlaufen oder schwimmen durften?

Es hat einen guten Grund, sich nach dem Essen nicht sofort körperlich anzustrengen: Der Körper kann sich nicht auf die Verdauung konzentrieren, wenn Sie ihn zu anderen Tätigkeiten zwingen, etwa zum Spiel oder zum Sport. Körperliche Aktivitäten und jede andere Aktivität, die stressig ist, einschließlich eines unangenehmen Arbeitstreffens oder sonstigen Ereignisses, setzen einen anderen körperlichen und mentalen Zustand voraus als die Verdauung. Dieser Stresszustand wird »Sympathikus-dominierter Zustand« oder »Kampf-oder-Flucht-Modus« genannt. Sogar die Gedanken können den Speichelfluss, die Magensaftproduktion, die Enzymbildung und die Freisetzung von Verdauungshormonen im Magen und Darm verstärken oder hemmen.

Das Gehirn entscheidet, ob der Körper sich auf Stressreaktionen (z. B. Sport) oder auf Ruhe und Verdauung konzentriert. Wenn Sie sich wegen einer körperlichen oder psychischen Belastung im Kampf-oder-Flucht-Modus befinden, entzieht der Körper den Verdauungsorganen Blut, weil er es zur Stressbewältigung braucht.

Wenn der Körper merkt, dass er auf der Hut sein oder Stress bewältigen muss, schaltet er den mit Ruhe verbundenen Verdauungsprozess ab. Das bedeutet, dass die autonomen (unwillkürlichen) Körperfunktionen gebremst werden. Damit Ihr Essen optimal verdaut wird, sollten Sie also Pause machen und sich entspannen, wenn Sie von einem stressigen Zustand (»Kampf oder Flucht«) auf einen verdauungsfördernden (»parasympathischen«) Zustand umschalten wollen.

Das widerspricht fast allem, was Sie über das Essen nach einem Training gehört haben, nicht wahr? Wahrscheinlich haben Sie gehört, dass Sie innerhalb von dreißig Minuten nach Beendigung des Trainings essen sollen. Stattdessen sollen Sie nun nach dem Ende des Trainings dreißig Minuten warten. Die Ratschläge, die Sie bekommen haben, sind ideal für Profisportler und Bodybuilder, nicht aber für Durchschnittsmenschen. Wenn Sie nicht extrem aktiv sind und deshalb zusätzliche Kalorien brauchen (Beispiele wären ein Trainer, der den ganzen Tag auf den Beinen ist, oder ein Schwerarbeiter), taugt der Rat, innerhalb von dreißig Minuten nach Trainingsbeginn zu essen, nicht für Sie.

Wenn Sie nach dem Sport sofort essen wollen, greifen sie am besten zu flüssiger Nahrung, weil sie leicht verdaulich ist.

Die Empfehlung, innerhalb von dreißig Minuten nach Ende des Trainings zu essen, beruht auf der Annahme, dass dies günstig für den Stoffwechsel ist. Leider ist es nahezu unmöglich, diesen Vorteil mit vollwertigen Lebensmitteln zu nutzen, solange das Verdauungssystem sich noch im Kampf-oder-Flucht-Modus befindet.

Ein Durchschnittsmensch, der einfach nur regelmäßig Sport treibt, ohne für Wettkämpfe zu trainieren, nimmt täglich genug Nahrung zu sich, um die Nährstoffe zu ersetzen, die beim Sport verloren gehen. Viele meiner Klienten berichten, dass sie die Fettpolster, mit denen sie monatelang gekämpft haben, endlich verlieren, wenn sie auf ihren Shake nach dem Training verzichten. Sie warten mindestens dreißig Minuten und nehmen zur Essenszeit feste Nahrung zu sich.

> **SYMPATHIKUS UND PARASYMPATHIKUS**
> *Das sympathische Nervensystem wird vor allem aktiviert, wenn Sie sich im Kampf-oder-Flucht-Modus befinden. Das parasympathische Nervensystem wird im Ruhe- und Verdauungsmodus aktiv. Nur wenn das parasympathische System dominiert, ist eine optimale Verdauung möglich. Sie können sich nur in einem dieser beiden Modi befinden.*

Was kann schiefgehen?

Wenn Sie nicht in den Ruhe- und Verdauungsmodus umschalten, arbeitet die Verdauung nicht optimal: Der Magen sondert zu wenig Magensäure ab, und das Essen wird entweder zu schnell oder zu langsam verdaut.

Die Abhilfe

Einerlei, ob Sie sich nach intensivem Training oder wegen einer stressigen Lebensweise im Kampf-oder-Flucht-Modus befinden, das Heilmittel ist das Gleiche. Nehmen Sie sich eine Weile Zeit – so viel Zeit wie möglich –, um sich zu entspannen und durchzuatmen, wenn Sie sich zum Essen hinsetzen. (Ja, ich sagte »hinsetzen«, und damit meine ich nicht das Sitzen im Auto beim Fahren!) Aktivieren Sie bewusst den Ruhe- und Verdauungsmodus, damit Sie entspannt und achtsam essen können. Das trägt zu einem reibungslosen Verdauungsprozess bei – im wörtlichen Sinne.

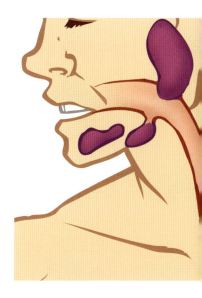

Also entspannen Sie sich, beruhigen Sie Ihren Gedankenstrom und holen Sie ein paarmal tief Luft, ehe Sie sich zum Essen an den Tisch setzen. Essen Sie nicht, wenn Sie schwer beschäftigt sind, während einer Autofahrt oder sofort vor oder nach dem Sport.

Das Warum – Nahrung und Ihr Körper

Mund, Speicheldrüsen und Speiseröhre

Drei Paar enzymproduzierende Speicheldrüsen setzen den chemischen Abbau des Essens in Gang, während Sie kauen. Das Enzym Amylase im Speichel beginnt, Kohlenhydrate zu spalten, und Speicheldrüsen in der Zunge bilden Lipase, die mit dem Fettabbau beginnt. Wenn Sie das nächste Mal stärkereiches Essen zu sich nehmen, kauen Sie es eine Weile, bis es süßer schmeckt, weil die komplexen Kohlenhydrate in einfache Zucker gespalten werden. Das ist das Werk der Amylase.

Speichel befeuchtet das Essen, bevor es in die Speiseröhre und in den Magen gelangt. Aber gründliches Kauen ist nicht nur deshalb wichtig. Mit dem Kauen beginnt nämlich die mechanische Zerkleinerung des Essens. Außerdem sendet es dem Gehirn Signale, damit es die Enzymbildung ankurbelt und den ganzen Organismus auf das Essen einstellt. Hat Ihr Magen schon einmal geknurrt, als Sie Kaugummi kauten? Das geschieht, weil Ihr Körper glaubt, Sie seien dabei, Speisebrei in den Magen zu befördern. Darum kann Kaugummikauen den Appetit anregen.

Was kann schiefgehen?

Wenn Sie nicht gründlich kauen, müssen Sie mit Symptomen wie Völlegefühl, Aufstoßen und unverdauten Speiseresten – z. B. Maiskörner oder grünes Blattgemüse – im Stuhl rechnen. Diese Symptome können aber auch ein Anzeichen dafür sein, dass Sie etwas gegessen haben, was Ihr Körper nicht verträgt.

Die Abhilfe

Natürlich müssen Sie Ihr Essen gut kauen! Zudem sollten Sie vollwertige Lebensmittel essen, die Ihr Körper gut verträgt. Produkte, die viele Antinährstoffe enthalten, zum Beispiel Getreide und Hülsenfrüchte, wehren sich gegen Verdauungsenzyme und gegen den Verdauungsprozess. Sie sind darauf eingestellt, diesen Prozess zu überleben, wieder in den Boden zu gelangen und dort zu wachsen.

Wenn Sie kurz nach einer Mahlzeit zur Toilette rennen müssen, ist das ein sicheres Zeichen dafür, dass Ihr Körper etwas, was Sie gegessen haben, nicht verträgt. Mais ist beispielsweise wegen seiner harten äußeren Hülle schwer zu kauen. Jedes Mal, wenn Ihr Stuhl etwas enthält, was noch so aussieht wie auf dem Teller, haben Sie ein Problem. Im Verdauungstrakt sollte die Nahrung vollständig in Moleküle zerlegt werden, die man nur unter dem Mikroskop sieht. Was Sie ausscheiden, besteht zu 80 Prozent aus Bakterien, nicht hauptsächlich aus Speiseresten.

Es gibt einen Passagezeittest (siehe Seite 74), bei dem man mit Hilfe von ganzen Sesamsamen feststellt, wie lange es dauert, bis das Essen den Verdauungskanal durchläuft. Dieser Test ist ein gutes Beispiel dafür, dass Getreide und Samenkerne nicht immer vollständig zerlegt werden. Selbst auf der molekularen Ebene werden manche Proteine nicht vollständig verdaut und resorbiert. Das ist bei Getreide und Hülsenfrüchten häufig der Fall, weil sie gegen das Verdauungssystem ankämpfen.

Was stimmt nicht mit Hülsenfrüchten?

Sie wissen bereits, dass Bohnen zu Blähungen führen. Schuld daran sind Kohlenhydrate, die der Körper nicht vollständig abbauen kann. Immer wenn Sie an Blähungen leiden, haben Sie etwas gegessen, was Sie schlecht verdauen.

Eingeweichte oder vergorene Bohnen sowie Bohnensprossen sind leichter verdaulich. Dennoch sind Bohnen kein guter Eiweißlieferant, weil sie hauptsächlich Kohlenhydrate, aber wenig Eiweiß enthalten. Diese Methoden helfen Ihnen vielleicht, Bohnen ohne Beschwerden zu essen, doch Sie sollten das nicht regelmäßig tun. Nährstoffreichere Lebensmittel sind immer die bessere Wahl!

Der Magen

Der Magen ist ein Sack, der etwa ein bis drei Liter Nahrung und Flüssigkeit aufnehmen kann. Ein gesunder Magen hat eine dicke Schleimhaut und ist extrem sauer. Ja, Sie lesen richtig! Das saure Milieu erfüllt mehrere Zwecke. Es ist die erste Verteidigungslinie gegen Krankheitserreger, die mit dem Essen in den Körper gelangen. Zudem beginnt im Magen die Eiweißverdauung.

Salzsäure ist notwendig. Wenn Sie einen Bissen geschluckt haben, wandert er durch die Speiseröhre in den Magen, wo die Salzsäure (HCl) Keime in der Nahrung abtötet, ehe sie in den Dünndarm gelangt – sofern Ihr Magen genügend Salzsäure bildet.

Wahrscheinlich schlucken Sie mehr Keime, als Sie glauben, aber das erfahren Sie nur, wenn die Salzsäure einen dieser Keime nicht zerstören kann und Sie eine Lebensmittelvergiftung oder Infektion bekommen.

Wenn das Essen im Magen ankommt, reagiert das Verdauungssystem auf vielfältige Weise. Signalhormone und -enzyme »prüfen« den Mageninhalt und setzen die Produktion von Verdauungsenzymen in Gang, die mit dem Aufspalten der Nahrung beginnen.

Proteasen und Peptidasen spalten Eiweiß, die Magenlipase spaltet Fette. Zwar werden die meisten Nährstoffe und Substanzen, die Sie zu sich nehmen, erst im Dünndarm und im Dickdarm resorbiert, aber Wasser, einige Mineralien, Aspirin und Alkohol werden bereits von der Magenschleimhaut aufgenommen.

Der Magensaft, einschließlich der HCl und der erwähnten Enzyme und Hormone, trägt also zum Abbau der Nahrung bei. Außerdem schützt er die Magenschleimhaut und fördert das Zellwachstum in dieser Haut. Zudem ist

KINDER UND GEMÜSE

Kleinkinder, die eben erst begonnen haben, mit dem Zahnfleisch und den Zähnen zu kauen, bilden meist weniger Amylase, die sich mit kohlenhydratreichem Essen vermischen könnte. Deshalb mag Ihr Kleinkind lieber süßeres Essen. Geben Sie ihm dennoch Nahrung, die weniger süß ist. Sobald das Kind besser kauen kann, werden mehr Enzyme gebildet.

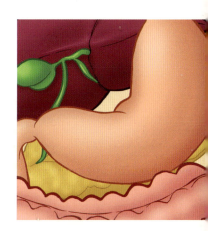

Das Warum – Nahrung und Ihr Körper

der Magen ein guter Mixer, der die Nahrung umwälzt, knetet und mit dem Magensaft vermischt. So entsteht ein Speisebrei, der Chymus genannt wird«

Was kann schiefgehen?

Wenn die Magenschleimhaut gesund ist und der Abbau der Nahrung im Magen beginnt, merken Sie nichts von der Säure. Ein Mangel an Magensäure führt hingegen zu Sodbrennen und Säurereflux. Die meisten Menschen schlucken Säureblocker, wenn sie an Sodbrennen oder Reflux leiden, aber die eigentliche Ursache ist in der Regel zu wenig Magensäure.

Der Akupunkteur Chris Kresser erklärt: »Reflux wird durch erhöhten Magendruck verursacht, der den unteren Schließmuskel der Speiseröhre belastet. Schuld an diesem erhöhten Druck sind übermäßige Vermehrung von Bakterien und schlechte Resorption von Kohlenhydraten, deren Ursache wiederum Magensäuremangel ist. Die Beseitigung der Bakterien und eine geringere Kohlenhydratzufuhr lindern nachweislich den Säurereflux und GERD (Gastroösophageale Refluxkrankheit) und können beide in manchen Fällen heilen.«*

Wenn Sie Reflux oder Sodbrennen spüren, sind das die Folgen des Druckes, der auf schlecht verdautes Essen und wuchernde Bakterien zurückzuführen ist. Daran ist Säuremangel, nicht Säureüberschuss schuld. Wenn der Magen zu wenig Säure produziert, gedeihen schädliche Bakterien und einige Nahrungsmittel werden nicht abgebaut. Dadurch steigt der Druck im Magen und Salzsäure fließt in die Speiseröhre, in der sie nichts zu suchen hat. Dort spüren Sie dann ein Brennen in der empfindlichen Schleimhaut.

Wenn die Magensäure dort bleibt, wo sie hingehört, nämlich im Magen, merken Sie nichts von ihr, es sei denn, Sie leiden an Magengeschwüren. Der Magen sollte eine dicke, intakte Schleimhaut haben, die es der Säure ermöglicht, ihre Aufgabe zu erfüllen, ohne dass Sie etwas davon mitbekommen.

WISSENSWERT
Der Fettabbau gehört nicht zu den Hauptaufgaben des Magens von Erwachsenen. Muttermilch, die ideale Kost von Säuglingen, besteht zu einem Großteil aus Fetten und wird schon im Magen abgebaut.

Quelle: Kresser, Chris, »The hidden causes of heartburn and GERD.« 1. April 2010. http://chriskresser.com/the-hidden-causes-of-heartburn-and-gerd

Verdauungsenzyme entschlüsselt

Der erste Teil des Namens eines Enzyms sagt Ihnen, welche Moleküle es zerlegt. Der zweite Teil, »-ase«, verrät Ihnen, dass es sich um ein Enzym handelt.

Lipase = Lipid (Fett) abbauendes Enzym
Protease = Protein abbauendes Enzym
Amylase = Amylopektin (ein Kohlenhydrat) abbauendes Enzym

Magensäure setzt zudem die Enzymproduktion der anderen Verdauungsorgane in Gang und wird für die Resorption von Mineralien wie Eisen und Kalzium sowie B-Vitaminen (vor allem B12) benötigt. Viele Krankheiten, die auf Nährstoffmängel zurückzuführen sind – Anämie, Depressionen, Angst, Osteoporose, Osteopenie oder Müdigkeit wegen Vitamin-B12- oder Eisenmangels –, haben ihre Wurzel im Salzsäuremangel. Ohne ausreichende Magensäure drohen Vitamin- und Mineralstoffmangel, Lebensmittelvergiftung, Blähungen, Aufstoßen und Völlegefühl nach dem Essen, selbst wenn Sie sehr gut kauen.

Die Abhilfe

Wenn Sie den Rat zu den ersten beiden Schritten des Verdauungsprozesses befolgen – im Ruhe- und Verdauungsmodus bleiben und gut kauen –, fördern Sie die Bildung von Magensäure. Sollten dennoch Symptome eines Säuremangels auftreten, können Sie Bitterstoffe einnehmen (in den meisten Bioläden ist eine entsprechende Tinktur erhältlich) oder eine kleine Menge frischen Zitronensaft oder Apfelessig zu sich nehmen. Trinken Sie diese stark bitteren oder sauren Flüssigkeiten, vermischt mit einer kleinen Menge Wasser, etwa fünfzehn Minuten vor einer Mahlzeit, um die HCl-Produktion zu fördern. Bei schweren Symptomen ist die Einnahme von HCl-Tabletten am wirksamsten.

Wenn Sie an Symptomen für Salzsäuremangel leiden, zum Beispiel an Reflux, Sodbrennen oder starkem Völlegefühl sofort nach dem Essen, obwohl Sie auf Getreide, Hülsenfrüchte, Zucker und raffinierte Produkte verzichten, braucht Ihr Körper vielleicht mehr Zeit, um sich der Ernährungsumstellung anzupassen. Wenn Sie längere Zeit Säureblocker eingenommen haben, zum Beispiel Protonenpumpenhemmer müssen Sie einige weitere Schritte unternehmen, um dafür zu sorgen, dass Sie Nährstoffe gut resorbieren und verwerten. Die bloße Steigerung der Säureproduktion genügt in diesem Fall nicht.

Falls die Symptome eines Magensäuremangels länger als dreißig Tage anhalten, kann eine ernstere Erkrankung vorliegen, zum Beispiel ein Befall mit hartnäckigen Krankheitserregern. In diesem Fall empfehle ich Ihnen die Konsultation eines Arztes, der Verständnis dafür hat, dass Sie nur vollwertige Lebensmittel essen wollen. Er kann mit einem Stuhltest H. pylori, Dünndarmfehlbesiedlung (DDFB) und andere Erkrankungen ausschließen. Sie müssen diese Probleme unbedingt lösen, um mit einer nährstoffreichen, natürlichen Ernährung Erfolg zu haben.

SCHLUCKT BROT ALKOHOL?
Auf den ersten Blick mag das logisch erscheinen, aber es hilft dem Körper nicht wirklich, die Resorption von Alkohol ins Blut zu verlangsamen. Am besten nehmen Sie eine Mahlzeit oder einen Imbiss mit etwas Fett zu sich, um die Entleerung des Magens zu bremsen.

Leber und Gallenblase

Die Leber ist ein rötlich braunes Organ, das gut drei Pfund wiegt und im oberen rechten Quadranten der Bauchhöhle sitzt, gleich unter dem Zwerchfell. Die Gallenblase ist viel kleiner (8 × 4 cm) und befindet sich unterhalb der Leber. Sie gleicht einem Beutel und ist durch den Hauptgallengang mit dem Zwölffingerdarm (Teil des Dünndarms) verbunden. Der Hauptgallengang verbindet zudem die Gallenblase mit der Bauchspeicheldrüse (Pankreas).

So fördern Sie die Verdauung auf natürliche Weise

- **Essen Sie weniger Kohlenhydrate**, Ballaststoffe und Zucker/Süßstoffe in allen Formen (auch künstliche Produkte), vor allem weniger Fructose. Sie alle fördern die Dysbiose (bakterielle Fehlbesiedlung des Darms).

- **Zitronensaft oder Apfelessig.** Versuchen Sie es mit einem Esslöffel in 30 ml Wasser 10 bis 20 Minuten vor einer Mahlzeit.

- **Bitterstoffe.** Sie sind in vielen Bioläden als Tinktur erhältlich. Die Dosierung ist unterschiedlich und wird auf der Flasche angegeben.

- **HCl-Tabletten** (oder Kapseln), meist in Form von Betain-HCl oder als Teil einer Mixtur von Verdauungsenzymen. Diese Tabletten empfehle ich nur zusammen mit einer mehrgleisigen Therapie: Der Ruhe- und Verdauungsmodus beim Essen und gutes Kauen sind unerlässlich. Sie können eine kleine Dosis HCl entsprechend der Anleitung auf der Packung schlucken und dann Ihre Symptome beobachten. Wenn Sie oben im Magen ein Brennen spüren, war die Dosis zu hoch. Wenn Sie mehr HCl nehmen, als Sie brauchen, aber kein Brennen spüren, kann das ein Zeichen für eine gesunde Magenschleimhaut sein.

- **Wenn Sie HCl-Tabletten gegen Reflux einnehmen, sollten Sie unbedingt auch die Magenschleimhaut unterstützen.** Hilfreich sind entglycyrrhizinierter Extrakt aus Süßholzwurzel (DGL), Eibischwurzel, Rot-Ulme und Pfefferminztee. (Mehr dazu in den »Tipps zur Heilung einer pathologisch durchlässigen Darmwand«, Seite 88.)

- **Eine wichtige Warnung des Akupunkteurs Chris Kresser:** »Greifen Sie auf keinen Fall zu HCl, wenn Sie auch entzündungshemmende Medikamente einnehmen, zum Beispiel Kortikosteroide (etwa Prednison), Aspirin, Indocin, Ibuprofen (Aktren, Dismenol usw.) oder nichtsteroidale Entzündungshemmer. Diese Arzneien können die Magenschleimhaut schädigen, und HCl kann die Schäden verschlimmern und dadurch das Risiko für Magenblutungen oder Geschwüre vergrößern.«*

*Quelle: Kresser, Chris, »Get rid of heartburn and GERD forever in three simple steps«. 16. April 2010. http://chriskresser.com/the-hidden-causes-of-heartburn-and-gerd

Die Leber hat viele wichtige Aufgaben. Sie entgiftet das Blut, ist an der Eiweißsynthese beteiligt und spielt eine sehr wichtige Rolle beim Verdauungsprozess. Sie produziert Galle, eine seifenähnliche Substanz, die Fette wie Butter, Olivenöl und Kokosöl emulgiert (ähnlich wie ein Spülmittel das Fett in einer schmutzigen Pfanne beseitigt), damit sie verdaut und von den Zellen und Geweben resorbiert werden können. Die Gallenblase speichert die Galle und entleert sie auf Anweisung des Gehirns. Das Gehirn bestimmt, wann Galle in welcher Menge benötigt wird, um das Fett in der Nahrung zu spalten. Ohne die Leber und die Gallenblase könnten Sie weder Nahrungsfette noch fettlösliche Vitamine (A, D, E und K) resorbieren.

Was kann schiefgehen?

Das Hauptproblem ist das Signalhormon Cholecystokinin (CCK), das es dem Gehirn ermöglicht, mit der Gallenblase zu kommunizieren. Ist dieser Prozess gestört, treten nach einer fetthaltigen Mahlzeit Schmerzen oder Unwohlsein unterhalb des Brustbeins auf. Das kann ein Zeichen für eine chronische Störung des Gallenflusses sein. Auch Gallensteine können die Abgabe von Galle blockieren, entweder in der Gallenblase selbst oder im Gallengang (einem Röhrensystem, das es der Leber, der Gallenblase und der Bauchspeicheldrüse ermöglicht, Sekrete in den Dünndarm zu leiten).

Wenn diese Symptome auftreten, probieren viele Leute eine fettarme Diät, weil sie hören, dass die Galle auf Nahrungsfette reagiert. Dadurch verschlimmert sich die Situation oft noch, weil die Betroffenen mehr Getreideprodukte essen, um das fehlende Fett zu ersetzen. Aber diese Nahrungsmittel enthalten Antinährstoffe, was zusammen mit dem sinkenden Bedarf an Galle zu einer noch stärkeren Störung der CCK-Signale führt. Dann gibt die Gallenblase zu wenig Galle ab, und diese staut sich.

Ein weiteres, möglicherweise früheres Zeichen für eine Störung der Gallenblase oder für ein Signalproblem ist ein grüner, gelblicher oder heller Stuhl. Diese Farben deuten darauf hin, dass Nahrungsfette vor dem Ausscheiden unzureichend abgebaut wurden, weil die Gallenproduktion oder -sekretion gestört ist. Wenn alles reibungslos abläuft, treten nach einer fettreichen Mahlzeit keine Beschwerden auf und der Stuhl hat eine normale Farbe. (Auf Seite 75 erfahren Sie mehr darüber, wie gesunder Stuhl aussieht.)

Denken Sie aber daran, dass die Leber noch viele andere wichtige Aufgaben hat. Sie ist verantwortlich für die Resorption der Fettsäuren, die im Dünndarm gespalten werden. Die Leber überprüft alle Toxine im Blut, um die richtige Reaktion auf Eindringlinge zu bestimmen. Ist die Leberfunktion gestört, kann der Organismus Infektionen nicht mit voller Kraft bekämpfen. Darum ist es keine gute Idee, die Leber mit Antigenen (Verbindungen, auf die das Immunsystem reagiert) zu überschwemmen.

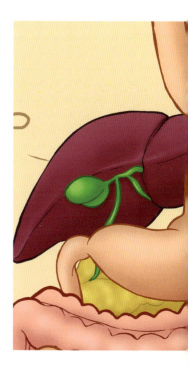

KEINE GALLENBLASE?
Wenn Ihre Gallenblase entfernt wurde, fühlen Sie sich vielleicht bei moderater oder eher geringer Fettzufuhr besser. Bevorzugen Sie Fette, die sich auch ohne Galle leicht abbauen lassen. Im Gegensatz zu einer verbreiteten Meinung sind gesättigte Fette wie Butter und Kokosöl leichter verdaulich als ungesättigte, weil ihre chemische Struktur viel kürzer ist. Deshalb kann der Körper sie viel leichter spalten als die langen Ketten der einfach oder mehrfach ungesättigten Fette (z. B. Oliven- oder Walnussöl).

Das Warum – Nahrung und Ihr Körper

Die Abhilfe

Wenn Sie die Verdauungsfunktionen der Leber und der Gallenblase unterstützen wollen, besteht der erste Schritt im Verzicht auf alle Getreideprodukte. Dann funktioniert auch die Signalübertragung vom Gehirn an die Gallenblase am besten. Da Alkohol und zu viel Fructose die Leber enorm belasten, empfehle ich Ihnen, wenig oder gar keinen Alkohol oder Fruchtsaft zu trinken und den Obstkonsum einzuschränken.

Nehmen Sie hauptsächlich kurz- und mittelkettige Fettsäuren (Butter, Ghee, Kokosöl) und weniger langkettige (Olivenöl, Nussöle) zu sich. Dann kann der Körper die von ihm gebildete Galle effektiver nutzen.

Manchmal unterstützt die Zufuhr von Gallensalzen und Verdauungsenzymen (vor allem Lipase) den Verdauungsprozess, vor allem bei Menschen, denen die Gallenblase entfernt wurde.

Die Bauchspeicheldrüse

Die Bauchspeicheldrüse (das Pankreas) ist Teil des endokrinen Systems. Sie produziert also Hormone. Ihr »Kopf« schmiegt sich an den Zwölffingerdarm, ihr »Leib« sitzt unter dem Magen. Die Bauchspeicheldrüse bildet die Hormone Insulin und Glucagon sowie die Verdauungsenzyme Trypsin und Chymotrypsin, die Peptidbindungen der Proteine in der verzehrten Nahrung auflösen. Wie bereits erwähnt, produziert auch der Magen Verdauungsenzyme. Die Bauchspeicheldrüse steuert weitere Enzyme bei, wenn der Nahrungsbrei in den Dünndarm gelangt.

Was bewirken die Pankreashormone? Insulin ist ein Speicherhormon, das die Betazellen der Bauchspeicheldrüse bilden. Es weist den Organismus an, Glucose (Zucker) und andere Nährstoffe aus dem Blut an die Leber, die Muskeln und das Gehirn abzugeben. Diese Insulinausschüttung wird hauptsächlich von den verzehrten Kohlenhydraten, aber auch als Reaktion auf Eiweiß ausgelöst.

Glucagon wird von den Alphazellen der Bauchspeicheldrüse gebildet und ist das gegenregulierende Hormon des Insulins. Ausgeschüttet wird es als Reaktion auf den Verzehr von Nahrungsmitteln, die viel tierisches Eiweiß enthalten, und als Reaktion auf den Abfall des Blutzuckerspiegels, wenn Sie hungrig sind oder Sport treiben. Mit anderen Worten: Es weist den Körper an, in der Leber gespeicherte Glucose abzugeben, um bei Bedarf den Blutzuckerspiegel zu erhöhen.

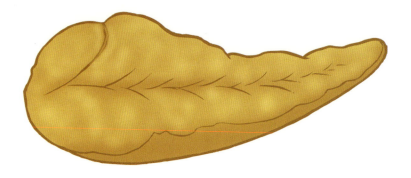

Was kann schiefgehen?

Der Strom der Hormone und Enzyme sollte ruhig fließen. Aber wenn Sie Getreide nicht vertragen oder sehr wenig Fett essen, ist die Gallenblase prall gefüllt. Die Folge können Erkrankungen der Gallenblase oder Gallensteine sein, die den Hauptgallengang blockieren. In ernsten Fällen kann dieser Gallenüberschuss zu Pankreatitis führen, einer Entzündung der Bauchspeicheldrüse.

Pankreatitis oder Gallenblasenerkrankungen können die Produktion und Ausschüttung von Verdauungsenzymen und -hormonen der Bauchspeicheldrüse stören. Jede dieser Störungen kann ernste negative Folgen für die Verdauung und die Gesundheit haben.

Diabetes ist ebenfalls eine Krankheit der Bauchspeicheldrüse. Beim Diabetes vom Typ 1 zerstört das Immunsystem die Betazellen der Bauchspeicheldrüse, zum Teil als Autoimmunreaktion gegen glutenhaltige Getreideproteine (mehr dazu auf Seite 89). Diese Reaktion hindert die Bauchspeicheldrüse daran, genügend Insulin zu erzeugen, und häufig wird die Insulinproduktion völlig lahmgelegt. Deshalb müssen sich die meisten Typ-1-Diabetiker Insulin injizieren, um Nährstoffe resorbieren zu können.

Denken Sie daran, dass Insulin ein Speicherhormon ist. Deshalb kann eine gestörte Bauchspeicheldrüsenfunktion zu Fehlernährung und gefährlichem Gewichtsverlust führen. Das sind häufige Symptome beim Diabetes Typ 1. Ohne Insulin kann der Körper die Nährstoffe im Blutstrom nicht resorbieren, speichern und in die Zellen befördern, selbst wenn der Kranke viel isst. Erst wenn er Insulin injiziert und die Nährstoffe in die Zellen gelangen, kommt die Gewichtsabnahme zum Stillstand. Die meisten Diabetiker vom Typ 1 können ihre Betazellen nicht regenerieren, aber wenn das Problem rechtzeitig entdeckt wird und die Betroffenen vollständig auf Getreide verzichten, ist manchmal eine Heilung möglich.

Obwohl es sowohl beim Typ-1- als auch beim Typ-2-Diabetes um Störungen der Nährstoffspeicherung geht, unterscheiden sich beide sehr. Beim Typ-2-Diabetiker arbeiten die Betazellen noch, aber die Signalübertragung ist gestört, weil die Ernährung und die Lebensweise falsch sind. Leider werden die Betazellen auch bei manchen Typ-2-Diabetikern zerstört, sodass die Betazellenfunktion auch dann nicht ganz wiederherstellbar ist, wenn die Betroffenen ihre Ernährung ändern. Manche dieser Kranken müssen sich Insulin injizieren, wenn auch meist weniger als Typ-1-Diabetiker.

Die Abhilfe

Funktionsstörungen der Bauchspeicheldrüse sind oft die Folge einer Funktionsstörung der Gallenblase. Kümmern Sie sich also zuerst um die Gallenblase, wie oben beschrieben. Wenn Sie an Diabetes vom Typ 1 leiden, müssen Sie vollständig auf Gluten verzichten. Das bedeutet, dass Sie auch nach verstecktem Gluten in Nahrungsmitteln suchen und sorgfältig darauf achten müssen, was Sie auswärts essen. (Mehr über verstecktes Gluten erfahren Sie in den »Tipps zum Gluten« auf Seite 89.)

Der Dünndarm

Die Länge des Dünndarms schwankt bei Erwachsenen zwischen drei und sechs Metern. Er besteht aus komplexem, hart arbeitendem Gewebe, das für einen Großteil der Immunabwehr zuständig ist. Man teilt den Dünndarm in Zwölffingerdarm, Leerdarm und Krummdarm ein. Gleich auf der anderen Seite der Zellwände, die den Dünndarm auskleiden, befinden sich eine Immunschicht und der Blutstrom.

Im Dünndarm wird der größte Teil der Nahrung in seine verwertbaren Bestandteile zerlegt: in Aminosäuren (aus Eiweiß), Fettsäuren (aus Fetten) und Glucose (aus Kohlenhydraten) – oder auch nicht. Wenn nicht, sind Darm- und Magenreizungen, Funktionsstörungen der Verdauungsorgane und schlechte Resorption die Folge. Wenn die Nahrungspartikel, vermischt mit Magensäure, Galle, Verdauungshormonen und -enzymen, weiterbefördert werden, interagieren sie mit dem Bürstensaum der Epitheloberfläche des Darms. Dort entscheidet sich, ob der Körper die Partikel als Nährstoffe erkennt (zum Beispiel als Aminosäuren, Fettsäuren, Glucose, Vitamine und Mineralien) oder sie als Feinde einstuft. Das ist das entscheidende Stadium des Verdauungs- und Resorptionsprozesses.

Was kann schiefgehen?

Bevor der Blutstrom abgebaute Nahrungsteilchen aufnehmen kann, prüft das Immunsystem, ob sie harmlos sind oder ob es sich um Krankheitserreger wie Bakterien oder Viren handelt. Wenn schwer verdauliche Proteine aus dem Essen (vor allem im Getreide oder in Bohnen) den Frieden

Anzeichen und Symptome einer Verdauungsstörung

- Sodbrennen im Magen nach dem Essen
- häufiges Aufstoßen nach dem Essen
- Magenverstimmung
- Völlegefühl nach dem Essen
- häufige Bauchschmerzen
- Gasbildung und Blähungen nach dem Essen
- Verstopfung
- Durchfall
- chronische Darminfektionen (Bakterien, Hefen, Parasiten)
- chronische Candida-Infektion (Candidiasis) mit zahlreichen Symptomen, z. B. Hautausschläge und Pilzinfektionen der Vagina
- unverdautes Essen im Stuhl
- bekannte Überempfindlichkeit gegen bestimmte Nahrungsmittel

des Verdauungstraktes stören, greift das Immunsystem die Eindringlinge an. Vielleicht spüren Sie diese Immunreaktion als Verdauungsbeschwerden, vielleicht merken Sie gar nichts. Und jetzt kommt der Hammer: Ihre Immunreaktion kann sich völlig von der Immunreaktion eines anderen Menschen unterscheiden, selbst wenn es sich um die gleichen Reizerreger handelt! Was bei anderen Durchfall auslöst, verursacht bei Ihnen vielleicht Ekzeme, Sehnenscheidenentzündung oder Migräne. Letztlich kann diese Reizung zu einer Entzündungsreaktion überall im Körper führen.

Das Problem beginnt stromaufwärts. Eine reduzierte oder verlangsamte Signalübertragung durch Verdauungsenzyme oder -hormone kann dazu führen, dass die Leber, die Gallenblase und die Bauchspeicheldrüse weniger Verdauungssekrete ausschütten. Mangel an Magensäure oder gestörte CCK-Signale – beide Probleme treten auf, bevor der Speisebrei den Dünndarm erreicht – bereiten diesen Störungen den Weg. Wenn der Verdauungsprozess »stromaufwärts« gestört ist, steigt das Risiko einer Störung »stromabwärts«.

Bakterien, die in geringer Zahl im Magen und in reichlicher Zahl im Dickdarm zu finden sind, können in den Dünndarm eindringen und eine Dünndarmfehlbesiedlung (DDFB) verursachen. Eine gestörte Magenflora, Nahrungsmittelunverträglichkeiten und Verdauungsbeschwerden können die Folge sein.

Das größte Problem ist jedoch eine pathologisch durchlässige Darmwand im Dünndarm, eine Krankheit, die ausschließlich auf falsche Ernährung zurückgeht. Ausführlich widmet sich das Kapitel »Hat Ihr Darm Löcher?« diesem Problem.

Die Abhilfe

Sie haben es erraten! Meiden Sie schwer verdauliche Nahrungsmittel, also Getreide und Hülsenfrüchte, sowie Produkte, die bei der Verarbeitung Nährstoffe verlieren. Zu den Letzteren zählen raffinierte Produkte, Zucker und Alkohol. Wenn Sie den Empfehlungen im Kapitel »Hat Ihr Darm Löcher?« folgen, sind Sie auf der sicheren Seite.

Der Dickdarm und der Mastdarm

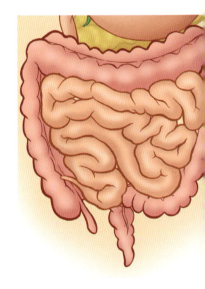

Der Dickdarm ist etwa anderthalb Meter lang und besteht aus dem Blinddarm und dem Grimmdarm. Er windet sich um den Dünndarm und beginnt im rechten oberen Teil des Bauches in der Nähe des Nabels. Er macht rund 20 Prozent des Verdauungskanals aus. Der Mast- oder Enddarm ist der letzte Teil des Dickdarms; er hat eine Länge von rund 11 bis 12,5 Zentimetern.

Der Dickdarm resorbiert Wasser und die Nährstoffe – vor allem Mikronährstoffe (Vitamine und Mineralien) –, die der Dünndarm, der den größten Teil dieser Arbeit verrichtet, übrig gelassen hat. Der Dickdarm arbeitet ungefähr 12 bis 18 Stunden; er verdichtet die Reste des Speisebreis und macht daraus den Stuhl. Eine gesunde Darmflora ist für die Verdauung

Das Warum – Nahrung und Ihr Körper

unerlässlich. Der größte Teil dieser Darmflora (im Idealfall »gute Bakterien« oder »Probiotika«) lebt im Dickdarm, und Bakterien stellen etwa 80 Prozent des Stuhls (Trockengewicht).

Was kann schiefgehen?

Eine gestörte Darmflora ist eine der Hauptursachen für Störungen im Dickdarm. Wenn der Stuhl spärlich, kompakt und schwer auszuscheiden ist und faulig riecht, kann dies ein Zeichen für eine zu lange Darmpassage sein. Der Speisebrei kann sich zehn Stunden (das ist ideal), aber auch drei Tage (das ist viel zu lang) im Dickdarm befinden.

Die Abhilfe

Achten Sie vor allem darauf, genügend Wasser zu trinken. Sie brauchen Gleitmittel, damit die Nahrung sich reibungslos durch den Verdauungstrakt bewegen kann. Übertreiben Sie aber nicht – im Gegensatz zu einer verbreiteten Meinung können Sie auch zu viel trinken. Wenn Sie während der Mahlzeiten trinken, verdünnt zu viel Wasser die Magensäure. Genießen Sie Ihr Wasser also zwischen den Mahlzeiten, und trinken Sie zusätzlich vor und nach körperlichen Anstrengungen, um das Wasser zu ersetzen, das mit dem Schweiß verloren geht.

Der nächste Schritt ist der Verzehr fermentierter Lebensmittel:
- rohes Sauerkraut (Rezept auf Seite 238)
- Kimchi (ohne Zucker kaufen oder selbst zubereiten)
- vergorenes Gemüse, z. B. geriebene Möhren (am besten 24 Stunden zu Hause gären lassen)
- Vollfettjoghurt aus roher Kuh-, Ziegen- oder Schafsmilch (am besten 24 Stunden zu Hause gären lassen) von Tieren, die mit Gras gefüttert wurden
- selbst gemachter Kombucha (ein fermentiertes Teegetränk, das Sie leicht herstellen können)

Diese vergorenen Lebensmittel enthalten Probiotika in mäßiger Menge; das heißt, sie versorgen das Verdauungssystem mit guten Bakterien, wenn man täglich unterschiedliche Arten und Mengen verzehrt. Selbst zubereitete vergorene Lebensmittel sind eine preiswerte Unterstützung der Darmflora.

Sie können Probiotika auch in Kapseln oder als Pulver einnehmen. Es gibt keinen probiotischen Bakterienstamm, der für alle Menschen ideal ist. Am besten probieren Sie einen Stamm aus und achten darauf, wie es Ihnen nach einer Woche geht. Wenn die Verdauung sich bessert, haben Sie Bakterien gefunden, die gut für Sie sind. Wenn nicht, versuchen Sie es mit anderen Bakterienstämmen oder mit einem Produkt, das mehr Bakterien enthält (vergleichen Sie die Angaben auf der Packung).

Die Einnahme von Probiotika ist auch dann sinnvoll, wenn Sie häufig an Durchfall leiden. Wenn das Verdauungssystem ein Nahrungsmittel sofort ablehnt, schüttet es oft das Kind mit dem Bad aus. Der Organismus beseitigt den unerwünschten Reizstoff, den es für schädlich hält, und der übrige Inhalt des Dünn- und Dickdarms wird mit ihm hinausbefördert. Das kann zu einer Störung der Darmflora führen und den Dickdarm einige Tage lang »stilllegen«. In diesem Fall kann eine Auffrischung mit Probiotika hilfreich sein.

Einige probiotische Produkte werden gekühlt, andere finden Sie ungekühlt im Regal. Welche sind besser? Das kommt darauf an. Gekühlte Produkte sind besser geschützt und möglicherweise frischer, aber manche Ärzte sind der Ansicht, dass Probiotika, die vor der Einnahme gekühlt werden müssen, wahrscheinlich nicht mehr intakt sind, wenn sie dort ankommen, wo sie gebraucht werden. Ich glaube, Sie müssen die für Sie richtigen Probiotika durch Versuch und Irrtum finden. Der Beweis liegt im Stuhl! Und die Chance ist gut, dass Sie nicht mehr als drei Versuche unternehmen müssen, um ein geeignetes Produkt zu finden.

Achten Sie auch darauf, genügend lösliche Ballaststoffe zu sich zu nehmen. Sie füttern die guten Bakterien und ermöglichen es ihnen, die Verdauung zu unterstützen. Gute Quellen sind Süßkartoffeln, Kochbananen, Taro (Wasserbrotwurzeln), Maniok, Butternusskürbis und alle Gemüsearten, Wurzeln und Knollen, die Stärke enthalten. Sie müssen diese Gemüsesorten aber schälen, weil die Haut unauflösliche Fasern enthält, die ziemlich schwer verdaulich sind.

Gesunde Ernährung ist jedoch nicht die einzige Voraussetzung für einen gesunden Dickdarm. Stress stört die Peristaltik des Darmes, die den Speisebrei weiterbefördert. Stress kann diese Muskelkontraktionen hemmen oder beschleunigen. Das geschieht oft während einer Reise, weil die Zeitumstellung, der veränderte Luftdruck im Flugzeug und die ungewohnte Verpflegung den Organismus belasten.

Schon eine andere Stellung beim Stuhlgang kann helfen. Das Sitzen auf der Toilette ist im Grunde unnatürlich, weil sich der Mastdarm dabei biegt. In der Hocke behält der Mastdarm seine gerade Form, und die Ausscheidung ist einfacher.

Ist der Appendix wirklich nutzlos?

Der mit dem Dickdarm verbundene Appendix galt früher als »rudimentär«. Man glaubte also, er habe keine Aufgabe im Körper und sei daher überflüssig. Stimmt das? Heute sind Experten der Meinung, dass der Appendix das Immunsystem unterstützt, weil er eine Art Blaupause Ihrer gesunden Darmflora enthält.

Wenn Sie Antibiotika einnehmen, werden alle nützlichen Darmbakterien vernichtet, und der Körper muss die Flora, die er braucht, wieder aufbauen.

Dabei könnte der Appendix eine Rolle spielen. Mit einer ausgewogenen Darmflora kann der Körper Infektionen besser abwehren.

Wenn der Appendix entfernt wurde, ist es daher noch wichtiger, fermentierte und probiotische Lebensmittel zu essen und zusätzlich Probiotika einzunehmen.

Das Warum – Nahrung und Ihr Körper

Kurz und bündig: Tipps für eine optimale Verdauung

Das Gehirn

Das Gehirn spricht mit dem Magen und dem übrigen Verdauungssystem. Setzen Sie sich hin und entspannen Sie sich, bevor Sie einen Imbiss oder eine Mahlzeit zu sich nehmen. Nehmen Sie sich Zeit, ruhig zu werden, damit Sie langsam und achtsam essen können. Der Ruhe- und Verdauungsmodus ist der erste Schritt zu einer guten Verdauung.

Mund, Speicheldrüsen und Speiseröhre

Verzichten Sie auf Antinährstoffe wie Getreide und Hülsenfrüchte, die nicht verdaut werden wollen. Kauen Sie gründlich, bis feste Nahrung sich im Mund fast flüssig anfühlt, und meiden Sie unlösliche Ballaststoffe wie Vollkornprodukte, Mais und die Haut von stärkehaltigen Knollen. Wenn Sie unter Blähungen leiden oder unverdaute Nahrung im Stuhl finden, sollten Sie auch den Verzehr von unverdaulichen Ballaststoffen in grünem Blattgemüse, Blumenkohl, Äpfeln, Birnen und anderen pflanzlichen Nahrungsmitteln einschränken.

Der Magen

Denken Sie daran, dass Sodbrennen, Reflux, Aufstoßen, Völlegefühl nach dem Essen und unverdaute Speisereste im Stuhl ein Anzeichen für Magensäuremangel sind. Stellen Sie Ihre Ernährung um, regen Sie die natürliche HCl-Produktion mit Zitronensaft, Apfelessig oder Bitterstoffen an und heilen Sie die Magenschleimhaut. Magensäure in ausreichender Menge ist Voraussetzung für eine gute Verdauung.

Die Leber und die Gallenblase

Achten Sie darauf, wie es Ihnen nach fetthaltigen Mahlzeiten geht und welche Farbe der Stuhl hat. Schmerzen und Beschwerden können ein Hinweis darauf sein, dass Sie Fette schlecht verdauen und die Leber und die Gallenblase unterstützen müssen. Verbannen Sie sämtliche Getreideprodukte aus Ihrer Küche, und nehmen Sie Verdauungsenzyme und Ochsengalle in Kapseln ein, wenn die Ernährungsumstellung nicht ausreicht. Manchmal dauert es länger, bis Spätschäden repariert sind, aber der Verzicht auf Getreide und Stressabbau sind die ersten wichtigen Schritte.

Die Bauchspeicheldrüse

Eine ausreichende HCl-Produktion im Magen ist notwendig, damit die Bauchspeicheldrüse Verdauungsenzyme in der erforderlichen Menge ausschüttet. Bevor der Speisebrei in den Dünndarm gelangt, prüft ihn die Bauchspeicheldrüse, um zu bestimmen, welche Enzyme es in welcher Menge produzieren muss. Wenn Sie an Verdauungsbeschwerden leiden oder wissen, dass die Bauchspeicheldrüsenfunktion gestört ist, kann die Einnahme von Verdauungsenzymen nützlich sein.

Der Dünndarm

Wahrscheinlich werden alle Entzündungen von der Verdauung beeinflusst. Wenn Sie unter Akne, Psoriasis, Gelenkschmerzen oder Autoimmunstörungen leiden, können Sie diese Probleme weitgehend lösen, wenn Sie den Dünndarm heilen, besonders eine pathologisch durchlässige Darmwand.

Der Dickdarm und der Mastdarm

Wenn Sie unter Verstopfung leiden, müssen Sie die Wurzel des Problems anpacken und beseitigen. Manchmal ist es sinnvoll, eine Zeit lang Probiotika einzunehmen, bis Sie fermentierte Lebensmittel selbst herstellen oder kaufen können. Verstopfung kann schmerzhaft sein und den Organismus vergiften. Der Speisebrei sollte den Körper in etwa 18 bis 24 Stunden passieren.

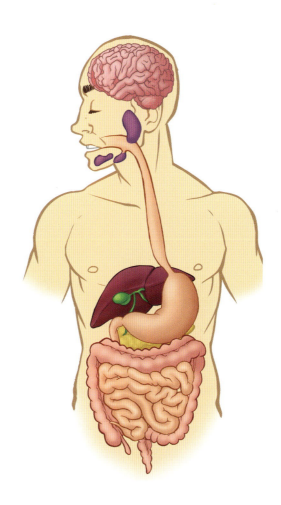

Tipps zur Verdauung

Da 60 bis 80 Prozent des Immunsystems im Darm angesiedelt sind, ist eine bessere Verdauung der erste Schritt zur Linderung systemischer Entzündungen. Wenn das Verdauungssystem reibungslos und in gesundem Tempo arbeitet, ist optimale Gesundheit möglich. Dann kann der Körper auch Infektionen besser bekämpfen.

Verbessern Sie Ihre Verdauung

1. Der »Ruhe- und Verdauungsmodus«, in dem der Parasympathikus dominiert, ist beim Essen optimal.
2. Kauen Sie langsam und gründlich, um Signale zwischen Gehirn und Mund in Gang zu setzen und das Essen auf den Beginn der Verdauung im Magen vorzubereiten.
3. Trinken Sie beim Essen wenig, um die Magensäure nicht zu verdünnen. Trinken Sie zwischen den Mahlzeiten, wenn Sie durstig sind, um die Darmpassage zu fördern.
4. Meiden Sie Nahrungsmittel, die den Verdauungstrakt reizen (raffinierte Produkte, Getreideprodukte, Hülsenfrüchte, verarbeitete Milchprodukte). Nur dann kann die Dünndarmschleimhaut optimal arbeiten.
5. Beachten Sie die »Tipps zur Heilung einer pathologisch durchlässigen Darmwand«.
6. Essen Sie probiotische Nahrungsmittel: Sauerkraut, Kimchi, anderes vergorenes Gemüse, Kombucha, Joghurt oder Kefir aus Rohmilch von Tieren, die mit Gras gefüttert wurden.
7. Stellen Sie die Füße beim Stuhlgang auf eine Kiste oder Plattform. Die natürlichste Position ist die Hocke.

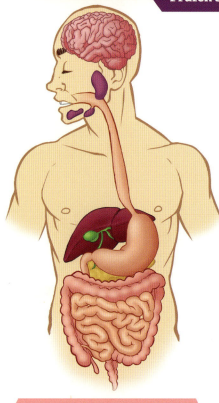

Prüfen Sie die Dauer der Darmpassage

Die Darmpassage sollte zwischen 18 und 24 Stunden dauern.

1. Schlucken Sie nach dem Essen 2 Esslöffel weiße Sesamsamen.
2. Notieren Sie Zeit und Datum.
3. Achten Sie darauf, wann der Großteil der Samen im Stuhl auftaucht (sie bleiben intakt).
4. Notieren Sie Zeit und Datum.

ZU SCHNELL?

Vielleicht essen Sie Nahrungsmittel, die das Verdauungssystem reizen, und der Körper versucht, diese Substanzen rasch loszuwerden.

ZU LANGSAM?

Vielleicht brauchen Sie mehr lösliche Ballaststoffe und Probiotika. Trinken Sie zwischen den Mahlzeiten reichlich Wasser, und nehmen Sie sich mehr Zeit für die Entspannung.

Anzeichen und Symptome für VERDAUUNGSSTÖRUNGEN

- Aufstoßen
- Durchfall
- Gasbildung
- Gluckern
- Völlegefühl
- jede Ausscheidung, die nicht »ideal« ist
- chronische Entzündungen

Die folgenden chronischen Entzündungen können mit Verdauungsstörungen zusammenhängen:

- affektive Störungen
- Akne
- Allergien
- Alzheimer-Krankheit
- Amenorrhö
- Anämie
- Angstzustände
- Aphthen
- Arthritis und rheumatoide Arthritis
- Asthma
- Atherosklerose
- Aufmerksamkeitsdefizitsyndrom
- Autoimmunstörungen
- chronische Müdigkeit
- Colitis ulcerosa
- Crohn-Krankheit (Morbus Crohn)
- Depressionen
- Dermatitis
- Diabetes mellitus (Typ 1 und 2)
- Divertikulitis
- Ekzeme
- Endometriose
- Epilepsie
- Erschöpfung, Lethargie
- Fibromyalgie
- Fibrose
- Gallenblasenerkrankungen
- Gelenkschmerzen und -erkrankungen
- Gewichtsverlust
- Gewichtszunahme
- Haarausfall
- Hepatitis
- Herzkrankheiten
- Kalziummangel
- Knochenkrankheiten
- Krebs
- Lactoseunverträglichkeit/-intoleranz
- Leberkrankheiten
- Legasthenie
- Lupus
- Magengeschwüre
- Migräne
- Multiple Sklerose
- Nephritis
- Nierenkrankheiten
- Ödeme
- Pankreatitis
- Parkinson-Krankheit
- Polyzystisches Ovarialsyndrom, hormonelle Störungen
- Probleme vor und nach der Entbindung, z.B. schwieriges Stillen, Unfruchtbarkeit, Fehlgeburten und verschiedene gynäkologische Störungen
- Reizdarm und entzündliche Darmerkrankung
- Schilddrüsenstörungen
- Schuppenflechte (Psoriasis)
- Unfruchtbarkeit
- Vitamin- oder Mineralstoffmangel
- Völlegefühl
- Weißfleckenkrankheit (Vitiligo)
- Zöliakie

Tipps zum Stuhlgang

Wenn Sie Ihre Ausscheidungen beurteilen können, wissen Sie, was in Ihrem Verdauungssystem vor sich geht. Finden Sie heraus, ob Ihre Toilettenschüssel meist Miss Ideal sieht oder ob einige ihrer weniger hübschen Mitbewerberinnen häufiger auftauchen.

Lernen Sie Ihren Stuhl kennen – ER VERRÄT IHNEN VIEL

VON LINKS NACH RECHTS: UNSERE KANDIDATINNEN STELLEN SICH VOR!

Miss Ideal
Mittelbraun, fest, in der Form eines S oder C; leichte, regelmäßige Ausscheidung ein- oder zweimal am Tag.

Miss Angeberin
Wechselnde Farben, meist fest, mit Nahrungspartikeln in halb verdauter, noch erkennbarer Form. Das sehen Sie bei unvollständiger Verdauung. Kann ein Zeichen für Magensäuremangel oder Nahrungsmittelunverträglichkeit sein.

Miss Dünnflüssig
Wechselnde Farben, meist ungeformt, mit Nahrungspartikeln in halb verdauter, noch erkennbarer Form. Das sehen Sie, wenn Sie etwas gegessen haben, was Ihr Körper loswerden will. Nach einem Durchfall (mehrfache Entleerung von dünnem Stuhl innerhalb eines Tages oder mehrerer Tage) müssen Sie die Darmflora mit Probiotika regenerieren.

Miss Steinig
Meist dunkle, kleine oder größere Kugeln. Das sehen Sie, wenn die Darmflora gestört ist, bei Wassermangel, Stress oder Mangel an lösbaren Ballaststoffen. Das Wichtigste ist, Miss Steinig loszuwerden! Probiotische Lebensmittel (oder Kapseln, wenn Sie die Lebensmittel nicht vertragen), einige stärkereiche Gemüsesorten, genügend Wasser und meditatives Atmen helfen dabei.

Miss Muskulös
Meist mittel- bis dunkelbraun und etwas zu dick und zu hart für die Entleerung. Das sehen Sie, wenn Sie viele industriell hergestellte Produkte (Protein-Shakes, Riegel, verarbeitetes Fleisch) essen. Essen Sie natürliches Eiweiß: Steaks von Tieren, die mit Gras gefüttert wurden, Eier von Freilandhühnern, wild gefangenen Fisch.

Miss Schwimmteam
Meist hell, grünlich oder sogar weiß. Das sehen Sie, wenn Sie raffiniertes, verarbeitetes oder künstliches Fett, raffiniertes Samenöl oder zu viel natürliches Fett konsumiert haben oder wenn die Gallenblase nicht genügend Galle ausschüttet. Meiden Sie schlechtes Fett und lassen Sie Ihre Gallenblase untersuchen.

Miss Toxisch
Dunkel, stark riechend; sinkt meist auf den Boden der Toilettenschüssel. Das sehen Sie, wenn Sie zu viele raffinierte oder verarbeitete Nahrungsmittel gegessen haben, wenn Sie viele nichtbiologische Produkte essen oder wenn Sie zu viele Giftstoffe aufnehmen. Diese können in Kosmetika, im Essen (künstliche Süßstoffe), im Tabak und in Plastikverpackungen enthalten sein. Essen Sie frische, vollwertige Lebensmittel, trinken Sie reichlich Wasser, und reduzieren Sie die Aufnahme von Toxinen aller Art.

Illustration nach »How to Eat, Move & Be Healthy« von Paul Chek

Das Warum – Nahrung und Ihr Körper

Hat Ihr Darm Löcher?

Was im Dünndarm geschieht, bleibt nicht immer im Dünndarm.

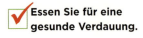
- Essen Sie vollwertige Lebensmittel und meiden Sie moderne, verarbeitete und raffinierte Produkte.
- ✓ **Essen Sie für eine gesunde Verdauung.**
- Essen Sie für einen normalen Blutzuckerspiegel.
- Befolgen Sie einen Plan, der Ihnen hilft, Ihre persönlichen Gesundheitsziele zu erreichen.

ES IST DER DARM
»Darm« bedeutet in diesem Abschnitt »Dünndarm«. Den haben Sie erst vor ein paar Seiten kennen gelernt, nicht wahr?

Vieles, was im übrigen Körper vor sich geht, beginnt in dem Körperteil, den man Darm nennt. Er ist sozusagen die Wurzel Ihrer Gesundheit.

Wie wird der Darm »löcherig«? Der Begriff »pathologisch durchlässige Darmwand« *(Leaky-gut-Syndrom)* bezeichnet einen Zustand, in dem die Zellen der Darmwand allmählich ihre Integrität verlieren. Denken Sie daran, dass die verzehrte Nahrung erst abgebaut werden und die Schleimhaut des Dünndarms passieren muss, bevor die Zellen sie aufnehmen können. Wenn dieser Prozess gestört ist, kommen viele Ursachen in Betracht, vor allem der regelmäßige Konsum von Antinährstoffen. Dann lösen sich die normalerweise dicht gepackten Zellen voneinander, und das gesamte Immunsystem gerät in Aufruhr.

Was sind Antinährstoffe?

Das sind hauptsächlich Substanzen in Samen und Körnern, die eine Pflanze schützen. Jeder lebende Organismus besitzt ein Verteidigungssystem. Pflanzen können nicht weglaufen, wenn sie angegriffen werden, sondern wehren sich mit eingebauten Waffen gegen Räuber. Für eine Pflanze, genauer gesagt für den Samen der Pflanze, ist unser Verdauungssystem so ein Räuber, gegen den die Pflanze kämpft. Deshalb können wir Kerne und Körner nicht vollständig in harmlose Aminosäuren zerlegen, die die Zellen mühelos aufnehmen. Mit anderen Worten: Antinährstoffe sind Substanzen in einem Nahrungsmittel, die unsere Verdauung stören oder lahmlegen und die Resorption von Nährstoffen verhindern.

Diese Nahrungsmittel enthalten die meisten Antinährstoffe:

- ganze Getreidekörner, Vollkornprodukte, körnerartige Samen und Hülsenfrüchte, z. B. Weizen, Gerste, Roggen, Hafer, Dinkel, brauner Reis, Mais, Quinoa, Linsen, rote Bohnen, schwarze Bohnen, Pintobohnen, Gartenbohnen
- verarbeitete und raffinierte Getreideprodukte, z. B. weißer Reis, Mehl, Brot, Frühstücksflocken, Cracker, Kekse, Nudeln

Ist es nicht erstaunlich, dass wir ausgerechnet diese Antinährstoffe am häufigsten essen? Wenn ich Ihnen sagen würde, dass ich zum Frühstück ein Omelett, zum Mittagessen ein Stück Quiche und zum Abendessen ein Soufflé gegessen habe, würden Sie wohl fragen: »Ist das nicht eine Menge Ei?« Aber wenn ich morgens Frühstücksflocken, mittags ein Sandwich und abends Nudeln gegessen hätte, kämen Sie wahrscheinlich nicht auf die Idee zu fragen: »Ist das nicht eine Menge Getreide?«

Die meisten Lebensmittel im Geschäft, Gerichte im Restaurant und fast überall sonst basieren zum Teil auf Getreide. Obwohl sich unsere Essgewohnheiten während des größten Teils unserer Geschichte nicht an Getreide ausrichteten (unsere Vorfahren aßen vollwertige Lebensmittel, keine industriell hergestellten Produkte), sind wir heute so sehr an Getreideprodukte – raffinierte und sogenannte »Vollkornprodukte« – gewöhnt, dass wir uns kaum fragen, ob wir nicht übertreiben. Man will uns glauben machen, dass Getreide leicht verdaulich ist. Aber das stimmt nicht!

Warum sind Antinährstoffe so schädlich?

Die einfache Wahrheit lautet: Unser Verdauungssystem kann die Antinährstoffe in den harten Körnern nicht abbauen. Einer Ansicht zufolge habe unser Körper in einigen tausend Jahren noch nicht die Verdauungsenzyme ausgebildet, die wir bräuchten, um Getreide zu zerlegen. Zudem hätten die alten Kulturen ihr Getreide und ihre Hülsenfrüchte anders zubereitet, als es in den modernen Industrieländern üblich ist.

Es kann auch sein, dass das Verdauungssystem sich während unserer Kindheit in der modernen Welt nicht vollständig und gesund entwickelt, sodass wir diese Nahrungsmittel selbst dann nicht vertragen, wenn wir kleine Mengen davon essen. Viele unserer heutigen Gewohnheiten tragen zur Schwächung des Verdauungssystems bei: der lebenslange Verzehr von raffinierten Produkten, Getreideprodukten, verarbeiteten und pasteurisierten Milchprodukten und Zucker sowie Antibiotika, Stress, nichtsteroidale Entzündungshemmer und Alkohol.

Während Ihr Körper tierisches Eiweiß, das keine Antinährstoffe enthält, mühelos verwertet, kann der tägliche Verzehr von unverdaulichen Nahrungsmitteln in großen Mengen viel Unheil anrichten. Eine »große Menge« kann in diesem Fall schon eine Scheibe Brot, ein Cracker oder eine kleine Portion Nudeln sein. *Jede Portion Getreide kann im Körper Probleme auslösen.* Jedes Mal, wenn Sie eine dieser kleinen Portionen essen, verschlucken Sie Hunderte oder gar Tausende von Trojanischen Pferden, die winzige Antinährstoffe enthalten.

Erst vor wenigen Jahrzehnten fand man heraus, dass es Methoden gibt, Getreide und Hülsenfrüchte leichter verdaulich zu machen, und dass es nicht genügt, sie nur zu ernten und zu mahlen. Wenn wir Getreide und Hülsenfrüchte (aber auch Kerne und Nüsse) einweichen, keimen lassen oder fermentieren, täuschen wir ihnen vor, dass sie gepflanzt wurden.

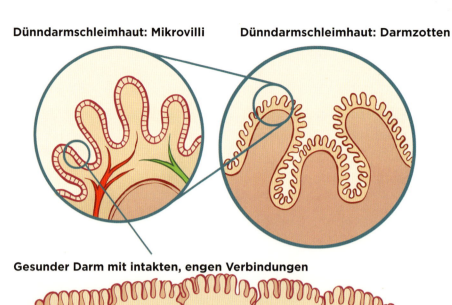

Dünndarmschleimhaut: Mikrovilli **Dünndarmschleimhaut: Darmzotten**

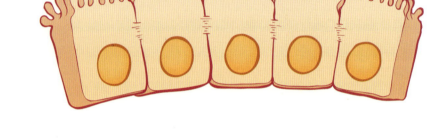

Gesunder Darm mit intakten, engen Verbindungen

Dann bauen sie einige ihrer Antinährstoffe ab, und ihre echten Nährstoffe (Vitamine und Mineralien) werden zugänglich und verwertbar. Während die äußere Hülle der eingepflanzten Getreidekörner und Hülsenfrüchte eine schützende Barriere bildet, dienen die Nährstoffe im Inneren dem Samen als Energiequelle, sodass er zu einer Pflanze heranwachsen kann.

Doch selbst wenn die meisten Menschen bereit wären, ihr Getreide vor dem Verzehr einzuweichen, keimen zu lassen oder zu fermentieren, wäre es nur ein klein wenig besser zu verdauen. Fleisch, Gemüse und natürliche Fette sind nährstoffdichter und reizen den Darm weniger als Getreidesprossen.

Wenn die Verdauung Amok läuft

Wir haben bereits darüber gesprochen, was im Dünndarm mit dem Nahrungsbrei geschehen sollte. Jetzt wollen wir uns genauer ansehen, was geschieht, wenn die Verdauung Amok läuft.

Wenn die Verdauung gesund ist, werden Proteine in Aminosäuren oder sehr kurze Aminosäureketten zerlegt, bevor sie durch die Schleimhaut des Dünndarms ins Blut gelangen. Diese Aminosäuren stehen dann für die Resorption im ganzen Körper zur Verfügung, für die Körperfunktionen und für die Neubildung von Geweben. Dieser normale Prozess löst im Immunsystem keinen Alarm aus.

Wenn Sie Nahrungsmittel essen, die der Körper nicht richtig verdauen und resorbieren kann – weil er krank ist oder weil die Nahrungsmittel ihn krank machen –, »schlüpfen« zu große Nahrungspartikel durch die geschwächte Dünndarmschleimhaut, und der Körper betrachtet sie als Eindringlinge.

Sobald diese in den Körper gelangen, interagieren sie mit der Immunschicht an der anderen Seite des Bürstensaums des Dünndarms, die darmassoziiertes lymphatisches Gewebe oder kurz GALT *(von Englisch gut-associated lymphoid tissue)* genannt wird. In dieser Immunschicht reagieren entzündungsfördernde Moleküle, die Cytokine, auf die nicht zerlegten Proteine (Aminosäureketten) und ermuntern die weißen Blutkörperchen zum Angriff. Dabei entstehen Oxidantien als Nebenprodukte. (Sie haben bestimmt schon gehört, wie wichtig Antioxidantien für die Gesundheit sind. Sie bekämpfen die Oxidantien, die unter anderem entstehen, wenn Sie etwas essen, was der Körper als schädlich einstuft.) Genau das Gleiche geschieht im Immunsystem, wenn andere Allergene, Bakterien oder Viren in den Körper eindringen. Um sie abzuwehren, reagiert der Organismus mit einer Entzündung.

Wie Sie sehen, ist der Dünndarm ein aktiver Teil des Immunsystems, nicht nur des Verdauungssystems. Er ist eine Barriere und ein Türwächter. Alessio Fasano, ein Gastroenterologe und führender Forscher auf dem Gebiet der Zöliakie, der Autoimmunität und der Darmdurchlässigkeit, drückt es so aus: Erhöhte Durchlässigkeit kann in einer Region Entzündungen auslösen, die weit von der Lücke in der Darmbarriere entfernt ist.* Hier kommt die systemische Entzündung ins Spiel.

Durchlässiger Darm mit geschädigten engen Verbindungen

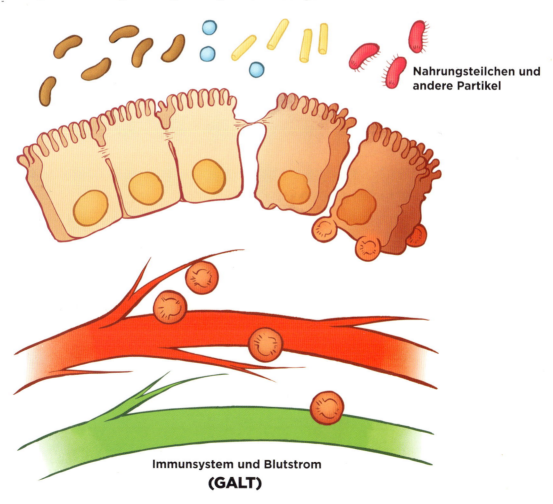

Nahrungsteilchen und andere Partikel

Immunsystem und Blutstrom (GALT)

Das Warum – Nahrung und Ihr Körper

Was ist eine systemische Entzündung?

Was bedeutet eine Entzündung für den Körper? Eine Entzündung ist die biologische Antwort des Gefäßgewebes auf Infektionen, beschädigte Zellen oder andere Reizstoffe. Diese Reizstoffe geben den weißen Blutkörperchen das Signal, eine Immunreaktion in Gang zu setzen, um das Problem zu lösen. Wenn die weißen Blutkörperchen ihre Arbeit verrichten, produzieren sie freie Radikale, und diese richten im Körper Schäden an. Die Folge ist eine Entzündung.

Der Entzündungsprozess ist an für sich nicht schädlich. Entzündungen sind sogar lebenswichtig, vor allem wenn es gilt, Schnittwunden und andere Verletzungen zu heilen. Probleme treten erst auf, wenn das Immunsystem nicht nur akute Probleme lösen muss, sondern wegen chronischer Reizung überlastet ist. Dann wird auch die Entzündung chronisch.

Eine akute Entzündung ist ein Heilvorgang, den der Körper einleitet, wenn Sie Hautverletzungen (Schnittwunden, Schürfwunden, Verbrennungen, Blutergüsse) haben oder wenn ein Golfball Sie am Kopf trifft. Er kann auch eine Reaktion auf Muskelkater nach hartem Training oder auf eine Erkältung oder eine kleine Nebenhöhleninfektion sein. Der Körper ist darauf eingerichtet, mit solchen Entzündungen umzugehen, ohne dass das Immunsystem darunter leidet.

Wenn jedoch immer wieder unverdaute Nahrungspartikel in den Blutstrom gelangen, ist das Immunsystem mit dem Verdauungsprozess beschäftigt und kann sich mit anderen Problemen nur noch am Rande befassen. Da 60 bis 80 Prozent des Immunsystems als GALT im Darm angesiedelt sind, sind die Folgen verheerend, wenn der Körper ständig mit Nahrungsmitteln belastet wird, die er nicht verträgt oder nicht gut verdauen kann: Seine Fähigkeit, Infektionen, Allergien, Krebs, Diabetes, Herzkrankheiten und andere Probleme zu bekämpfen, ist dann eingeschränkt. Das bedeutet: Wenn alle im Büro erkältet sind oder der Pollenflug einen Höhepunkt erreicht, kann der Körper nur 20 bis 40 Prozent seiner potenziellen Immunkapazität nutzen, um die Feinde abzuwehren. Der Rest des Immunsystems ist damit beschäftigt, auf die Reizung durch Nahrungspartikel im Verdauungssystem zu reagieren.

Das führt uns zur chronischen oder systemischen Infektion, die einer leichten, aber dauerhaften Infektion gleicht. Dann bekommt das Immunsystem nie eine Pause, denn hat es ein Problem gelöst, muss es sich sofort dem nächsten zuwenden und ohne Erholungspause 24 Stunden am Tag arbeiten. Das fordert natürlich seinen Tribut vom Organismus und verringert seine Fähigkeit, lebensbedrohliche Störungen zu beheben.

Denken Sie daran: Eine Entzündung kann auch die Reaktion des Körpers auf ein vermeintliches Problem sein. Wenn der Körper glaubt, dass ein dauerhaftes Problem vorliegt, lebt er dauerhaft in einem Zustand der Entzündung. Diese chronische, ständige Entzündung ist die Grundlage aller chronischen Krankheiten und der Immunschwäche. Letztlich ist sie die Wurzel fast jeder vorstellbaren Krankheit.

*Quelle: Fasano, Alessio, »Zonulin and Its Regulation of Intestinal Barrier Function: The Biological Door to Inflammation, Autoimmunity, and Cancer«. Physiol. Rev., 1. Januar 2011, Bd. 91, Nr. 1, 151–175

Alle chronischen Entzündungen KÖNNEN MIT VERDAUUNGSSTÖRUNGEN ZUSAMMENHÄNGEN

- affektive Störungen
- Akne
- Allergien
- Alzheimer-Krankheit
- Amenorrhö
- Anämie
- Angstzustände
- Aphthen
- Arthritis und rheumatoide Arthritis
- Asthma
- Atherosklerose
- Aufmerksamkeitsdefizitsyndrom
- Autoimmunstörungen
- chronische Müdigkeit
- Colitis ulcerosa
- Crohn-Krankheit (Morbus Crohn)
- Depressionen
- Dermatitis
- Diabetes mellitus (Typ 1 und 2)
- Divertikulitis
- Ekzeme
- Endometriose
- Epilepsie
- Erschöpfung, Lethargie
- Fibromyalgie
- Fibrose
- Gallenblasenerkrankungen
- Gelenkschmerzen und -erkrankungen
- Gewichtsverlust
- Gewichtszunahme
- Haarausfall
- Hepatitis
- Herzkrankheiten
- Kalziummangel
- Knochenkrankheiten
- Krebs
- Lactoseunverträglichkeit/-intoleranz
- Leberkrankheiten
- Legasthenie
- Lupus
- Magengeschwüre
- Migräne
- Multiple Sklerose
- Nephritis
- Nierenkrankheiten
- Ödeme
- Pankreatitis
- Parkinson-Krankheit
- Polyzystisches Ovarialsyndrom, hormonelle Störungen
- Probleme vor und nach der Entbindung, z.B. schwieriges Stillen, Unfruchtbarkeit, Fehlgeburten und verschiedene gynäkologische Störungen
- Reizdarm und entzündliche Darmerkrankung
- Schilddrüsenstörungen
- Schuppenflechte (Psoriasis)
- Unfruchtbarkeit
- Vitamin- oder Mineralstoffmangel
- Völlegefühl
- Weißfleckenkrankheit (Vitiligo)
- Zöliakie

Denken Sie daran: Nahrungspartikel, die durch die Darmschleimhaut dringen, ohne vollständig abgebaut zu sein, sind für den Körper Feinde, auf die er genau so reagiert wie auf Viren und Bakterien.

Spieglein, Spieglein in den Zellen

Die darauf folgende Immunreaktion kann eine der zahlreichen chronischen Entzündungszustände auf der obigen Liste hervorrufen oder eine noch schlimmere Folge haben, die man molekulare Mimikry nennt. Alle unsere Zellen bestehen aus Aminosäuren – aus den Aminosäuren, die wir essen. Ist der Darm pathologisch durchlässig, enthalten einige der Nahrungspartikel, die unverdaut in den Blutstrom gelangen, Aminosäureketten, die den Proteinen im Körpergewebe entsprechen oder es »imitieren«. Dann greift das Immunsystem auch eigenes Gewebe an. Das bedeutet, dass der Körper die aus der Nahrung stammenden Aminosäuren und die Aminosäuren der eigenen Zellen attackiert. Die angegriffenen Zellen können sich in jedem Körpergewebe befinden: in Organen, Hormonen oder Gelenken. Wenn der Körper sich selbst angreift, spricht man von Autoimmunkrankheit.

Nahrungsmittelunverträglichkeiten

Woher wissen Sie, dass Ihr Körper ein bestimmtes Nahrungsmittel nicht verträgt? Die meisten offenkundigen Nahrungsmittelallergien lösen sofort leicht erkennbare Symptome aus. Wer an einer Nuss- oder Schalentierallergie leidet, merkt es sofort, wenn er etwas isst, was er nicht essen sollte. Er spürt oft einen Juckreiz im Mund, oder der Rachen ist zugesperrt. Menschen, die an Lactoseintoleranz leiden, können Ihnen schildern, welche Symptome auftreten, wenn sie ein Milchprodukt zu sich genommen haben: Gasbildung, Völlegefühl und andere Verdauungsstörungen. Das alles sind sehr deutliche Symptome.

LEIDEN SIE UNTER EINER ENTZÜNDUNG?
Entzündungen können viele Symptome auslösen. Um das Verdauungssystem und einen pathologisch durchlässigen Darm zu heilen, sollten Sie die Tipps auf den Seiten 74 und 88 beachten.

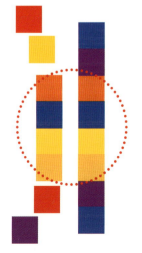

BEISPIEL FÜR MOLEKULARE MIMIKRY

Aminosäuren in einem Glutenprotein · Aminosäuren in einer Körperzelle

Das Warum – Nahrung und Ihr Körper

Was Getreide anbelangt, leiden viele – vielleicht die meisten – Menschen an irgendwelchen akuten oder chronischen Beschwerden, aber nicht immer an den erwarteten Verdauungsstörungen. Einige reagieren eindeutig allergisch auf Proteine im Getreide (zum Beispiel reagieren Menschen mit Zöliakie sehr allergisch auf Gluten), doch meist sind Entzündungen auf eine Unverträglichkeit gegen Getreide und Hülsenfrüchte zurückzuführen. Wenn nach dem Essen Symptome auftreten, werden wahrscheinlich nicht Getreideprodukte dafür verantwortlich gemacht, sondern andere Nahrungsmittel oder Faktoren, die nichts mit dem Essen zu tun haben. Deshalb ist die Überempfindlichkeit gegen Getreide so problematisch. Viele Symptome lassen sich nicht so leicht auf das Essen zurückführen, und verzögerte Reaktionen, auch die oben aufgezählten chronischen Entzündungen, sind meist das Endresultat der Getreideunverträglichkeit.

Nach einer Mahlzeit kann es bis zu 72 Stunden dauern, ehe Sie eine Allergie oder Unverträglichkeit zu spüren bekommen. Das heißt, dass selbst ein Nahrungsmittel, das Sie vor drei Tagen gegessen haben, heute Symptome auslösen kann, die scheinbar nicht mit ihm zusammenhängen. Werfen Sie einen Blick auf die Liste von Krankheiten, die über Verdauungsbeschwerden hinausgehen. Vielleicht treten bei Ihnen auch Symptome auf, die nicht auf der Liste stehen. Zum Glück gibt es eine Möglichkeit, den Schuldigen herauszufinden.

> **»ALLERGISCH« AUF ALLES?**
> *Wenn Sie einen Allergietest machen und sich herausstellt, dass Sie gegen 50 Nahrungsmittel allergisch sind, ist die Wahrscheinlichkeit groß, dass Sie in Wirklichkeit einen pathologisch durchlässigen Darm haben. Sobald der Darm geheilt ist, können ihn vermutlich nur noch wenige dieser Nahrungsmittel reizen.*

Wenn Symptome auftreten, die auf eine Unverträglichkeit hindeuten, wird Ihr Körper regelrecht attackiert. Erst wenn Sie das unverträgliche Nahrungsmittel mindestens zwei (besser drei oder vier) Wochen lang nicht mehr essen, können Sie den unmittelbaren Zusammenhang zwischen Ursache und Wirkung feststellen. Sie müssen Ihrem Körper zunächst erlauben, sich von dem Angriff zu erholen; dann können Sie die potenziell unverträglichen Nahrungsmittel allmählich wieder zu sich nehmen, um Intoleranzen zu bestimmen. Es dauert etwa zwei bis drei Wochen, bis die gesamte Dünndarmschleimhaut geheilt ist, nachdem Sie aufgehört haben, ein unverträgliches Nahrungsmittel zu essen. Wenn Sie es dann erneut zu sich nehmen, bekommen Sie die gewünschte klare Reaktion. Man spricht hier von »Elimination und Provokation« (mehr darüber lesen Sie auf Seite 88). Diese Methode ist erfolgreich, weil das Immunsystem sich ausruhen und beruhigen konnte.

Da die Symptome nicht so schlimm waren, als Sie dieses Nahrungsmittel häufiger aßen, glauben Sie vielleicht, dass Sie jeden Tag eine kleine Menge davon vertragen. Leider ist es nicht so einfach. Die chronischen negativen Wirkungen eines Getreideprodukts oder eines anderen Nahrungsmittels können gerade deshalb so verheerend sein, weil die Folgen, die Sie nicht sofort spüren, oft viel schlimmer sind als jene, die Sie sofort spüren. Das ist der Unterschied zwischen einer akuten Entzündung und einer chronischen Entzündung. Bei Ersterer spüren Sie die Folgen sofort. Ihr Körper ruft Ihnen zu: »Das ist nicht gut; iss es nie wieder!« Bei einer chronischen

Entzündung wird der Körper hingegen überwältigt, weil Sie das unverträgliche Nahrungsmittel immer wieder zu sich nehmen. Eine Entzündung kann systemisch und gefährlich werden, ohne dass Sie es merken!

Denken Sie daran: Wenn Ihre Gesundheit nicht optimal ist, müssen Sie auf darmreizende Antinährstoffe verzichten: Getreideprodukte (vor allem glutenhaltige), Hülsenfrüchte, verarbeitete Milchprodukte und andere, raffinierte Nahrungsmittel. Dann wird sich Ihre Gesundheit wahrscheinlich drastisch bessern. Hört sich das nicht ganz nach Paläo-Ernährung an?

Tipps zu Antinährstoffen

Es gibt verschiedene Arten von Antinährstoffen, und sie schaden dem Körper auf unterschiedliche Weise. Darum sollten Sie ein wenig über diese Substanzen wissen.

Phytate. Ein Phytat (auch Phytinsäure genannt) ist eine unverdauliche Verbindung in der Hülle von Getreide, Hülsenfrüchten, Nüssen und Kernen. Während Wiederkäuer wie Kühe, Schafe und Ziegen im Verdauungssystem genügend Enzyme haben, die Phytate abbauen, ist dies bei Menschen nicht der Fall. Phytate bilden feste Komplexe mit Mineralstoffen, einschließlich Kalzium, Magnesium, Eisen und Zink, und verhindern dadurch deren Resorption im Darm. Das bedeutet, dass wir die Mineralien, die wir zu uns nehmen, nicht verwerten können.

Wie wichtig sind die Mineralien, die von Phytaten blockiert werden? Mineralien sind an jeder Zellfunktion im Körper beteiligt und werden für die Bildung und Regeneration von Strukturgeweben benötigt, die verhindern, dass Knochen brechen oder porös werden und Bänder reißen. Außerdem sind manche Mineralstoffe Antioxidantien, die den Kampf gegen Krebs unterstützen. Damit Blutgefäße sich bei Bedarf zusammenziehen oder ausdehnen können, brauchen sie Mineralien; andernfalls drohen Herzkrankheiten. Für unsere Hormone und für die Stressbewältigung brauchen wir ebenfalls Mineralien. Wir brauchen sie einfach für alles!

Magnesium wird für über 300 enzymatische Prozesse im Körper benötigt. Da die meisten Menschen mit der Nahrung nicht genug Magnesium aufnehmen, empfehlen viele Ernährungsberater die Einnahme von Ergänzungsmitteln.

Mineralstoffmangel kann zu zahlreichen Symptomen führen, zum Beispiel zu Immunschwäche, Müdigkeit, Schlafstörungen, Reizbarkeit, Herzklopfen, Verstopfung und Hormonstörungen (prämenstruelles Syndrom, polyzystisches Ovarialsyndrom, Unfruchtbarkeit bei Männern und Frauen).

Wir wissen bereits, dass Gemüse und Obst heute viel weniger Mineralien enthalten als früher. Außerdem zehren die stressige Lebensweise und der hohe Zuckerkonsum an unseren Mineralstoffreserven. Das heißt, wir brauchen noch mehr Mineralien als unsere Vorfahren, etwa in der Pubertät, während der Schwangerschaft, beim Sport sowie bei Wachstumsschüben, Infekten und anderen Krankheiten, starkem Stress, Traumata oder Operationen. Das alles erhöht den

Bedarf an Mineralien und anderen Nährstoffen. Darum müssen wir darauf achten, dass wir genügend Mineralien mit der Nahrung aufnehmen und dass wir alle aufgenommenen Nährstoffe auch verwerten können. Was nützt eine nährstoffreiche Kost, wenn der Körper die Nährstoffe nicht verwerten kann?

Getreide und Hülsenfrüchte sind nicht die einzigen Pflanzen, die Phytate enthalten. Sie sind auch in Nüssen und Samenkernen zu finden. Bei den meisten Nüssen und Kernen ist die harte äußere Schale die erste Barriere, die den Keimling im Inneren schützt. Deshalb vertragen die meisten Menschen Nüsse und Kerne in kleinen Mengen gut, wenn die Schale entfernt wurde, jedoch nur in Verbindung mit einer ausgewogenen, mineralstoffreichen Paläo-Ernährung. Phytate sind der Hauptgrund dafür, dass Nüsse und Kerne in großen Mengen nicht zu empfehlen sind. (Sie werden sehen, dass einige Menüs in diesem Buch ganz auf Nüsse und Kerne verzichten. Das geschieht, um die Heilungschancen kranker Menschen zu verbessern.)

Denken Sie daran: Sie können mehr Mineralien (zum Beispiel jene in grünem Blattgemüse und Knochenbrühe) resorbieren, indem Sie auf Getreide verzichten und mit Nüssen und Kernen zurückhaltend sind. Phytate verhindern, dass der Körper Mineralien (Kalzium, Magnesium, Eisen und Zink, um nur einige zu nennen) sowie andere Nährstoffe aufnehmen kann.

Lektine. Das sind Proteine, die sich mit Zucker verbinden und widerstandsfähig gegen Verdauungsenzyme und Magensäure sind. Sie sind in Pflanzensamen reichlich enthalten, werden aber abgebaut, wenn die Pflanzen wachsen. Wenn sie an den Zellen der Dünndarmschleimhaut kleben bleiben, stören sie die Verdauung.

Die Zellen in der Dünndarmschleimhaut müssen intakt sein, damit sie Nährstoffe resorbieren können. Wenn sie durch übermäßigen Verzehr von lektinreichen Nahrungsmitteln wie Getreide und Hülsenfrüchten verkleben, wird die Verdauung schwierig. Auch Getreide und Hülsenfrüchte sind Pflanzensamen, und wenn Sie ein Getreideprodukt essen, nehmen Sie Hunderte, wenn nicht Tausende von Pflanzensamen zu sich. Das sind sehr viele konzentrierte Lektine!

Saponine. Das sind bittere, seifenähnliche Moleküle, die Zellmembranen durchlöchern können. Sie werden oft als Träger für Impfstoffe benutzt, weil sie in der Lage sind, in Zellen einzudringen. Saponine sind die wichtigsten Antinährstoffe in der Quinoa (Andenhirse). Im Inneren der Zellen stimulieren sie die Immunreaktion, und sie können die Produktion von Antikörpern fördern. Antikörper bringen den Körper auf Touren, sodass er beim ersten Anzeichen für unverdaute Nahrungsmittelpartikel im Blut losschlägt. Das ist die Ursache für Verdauungsstörungen nach dem Verzehr bestimmter Nahrungsmittel, und es kann sogar zu eher verborgenen chronischen Entzündungen führen. Sie sollten daher nichts essen, was eine Immunreaktion auslöst.

Auch Eier enthalten Antinährstoffe

Die Eier von Hühnern oder anderen Tieren enthalten von Natur aus Substanzen, die ihnen helfen, Raubtiere nicht nur mit ihrer leicht zu knackenden Schale abzuwehren. Wenn die Mutter das Nest verlässt, schützen diese Antinährstoffe die Eier von innen her und warnen andere Tiere davor, sie zu fressen. Zwar sind die meisten Menschen gut an den Verzehr von Eiern angepasst, aber manche reagieren aus den erwähnten Gründen empfindlich auf sie.

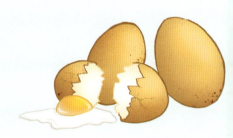

Zonu-was?

Es gibt noch eine wichtige Ursache für einen pathologisch durchlässigen Dünndarm, nämlich ein Molekül namens Zonulin. Einfach ausgedrückt – so erklärt es Dr. Alessio Fasano – lockert Zonulin die enge Verbindung zwischen den Schleimhautzellen. Dieser Vorgang trägt zu Entzündungen, Autoimmunkrankheiten und Krebs bei.

Trübe Aussichten, nicht? Keine Sorge – Fasano sagt, eine Umstellung der Lebens- und Ernährungsweise könne Schäden, die durch Zonulin und andere Antinährstoffe verursacht wurden, meist reparieren. Sie können also die Darmschleimhaut regenerieren und dadurch Ihre Immunität und Ihre Widerstandskraft gegen chronische Krankheiten verbessern.

Weitere Ursachen für »Löcher im Darm«

Die Ernährung ist zwar nicht der harmloseste Faktor, aber sie lässt sich am einfachsten ändern. Werfen Sie einen Blick auf die Mitursachen für den pathologisch durchlässigen Darm auf Seite 88. Wenn Sie die Liste von oben nach unten durchgehen, werden diese Faktoren immer schwerer zu beeinflussen, aber Sie können durchaus etwas unternehmen. Fangen Sie mit der Lebens- und Ernährungsweise an.

Stressabbau ist eine der besten Möglichkeiten, die Genesung eines pathologisch durchlässigen Darms zu fördern, denn er vermindert den Ausstoß von Cortisol, unserem Kampf-oder-Flucht-Hormon. Cortisol belastet den Körper sehr. Meine Klienten berichten immer wieder, dass ihre Verdauung an weniger stressigen Tagen besser arbeitet, etwa an Wochenenden oder im Urlaub. Wahrscheinlich würde der Bedarf an Säureblockern und nichtsteroidalen Entzündungshemmern erheblich sinken, wenn wir den körperlichen und seelischen Stress reduzieren würden. Meditation, Yoga, Golf, Spaziergänge, entspannende Musik, Spaß mit Angehörigen und Freunden können Stress abbauen.

Wenn Sie an einer Autoimmunkrankheit leiden, ist Ihr Darm möglicherweise immer in gewissem Umfang pathologisch durchlässig. Das bedeutet jedoch nicht, dass Sie das Handtuch werfen und weiter Nahrungsmittel essen sollten, die das Problem verschlimmern. Stattdessen sollten

Sie erst recht auf Ihre Lebens- und Ernährungsweise achten. Dann hat der Darm bessere Chancen, die Nahrungsmittel gut zu verdauen und Nährstoffe zu resorbieren.

Die meisten Menschen, die ihre Ernährung umstellen, berichten, dass sich bei ihnen innerhalb von zwei Wochen bis sechs Monaten eine oder mehrere der auf Seite 74 genannten chronischen Entzündungen gebessert haben. Selbst wenn Sie nicht alle Faktoren im Griff haben, die an einer Darmerkrankung schuld sind, können Sie wahrscheinlich mehr für Ihre Gesundheit tun, als Sie es je für möglich hielten. Dann können Sie vielleicht einige chronische Krankheiten von Ihrer Liste streichen.

Tipps zur Heilung einer pathologisch durchlässigen Darmwand

Wenn die Darmwand krankhaft durchlässig ist, gelangen nicht nur vollständig abgebaute Proteine in Form von einzelnen Aminosäuren ins Blut, sondern auch größere, teilweise unverdaute Proteine. Das ist bei Kleinkindern normal, weil ihr Körper noch nicht vollständig entwickelt ist. Bei Erwachsenen führt es hingegen zu zahlreichen Gesundheitsstörungen und unangenehmen Symptomen.

Anzeichen und Symptome

Verdauungsstörungen:
- Verstopfung
- Durchfall
- Schmerzen
- Völlegefühl
- Gasbildung

Schlechte Närstoffresorption:
- unerwünschte Gewichtsabnahme oder Unfähigkeit, abzunehmen
- Mangel an Fettsäuren, Vitaminen oder Mineralien

Schwaches Immunsystem:
- häufige Erkältungen, Grippe, heftige saisonale Allergien oder Entzündungen

Wie der Darm durchlässig wird – BETEILIGTE FAKTOREN

DIE UNTEN STEHENDEN FAKTOREN SIND LEICHTER ZU BEEINFLUSSEN ALS DIE OBEREN, Z.B. DURCH EINE UMSTELLUNG DER LEBENS- UND ERNÄHRUNGSWEISE.

Neurologische Störungen
- Glykation
- Darmentzündung
- Autoimmunkrankheiten

Hormonstörungen
- Schilddrüsenstörungen
- unausgewogene Produktion von Geschlechtshormonen
- Cortisol (bei chronischem Stress)

Stress
- Magensäuremangel
- Katecholamine
- Cortisol (bei akutem oder chronischem Stress)

Infektionen
- H. pylori
- Vermehrung schädlicher Bakterien
- Vermehrung schädlicher Hefepilze
- Darmviren
- Darmparasiten

Medikamente
- nichtsteroidale Entzündungshemmer
- Kortikosteroide
- Antibiotika
- Säureblocker
- Xenobiotika
- Chemo- oder Strahlentherapie

Ernährung
- Alkohol
- Getreide (vor allem Gluten)
- Milchprodukte (vor allem Kasein)
- Hülsenfrüchte
- Antinährstoffe
- industriell hergestellte Produkte
- Zucker
- Fast Food
- Transfette, geschädigte Fette

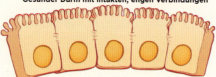

Dünndarmschleimhaut: Mikrovilli — Dünndarmschleimhaut: Darmzotten

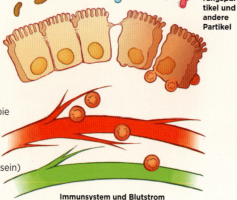

Gesunder Darm mit intakten, engen Verbindungen

Durchlässiger Darm mit geschädigten engen Verbindungen — Nahrungspartikel und andere Partikel

Immunsystem und Blutstrom

SO HEILEN SIE DEN »LÖCHRIGEN DARM«

Verzichten
Meiden Sie Reizstoffe wie verarbeitete und raffinierte Produkte, Alkohol, Getreide, Hülsenfrüchte, Milchprodukte, raffinierte Samenöle, Zucker. Wenn Sie das bereits getan haben, verzichten Sie auch auf Nüsse, Kerne, Kaffee und Eier.

Entzündungshemmende Medikamente, vor allem nichtsteroidale Entzündungshemmer. Stellen Sie stattdessen Ihre Lebens- und Ernährungsweise um.

Reparieren
ESSEN Sie genügend Omega-3-Fettsäuren als Gegengewicht zu den Omega-6-Fettsäuren, die wir meist im Übermaß zu uns nehmen.

ESSEN Sie genügend lösliche Ballaststoffe in stärkereichem Gemüse und Obst, z.B. Süßkartoffeln, Butternusskürbis und Kochbananen.

TRINKEN Sie Kräutertees, z.B. Pfefferminz- und Süßholztee, um die Heilung der Schleimhäute im Verdauungskanal zu fördern.

TRINKEN Sie genügend Wasser, um Verstopfung und Austrocknung zu verhindern.

ERGÄNZEN: Trinken Sie zwischen den Mahlzeiten Wasser mit der Aminosäure L-Glutamin (5–8 g am Tag), um die Heilung der Schleimhäute zu unterstützen.

ERGÄNZEN: Omega-3-Fettsäuren in Kapseln und eine Mischung aus vitaminreichem fermentiertem Lebertran und Butteröl (1/2 Teelöffel am Tag).

ERGÄNZEN: Quercetin, ein starkes, entzündungshemmendes Antioxidans und entglycyrrhizinierter Extrakt aus Süßholzwurzel (DGL), um die Heilung der Schleimhäute zu unterstützen.

Inokulieren
ESSEN Sie probiotische Nahrungsmittel wie rohes Sauerkraut oder anderes vergorenes Gemüse.

ERGÄNZEN: Probiotika in Kapseln oder als Pulver, wenn gewünscht.

Wieder essen
ESSEN Sie nach 31 Tagen bei jeder Mahlzeit eines der bis dahin gemiedenen Nahrungsmittel und achten Sie auf Veränderungen (Stimmung, Energie, geistige Klarheit, Verdauung, Haut). Essen Sie alle drei Tage eines der gemiedenen Nahrungsmittel, um herauszufinden, welche Sie vertragen und welche nicht.

ANMERKUNG: Von dem erneuten Konsum von glutenhaltigen Getreideprodukten ist abzuraten.

Tipps zum Gluten

Gluten ist ein Eiweiß, das in Weizen, Roggen, Hafer und Gerste enthalten ist. Es ist eine Verbindung aus einem Prolamin und einem Glutelin, die beide neben der Stärke im Endosperm grasartiger Getreide zu finden sind. Gliadin (wasserlöslich) und Glutenin (nicht wasserlöslich) machen etwa 80 Prozent des Proteins im Weizenkorn aus. Obwohl Glutenin nicht wasserlöslich ist, kann man es zusammen mit der Stärke wegspülen. Gluten ist auf der ganzen Welt eine Eiweißquelle, in Nahrungsmitteln und als Zusatz zu eiweißarmen Produkten.

Glutenquellen und Produkte, DIE VERSTECKTES GLUTEN ENTHALTEN KÖNNEN

- Basissuppe
- Bier
- Bindemittel
- Bratenfüllungen
- brauner Reissirup
- Brühe
- Couscous
- Croûtons
- Dinkel
- Einkorn
- Emmer
- Ergänzungsmittel
- Fleisch, Wurst
- Frühstücksfleisch
- Geflügel
- Gerste
- Gerstenmalz
- Grieß
- Hartweizen
- Imitate
- Kamut
- kandierte Süßwaren
- Kleie
- Knetmasse
- Kräutermischungen
- Kritharáki (Orzo)
- Lipgloss
- Lippenstifte
- Make-up
- Malz
- Malzessig
- Marinaden
- Matzenmehl
- Medikamente
- Mehlschwitze
- Nudeln
- Panade
- Panko-Mehl
- Roggen
- Salben
- Seitan
- Sojasoße
- Soßen
- Triticale
- Udon
- Vitamintabletten
- Waffeln
- Weizen
- Weizengrütze
- Weizenkeime
- Weizenkleie
- Weizenschrotmehl
- Weizenstärke
- Würzmittel

Glutenfrei* (DENNOCH NICHT EMPFEHLENSWERT)

*Fast alle Getreide- und industriell hergestellten Produkte können mit Gluten verunreinigt sein. Am besten essen Sie nur vollwertige, unverarbeitete Lebensmittel.

- Amaranth
- Bohnenmehl
- Buchweizen
- Maniokstärke
- Hirse
- Kartoffelmehl
- Kartoffelstärke
- Leinsamen
- Mais
- Maniokstärke
- Nussmehl
- Pfeilwurzstärke
- Quinoa
- Reis
- Reiskleie
- Sago
- Samenkernmehl
- Sojaprodukte
- Sorghum
- Teff (Zwerghirse)

Anzeichen für Glutenkonsum

- Blähungen
- Durchfall oder Verstopfung
- Hautprobleme oder Ausschläge
- Müdigkeit
- Reizbarkeit
- Unerwarteter Gewichtsverlust, Mundgeschwüre, Depressionen und sogar Morbus Crohn sind ernste Symptome einer Glutenallergie.
- Konsultieren Sie bei anhaltenden Beschwerden einen Ernährungsberater oder Arzt.

Häufigste Quellen für verstecktes Gluten

Alkohol: Bier, Malzgetränke, Kornbranntwein

Kosmetika: Prüfen Sie die Zutaten von Make-ups, Shampoos und anderen Pflegeprodukten.

Dressings: mit Mehl oder anderen Zusätzen eingedickt

Gebratenes: Verunreinigungen mit Panade in Bratgefäßen

Essig: Malzessig

Medikamente, Vitamintabletten, Ergänzungsmittel: Fragen Sie den Apotheker, und lesen Sie den Beipackzettel genau.

Industriell hergestellte Produkte: Zusätze enthalten oft Gluten.

Soßen, Suppen und Eintöpfe: mit Mehl eingedickt

Soja-, Teriyaki- und Hoisin-Soße: mit Weizen fermentiert

Glutenfreier Alkohol**

- Apfelwein
- Brandy
- Bourbon
- Champagner
- Cognac
- Gin
- glutenfreies Bier
- Grappa
- Met
- Rum
- Sake
- Scotch
- Sherry
- Tequila
- Wermut
- Wodka
- Whisky
- Wein

Ich bin allergisch GEGEN GLUTEN

Ich habe eine schwere Allergie und muss mich STRENG glutenfrei ernähren.

Ich kann sehr krank werden, wenn ich etwas esse, was Mehl oder Getreideprodukte aus Weizen, Roggen, Gerste oder Hafer enthält.

Enthält dieses Gericht Mehl oder Getreideprodukte aus Weizen, Gerste, Roggen oder Hafer? Wenn Sie oder der Koch sich nicht sicher sind, dann sagen Sie es mir bitte.

Ich darf Gerichte essen, die Reis, Mais, Kartoffeln, Gemüse, Obst, Eier, Käse, Milch, Fleisch oder Fisch enthalten, sofern sie nicht mit Weizenmehl, Teig, Brotkrumen oder getreidehaltiger Soße zubereitet wurden.

Danke für Ihre Hilfe!

Mehr Gluten-Leitfäden finden Sie unter www.celiactravel.com

Weitere Informationen über Gluten

Diese Webseiten sind nicht unbedingt »paläo«, aber sie enthalten viele Informationen für alle, die sich vollständig glutenfrei ernähren müssen:

- celiac.com
- celiac.org
- celiaccentral.org
- celiaclife.com
- celiactravel.com
- celiacsolution.com
- elanaspantry.com
- glutenfreegirl.com
- surefoodsliving.com

** Nach celiac.com sind alle destillierten Alkohole glutenfrei. Wenn Sie an Zöliakie leiden, sollten Sie alkoholische Getränke aus Weizen, Gerste und Roggen dennoch meiden.

Das Warum – Nahrung und Ihr Körper

Über den Umgang mit Stress

Wenn Sie Stress abbauen wollen, um einen pathologisch durchlässigen Darm (und die vielen anderen körperlichen und seelischen Folgen von chronischem Stress) zu vermeiden, müssen Sie Ihre Lebensweise ändern. Bei mir genügte eine Ernährungsumstellung jedenfalls nicht.

Als ich beschloss, hauptberuflich Ernährungsberaterin zu werden, musste ich erst einmal gründlich nachdenken. Ich wohnte in einem hübschen Dachgeschoss-Apartment in San Francisco mit Parkplatz, Waschküche, schöner Aussicht und Geschirrspüler. In mancher Hinsicht war ich zu beneiden, aber ich hatte einen Job, den ich nicht mochte, weil ich diese schicke Wohnung behalten wollte. Jeden Morgen fürchtete ich mich vor dem Aufwachen.

Sind Sie in einer ähnlichen Situation? Klagen Sie ständig über Ihren Beruf, Ihren Körper, Ihren Partner, Ihre Freunde, Ihr Leben? Halten Sie sich für glücklich? Leben Sie nur für die Wochenenden? Wollen Sie morgens manchmal nicht aufstehen?

Bei diesen Fragen geht es um die Entscheidungen, die Sie jeden Tag treffen. Sie helfen Ihnen herauszufinden, ob Ihr Leben Ihren Wünschen entspricht. Brian Tracy, einer meiner Lieblings-Motivationsredner, sagt in seiner Audio-Serie *Die Psychologie des Erfolges:* »Wir fühlen uns nur dann wohl, wenn wir unser Leben selbst bestimmen.«

Bestimmen Sie Ihr Leben selbst, oder haben Sie das Gefühl, dass andere Sie herumstoßen? Wenn Sie glauben, dass die Verantwortung für Ihre Familie Sie daran hindert, eine Karriere zu machen oder Ihr Leben zu ändern, dann sollten Sie Ihre Ausgaben genau prüfen. Brauchen Sie ein größeres, schickeres Auto? Oder ein größeres Haus oder eine zweite Garage? Es kann sogar auf die simple Frage hinauslaufen, ob Sie jeden Tag einen Caffè Latte brauchen, der Sie durchaus 1000 Dollar im Jahr kosten kann.

Wenn wir unser Leben nicht im Griff haben, stehen wir unter starkem Stress. Robb Wolf drückt es in seinem Buch *The Paleo Solution* so aus: »Stress ist ein unausweichlicher und wichtiger Faktor im Leben, und er ist in erstaunlichem Umfang selbst verursacht. Wir sollten darüber nachdenken, wie wir unsere Zeit und unsere Ressourcen nutzen wollen ... Wenn Sie an einem Haufen Zeug hängen, das Sie zwingt, viel zu lange zu arbeiten, um es zu bezahlen, dann fehlt Ihnen etwas ... Wenn Sie ein Gewichts- oder Gesundheitsproblem haben, sich zu Tode arbeiten, einen Schrank voller Kleider besitzen, die Sie nie tragen, und ein Haus voller Kram, den Sie nie benutzen, dann sollten Sie über Ihr Leben nachdenken.«

Wenn Stress ein Problem in Ihrem Leben ist, sollten Sie einige neue Entscheidungen treffen. Erlernen Sie Stressabbau-Techniken. Sie wissen jetzt besser als je zuvor, wie wichtig das nicht nur für Ihre Seele, sondern auch für Ihren Körper ist.

Dankbarkeit | Substantiv | Gefühl des Dankes
(Duden, Bedeutungswörterbuch)

Üben Sie sich in Dankbarkeit

Jonny Bowden, ein Coach für Gewichtsabnahme, veröffentlichte auf der Webseite des Gesundheits- und Fitnesstrainers Charles Poliquin (www.charlespoliquin.com) einen Artikel mit dem Titel »Die neun Gewohnheiten sehr gesunder Menschen«. Eine dieser Gewohnheiten war das Führen einer »Dankbarkeitsliste«. Bowden führte aus: »Wenn Sie aufschreiben, wofür Sie dankbar sind, erfüllen Sie Ihr Gehirn mit positiver Energie. Dankbarkeit ist unvereinbar mit Wut und Stress. Üben Sie den Gebrauch Ihrer vernachlässigten rechten Hirnhälfte, und verteilen Sie ein wenig Liebe. Selbst wenn Sie nur fünf Minuten am Tag darüber nachdenken, wofür Sie dankbar sind, ist dies eine der besten Techniken zum Stressabbau auf diesem Planeten.«

Manche Leute halten eine solche Liste für ausgemachten Blödsinn. Doch wenn Sie ständig gestresst sind und Ihre Gesundheit darunter leidet, ist diese Liste doch einen Versuch wert, nicht? Schließlich beschäftigen sich die meisten Menschen mehr mit negativen Dingen und nehmen sich nie die Zeit, über das Positive in ihrem Leben nachzudenken.

Bowden schlägt vor, diese Liste möglichst jeden Tag zu erstellen. Zumindest sollten Sie es jedes Mal tun, wenn Sie daran denken oder wenn der Stress besonders stark ist. Machen Sie eine Pause, und denken Sie daran, was für Sie am wichtigsten ist.

Sie können Ihre Liste für sich behalten oder mit Freunden oder Angehörigen teilen. Es schadet nicht, wenn niemand außer Ihnen sie zu sehen bekommt. Aber meiner Meinung nach ist die Wirkung immer positiv, wenn Sie anderen sagen: »Ich bin dankbar dafür, dass du da bist.« Wie weit würde Ihr Stresspegel sinken, wenn das heute jemand zu Ihnen sagen würde? (Das dachte ich mir!) Es könnte sogar zur Heilung eines löchrigen Darmes beitragen.

Auf meiner Webseite können Sie eine leere Dankbarkeitsliste als PDF herunterladen: www.balancedbites.com

Das Warum – Nahrung und Ihr Körper

Blutzuckerregulierung: Welche Kohlenhydrate sind gesund?

Heutzutage herrscht in der Welt der Gesundheit und Ernährung eine Menge Verwirrung über Kohlenhydrate. Welche sind gesund, welche ungesund? Wie viele Kohlenhydrate sollte ich wie oft essen?

☐ Essen Sie vollwertige Lebensmittel und meiden Sie moderne, verarbeitete und raffinierte Produkte.

☐ Essen Sie für eine gesunde Verdauung.

☑ **Essen Sie für einen normalen Blutzuckerspiegel.**

☐ Befolgen Sie einen Plan, der Ihnen hilft, Ihre persönlichen Gesundheitsziele zu erreichen.

MAKRO UND MIKRO
Eiweiß, Fett und Kohlenhydrate sind Makronährstoffe. Sie alle liefern Kalorien, die den Körper mit Energie versorgen. Vitamine und Mineralien sind Mikronährstoffe. Sie liefern keine Kalorien, werden aber für die Verwertung und Resorption der Makronährstoffe benötigt.

Lassen Sie mich zuerst eines klarstellen: Der Körper betrachtet alle Kohlenhydrate als Zucker, aber das heißt nicht, dass sie alle schlecht sind. Alles, was Sie essen und was weder Eiweiß noch Fett ist, ist ein Kohlenhydrat. Es gibt nur drei verschiedene Makronährstoffe: Eiweiß, Fett und Kohlenhydrate (oder Kombinationen aus diesen drei).

Gute und schlechte Kohlenhydrate

Es gibt tatsächlich »gute« und »schlechte« Kohlenhydrate. Aber damit meine ich nicht komplexe und einfache Kohlenhydrate wie die meisten anderen Ernährungsexperten, die Ihnen raten, reichlich Getreideprodukte zu essen. Das haben wir alle getan – und es hat uns bestimmt nicht gesünder gemacht.

Kohlenhydrate sind schlecht, wenn sie 1. keine Nährstoffe für eine gute Verstoffwechslung besitzen, 2. Verdauungsstörungen verursachen und 3. raffiniert, künstlich oder in einer Fabrik hergestellt wurden.

Kohlenhydrate sind gut, wenn sie 1. leicht verdauliche, bioverfügbare Nährstoffe enthalten, die es den Zellen ermöglichen, sie zu verwerten, und 2. in der Natur als vollwertige Lebensmittel vorkommen.

Was bedeutet es, wenn Kohlenhydrate keine Nährstoffe besitzen? Nun, Sie haben sicher schon von »leeren Kalorien« gehört. Um das zu verstehen, müssen Sie wissen, wie der Körper Kohlenhydrate verwertet.

Wenn Sie ein Kohlenhydrat zu sich nehmen, braucht Ihr Körper Energie in Form von Mikronährstoffen (Vitaminen und Mineralien), um den Zucker im Essen zu verstoffwechseln. Bevor die Nährstoffe im Essen die Zellen ernähren können, müssen sie in ihre Bestandteile zerlegt werden. Ihre Zellen können weder Donuts noch Erdbeeren verwerten! Um für Sie Energie zu erzeugen, brauchen die Zellen Makronährstoffe (Eiweiß, Fett und Kohlenhydrate) und Mikronährstoffe (Vitamine und Mineralien), die zuerst ihnen Energie liefern.

Ohne Makro- und Mikronährstoffe würde Ihr Energiepegel in den Keller sinken. Um Kohlenhydrate zu verstoffwechseln und in zelluläre Energie umzuwandeln, brauchen Sie B-Vitamine (vor allem B5) und die Mineralien Phosphor, Magnesium, Eisen, Kupfer, Mangan, Zink und Chrom.

Zelluläre Energie ist Ihr Treibstoff. Gemeinsam treiben die Zellen den Motor an, der Sie den ganzen Tag in Bewegung hält. Darum machen schlechte Kohlenhydrate müde. Wenn Sie raffinierte Kohlenhydrate essen, nehmen Sie zwar Kalorien in Form von Makronährstoffen zu sich, nicht aber die Mikronährstoffe, die es den Zellen ermöglichen, die Kalorien zu nutzen. Das ist der Unterschied zwischen guten und schlechten Kohlenhydraten im Körper.

Vier Teelöffel Zucker (ein schlechtes Kohlenhydrat) liefern 60 Kalorien. Mehr nicht – keinerlei Nährstoffe. Eine kleine Süßkartoffel (ein gutes Kohlenhydrat) enthält etwa 60 Kalorien und B-Vitamine, Phosphor, Magnesium, Eisen, Kupfer, Mangan, Zink und Chrom. Das sind genau die Mikronährstoffe, die der Körper braucht, um Kohlenhydrate zu verstoffwechseln, und darin liegt der Unterschied zwischen einem vollwertigen, nicht raffinierten, nährstoffreichen Lebensmittel und einem raffinierten, nährstoffarmen Produkt. (Übrigens enthält eine Süßkartoffel auch Vitamin E, Beta-Carotin, Vitamin C, Kalzium, Zink und Selen.)

Wenn Sie vollwertige, nährstoffreiche Lebensmittel wie Süßkartoffeln oder anderes Gemüse, Obst, Wurzeln und Knollen essen, geben Sie Ihrem Körper »in einem Paket« alles, was er benötigt, um diese Kalorien in Energie umzuwandeln. Mit anderen Worten: Vollwertige, nährstoffreiche Lebensmittel ermöglichen Ihnen eine Einzahlung auf das »Energiebankkonto« Ihres Körpers. Nährstoffarme Produkte wie Zucker buchen hingegen Energie ab.

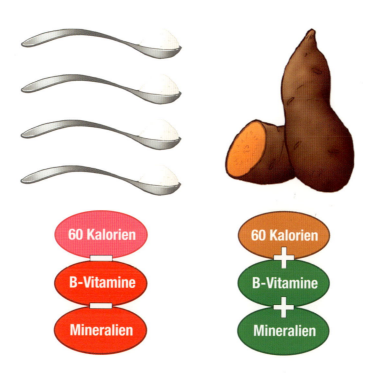

Das Warum – Nahrung und Ihr Körper

Essen Sie zu viele Kohlenhydrate am Schreibtisch?

Kohlenhydrate liefern schnelle Energie und werden im Körper zu Glucose (Zucker) abgebaut, einerlei, ob sie in einem Stück Kuchen oder in einer frischen Ananas enthalten sind. Wenn Sie kurz nach dem Essen körperlich aktiv sind, wird die Glucose rasch verbraucht. Wenn nicht, wird sie entweder als Glykogen in der Leber und in den Muskeln oder als Fett gespeichert. *Ja, als Fett.*

Der Körper kann Glykogen nur an zwei Orten speichern: in der Leber und in den Muskeln. Wenn Sie Kohlenhydrate zu sich nehmen, prüft der Körper, wie viel Glykogen dort bereits eingelagert wurde, bevor er entscheidet, was er mit den Kohlenhydraten macht, die Sie eben verzehrt haben. Wenn Sie aktiv waren und einen Teil der Bestände in der Leber und in den Muskeln verbraucht haben, füllt der Körper die Lücken mit den neuen Kohlenhydraten.

Während die Speicher für Kohlenhydrate begrenzt sind, kann der Körper Fett in unbegrenzten Mengen speichern. Was geschieht also, wenn Sie mehr Kohlenhydrate essen, als Ihr Körper in der Leber und in den Muskeln einlagern kann, und wenn Sie diese Energie nicht sofort durch Bewegung verbrauchen? Die Glykogentanks werden nicht geleert, und die Leber wandelt die zusätzlichen Kohlenhydrate in Triglyceride (zirkulierendes Blutfett) oder in Fettpolster um.

Die Kohlenhydratspeicherung nach dem Sport ist eine Ausnahme von dieser Regel. Dann haben die Muskeln den ersten Zugriff auf die Kohlenhydrate, die Sie innerhalb von 30 Minuten bis zwei Stunden nach dem Training essen. Denken Sie aber daran, vor dem Essen in den Ruhe-und-Verdauungsmodus umzuschalten, damit die Muskeln sich erholen und Energie für das nächste Training speichern können. Das ist einer der vielen Vorteile des Sports: Die Kohlenhydrate wandern in die Muskeln und nicht als Fett an den Po, an den Bauch oder an eine andere Stelle, wo Sie es nicht haben wollen.

Fett am Po mag unerwünscht sein, aber Fett kann auch um Organe herum gespeichert werden. Dieses Viszeralfett ist gefährlicher als die Fettpolster am Rumpf, weil es die Organfunktion stört.

Auch die Gene haben Einfluss darauf, wo Ihr Körper überschüssige Kohlenhydrate als Fett speichert. Vielleicht kennen Sie Menschen, die scheinbar eine Menge Kohlenhydrate konsumieren

können und keinen Sport treiben. Ihr Muskeltonus ist schwach, aber ihr Körper wandelt wahrscheinlich mehr Kohlenhydrate in Triglyceride und viszerales Fett um, nicht in sichtbares Körperfett, das die Kleider enger macht. Sie haben scheinbar Glück, weil ihre Kleidergröße gleich bleibt, doch in Wahrheit geht es ihnen schlechter, weil sie wahrscheinlich mit mehr viszeralem Fett (rund um die Organe) oder mit einem hohen Triglyceridspiegel herumlaufen. Leider bleiben diese Menschen hinsichtlich ihrer Gesundheit im Dunkeln. Wer nicht sichtbar übergewichtig ist, muss also nicht gesund sein, wenn er mehr Kohlenhydrate zu sich nimmt, als er verbrennen kann. Die Gene spielen zwar eine Rolle, aber Sie können Ihre Gesundheit mit Sicherheit verbessern, wenn Sie das viszerale Fett im Körper nicht durch Ihre Kost vermehren.

Kohlenhydrate und Sport

Kohlenhydrate können einen gewissen Nutzen haben, wenn Menschen aktiv sind, etwa als Bauarbeiter, Sportlehrer oder in anderen Berufen, bei denen sie den ganzen Tag auf den Beinen sind. Als Brennstoff für Menschen, die sich längere Zeit stark anstrengen, sind Kohlenhydrate meist nützlich. Für Sprints oder Crossfit-Übungen, die länger als fünf Minuten dauern, brauchen Sie Kohlenhydrate. Das heißt jedoch nicht, dass Sie sich wegen eines fünf- oder auch dreißigminütigen Trainings mit Kohlenhydraten vollstopfen müssen. Eine normale, moderate Menge Kohlenhydrate versorgt Sie mit genügend Energie für solche Aktivitäten. Wenn Sie regelmäßig 60 Minuten lang sehr intensiv trainieren, brauchen Sie an diesen Tagen vielleicht mehr Kohlenhydrate.

Denken Sie daran: Sie sollten so viele Kohlenhydrate zu sich nehmen, wie es bei Ihrer durchschnittlichen Aktivität und Stressbelastung notwendig ist. Dann bilden sich keine Fettpolster, der Triglyceridspiegel bleibt normal, und Ihre Organe sind nicht in eine Fettschicht eingehüllt.

AUSREICHENDE KOHLENHYDRATZUFUHR (GUTE KOHLENHYDRATE!)	ALLGEMEINE LEBENSUMSTÄNDE: AKTIVITÄT UND STRESS
Sehr niedriger Kohlenhydratbedarf*: 0–30 g/Tag	Inaktive oder insulinresistente Menschen, die ihren Zuckerstoffwechsel drastisch ändern wollen. Menschen, die eine ketogene Ernährung bevorzugen (siehe Seite 176). **Nicht zu empfehlen oder unnötig für die meisten Menschen, die nach optimaler allgemeiner Gesundheit streben.**
Geringer Kohlenhydratbedarf: 30–75 g/Tag	Geringe Aktivität oder intensives Herz-Kreislauf-Training, das *weniger* als 20 Minuten dauert. Ebenfalls geeignet für die meisten Menschen, die Gewichte heben oder Krafttraining machen. Für alle, die sich ketogen (siehe Seite 177) ernähren wollen (bis zu 50 g Kohlenhydrate). **Dies ist für viele Menschen eine gesunde Spanne.**
Moderater Kohlenhydratbedarf: 75–150 g/Tag	Moderate Aktivität oder tägliches intensives Herz-Kreislauf-Training, das 20–60 Minuten dauert. Generell aktiver Beruf oder Lebensstil. Mäßig stressiges Leben. **Dies ist für viele Menschen eine gesunde Spanne.**
Hoher Kohlenhydratbedarf: 150 g+/Tag (bis etwa 300 g)	Intensives tägliches Herz-Kreislauf-Training, das länger als 60 Minuten dauert. Sehr aktiver Beruf mit ständiger Bewegung. Sehr stressige Lebensweise, körperlich und seelisch belastend. **Dies ist eine gesunde Spanne für sehr aktive oder stark gestresste Menschen.**

* Für die meisten Menschen ist eine sehr geringe Kohlenhydratzufuhr über längere Zeit hinweg nicht geeignet, weil ihnen sonst einige nützliche Mikronährstoffe fehlen, die in kohlenhydratreichen Lebensmitteln enthalten sind. Das ließe sich verhindern, wenn wir Tiere »mit Haut und Haar« (mit Innereien) essen würden, aber das ist nicht mehr üblich. Gute Kohlenhydrate sind auch für eine gesunde Verdauung wichtig, weil sie eine ausgewogene Darmflora fördern.

Der ideale Brennstoff

Wenn es nicht notwendig ist, Kohlenhydrate in großen Mengen zu essen, was sollen Sie dann essen? Ganz einfach: Fett.

Fett ist ein perfekter, nachhaltiger Brennstoff für den Körper. Aber die Sache hat einen Haken: Der Körper kann Fett (im Essen oder am Po) nicht effektiv verbrennen, wenn Sie andauernd Kohlenhydrate konsumieren.

Damit Ihr Körper sich daran gewöhnen kann, Fett effektiv zu verwerten, müssen Sie aufhören, ihm den ganzen Tag lang Zucker (Kohlenhydrate) zu geben. Tut mir leid, wenn das schlechte Nachrichten für Sie sind, aber es ist eben so. Im Grunde sind es ja gute Nachrichten, weil Sie nicht mehr alle paar Stunden essen müssen, um »den Kreislauf anzukurbeln«. Im Gegenteil! Wenn Sie aufhören, sich mit Kohlenhydraten vollzustopfen, und sich nicht mehr vor natürlichem, gesundem Fett fürchten (siehe Seite 44) – denn »gesundes Fett« bedeutet vielleicht nicht das, was Sie denken –, lernt der Körper wieder, einen ganzen Tag durchzuhalten. Er verbrennt dann nicht nur das Fett im Essen, sondern auch sein eigenes gespeichertes Fett, das Sie seit Jahren abzubauen versuchen, indem Sie sich auf dem Crosstrainer abstrampeln.

Ich weiß, was Sie jetzt denken: »Wie funktioniert das? Ich dachte, ich muss eine Menge gesunder Vollkornprodukte und viel Obst essen, um in Form zu bleiben!« Nun, die Antwort geben unsere Hormone und ihre Reaktion auf unser Essen.

Insulin gleicht Ihrer Mutter: Es will ständig aufräumen

Wie ich bereits im Abschnitt über die Verdauung erwähnt habe, ist Insulin ein Speicherhormon. Die Bauchspeicheldrüse schüttet es hauptsächlich als Reaktion auf die Kohlenhydrate im Essen aus. Insulin hat die Aufgabe, dem Blut Nährstoffe zu entnehmen (die nach der Verdauung dort landen) und in die Zellen zu befördern, die sie in Energie umwandeln. So wie Ihre Mutter das Zeug aufhebt, das im Haus herumliegt, und es an seinen richtigen Platz bringt, spürt das Insulin im Blut Nährstoffe auf und versucht, sie an ihren richtigen Ort zu bringen: in die Zellen.

Insulin arbeitet nach einer Mahlzeit eine bis zwei Stunden. Es räumt also ziemlich schnell auf. Schlechte Kohlenhydrate hinterlassen eine größere Unordnung; darum muss das Insulin einen Gang höher schalten, um alles schnell aufzuräumen.

Da ein hoher Blutzuckerspiegel gefährlich ist, muss der Körper auf jede Kohlenhydratzufuhr mit einer Insulinausschüttung reagieren, um den Blutzuckerspiegel zu normalisieren. Normal sind etwa vier Gramm, was einem einzigen Teelöffel Zucker entspricht. Selbst ein kleines bisschen Zucker im Blut bewirkt eine Insulinsekretion. Innerhalb von ein bis zwei Stunden sollte der Blutzuckerspiegel sich normalisieren, wenn das Insulin seine Aufgabe erfüllen konnte.

Ohne Insulin finden die Nährstoffe im Blut den Weg in die Zellen nicht. Darum droht Diabetikern vom Typ 1 eine Auszehrung. Sie würden ohne Insulinspritzen buchstäblich dahinsiechen, weil sie nicht genug Insulin produzieren, um ihre Zellen mit Nährstoffen zu versorgen.

Aber wenn Insulin so fleißig ist wie Mama, wo liegt das Problem? Wenn die Hormone aus dem Gleichgewicht geraten, bleibt das Insulin ständig aktiv und räumt andauernd auf, ohne dass der Körper Zeit hätte, die gespeicherten Nährstoffe zu nutzen. Mit anderen Worten: Es ist zu viel des Guten.

Zu viel des Guten

Wenn der Blutzuckerspiegel nach einer Mahlzeit ständig zu hoch bleibt, werden Sie möglicherweise »insulinresistent«. So wie Ihnen ein unordentlicher Zustand Ihres Zimmers nach einer Weile nicht mehr auffällt, verliert der Körper nach und nach seine Fähigkeit, das Insulin wahrzunehmen, das die Bauchspeicheldrüse ausschüttet. Das Insulin im Blut gleicht dann einer nörgelnden Mutter. Es sendet Signale, die »Räum dein Zimmer auf!« bedeuten, doch der

Körper ignoriert diese Signale wie ein störrischer Teenager. Die Zahl der Insulinrezeptoren ist begrenzt; darum können die Zellen die Botschaft »Im Blut ist Zucker!« nicht mehr »hören«. Also gelangt der Zucker nicht in die Zellen und wird nicht in Energie umgewandelt.

Heißt das, dass Sie sich vergiften, wenn Sie mehr als vier Gramm Kohlenhydrate auf einmal zu sich nehmen? Natürlich nicht. Die Reaktion des Körpers auf verzehrte Kohlenhydrate hängt hauptsächlich von deren Art und Menge ab, aber auch davon, wie oft Sie Kohlenhydrate essen. Wenn Sie eine Menge davon essen, muss der Körper eine Menge Insulin ausschütten, um den Blutzuckerspiegel auf ein ungefährliches Maß zu senken. Wenn Sie häufig eine Menge Kohlenhydrate essen, schüttet die Bauchspeicheldrüse ständig viel Insulin aus. Das alles sind normale Reaktionen, die Sie jedoch in einen ständigen »Speichermodus« versetzen. Fassen wir zusammen:

>   Hoher Blutzuckerspiegel = starke Insulinausschüttung
>   Starke Insulinausschüttung = Speichermodus
>   Speichermodus = keine Fettverbrennung zur Energiegewinnung

Denken Sie daran: Wenn Sie reichlich Kohlenhydrate essen, wird kein Fett verbrannt. Damit der Körper seine Fettspeicher abbaut, um Energie zu gewinnen, muss er sich im »Abbaumodus« befinden, nicht im »Speichermodus«.

Glucagon ist wie ein Teenager: Es will spielen

Sie können den »Abbaumodus« besser verstehen, wenn Sie etwas über Glucagon erfahren, ein Hormon, das ebenfalls in der Bauchspeicheldrüse gebildet wird. Im Gegensatz zum Insulin gleicht Glucagon einem Teenager, der seine Sachen benutzen will, anstatt sie wegzuräumen.

Insulin und Glucagon sind gegenregulierende Hormone. Während Insulin Nährstoffe speichert, holt das Glucagon sie aus den Speichern, wenn sie für die Energiegewinnung gebraucht werden. Wenn Glucagon im Blut dominiert, weist es sowohl Glucose als auch Fett an, die Speicher zu verlassen und als Brennstoffe ins Blut zu fließen. Wenn Insulin dominiert, kann das Glucagon diese Aufgabe nicht erfüllen. Mit anderen Worten: Das dominierende Hormon bestimmt, ob Nährstoffe gespeichert oder freigesetzt und verbraucht werden. Das ist der Unterschied zwischen dem Speichermodus und dem Abbaumodus.

Eine Dominanz des Glucagons ist erwünscht, weil sie dafür sorgt, dass gespeicherte Nährstoffe als Energiequelle genutzt und nicht gespeichert werden. Wie entsteht eine Glucagondominanz? Durch eine Lebens- und Ernährungsweise, die eine starke Glucagonausschüttung begünstigt.

Glucagon-Aktivator Nr. 1: Eiweißreiche Kost. Eiweißreiche Lebensmittel stammen meist von Tieren und sind nicht in insulinabhängige Kohlenhydrate eingebettet. Ein Steak enthält beispielsweise viel Eiweiß und keinerlei Kohlenhydrate. Zwar löst Eiweiß eine kleine Insulinreaktion aus, aber die Glucagonreaktion ist viel stärker – das Glucagon dominiert also. Würden Sie hingegen versuchen, mit Bohnen eine starke Glucagonausschüttung hervorzurufen, hätten Sie keinen Erfolg, weil das Insulin auf den hohen Kohlenhydratgehalt der Bohnen reagiert und das Glucagon überwältigt. Deshalb haben viele Menschen, die versuchen, ihren Eiweißbedarf ausschließlich mit Pflanzen zu decken, Schwierigkeiten abzunehmen: Ihre Eiweißquellen enthalten zugleich eine Menge Kohlenhydrate.

Glucagon-Aktivator Nr. 2: Bewegung. Wenn Sie Sport treiben, hält Ihr Körper Ausschau nach verfügbaren Brennstoffquellen, um die Muskeln mit Energie zu versorgen. Und der am schnellsten verfügbare Brennstoff befindet sich im Blut. Allerdings können Sie mit den vier Gramm Zucker im Blut nicht sehr lange trainieren, schon gar nicht, wenn Sie vor längerer Zeit gegessen haben und das Insulin die Nährstoffe eingesammelt hat. Deshalb macht das Glucagon sich an die Arbeit und erhöht den Blutzuckerspiegel, um den Körper mit Energie zu versorgen. Dabei arbeitet das Glucagon mit dem Cortisol zusammen, dem Kampf-oder-Flucht-Hormon, und signalisiert so dem Körper: »He! Wir arbeiten! Die Muskeln brauchen Brennstoff!« Dieser Prozess verläuft reibungslos, wenn der Körper daran gewöhnt ist, Fett als Energiequelle zu verbrennen.

Müssen Sie also vor dem Sport einen Imbiss zu sich nehmen? Was geschieht, wenn Sie daran gewöhnt sind, viele Kohlenhydrate zu essen, vor allem kleine Mahlzeiten alle paar Stunden? Genau das empfehlen Ihnen viele Ernährungsberater und Fernsehärzte. Nun, in diesem Fall übernimmt und behält das Insulin das Kommando, und das Glucagon kann seine Aufgabe nicht erfüllen. Nehmen wir an, Sie sind eine Stunde vor dem Sport hungrig, und Sie wissen, dass Sie in zwei Stunden heißhungrig sein werden. So schnell geht das, wenn Sie Zucker (Kohlenhydrate) als Hauptenergiequelle nutzen. Also essen Sie einen Happen, richtig? Dann gehen Sie ins Fitnessstudio und hoffen, beim Training Fett zu verbrennen. Aber das geschieht nicht. Die Nährstoffe aus dem Imbiss sind für den Körper immer noch verfügbar, weil sie nicht aus dem Blut geholt und gespeichert wurden. Und Blutzucker wird vor allen gespeicherten Nährstoffen verwertet. Mit anderen Worten: Wenn Sie zu kurz vor dem Training etwas zu sich nehmen, verbrennen Sie dieses Essen, nicht hingegen gespeichertes Körperfett. Sie zwingen Ihren Körper nicht, seine Speicher anzuzapfen, sondern versorgen ihn mit neuem Brennstoff, den er nutzen kann.

Das Problem besteht darin, dass der Körper Fett als sekundäre Energiequelle nutzt. Er bevorzugt Kohlenhydrate (Zucker, Glucose), wenn sie verfügbar sind, weil er sie leichter und schneller verwerten kann. Ist keine Glucose verfügbar, verbrennt der Körper Fett, um Energie zu gewinnen. Und wenn er daran gewöhnt ist, Fett als Energiequelle zu nutzen – das ist dann der Fall,

wenn Sie aufhören, zu viele Kohlenhydrate zu essen –, verspüren Sie kein Bedürfnis nach einem Imbiss vor dem Training.

Wenn Sie abnehmen wollen, sollten Sie also weniger Kohlenhydrate und mehr Fett und Eiweiß essen. Ein Imbiss vor und nach dem Sport ist meist keine gute Idee. Denken Sie daran: Während des Trainings wird dieser Imbiss verbrannt, nicht das gespeicherte Körperfett. Ein Imbiss vor und nach dem Training ist nur dann sinnvoll, wenn Sie Ihr Gewicht und Ihre Muskelmasse behalten wollen, nicht aber, wenn Sie abnehmen möchten.

> **NÜCHTERN-BLUTZUCKER**
> *Warum bleibt Ihr Blutzuckerspiegel selbst nach 12 Stunden Fasten vor einer Blutentnahme konstant? Das ist dem Glucagon zu verdanken: Es normalisiert den Blutzucker, damit Sie am Leben bleiben und nicht in Ohnmacht fallen.*

Woher wissen Sie, ob Sie hauptsächlich Zucker oder Fett verbrennen? Halten Sie ein Training ohne vorherigen Imbiss durch, wenn Sie vor ein paar Stunden gegessen haben? Verstehen Sie mich nicht falsch: Ich fordere Sie nicht auf, vor dem Sport zu hungern, bis Ihnen schwindlig wird, erst recht nicht, wenn Sie beim Training schon einmal ohnmächtig geworden sind. Aber es ist wichtig zu verstehen, dass Sie wahrscheinlich Zucker als Brennstoff nutzen und dass Ihr Körper nicht genug Glucagon ausschüttet, um an gespeicherte Nährstoffe heranzukommen. Sie sind ein Zuckerverbrenner und fühlen sich nur dann ausgeglichen, wenn Sie mehr Zucker in den Tank füllen – es sei denn, Sie gewöhnen sich an die Fettverbrennung. Um diesen Kreislauf zu durchbrechen, müssen Sie ihren Kohlenhydratkonsum verringern (beachten Sie die Hinweise auf Seite 96), um Ihrem Körper klarzumachen, dass er das Fett, das Sie essen, und Ihre eigenen Fettreserven nutzen kann und soll. Glucagon bewirkt genau das, kann aber seine Aufgabe nicht erfüllen, wenn das Insulin ständig dominiert.

Glucagon-Aktivator Nr. 3: Hunger. Wenn Sie hungrig werden, fällt Ihr Blutzuckerspiegel. Dann hat das Glucagon die Aufgabe, gespeicherten Zucker zu finden und ins Blut zu befördern, damit es bei den gesunden vier Gramm Zucker im Blut bleibt. Ich habe bereits erwähnt, dass ein hoher Blutzuckerspiegel gefährlich ist, aber ein niedriger Blutzuckerspiegel ist ebenso schädlich. Wichtig ist das richtige Gleichgewicht. Wie kommt es, dass Sie nach zwölfstündigem Fasten nicht wegen Hypoglykämie (Blutzucker unter vier Gramm) ohnmächtig werden? Das Glucagon erkennt den Absturz des Blutzuckerspiegels und leitet Zucker ins Blut, um eine Ohnmacht zu verhindern. Ziemlich schlau, nicht?

Ausgewogene Mahlzeiten, zubereitet mit nährstoffreichen Lebensmitteln einschließlich »guter Kohlenhydrate«, ermöglichen es dem Körper, einen hohen Blutzuckerspiegel ohne negative Folgen schnell zu normalisieren. Ein zu hoher oder zu niedriger Blutzuckerspiegel löst eine Stressreaktion aus. Wenn Sie regelmäßig zu viele schlechte Kohlenhydrate essen, befindet sich Ihr Körper ständig im Kampf, denn er versucht, den Blutzuckerspiegel zu normalisieren, und dieser Kampf bewirkt die Ausschüttung des Stresshormons Cortisol.

Blutzucker und Cortisol

Cortisol, das Kampf-oder-Flucht-Hormon, spielt bei der Regulierung des Blutzuckers ebenfalls mit. Wenn Ihr Körper wegen ständiger Blutzuckerschwankungen unter Stress steht, produziert er viel Cortisol.

Wahrscheinlich führt psychischer Stress bei Ihnen ohnehin zu einer höheren Cortisolproduktion. Wie unsere Vorfahren sind wir darauf eingerichtet, mit akutem Stress fertig zu werden, und uns dann auszuruhen. Leider führt unser moderner Lebensstil dazu, dass der Körper Stresshormone produziert, wie ein Marathonläufer sie benötigt. Deshalb befinden wir uns ständig auf der systemischen Stressstufe 4 oder 5 von 10. Wir kommen auch mit den Stufen 7, 8, 9 oder gar 10 zurecht – jedoch nur, wenn ihnen eine Phase mit sehr geringem Stress folgt. Diese Ruhephase ist wenigen Menschen vergönnt.

Fügen Sie den körperlichen Stress durch die Reaktion auf zu viele Kohlenhydrate hinzu, und Ihr Cortisolspiegel steigt noch höher. Chronische Entzündungen und Krankheiten können die Folge sein. Und da die Hormondrüsen voneinander abhängig sind und alle Stresshormone mit den Geschlechtshormonen »sprechen«, kann dieser Zustand zu anderen hormonellen Störungen führen, zum Beispiel zu einer Nebennieren- oder Schilddrüsenunterfunktion, zu Testosteronmangel und sogar zu Unfruchtbarkeit.

DYSGLYKÄMIE
Von Dysglykämie spricht man, wenn der Blutzuckerspiegel ständig zu hoch oder zu niedrig ist. Sie trägt zu vielen hormonellen und systemischen Störungen und vielen chronischen Entzündungen bei.

Dysglykämie ist einer der Hauptgründe für eine Cortisolüberproduktion. Da Sie Ihren seelischen Stress wohl nicht immer im Griff haben, ist es sinnvoll, den Cortisolspiegel durch die Normalisierung des Blutzuckerspiegels zu senken. Das geschieht durch eine bessere Lebens- und Ernährungsweise.

Cortisol wird von den beiden dreieckigen Nebennieren gebildet, die oben auf den Nieren sitzen. Es arbeitet mit dem Insulin und dem Blutzucker zusammen: Wenn ein Hormon vermehrt ausgeschüttet wird, steigt auch die Ausschüttung der anderen. Das heißt, ein hoher Blutzuckerspiegel führt zu einer erhöhten Insulinausschüttung, und diese bewirkt eine höhere Cortisolausschüttung. Da eine vermehrte Cortisolausschüttung dem Körper signalisiert, dass es Zeit für »Kampf oder Flucht« ist, wittert er eine Gefahr – und der ganze Kreislauf beginnt von vorne. Ihr Körper versucht einfach, die Muskeln auf Kampf oder Flucht vorzubereiten, indem er sie mit Zucker versorgt.

Was also können Sie tun, wenn Sie ständig unter Stress stehen, aber Ihren Insulinspiegel normalisieren wollen? Ein geringerer Kohlenhydratkonsum ist ein wichtiger Schritt, aber er genügt nicht. Ihre Hormone müssen optimal zusammenwirken, damit diese Gleichung gilt: Fettverbrennung = moderate Insulinausschüttung + höhere Glucagonausschüttung + gesunde Cortisolausschüttung.

Wenn Zucker seinen Tribut fordert

Sowohl ein hoher als auch ein niedriger Blutzuckerspiegel kann Ihre Fähigkeit beeinflussen, klar und positiv zu denken. Ist der Blutzuckerspiegel zu hoch, fühlen Sie sich benebelt oder schläfrig. Wie geht es Ihnen nach einem Mittagessen, das aus mehreren Stücken Pizza, einem großen Teller Nudeln oder auch Reis und Bohnen besteht? Wahrscheinlich fühlen Sie sich müde, satt und nicht gerade aufgeweckt. Vielleicht sitzen Sie am Schreibtisch und würden lieber ein Nickerchen machen, als an den fälligen Berichten zu arbeiten.

Kennen Sie die Schläfrigkeit nach dem Truthahnessen an Thanksgiving, die man dem Tryptophan im Truthahn zuschreibt? Schuld ist wahrscheinlich nicht diese nützliche Aminosäure, sondern die enorme Menge Kartoffelbrei, Pekannüsse und Kürbiskuchen, die die Leute verspeisen, bevor sie sich aufs Sofa fläzen und Football schauen. Zu viele Kohlenhydrate können leicht Benommenheit und Müdigkeit auslösen. Hätten Sie ein paar Stunden Football *gespielt* und wären eben nach Hause gekommen, wäre Ihre Reaktion auf diese Kohlenhydratmenge ganz anders ausgefallen, weil Ihr Körper mehr Kohlenhydrate gebraucht hätte.

Der Insulinbedarf nach einer kohlenhydratreichen Mahlzeit (vor allem wenn sie aus industriell hergestellten Produkten besteht) löst oft eine so starke Reaktion aus, dass der Blutzuckerspiegel sich ziemlich schnell normalisiert (sofern die Bauchspeicheldrüse gesund ist) oder sogar zu weit sinkt.

Wenn der Blutzuckerspiegel zu niedrig ist, sind Sie reizbar und schnauzen jeden an, der zwischen Ihnen und Ihrem nächsten Imbiss steht. Bei starkem Hunger können Sie kaum noch klar denken, oder? Wahrscheinlich drehen sich dann alle ihre Gedanken nur ums Essen. So bekommt das Gehirn den niedrigen Blutzuckerspiegel zu spüren.

Der Blutzucker und das Immunsystem

Der Stress, den schlechte Kohlenhydrate im Körper hervorrufen – sei es als Folge eines schwankenden Blutzuckerspiegels, sei es durch ständige Abhebungen von Ihrem »Energiekonto« –, belastet nicht nur die Hormondrüsen. Die Dauerbelastung durch Nahrungsmittel, die Ihnen Nährstoffe entziehen, aber keine zurückgeben, führt zum Bankrott – so als würden Sie Ihr ganzes Geld abheben, ohne etwas einzuzahlen. Wenn Sie kein Geld auf der Bank haben, können Sie nichts mehr abheben, richtig? Ihrem Körper geht es ähnlich. Sie müssen ihm Nährstoffe zuführen, ehe Sie versuchen, sie zu entnehmen. Raffinierte Nahrungsmittel erschöpfen die Mineralstoff- und Vitaminreserven und führen zu Energiemangel. Doch nicht nur Sie spüren diesen Energiemangel, sondern auch Ihre Zellen, die dann nicht mehr imstande sind, Energie zu produzieren und Gewebe zu schützen und zu reparieren. Dadurch wird das Immunsystem verwundbar.

Denken Sie daran: So wie eine Darmentzündung bisweilen zu chronischen Entzündungen überall im Körper führt, kann Nährstoffmangel Krankheiten auslösen, weil er das Immunsystem schwächt.

Runter von der Blutzucker-Achterbahn

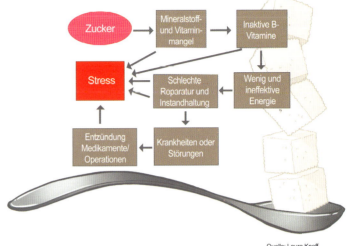

Quelle: Laura Knoff, Ernährungsberaterin

Eine Achterbahnfahrt ist ein Vergnügen – aber nicht für den Stoffwechsel. Ihre Achterbahnfahrt kann schon mit dem Frühstück beginnen, weil es für Menschen mit Blutzuckerstörungen die wichtigste Mahlzeit des Tages ist. Aber woraus besteht das Frühstück der meisten Leute? Aus einer Menge Zucker natürlich.

Essen Sie zum Frühstück eine Schüssel ballaststoffreiche Vollkornflocken mit entrahmter oder fettarmer Milch? Oder eine Schüssel Hafergrütze mit einer Banane, Walnüssen, braunem Zucker oder Rosinen? Oder einen ganzen Weizenbagel mit Erdnussbutter und einem Apfel? Oder einen Becher fettarmen Joghurt mit Müsli und Beeren? Alle diese Frühstücke gelten bei modernen, gesundheitsbewussten Menschen als ideal, weil sie angeblich das Herz gesund erhalten und sogar Fett abbauen. Nichts könnte weiter von der Wahrheit entfernt sein.

Dieser Start in den Tag ist einer der Gründe dafür, dass Sie fünf- oder sechsmal am Tag essen wollen. Sie hören immer wieder, dass ein Frühstück dieser Art gesund sei – aber genießen Sie es wirklich? Jeder einzelne meiner Klienten, der so frühstückte, berichtete mir, er habe

**ungern so oft gegessen und es habe ihn genervt,
mehrere Male am Tag eine Mahlzeit planen zu müssen.**

Um besser zu verstehen, was geschieht, wollen wir zwei beliebte Frühstücke vergleichen und untersuchen, was sie im Körper bewirken.

Beide Frühstücksversionen kommen Ihnen wahrscheinlich bekannt vor. Wenn Sie ein Veteran der Paläo-Ernährung sind, haben Sie vermutlich eine von ihnen früher und die andere in den letzten Tagen gegessen.

Die erste Mahlzeit gilt als »gesundes Frühstück«, wenn wir der gängigen Meinung folgen, die uns versichert, dass eine fettarme Mahlzeit mit reichlich Vollkorn nachhaltige Energie und Nährstoffe liefert, sodass wir den Morgen überstehen. Da diese vorherrschende Meinung auch behauptet, gesättigtes Fett und Cholesterin seien ungesund, haben wir beim Frühstück wenig Wahlmöglichkeiten. Wenn wir nicht Eier essen, was bleibt dann außer Getreide und Obst noch übrig? Vielleicht verarbeitete Milchprodukte wie fettarmer Joghurt? (Frühstücksmenüs ohne Eier finden Sie im Abschnitt über Autoimmunkrankheiten ab Seite 131.)

Das Warum – Nahrung und Ihr Körper

WAS IST MIT OBST?

Früchte sind echte, vollwertige, natürliche Lebensmittel, und wenn Sie nicht stark abnehmen wollen, brauchen Sie nicht auf sie zu verzichten. Aber wenn Sie eine Menge Körperfett loswerden möchten, rate ich Ihnen, kein Obst zu essen. Zu viel Süßes, auch Obst, kann den Blutzuckerspiegel stärker erhöhen, als Sie es wünschen.

MAHLZEIT 1	MAHLZEIT 2
» 1 Tasse gekochter Haferbrei + 2 EL Rosinen + 2 TL brauner Zucker » 355 ml Orangensaft » 470 ml Kaffee + 60 ml entrahmte Milch + 2 TL Zucker	» 3 ganze Eier » 1 Tasse gedünsteter Brokkoli » 1/4 Avocado » 2 große Tomatenscheiben » 470 ml Kaffee + 30 g halb Milch, halb Sahne*

Kalorien: 473
Fett insgesamt: 4 g
    Gesättigtes Fett: 1 g
Cholesterin: 1 mg
Kohlenhydrate insgesamt: 102 g
    Ballaststoffe: 5 g
    Zucker: 33 g
Eiweiß: 12 g
Vitamin A: 13 %
Vitamin C: 266 %
Kalzium: 17 %
Eisen: 16 %
	Kalorien: 468
	Fett insgesamt: 32 g
	    Gesättigtes Fett: 10 g
	Cholesterin: 655 mg
	Kohlenhydrate insgesamt: 22 g
	    Ballaststoffe: 8 g
	    Zucker: 7 g
	Eiweiß: 26 g
	Vitamin A: 80 %
	Vitamin C: 186 %
	Kalzium: 24 %
	Eisen: 20 %

Für die Berechnungen wurde nutritiondata.com benutzt.
*Anmerkung: Schlagsahne war in der Datenbank nicht verfügbar; andernfalls hätte ich sie verwendet.

Mahlzeit 1 im Körper

Wenn Sie die Mahlzeit 1 gegessen haben, gratuliere ich Ihnen – Sie haben eine Schale Zucker mit Zuckerbelag gegessen und das Ganze mit Zucker abgerundet: mit einem Glas Zucker plus Kaffee mit Zucker und Zuckerzusatz. War das Ihre Absicht heute morgen? Wollten Sie ein gigantisches Zuckerfrühstück essen?

Wie fühlen Sie sich nach diesem Frühstück? Ziemlich gut, nicht? Zucker schmeckt gut, und ich wette, Sie sind am Morgen aufgedreht und voller Energie – etwa eine Stunde lang, höchstens zwei oder drei. Was geschieht dann? Wenn es Ihnen geht wie vielen meiner Klienten, sagen Sie dann: »Ich bin schon wieder hungrig.« Trotz Ihres angeblich gesunden, fettarmen, kohlenhydratreichen Haferfrühstücks.

Ist das ein gutes Frühstück für Sie? Für die Tausenden von Menschen, die ich im Laufe der Jahre beraten habe, ist es sicher nicht gut. Viele von ihnen sind nicht nur hungrig, sondern zittrig und sogar durchgedreht, und sie suchen verzweifelt etwas Essbares.

Wenn Sie nach diesem Haferfrühstück kollabieren, essen Sie wahrscheinlich alles, was Sie in die Finger bekommen, meist also noch mehr Kohlenhydrate – zum Beispiel einen Müsliriegel, Cracker oder fettarmen Joghurt –, damit Sie bis zum Mittagessen durchhalten. Zu Mittag mampfen Sie ein Vollkorn-Truthahn-Sandwich mit Chips und Eistee. Das ist gesund, nicht?

Gegen 15 Uhr brauchen Sie dann einen Nachmittagsimbiss zur Stärkung, vielleicht einen Magermilchkaffee und Gebäck aus dem Supermarkt nebenan. Das ist obendrein ein guter Grund, das Büro zu verlassen.

Das Ende des Arbeitstages naht, und Sie sind erneut ziemlich hungrig. Sie bezweifeln, dass Sie Ihr Fitnesstraining um sechs oder die Heimfahrt durchhalten. Ihren Teller Nudeln bekommen Sie erst zu Hause. Also naschen Sie auf dem Weg aus dem Büro eine Handvoll Nüsse (endlich etwas Fett!).

Ihr ganzer Tag war eine Achterbahnfahrt: Er ging steil hinauf und dann ebenso steil nach unten. Auf den ebenen Strecken entspannen Sie sich und verbrennen Fett als Energiequelle. Wenn Sie Haferflocken (oder andere kohlenhydratreiche, fettarme Produkte) zum Frühstück essen, steigt Ihr Blutzuckerspiegel hingegen jäh an, bis Sie etwa eine Stunde später auf der anderen Seite des steilen Gipfels nach unten sausen, weil der Blutzuckerspiegel sinkt. Das macht nicht so viel Spaß wie eine echte Achterbahnfahrt, oder? Für Ihren Körper ist jeder Teil der Fahrt negativer Stress.

Wenn Ihre nächsten Mahlzeiten ebenfalls viele Kohlenhydrate und wenig Fett enthalten, geht die Achterbahnfahrt weiter. Was den Blutzucker anbelangt, sind die flachen Teile der Fahrt Ihrem Körper am liebsten. Zum Glück ist es einfach auszusteigen.

Sie brauchen Fett und Eiweiß, um lange satt zu bleiben. Das ist nicht gleichbedeutend mit einem vollen Magen. Lassen Sie sich nicht einreden, eine Menge Ballaststoffe mache satt. Satt machen die Nährstoffe Fett und Eiweiß, denn sie lösen eine gesunde Hormonreaktion auf das Essen aus. Letztlich bestimmt diese Hormonreaktion, wie satt Sie in einer, zwei, drei oder noch mehr Stunden nach einer Mahlzeit sind.

Mahlzeit 2 im Körper

Schauen wir uns einmal an, wie Sie den Morgen verbringen, wenn Sie Mahlzeit 2 essen, also echte Paläo-Kost. Gegen sieben Uhr essen Sie Eier, Gemüse und Kaffee, und zwei Stunden später geht es Ihnen ausgezeichnet. Drei Stunden vergehen, und Sie fühlen sich immer noch gut. Wenn fast vier Stunden um sind, werden Sie vielleicht ein wenig hungrig.

Um zwölf Uhr essen Sie die Reste des gestrigen Abendessens: gebratenes Huhn (Rezept auf Seite 256), ein bisschen Grüngemüse, Möhren, Avocado und selbstgemachte Soße aus nativem Olivenöl extra und Zitronensaft. Einfach!

Das Ende Ihres Arbeitstages kommt, und Sie gehen ins Fitnessstudio oder fahren nach Hause. Sie könnten einen Happen essen, aber es muss nicht gleich sein. Sie fühlen sich weder schwach noch desorientiert, wie es bei einem zu niedrigen Blutzuckerspiegel der Fall wäre.

Jetzt kennen Sie den Unterschied zwischen einer Zuckermahlzeit und einer fett- und eiweißreichen Mahlzeit.

Das Warum – Nahrung und Ihr Körper

Das soll nicht heißen, dass Sie nie Kohlenhydrate essen dürfen! Es bedeutet nur, dass Sie gute Kohlenhydrate in einer Menge essen, die zu Ihrer Lebensweise passt. Wenn Sie an Fettverbrennung gewöhnt sind, kann Ihr Körper gespeichertes Fett als Energiequelle nutzen, falls Sie nichts gegessen haben. Wenn der Körper immer auf Kohlenhydrate als primäre Energiequelle zurückgreifen muss, bekommt er keine Gelegenheit, zu diesem Zweck Fett zu verbrennen.

Die meisten Menschen, die sich fettarm ernähren, wollen ihre Fettpolster loswerden. Aber sie geben ihrem Körper nie die Chance zu lernen, wie er Fett als Energie verwenden kann. Der Organismus ist an Kohlenhydrate als Brennstoff gewöhnt. Wenn Sie hungrig werden – das geht schnell, weil Kohlenhydrate rasch aus dem Blut verschwinden –, befindet sich Ihr Körper nicht in dem hormonellen Zustand, der es ihm erlauben würde, gespeichertes Fett als Energiequelle zu nutzen. Das ist in Ordnung, wenn Sie die Profite der Nahrungsmittelkonzerne vergrößern wollen, indem Sie ihre Frühstücksflocken, Müsliriegel, Brot, Cracker, Kekse und Nudeln essen.

Wie also planen Sie ein Frühstück, das Sie bis Mittag sättigt? Denken Sie zuerst an das Eiweiß, und achten Sie darauf, dass Sie auch gutes Fett essen. Erst dann folgen die Kohlenhydrate:

- Eiweiß: Das Frühstück sollte mindestens 20 Gramm Eiweiß (Frauen) bzw. 30 Gramm (Männer) enthalten.
- Fett: Achten Sie darauf, dass die Mahlzeit natürliches Fett in ausreichender Menge enthält, etwa 30 bis 50 Gramm.
- Kohlenhydrate: Wie viele Kohlenhydrate Sie zu sich nehmen, sollte davon abhängen, wie aktiv Sie während des Tages sind. Essen Sie etwa 30 bis 60 Gramm Kohlenhydrate, wenn Sie aktiv sind, und 10 bis 20 Gramm, wenn Sie weniger aktiv sind.

Auch die übrigen Mahlzeiten sollten sich nach Ihrer körperlichen Aktivität richten. Sie können die gleichen Mengenverhältnisse wie beim Frühstück zugrunde legen und sie ein wenig verändern, je nachdem, wann Sie Sport treiben. Vielleicht trainieren Sie abends und essen daher morgens und mittags weniger Kohlenhydrate, während Ihr Abendessen nach dem Training etwas mehr Kohlenhydrate enthält, um zu ersetzen, was Sie beim Training verloren haben. Die Menüpläne in Teil 2 helfen Ihnen, auf der Grundlage der Informationen, die Ihnen dieses Kapitel gibt, die richtigen Entscheidungen zu treffen.

Süßstoffe – einfach erklärt

Über Zucker haben wir bereits gesprochen. Was aber ist von Süßstoffen zu halten? Roher Honig, Melasse oder hundertprozentiger Ahornsirup sind, was den Nährstoffgehalt anbelangt, nicht mit einem ganzen süßen Lebensmittel zu vergleichen. Zwar enthalten auch diese Süßstoffe ein paar Mikronährstoffe, aber sie sind mehr oder weniger weiterverarbeitet. Deshalb rate ich davon ab, sie regelmäßig zu essen. Immerhin sind sie eine bessere Wahl als Zuckerraffinade oder künstliche Süßstoffe.

Vergleichen wir einmal die einzelnen Süßstoffe:

- Eine ganze Dattel enthält etwa 60 Kalorien in Kohlenhydraten sowie kleine Mengen B-Vitamine, Phosphor, Magnesium, Eisen, Kupfer, Mangan und Zink.
- Ein Esslöffel Melasse enthält rund 60 Kalorien in Kohlenhydraten sowie Spuren von B-Vitaminen (besonders B6), Phosphor, Magnesium, Eisen, Kupfer, Mangan, Zink und Chrom.
- Ein Esslöffel reiner Ahornsirup enthält ungefähr 50 Kalorien in Kohlenhydraten sowie Spuren von Phosphor, Magnesium, Eisen, Kupfer, Mangan und Zink.

Diese weniger raffinierten Süßstoffe sind zwar nicht ideal und sollten nicht häufig gegessen werden; dennoch besteht ein Unterschied zwischen ihnen und raffiniertem weißem Zucker oder beispielsweise Agavensirup, der ebenfalls stärker raffiniert ist. Und was ist mit künstlichen Süßstoffen und solchen ohne Kalorien? Inzwischen ist Ihnen sicherlich klar, dass sie keine vollwertigen, echten Lebensmittel sind. Wo keine Kalorien sind, da sind auch keine Nährstoffe. Man könnte meinen, künstliche Süßstoffe könnten ohne Nährstoffe verstoffwechselt werden, aber das ist nicht der Fall. Ihr Körper muss mit der Substanz, die Sie zu sich genommen haben, etwas anstellen, selbst wenn sie ihm nichts nützt. Auch in diesem Fall heben Sie von Ihrem Konto etwas ab, ohne etwas einzuzahlen.

Einige künstliche Süßstoffe lösen eine Insulinreaktion im Blut aus, ähnlich wie raffinierter Zucker. Das liegt daran, dass der Körper physiologisch darauf eingestellt ist, Insulin auszuschütten, wenn wir etwas Süßes essen. Wenn jedoch Insulin freigesetzt wird, obwohl die süße Substanz keine Nährstoffe enthält, um die Hormonausschüttung zu rechtfertigen, kommt es zu einem Energiedefizit.

Das größte Problem der künstlichen Süßstoffe ist jedoch, dass sie sogar toxisch sind. Ja, Sie haben richtig gelesen – es sind Toxine. Ihr Körper kennt den Unterschied zwischen Nährstoffen und Toxinen. Letztere werden von der Leber verarbeitet und dann in den Fettzellen gespeichert, damit sie nicht ins Blut gelangen und dort Schaden anrichten. Die meisten Leute verwenden künstliche Süßstoffe, um Kalorien zu sparen und abzunehmen, doch in Wahrheit füllen sie damit ihre Fettzellen mit Giften. Das ist einer der Gründe dafür, dass es schmerzhaft sein kann, Kohlenhydrat- und Zuckersucht zu überwinden. Die Freisetzung abgelagerter Toxine aus den Fettzellen löst oft Kopfschmerzen und Müdigkeit aus.

Achten Sie auf versteckten Zucker

Zucker versteckt sich in fast allen abgepackten, in Flaschen gefüllten und verarbeiteten Produkten. Das ist eine wichtige Lektion: Lesen Sie die Zutatenlisten genau, selbst wenn Sie ein Produkt schon viele Male gekauft haben – die Zutaten können sich ändern.

Viele der angeblich »reinen« Trockenfrüchte enthalten Zuckerzusätze, weil der Zucker die Haltbarkeit und den Geschmack verbessert. Finden Sie es sinnvoll, Früchte zu zuckern? Das ist es nicht, denn Früchte sind von Natur aus süß. Kaufen Sie also nie Obst oder Fruchtsäfte mit Zucker oder anderen Süßstoffen auf der Zutatenliste.

Wenn Sie Zuckerzusätze meiden, tun Sie sich einen weiteren Gefallen: Sie verzichten zugleich auf viele abgepackte, in Fabriken hergestellte Teilnahrungsmittel. Und Sie bleiben von vielen anderen schädlichen Zutaten verschont, einschließlich künstlicher Zusätze.

Denken Sie daran: Trauen Sie nie der Werbung auf der Vorderseite einer Packung. Das Wort »natürlich« auf einem Etikett bedeutet im Grunde gar nichts. Alles, was ursprünglich aus der Natur stammt, ist »natürlich«, einerlei, was anschließend damit gemacht wurde.

WIE SÜSS!
Weitere Informationen finden Sie in den »Tipps zu Süßstoffen« auf Seite 111.

Die amerikanische Gesundheitsbehörde FDA hat dazu Folgendes zu sagen: »Aus dem Blickwinkel der Ernährungswissenschaft ist es schwierig, ein ‚natürliches' Produkt zu definieren, weil das Nahrungsmittel wahrscheinlich verarbeitet wurde und kein Produkt der Erde mehr ist. Deshalb hat die FDA keine Definition für den Gebrauch des Begriffs ›natürlich‹ oder seiner Ableitungen entwickelt. Die Behörde lehnt die Verwendung des Begriffs jedoch nicht ab, wenn das Nahrungsmittel keine zusätzlichen Farbstoffe, künstlichen Aromastoffe oder synthetischen Substanzen enthält.«*

Wie verhält es sich mit Ihren Frühstücksflocken, die angeblich 100 Prozent des Bedarfs an Vitaminen und Mineralien decken? Die Wahrheit ist, dass die Flocken mit diesen Vitaminen und Mineralien angereichert wurden, weil ihnen ihre natürlichen Nährstoffe vorher entzogen wurden. Deshalb mussten sie angereichert werden. Was ist daran falsch? Die zugesetzten Nährstoffe sind künstlich, und Ihr Körper ist so klug, dass er den Unterschied erkennt.

Quelle: http://fda.gov.AboutFDA/Transparency/Basics/ucm214868.htm

Vergleichen wir einmal Ihre Frühstücksflocken mit der bereits erwähnten Süßkartoffel. Diese kleine Knolle enthält genau die natürlichen Nährstoffe, die Sie brauchen, um Kohlenhydrate zu verstoffwechseln, und zwar in genau der richtigen Menge. Vollwertige Lebensmittel haben eben den Vorteil, dass ihre Nährstoffe im Körper synergetisch zusammenarbeiten und in einem ausgewogenen Verhältnis vorhanden sind, sodass sie gut verwertet werden.

Wenn wir versuchen, klüger als Mutter Natur zu sein, und Lebensmittel in einer Fabrik mit künstlichen Substanzen anzureichern, machen wir schwere Fehler. Die Hersteller reichern ihre Produkte meist mit den neusten, populärsten und am lautesten angepriesenen Substanzen an, die das natürliche Lebensmittel nicht enthalten würde. Der neuste Trend sind Omega-3-Fettsäuren, die für ihre entzündungshemmende Wirkung bekannt sind. Mit ihnen werden Joghurt und Brot angereichert. *Aber Omega-3-Säuren kommen in Lebensmitteln wie fetten Kaltwasserfischen und einigen Nüssen, zum Beispiel Walnüssen und Pekannüssen von Natur aus vor, nicht in Joghurt und Brot!* Es ist sinnlos, Nahrungsmittel mit künstlichen Nährstoffen anzureichern, sie aber ihrer natürlichen Kofaktoren zu berauben, die wir brauchen, um die Nährstoffe zu resorbieren und zu verwerten.

Blutzuckerregulierung und die allgemeine Gesundheit

Sorgen Sie für einen gleichmäßigen Blutzuckerspiegel, indem Sie nur gute Kohlenhydrate in einer Menge zu sich nehmen, die zu Ihrer körperlichen Aktivität passt. Dann werden Sie nicht nur satt, sondern Sie bleiben auch geistig klar und in positiver Stimmung, und Sie nehmen ab. Dann ist die Hormonausschüttung ausgewogen, und Sie bekommen Entzündungen in den Griff. Einerlei, ob Sie abnehmen oder gesünder werden wollen, die Regulierung des Blutzuckers ist unbedingt notwendig.

Tipps zu kohlenhydratreichen Paläo-Lebensmitteln

Wenn Sie auf Getreide, Hülsenfrüchte und raffinierte Produkte verzichten, verschwinden nicht alle Kohlenhydrate! Auf dieser Liste finden Sie Paläo-Lebensmittel, die reich an Kohlenhydraten sind. Obst und Nüsse enthalten ziemlich viele Kohlenhydrate, aber die Liste enthält auch stärkehaltige Gemüsesorten – die »guten Kohlenhydrate«.

Kohlenhydrate finden Sie nicht nur im Brot   GUTEN APPETIT!

LEBENSMITTEL	KOHLENHYDRATE JE 100 g	BALLASTSTOFFE JE TASSE*	KOHLENHYDRATE JE TASSE*	ANDERE WICHTIGE NÄHRSTOFFE
Maniok (roh)	38 g	2 g	78 g	Vitamin C, Thiamin, Folat, Kalium, Mangan
Taro	35 g	5 g	46 g, Scheiben	Vitamin B6, Vitamin E, Kalium, Mangan
Kochbananen	31 g	2 g	62 g, püriert	Vitamin A (Betacarotin), Vitamin C, Vitamin B6, Magnesium, Kalium
Yam	27 g	4 g	37 g, püriert	Vitamin C, Vitamin B6, Mangan, Kalium
Kartoffeln	22 g	1 g	27 g, geschält	Vitamin C (Spur)
Süßkartoffeln	21 g	3 g	58 g, püriert	Vitamin A (Betacarotin), Vitamin C, Vitamin B6, Kalium, Mangan, Magnesium, Eisen, Vitamin E
Pastinake	17 g	4 g	27 g, Scheiben	Vitamin C, Mangan
Lotoswurzel	16 g	3 g	19 g, Scheiben	Vitamin C, Vitamin B6, Kalium, Kupfer, Mangan
Winterkürbis	15 g	4 g	30 g, gewürfelt	Vitamin C, Thiamin, Vitamin B6
Zwiebel	10 g	1 g	21 g, gehackt	Vitamin C, Kalium
Rote Rübe	10 g	2 g	17 g, Scheiben	Folat, Mangan
Möhren	10 g	3 g	13 g, gehackt	Vitamin A (Betacarotin), Vitamin K1
Butternusskürbis	10 g	–	22 g	Vitamin A (Betacarotin), Vitamin C
gelbe Kohlrübe	9 g	2 g	21 g, püriert	Vitamin C, Kalium, Mangan
Yambohne (roh)	9 g	5 g	12 g, Scheiben	Vitamin C
Kohlrabi	7 g	1 g	11 g, Scheiben	Vitamin C, Vitamin B6, Kalium, Kupfer, Mangan
Spaghettikürbis	6 g	1 g	9 g	Spuren
Weißrübe	5 g	2 g	12 g, püriert	Vitamin C, Vitamin B6, Kalium, Kupfer, Mangan
Speisekürbis	5 g	1 g	12 g, püriert	Vitamin C, Vitamin E, Kalium

Quelle: nutritiondata.com

* Eine amerikanische »Tasse« entspricht etwa 250 Milliliter

Tipps zu Süßstoffen

Wie viele dieser Süßstoffe verwenden Sie oder finden Sie in den abgepackten Produkten, die Sie gerne essen? Vielleicht ist es Zeit umzudenken! Künstliche Süßstoffe sind nie zu empfehlen. Einige natürlichere Süßstoffe dürfen Sie für Leckereien und besondere Anlässe verwenden. Alle Süßstoffe sind jedoch keine Lebensmittel und keine Nährstoffe.

Natürlich – NUR GELEGENTLICH VERWENDEN

DIE BESTEN PRODUKTE SIND FETT GEDRUCKT. KAUFEN SIE MÖGLICHST BIOPRODUKTE.

- brauner Zucker
- **Datteln (ganz)**
- Dattelzucker
- Dattelsirup
- Rohrzucker
- Rohzucker
- Turbinado-Zucker
- Zuckerrohrsaft
- Zuckerrohrsaft-Kristalle
- Kokosnussnektar
- Kokosnusszucker/-kristalle
- Fruchtsaft (echt, frisch)
- **Fruchtsaftkonzentrat**
- **Honig (roh)**
- **Ahornsirup (Güteklasse B)**
- **Melasse**
- Palmzucker
- **Stevia (grüne Blätter oder Extrakt)**

Natürlich – ABER NICHT ZU EMPFEHLEN

- Agave
- Agavensirup
- Backmalz
- Brauner Reissirup
- Dextran
- Dextrose
- Diastase
- Ethylmaltol
- Farinzucker
- Fructose
- gebutterter Sirup
- gelber Zucker
- Gerstenmalz
- Glucose/feste Glucose
- Glucose-Fructose-Sirup
- hellbrauner Zucker
- Invertzucker
- Johannisbrotsirup
- Karamell
- Lactose
- Maissirup
- Maissirup, fest
- Maltit
- Maltodextrin
- Maltose
- Malzsirup
- Mannit
- Muscovado-Zucker
- Rübenzucker
- Saccharose
- schwarzer Rübensirup
- Sorbitol
- Sorghumsirup
- Traubenzucker
- Xylitol (und andere Zuckeralkohole)
- Zuckerrübensirup

Künstlich – NIE VERWENDEN!

- Acesulfam-K
- Aspartam (Equal, NutraSweet)
- Saccharin
- Stevia: weiß/gebleicht (Truvia, Kristalle)
- Sucralose (Splenda)
- Tagatose

Nicht so PRÄCHTIG
Süßstoff mit 0 Kalorien
Wer zum Teufel weiß, was da drin ist?

Zucker ist Zucker – NICHT WIRKLICH!

ES IST SEHR WOHL WICHTIG, WELCHE SÜSSSTOFFE SIE VERWENDEN, AUCH WENN DIE MEISTEN LEUTE UND DIE MEDIEN ANDERER MEINUNG SIND. ZWAR HABEN ALLE KALORISCHEN SÜSSSTOFFE DEN GLEICHEN KALORIENGEHALT (16 JE TL), ABER ES GIBT EINIGE WEITERE FAKTOREN ZU BERÜCKSICHTIGEN.

WIE WIRD ER HERGESTELLT?

Je stärker ein Süßstoff raffiniert wird, desto schädlicher ist er. Glucose-Fructose-Sirup (GFS) und künstliche Süßstoffe sind zum Beispiel sehr moderne industriell hergestellte Produkte. Honig, Ahornsirup, Stevia (Pulver aus getrockneten grünen Blättern) und Melasse sind viel weniger verarbeitet und werden seit Hunderten von Jahren hergestellt. Honig muss man fast gar nicht verändern. Deshalb empfehle ich rohen, lokalen Biohonig als idealen natürlichen Süßstoff.

WORIN IST ER ENTHALTEN?

Wenn Sie die Liste der Zutaten auf abgepackten industriell hergestellten Produkten lesen, wird offenkundig, dass die meisten stark raffinierte, minderwertige Süßstoffe enthalten. Die Hersteller verstecken oft sogar Zucker in Nahrungsmitteln, die Sie nicht für Süßwaren halten würden. Vielen fettarmen oder fettfreien Nahrungsmitteln wird Süßstoff beigemischt. Meiden Sie solche Produkte!

WIE VERARBEITET IHN DER KÖRPER?

Warum hat die Zuckerwerbung Unrecht? Weil der Körper nicht alle Zuckerarten auf die gleiche Weise verstoffwechselt.

Es ist interessant, dass Süßstoffe wie GFS und Agavensirup wegen ihres hohen Fructosegehalts ziemlich lange als bessere Wahl für Diabetiker galten. Fructose wird nämlich erst von der Leber verarbeitet, ehe sie ins Blut gelangt. Darum waren die Folgen für den Blutzucker nach dem Konsum dieser Süßstoffe scheinbar günstig. Heute wissen wir jedoch, dass die Verwertung isolierter Fructose ein komplizierter Prozess ist, der die Leber enorm belastet. Das kann der Gesundheit schaden.

Fructose ist der wichtigste Zucker im Obst. Wenn wir ganze Früchte essen, unterstützen die Mikronährstoffe und die Ballaststoffe die Verstoffwechslung und Resorption der Fructose. Vollwertige Lebensmittel sind die besten!

Das Warum – Nahrung und Ihr Körper

Häufig gestellte Fragen

Ihr Wissensdurst ist noch nicht gestillt? Dann sind Sie nicht allein! Hier sind einige der häufigsten Fragen, die mir gestellt werden.

F: Soll ich Kalorien zählen? Wenn nicht – warum nicht?

Im Allgemeinen empfehle ich das Kalorienzählen nicht, und zwar aus folgenden Gründen:

1. Wenn Sie Paläo-Kost essen, bedeutet Kalorienreduzierung so viel wie Nährstoffreduzierung, denn wenn Sie Kalorien zählen, begrenzen Sie die Zufuhr vollwertiger, nährstoffreicher Lebensmittel und somit auch die Zufuhr der Vitamine und Mineralien, die Ihre Zellen brauchen.

2. Die meisten Menschen sind satt, wenn sie echte, vollwertige Lebensmittel in vernünftiger Menge essen (auf Seite 128–129 finden Sie Tipps zur Größe der Portionen). Wenn Sie reichlich Eiweiß, natürliche Fette und Gemüse gegessen haben, sind die Hormonsignale ebenso ausgewogen wie die Blutzuckerreaktion. Das bewirkt eine anhaltende Sättigung. Mit anderen Worten: Es ist unwahrscheinlich, dass Sie zu viele vollwertige Lebensmittel essen.

3. Kalorienzählen bedeutet Stress. Sie müssen sämtliche Nahrungsmittel wiegen und abmessen, den Kaloriengehalt ausrechnen und sich Sorgen über belanglose Kleinigkeiten machen. Zusätzlicher Stress ist nie gut – Sie sind doch bereits gestresst, nicht wahr?

Dennoch sind Kalorien nicht unwichtig. Wenn Sie abnehmen oder zunehmen wollen oder Leistungssport treiben, kann das Kalorienzählen nützlich sein. Wenn Sie über Ihr Essen Buch führen, ernähren Sie sich bewusster, und das kann Ihnen die Augen öffnen. Viele Leute glauben, sie essen zu viel, obwohl sie nicht genug essen, um den Stoffwechsel in Gang zu halten. Das heißt, sie sind so aktiv, dass sie mehr Kalorien brauchen, als ihnen bewusst ist, damit ihr Körper genügend Energie hat. Zu viele oder zu wenige Kalorien können ein Problem sein. Eine numerische Bewertung der Gesamtkalorienzufuhr ist ein guter Anfang, um herauszufinden, ob Sie mehr oder weniger essen sollten.

Für die meisten Frauen sind mindestens 1200 Kalorien das Minimum, damit sie wach werden und den Tag überleben. Männer brauchen dafür etwa 1600 Kalorien. Unser Körper nutzt Kalorien für grundlegende Lebensfunktionen wie Atmen und Denken. Wenn Sie weniger Kalorien zu sich nehmen, können Sie Ihren Körper nicht mit den Nährstoffen versorgen, die er für diese Funktionen braucht. Und wenn Sie dann auch noch versuchen, Sport zu treiben, kann es sein, dass Ihr Körper seine Fettspeicher verteidigt, anstatt sie als Brennstoff zu verwenden.

Deshalb müssen Menschen, die Fettpolster abbauen wollen, oft sogar mehr essen. Wenn Sie zu wenig essen, hat Ihr Körper keine Chance, Stoffwechselprozesse zu beenden. Es ist, als würden Sie von Ihrem Auto erwarten, ohne genügend Benzin im Tank zu fahren. Selbst wenn Sie Ihre Gesamtkalorienzufuhr verringern müssen, um abzunehmen, stoßen Sie bald an eine Grenze.

Wenn eine Stoffwechselstörung verhindert, dass Sie hungrig werden, kann das Kalorienzählen Ihnen helfen, Ihre Ernährung umzustellen und ausreichend zu essen. Falls Sie tatsächlich zu viel essen, ist es einfach herauszufinden, worauf Sie verzichten können, ohne zu hungern. Vielleicht sind es 50 oder 100 Gramm Eiweiß oder ein Esslöffel Kokosöl oder Nussbutter. Schon 50 bis 100 Gramm zusätzliches Eiweiß bei jeder Mahlzeit ergeben eine ganze Extraportion am Tag.

F: Darf ich nie wieder Brot, Nudeln und Frühstücksflocken essen?

Es kann eine Weile dauern, neue Gewohnheiten anzunehmen, und am Anfang ist es bisweilen schwierig. Aber es lohnt sich, wenigstens einen Monat lang vollständig auf diese Nahrungsmittel zu verzichten, damit Sie genau beobachten können, wie es Ihnen geht, wenn Sie diese Produkte wieder auf den Tisch bringen. Dann wissen Sie, welchen Einfluss sie auf Ihre Gesundheit haben. (Mehr dazu lesen Sie in den »Tipps zur Heilung einer pathologisch durchlässigen Darmwand« auf Seite 88.)

Wahrscheinlich fühlen Sie sich ganz anders, wenn Sie auf diese Nahrungsmittel verzichten. Die Wirkung kann ziemlich tiefgreifend sein! Vielleicht wollen Sie diese Produkte dann nie wieder anfassen.

Das Wichtigste ist natürlich der Verzicht auf industriell hergestellte Produkte. Denken Sie auch daran, dass Gluten der Gesundheit mehr schadet, als Ihnen bewusst ist. Das Glutenprotein aktiviert das Enzym Zonulin, das zum »löchrigen Darm« beiträgt. Lesen Sie die »Tipps zum Gluten« auf Seite 89 noch einmal, um informiert zu sein. Viele Anhänger der Paläo-Ernährung schlemmen gelegentlich mit Backwaren, neigen aber zu glutenfreiem Getreide.

Wenn Menschen sich bemühen, ihre Ernährung zu ändern und auf Getreideprodukte zu verzichten, vergessen sie manchmal die folgenden Schritte, die eine Umstellung erleichtern:

- Planen Sie Ihre Mahlzeiten rechtzeitig. Vorbereitung ist der Schlüssel!
- Planen Sie voraus oder nehmen Sie Essen mit, wenn Sie wissen, dass Sie im Laufe des Tages nichts Gesundes zu essen bekommen.
- Erkundigen Sie sich nach der Speisekarte, bevor Sie in ein Restaurant gehen, und fragen Sie das Personal, wie das Essen zubereitet wird.

Wenn Sie bei dem Gedanken erschrecken, vom ersten Tag an auf alle Lieblingsgerichte zu verzichten, sollten Sie die Rezepte in diesem Buch nutzen und Kürbisnudeln (Seite 308), Kokosmehl-Muffins (Seite 244–247) oder Kürbispfannkuchen (Seite 242) essen. Außerdem gibt es getreidefreie Backwaren, Pizzas und so weiter. Das alles macht den Verzicht auf Getreide und industriell hergestellte Produkte einfacher.

F: Woher bekomme ich Kohlenhydrate, wenn ich kein Getreide mehr esse?

Außer Fabrik- und Getreideprodukten gibt es noch viele andere Nahrungsmittel, die Kohlenhydrate enthalten. Studieren Sie einfach die Tabelle auf Seite 110. Sie können beispielsweise Süßkartoffeln im Ofen garen oder einen ganzen großen Butternusskürbis kochen – er reicht für mehrere Portionen. Einige meiner Lieblingsrezepte finden Sie auf den Seiten 342, 358 und 362; alle sind reich an Kohlenhydraten.

F: Wie unterscheidet sich Vitamin K2 von Vitamin K? Enthält grünes Blattgemüse kein Vitamin K?

Doch, grünes Blattgemüse enthält Vitamin K (Phyllochinon), das die Blutgerinnung fördert. Deshalb dürfen Menschen, die Blutverdünner einnehmen, nicht zu viel Grüngemüse essen. Die Wirkung von Vitamin K2 (Menachinon) auf unsere Gesundheit wird noch intensiv untersucht, aber man weiß, dass es Kalzium im Körper verteilt und in den Knochen einlagert. Wenn Sie etwas für Ihre Knochen und Ihr Herz tun wollen, sollten Sie genügend Vitamin K2 mit der Nahrung oder mit einem Ergänzungsmittel zu sich nehmen. Dieses Vitamin ist besonders in tierischen Produkten enthalten, vor allem in denjenigen, die viele Menschen heutzutage nicht essen, etwa in hartem und weichem Käse (aus Milch von Tieren, die mit Gras gefüttert wurden), Eigelb, Butter von Kühen, die mit Gras gefüttert wurden, und Leber. Milchprodukte von Tieren, die nicht mit Gras gefüttert wurden, enthalten kein Vitamin K2.

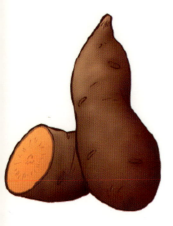

F: Sind Kokosmilch, Mandelmilch und Sojamilch gesund?

Wenn Sie keine Frühstücksflocken essen, brauchen Sie wahrscheinlich keine Milch, außer vielleicht zum Kaffee oder gelegentlich für ein Rezept. In diesem Fall empfehle ich vollfette Bio-Kokosmilch ohne Texturiermittel (Guargummi, Xanthangummi), wenn Sie welche finden. Wenn Sie keine geeignete Kokosmilch bekommen, kaufen Sie vollfette Bio-Kokosmilch. Denken Sie aber daran, dass Guargummi und Xanthangummi aus Hülsenfrüchten stammen. Die meisten Menschen vertragen diese Zutaten in kleinen Mengen, einige bekommen davon jedoch Verdauungsstörungen. Wenn Sie täglich Kokosmilch trinken und Anzeichen für Entzündungen entdecken, sollten Sie versuchen, Kokosmilch selbst herzustellen. Wenn das hilft, haben wahrscheinlich Zusatzstoffe Ihr Verdauungssystem gereizt. Wenn es nicht hilft, vertragen Sie Kokosnüsse vielleicht nicht. Hören Sie auf, Kokosmilch zu trinken, und beobachten Sie, wie es Ihnen nach zwei Wochen geht.

Wenn Sie wissen, dass Sie Kokosmilch nicht vertragen, oder wenn Sie sie nicht mögen, können Sie frische Mandelmilch (oder eine andere Nussmilch) selbst zubereiten. Im Internet finden Sie zahlreiche Rezepte mit Kokosmilch oder einer Nussmilch als Zutat.

Sojamilch sollten Sie hingegen meiden. Die meisten Produkte enthalten Zusätze, ebenso die meisten abgepackten Mandelmilchmarken. Das erste Problem mit Sojamilch ist natürlich die Tatsache, dass sie kein vollwertiges Nahrungsmittel ist, sondern Resultat einer Verarbeitung. Zudem enthält die Sojabohne Trypsin-Hemmer und andere Verbindungen, die die Eiweißverdauung und die Funktion der endokrinen Drüsen stören können und wie Östrogene wirken. Unsere Umwelt enthält bereits viele andere Xenoestrogene (die das natürliche Östrogen imitieren), zum Beispiel BPA im Plastik und in Dosen, BHA und BHT (Konservierungsstoffe), Parabene in Lotionen und Hautpflegeprodukten sowie Insektizide, Fungizide und Herbizide in konventionellen Produkten. (Mehr über Sojaprodukte lesen Sie in Kaayla T. Daniels Buch *The Whole Soy Story*.

F: Was sind FODMAPs? Wer sollte sie meiden?

FODMAPs ist eine Abkürzung für fermentierbare Oligo-, Di- und Monosaccharide sowie Polyole. Das sind Kohlenhydrate in verschiedenen Nahrungsmitteln, die für manche Menschen schwer verdaulich sind. Die Folgen sind Symptome wie Gasbildung, Völlegefühl sowie Reizdarmsymptome wie Durchfall oder Verstopfung (oder beides abwechselnd). Im Gegensatz zu anderen Unverträglichkeiten, die auf unvollständige Verdauung im Dünndarm zurückzuführen sind, reizen FODMAP-haltige Produkte das Verdauungssystem aus mehreren Gründen:

- übermäßige Vermehrung schädlicher Bakterien im Dickdarm (Dysbiose)
- übermäßige Vermehrung von Bakterien im falschen Abschnitt des Verdauungstraktes, meist im Dünndarm, der normalerweise keine Bakterien enthält (Diese Störung wird Dünndarmfehlbesiedlung oder DDFB genannt.)
- geringe Produktion oder Sekretion von Magensäure, die zu den beiden ersten Problemen beiträgt
- Darminfektionen, zu denen es oft auf Fernreisen kommt

In der vollständigen Liste der Paläo-Lebensmittel (Seite 29) sind FODMAP-Produkte mit einem Stern (*) versehen. Wenn Sie gegen diese Nahrungsmittel empfindlich sind, empfehle ich Ihnen, einen Naturheilkundler zu konsultieren, der Ihren Stuhl von einem Labor analysieren lässt, um die Ursache der Unverträglichkeit aufzuspüren.

F: Was sind Nachtschattengewächse? Wer sollte sie meiden?

Nachtschattengewächse enthalten Alkaloide, die Gelenkschmerzen und Entzündungen fördern. Die bekanntesten Nachtschattengewächse sind Tomaten, Kartoffeln, Paprikaschoten aller Art und Auberginen. Der schwarze Pfeffer und die Süßkartoffel gehören nicht dazu. Wenn ein abgepacktes Produkt »Gewürze« enthält, ohne dass die einzelnen Zutaten genannt werden, ist wahrscheinlich Paprikapulver dabei, das aus Paprikaschoten gewonnen wird. Daher sollten Sie diese Produkte meiden.

Einige andere, seltener konsumierte Nachtschattengewächse sind Tomatillos, Tabak, Gojibeeren (Wolfsbeeren), Kapstachelbeeren (Physalis; nicht normale Stachelbeeren), Blasenkirschen (nicht die normalen Kirschen), Schwarzbeeren (nicht Heidelbeeren) und die Schlafbeere (Ashwagandha).

Wenn Sie an Gelenkschmerzen, Gelenkentzündungen, Arthritis, knirschenden Gelenken oder anderen Gelenkproblemen leiden, sollten Sie mindestens dreißig Tage auf Nachtschattengewächse verzichten. Auf Seite 135 bis 137 finden Sie Rezepte ohne Nachtschattengewächse. In manchen Rezepten können Sie Nachtschattengewächse durch andere Pflanzen ersetzen oder ganz weglassen.

F: Ich bin derzeit Vegetarier (Veganer), will mich aber auf Paläo-Ernährung umstellen. Wie soll ich vorgehen?

Ich rate Ihnen dringend, tierische Lebensmittel sehr langsam in Ihren Speiseplan aufzunehmen, ganz besonders dann, wenn Sie Veganer sind. Wenn Sie bisher Milchprodukte gegessen haben, können Sie etwas schneller zum Fleisch wechseln. Wenn Sie keine tierischen Produkte essen, ist die Magensäureproduktion meist reduziert, weil der Bedarf geringer ist. Es dauert einige Zeit, bis der Körper sich dem neuen Bedarf anpasst. Gehen Sie innerhalb eines Monats so vor:

- 1. Woche: Bereiten Sie eine Knochenbrühe zu (Rezept auf Seite 234) und nippen Sie daran während der Mahlzeiten oder zwischendurch. Sie können mit Hühnerknochen anfangen, aber wechseln Sie nach ein paar Tagen zu Rinderknochen.

- 2. Woche: Geben Sie kleine Fleischstücke in Ihre Brühe, und kauen Sie das Fleisch gut, wenn Sie die Brühe trinken. Sie können der Brühe auch Gemüse beigeben, um daraus eine Suppe zu machen. Essen Sie diese Suppe mehrere Male in dieser Woche.
- 3. Woche: Bereiten Sie eines der Schongarer-Gerichte zu (Seite 278, 282, 284), und genießen Sie es mehrere Male in der Woche.
- 4. Woche: Bereiten Sie ein Fleischgericht zu, und beobachten Sie, wie Sie es vertragen. Wenn Ihr Körper noch nicht für eine vollständige Mahlzeit oder für einen dieser vier Schritte bereit ist, bleiben Sie etwas länger beim vorigen Schritt. Im Abschnitt über die Verdauung finden Sie zudem nützliche Tipps zur Förderung der Magensäuresekretion.

F: Wird mein Cholesterinspiegel nicht zu hoch, wenn ich viele Eier esse?

Nach Uffe Ravnskov, einem führenden Cholesterinforscher und -experten, beträgt der direkte Einfluss einer geringeren Cholesterinaufnahme mit der Nahrung auf den Cholesterinspiegel etwa ein halbes Prozent.* Ja, Sie haben richtig gelesen. Mehr nicht!

Cholesterin ist eine Vorläufersubstanz für alle Hormone. Wir brauchen es, und ein zu niedriger Cholesterinspiegel ist nicht gesund. Der Körper stellt so viel Cholesterin her, wie er braucht, um einwandfrei arbeiten zu können und um schädliche Oxidationen zu verhindern.

Ein hoher Cholesterinspiegel ist nicht erblich, außer es besteht eine Veranlagung für die seltene familiäre Hypercholesterinämie, die Unfähigkeit, Lipoproteinmoleküle zu verwerten. In diesem Fall ist der Cholesterinspiegel extrem hoch. Bei den meisten Menschen, deren Angehörige einen hohen Cholesterinspiegel haben, liegt auch eine falsche Lebens- und Ernährungsweise in der Familie, aber keine Erbkrankheit.

Nach medizinischen Standards bessert sich Ihr Cholesterinspiegel meist durch eine Paläo-Ernährung. Gründe dafür sind die geringere Belastung des Körpers und die nachlassende systemische Entzündung als Folge Ihres Verzichts auf Zucker, Getreide, Hülsenfrüchte, verarbeitete Milchprodukte und raffinierte Nahrungsmittel.

Ein hoher Cholesterinspiegel ist meist ein Zeichen dafür, das etwas anderes nicht in Ordnung ist und der Körper mit schützenden Faktoren reagiert. Bedeutet ein hoher Cholesterinspiegel, dass Sie weniger gesund sind oder mehr zu Herzkrankheiten neigen oder früher sterben? Das glaube ich nicht. In seinem Bericht* weist Ravnskov sogar nach, dass Cholesterin vor Herzkrankheiten schützen kann. Die Angst vor Cholesterin ist also unbegründet. Genießen Sie Ihre Eier samt des Dotters.

*Quelle: Ravnskov, Uffe, »High cholesterol may protect against infections and atherosclerosis«. QJM: An International Journal of Medicine, Band 96, Nr. 12, S. 927–934

Das Warum – Nahrung und Ihr Körper

F: Ich bin verwirrt, was Kochfette anbelangt. Können Sie mehr darüber sagen?

Gesättigte Fette sind stabiler als ungesättigte. Wissen Sie, warum Ihr hochwertiges Olivenöl in dunkelgrünen Flaschen verkauft wird? Weil Licht dem Öl schadet. Und warum schmeckt Kokosöl im Gegensatz zu anderen Pflanzenölen nicht ranzig, wenn Sie es in einem offenen Gefäß aufbewahren? Weil es nicht an der Luft oxidiert.

Wir dürfen davon ausgehen, dass die meisten natürlichen gesättigten Fette sich zum Kochen eignen, während die meisten ungesättigten Fette (sie werden Öle genannt, weil sie bei Zimmertemperatur flüssig sind) als Kochfette schädlich sind und daher am besten kalt (oder gar nicht) verwendet werden sollten.

Denken Sie daran, dass künstliche Fette nie gesund sind. Das gilt auch für Margarine.

Samenöle enthalten extrem viele einfach ungesättigte Fettsäuren (englisch MUFAs) und mehrfach ungesättigte Fettsäuren (PUFAs) in unterschiedlichen Verhältnissen. Alle neigen zur Oxidation, besonders die PUFAs. Sie würden nicht mit Fischöl kochen, oder? Warum sollten Sie dann mit anderen Ölen kochen, die sehr reich an PUFAs sind? Auch MUFAs sind ziemlich empfindlich gegen Hitze, Luft und so weiter (Olivenöl enthält sehr viele MUFAs).

In den »Tipps zu Kochfetten« (Seite 45) können Sie nachlesen, wie die beliebten Fette und Öle einzustufen sind.

Denken Sie daran: Viele raffinierte Samenöle haben laut Werbung einen hohen Rauchpunkt und sollen daher »ideale« Kochfette sein. Aber ein höherer Rauchpunkt ist nur dann nützlich, wenn das Fett oder Öl ziemlich stabil ist.

Rapsöl und andere Samenöle werden mit einer Schneckenpresse hergestellt, wobei starke Hitze entsteht. Außerdem wird dabei ein chemisches Lösungsmittel (Hexan) verwendet. So entsteht ein graues, übelriechendes Öl, das nicht sehr flüssig ist. Deshalb wird es chemisch gebleicht, desodoriert und gelb gefärbt, bevor es zu dem Öl wird, das Sie in der Flasche sehen. Das hört sich nicht nach einem vollwertigen Lebensmittel an, oder?

Kalt gepresste Fruchtöle wie Oliven-, Palm- und Kokosöl werden anders behandelt. Bei ihnen hört die Verarbeitung, wie der Name andeutet, nach dem kalten Pressen und der Extraktion des Öls auf.

F: Was darf ich zum Frühstück essen?

Echte Lebensmittel! Welches Tier auf unserem Planeten isst »Frühstücksflocken?« Sie dürfen alles zum Frühstück essen, was zur Paläo-Ernährung passt. Vielleicht brauchen Sie zusätzliche zehn Minuten, um Fleisch oder Eier zuzubereiten. Auf Seite 135–137 finden Sie Rezepte ohne Eier.

F: Muss ich auf Alkohol verzichten?

Meiden Sie Alkohol vollständig, wenn Sie so schnell wie möglich die besten Resultate sehen wollen. Das kann eine Abstinenz von 30 bis 60 Tagen, aber auch von drei bis sechs Monaten bedeuten. Im Allgemeinen sind ein bis zwei Gläser eines glutenfreien alkoholischen Getränks pro Woche kein Problem (siehe Seite 89). Bei bestimmten Krankheiten ist jedoch ein Verzicht auf Alkohol sehr zu empfehlen.

F: Darf ich noch Kaffee trinken?

Es ist sinnvoll, den Kaffeekonsum auf zwei Tassen oder weniger je Tag zu beschränken. Trinken Sie aber keinen Kaffee nach zwölf Uhr mittags, wenn Sie gut schlafen wollen. Eine Tasse Kaffee enthält ungefähr 150 mg Koffein, und ein Schuss Espresso enthält 50 bis 75 mg Koffein. Wenn Sie den ganzen Tag lang Kaffee oder andere koffeinhaltige Getränke (Energydrinks, Cola) in sich hineinschütten, ist das ein Zeichen dafür, dass Ihr Organismus kaum noch Energiereserven hat.

Versuchen Sie zuerst, besser und länger zu schlafen. Wenn Sie zu lange aufbleiben und nicht schlafen oder sich auf einer Blutzucker-Achterbahn befinden, müssen Sie Ihre Lebens- und Ernährungsgewohnheiten ändern. Konzentrieren Sie sich zuerst auf den Schlaf; dann dürfte es Ihnen leichter fallen, den Kaffeekonsum einzuschränken.

Wenn Sie Koffein gut vertragen und eine Tasse Kaffee am Morgen genießen, dann bleiben Sie dabei. Belügen Sie sich aber nicht selbst. Beantworten Sie die Frage »Bin ich koffeinsüchtig?« ehrlich.

F: Was soll ich trinken, wenn mir schlichtes Wasser nicht mehr schmeckt?

Frisch geschnittene und ausgepresste Zitronen-, Limonen- oder Orangenschnitze sind wunderbar erfrischend. Sie können auch »Mineralwasser« daraus machen, indem Sie Gurkenscheiben und frische Minzblätter oder andere Früchte oder Beeren dazugeben (ein paar Scheiben oder Stücke reichen völlig), um den Geschmack zu verfeinern. Perlendes Mineralwasser ist ebenfalls eine gute Wahl, entweder pur oder mit etwas Zitrusfruchtaroma. Bei kühlem Wetter können Sie auch an warmer Brühe nippen. Ein Rezept finden Sie auf Seite 234.

Das Warum – Nahrung und Ihr Körper

F: Profitiere ich auch dann von der Paläo-Ernährung, wenn ich es mir nicht leisten kann, ausschließlich Fleisch von grasgefütterten oder wild gefangenen Tieren zu kaufen?

Die kurze Antwort lautet: *Ja!* Lesen Sie die Tipps auf Seite 47, aber beachten Sie, dass viele positive Wirkungen einfach dadurch entstehen, dass Sie moderne, verarbeitete und raffinierte Nahrungsmittel weglassen. Sobald Sie auf diese Produkte verzichten, können Sie die Qualität Ihres Essens nach und nach verbessern, so wie Ihre Geldbörse es erlaubt.

F: Wie baue ich am besten Muskelmasse ohne Fettpolster auf?

Das Wichtigste ist guter Schlaf! Wenn Sie schlecht schlafen, ist das Hormongleichgewicht gestört, das für einen starken Körper unerlässlich ist. Wenn Sie mehr schlafen, wird mehr Wachstumshormon ausgeschüttet, das den Fettabbau und das Muskelwachstum fördert. Sorgen Sie dann dafür, dass Sie die Nährstoffe in Ihrem Essen resorbieren. Es nützt nichts, mehr Kalorien zu sich zu nehmen, wenn Ihre Verdauung gestört ist. Also müssen Sie Ihre Verdauung verbessern. Wenn Sie einen pathologisch durchlässigen Darm haben, müssen Sie zuerst dieses Problem lösen. Essen Sie nichts, was Ihr Verdauungssystem reizt. Inzwischen wissen Sie, welche Nahrungsmittel Sie nicht vertragen, oder Sie wissen, wie Sie das herausfinden.

Kurz zusammengefasst:

1. Schlafen Sie gut und ausreichend. Mehr Schlaf = mehr Wachstumshormon.
2. Heilen Sie einen »löchrigen Darm«.
3. Essen Sie mehr Eiweiß (Lebensmittel, nicht Pulver), und kauen Sie Ihr Essen gründlich. Auf Seite 121 erfahren Sie mehr über Eiweiß und auf Seite 60 mehr über gutes Kauen.
4. Bauen Sie Stress ab.
5. Heben Sie schwere Dinge. Ich bin keine Trainerin; suchen Sie sich also einen Experten für Krafttraining.
6. Wenn Sie Milchprodukte vertragen, können Sie ein wenig Vollmilch, Sahne und/oder Kefir (zubereitet mit roher Milch von grasgefütterten Tieren) essen.
7. Essen Sie zuerst kalorienreiche, dann appetitanregende Lebensmittel. Mit anderen Worten: Essen Sie Fette wie Kokosmilch, getrocknete Kokosnuss, Avocado und Macadamia- oder Walnüsse, oder träufeln Sie zusätzliches natives Olivenöl extra auf den Salat. Ein paar zusätzliche kohlenhydrat- und stärkereiche Lebensmittel steigern den Appetit. Sie können auch Smoothies trinken. Bereiten Sie diese aus vollfetter Kokosmilch und etwas Obst oder Süßkartoffeln und Zimt zu.

Wenn Sie alles richtig machen und dennoch nicht muskulöser werden, sollten Sie Ihren Hormonstatus testen lassen und, wenn nötig, mit Hilfe eines Arztes regulieren.

F: Was halten Sie von Eiweißpulvern?

Das sind keine Lebensmittel. Aber ich räume ein, dass flüssiges Proteinpulver nützlich sein kann, wenn Sie Muskelmasse aufbauen wollen oder wenn Sie ein hart trainierender Sportler sind, der über die Mahlzeiten hinaus zusätzlichen Brennstoff braucht, um seine Muskelmasse und sein Leistungsvermögen zu bewahren. Aber lesen Sie zuerst meine Antwort auf die letzte Frage. Wenn der Schlaf oder die Verdauung gestört sind, helfen Protein-Shakes nicht.

Wenn Sie mehr Muskeln haben wollen und so viel essen, wie Sie können, aber noch mehr Kalorien und Eiweiß brauchen, kann ein wenig Proteinpulver für Sie hilfreich sein. Die besten Proteinpulver bestehen aus reinem Eiklar oder nichtdenaturiertem Molkeeiweiß (von mit Gras gefütterten Kühen). Wenn Sie das Pulver in Ihre Shakes mischen wollen, sollten Sie das ganz zum Schluss tun und nur kurz pulsen, um das Eiweiß nicht zu denaturieren. Dennoch handelt es sich hier um isolierte Nährstoffe, die Sie als Ergänzungsmittel betrachten sollten, nicht als Ersatz für Lebensmittel. Wenn Sie Lebensmittel essen können, dann sollten Sie das tun.

Die meisten Menschen brauchen keine Pulver, außer sie können nur schlecht kauen und schlucken, weil sie älter sind oder an Dysphagie (Schluckstörung) leiden.

F: Wie baue ich am besten Fettpolster ab?

Wenn Sie am ganzen Körper Fett abbauen wollen, brauchen Sie ein ausgewogenes Hormonsystem. Reduzieren Sie Ihre systemische Entzündung, indem Sie Ihre Verdauung und Ihre Blutzuckerregulierung verbessern. Das sind die ersten Schritte. Ausreichender Schlaf ist ebenfalls unerlässlich, weil der Cortisolspiegel während eines erholsamen Schlafes reguliert wird. Cortisol treibt Ihr Hormonboot entweder in eine günstige oder in eine ungünstige Richtung. Halten Sie es also in Schach.

Wenn Sie erholsam schlafen und wenn Ihre Verdauung und Ihr Blutzucker den ganzen Tag ausgewogen sind, folgen die nächsten Schritte:

1. Orientieren Sie Ihre Kohlenhydratzufuhr an Ihrer Aktivität. Das bedeutet nicht, dass jeder eine kohlenhydratarme oder -freie Diät befolgen muss, um Fett abzubauen. Es bedeutet jedoch, dass ein Mensch, der meist sitzt, mindestens einen bis drei Monate lang nur etwa 50 g Kohlenhydrate am Tag oder weniger essen sollte, um herauszufinden, wie der Körper darauf reagiert. Wenn Sie jeden Tag aktiv sind, können Sie täglich etwa 50 bis 75 g Kohlenhydrate zu sich nehmen – und mehr, wenn Sie jeden Tag sehr aktiv sind (zum Beispiel weil Sie in Ihrem Beruf stehen, gehen oder intensiv mit den Händen arbeiten müssen). Die geringere Kohlenhydratzufuhr ermöglicht es dem Körper, die eigenen Fettreserven zwischen den Mahlzeiten als Brennstoff zu nutzen.
2. Wenn Sie hungrig sind, essen Sie mehr sättigendes Eiweiß.
3. Bauen Sie Stress ab, denn Stress kann selbst eine gute Ernährung zunichtemachen. Sie müssen sich anstrengen, um gesund zu essen – und diese Mühe sollte sich lohnen!

F: Ich mache alles richtig, nehme aber nicht ab. Warum?

Wenn Sie mindestens drei Monate lang Paläo-Kost gegessen haben, ohne abzunehmen (sofern das nötig ist), können andere Faktoren mitspielen. Für die meisten Menschen ist die Umstellung der Lebens- und Ernährungsweise ein großer Schritt auf dem Weg zu ausgewogenen Körperfunktionen. Wenn Sie nicht den erwünschten Erfolg sehen, kann das an Hormonstörungen, Schwermetallen, Umweltgiften, Stress, zu hartem Training oder Schlafmangel liegen. Denken Sie auch daran, dass manche Menschen einfach länger brauchen (bis zu einem Jahr), bis sie Veränderungen wahrnehmen, selbst wenn sie sich konsequent gesund ernähren. Das mag sich entmutigend anhören, doch vergessen Sie nicht, wie lange Sie sich falsch ernährt haben! So gesehen ist ein Jahr für Ihren Körper, der sich neu einstellen muss, nicht sehr viel. Eine Ernährungsumstellung ist zwar kein Zaubermittel, aber sie kann vielen Menschen in erstaunlich kurzer Zeit helfen.

F: Soll ich meinem allgemeinen Gesundheitszustand zuliebe Ergänzungsmittel einnehmen?

Um Ergänzungsmittel wird eine Menge Wirbel gemacht. Für Sie sollte jedoch die Umstellung der Ernährung und der Lebensweise zumindest in den ersten drei Monaten Priorität haben. Deshalb enthält die »Mustergültige Paläo-Kost« für 30 Tage keinerlei Ergänzungsmittel. Sobald Sie Ihre Ernährung und Ihre Lebensweise weitgehend umgestellt haben, empfehle ich Ihnen, Ihren Vitamin-D-Spiegel bestimmen zu lassen. Vitamin-D-Mangel ist heutzutage einer der häufigsten Mangelzustände, und dieses Vitamin hat eine Menge Aufgaben im Körper. Abgesehen davon können Sie Ihren Vitamin- und Mineralstoffbedarf mit einer ausgewogenen Paläo-Kost decken, sofern Sie Ihr Essen gut verdauen und resorbieren. Wenn Sie merken, dass Ihnen etwas fehlt, sollten Sie einen guten Arzt konsultieren, der Ihnen hilft herauszufinden, ob Ihre Verdauung in Ordnung ist, ob Sie an Ihrer Ernährung etwas ändern sollten und ob Sie Ergänzungsmittel brauchen. Es gibt sehr viele diagnostische Tests, die ein verborgenes Ungleichgewicht bei Mikronährstoffen oder ein Ungleichgewicht bei den Stoffwechselvorgängen aufdecken können.

F: Soll ich Ergänzungsmittel nehmen, wenn ich krank bin?

Die 30-Tage-Menüs in diesem Buch enthalten sowohl unterstützende Nährstoffe, die in den Lebensmitteln enthalten sind, als auch Ergänzungsmittel, die sinnvoll sein können. Die Dosen habe ich nicht angegeben, weil sie sich nach Ihren persönlichen Bedürfnissen richten. Diese Menüs sind ein vorzüglicher Start, wenn Sie Ihre Ernährung optimieren und die richtigen Ergänzungsmittel finden wollen. Ich empfehle Ihnen, mit einem ganzheitlich oder paläo-orientierten Arzt zusammenzuarbeiten, wenn Sie feststellen, dass Sie mehr Beistand brauchen, nachdem Sie etwa einen Monat lang Ihren eigenen Plan befolgt haben. Ergänzungsmittel sollten, wie ihr Name sagt, das Essen ergänzen, nicht ersetzen.

F: Soll ich Fischölkapseln einnehmen?

Im Allgemeinen empfehle ich Fischölkapseln nicht. Das hat mehrere Gründe. Fischöl oder andere isolierte Omega-3-Produkte sollen das Verhältnis zwischen Omega-3- und Omega-6-Fettsäuren im Körper harmonisieren. Wenn Sie sich konventionell ernähren, beträgt dieses Verhältnis wahrscheinlich 1:10 oder 1:20. Es sollte aber unter 1:4 liegen.

Statt Kapseln zu schlucken, rate ich Ihnen, Fisch (als vollwertiges Lebensmittel) zu essen, um Omega-3-Fettsäuren aufzunehmen, die viel besser verwertbar sind als Kapseln. Außerdem müssten Sie den Hersteller der Kapseln kennen und ihm vertrauen.

Omega-3-Fettsäuren sind mehrfach ungesättigte Fettsäuren (PUFAs), die durch Hitze, Licht und Luft sehr leicht beschädigt werden (oxidieren), wenn man nicht sorgfältig mit ihnen umgeht. Ich glaube, dass die PUFAs in den meisten Omega-3-Kapseln bei der Verarbeitung und Extraktion des Öls beschädigt werden, und es ist wahrscheinlich viel schlimmer, beschädigte, isolierte Fettsäuren zu sich zu nehmen, als gar keine. Deshalb empfehle ich sie nicht.

Was das Omega-3-/Omega-6-Verhältnis anbelangt, rate ich immer, die Omega-6-Zufuhr drastisch zu verringern (das ist einfach, wenn Sie auf Pflanzenöle, Getreide und Hülsenfrüchte verzichten), bevor Sie zu Omega-3-Kapseln, zum Beispiel Fischölkapseln, greifen. Wenn Sie sich wegen einer systemischen Entzündung Sorgen machen, sollten Sie sogar den Genuss anderer Lebensmittel einschränken, die reich an Omega-6-Fettsäuren sind, zum Beispiel von Mandeln, Pekannüssen, Pinienkernen, Pistazien und Haselnüssen.

BESCHÄDIGTE PUFAS?

Es ist vernünftig, oxidierte (beschädigte) Omega-6-Fettsäuren zu meiden, indem Sie nicht mit Samenölen kochen. Aber auch Omega-3-Fettsäuren in Kapseln können oxidiert sein. Wenn Sie nicht sicher sind, dass das Produkt einwandfrei ist, sollten Sie Ihre Omega-3-Zufuhr steigern, indem Sie vollwertige Lebensmittel essen.

F: Viele Rezepte enthalten fermentierten Lebertran. Wie unterscheidet er sich von Fischöl?

Dieses konzentrierte Supernahrungsmittel entsteht durch traditionelle kalte Fermentierung, während bei der Herstellung der meisten isolierten Omega-3-Kapseln Hitze im Spiel ist. Der wichtigste Vorteil des fermentierten Lebertrans sind die natürlichen, fettlöslichen Vitamine A, D, E und K2, die in ihm reichlich, in der modernen Kost jedoch spärlich enthalten sind. Auch fermentierter Lebertran enthält Omega-3-Fettsäuren in kleinen Mengen, aber dank der kalten Verarbeitung, der Fermentierung und der konzentrierten Form dieses Nahrungsmittels sind sie viel gesünder als isolierte PUFAs im traditionellen Fischöl. Menschen, die fermentierten Lebertran einnehmen, berichten von Verbesserungen bei zahlreichen Symptomen und entzündlichen Krankheiten. Die einzige Marke, die ich derzeit empfehle, ist Green Pasture (www.greenpasture.org).

Anmerkung: Den meisten Leuten schmeckt das mit Zimt aromatisierte Gel am besten.

TEIL 2:
30-TAGE-MENÜPLÄNE

Der Umgang mit den Menüs

Jeder 30-Tage-Menüplan ist auf eine bestimmte Krankheit, auf miteinander zusammenhängende Beschwerden oder Ziele abgestimmt. Dabei werden hauptsächlich Rezepte aus diesem Buch verwendet, die auf den Grundsätzen der Paläo-Ernährung beruhen. Sie müssen sich nicht jeden Tag genau nach den Rezepten richten, aber Sie sollten bedenken, dass die Menüs Sie in die richtige Richtung führen möchten. Jeder Mensch kann von echten, vollwertigen Nahrungsmitteln profitieren, aber es ist hier natürlich nicht möglich, individuell abgestimmte Menüs zu entwickeln. In manchen Rezepten werden beispielsweise Nüsse verwendet, das heißt, wenn Sie allergisch gegen Nüsse sind, müssen Sie das Rezept ändern. Meine Ernährungsrichtlinien stützen sich auf zahlreiche wissenschaftliche Befunde, aber wenn Sie gesünder werden wollen, geht es nicht darum, welches grüne Blattgemüse Sie heute und welches stärkehaltige Gemüse Sie morgen essen. Die Menüs helfen Ihnen bei Ihrer Ernährungsplanung, sie gehen jedoch höchstwahrscheinlich nicht auf jedes Ihrer persönlichen Bedürfnisse ein.

Studieren Sie die Liste mit dem Vermerk [+] »zugeben« und [–] »meiden« am Anfang des Menüs, das Sie interessiert, bevor Sie sich näher damit befassen. Die Menüs entsprechen den Rezepten, und einige Rezepte müssen Sie vielleicht ein wenig ändern, je nachdem, welches Menü Sie bevorzugen. Die Zugeben/Meiden-Liste dient als Kompass für die Navigation durch das Menü und alle anderen interessanten Rezepte, die Sie in diesem Buch, in anderen Büchern oder im Internet finden.

Lesen Sie sich zuerst das gesamte Menü durch. Wenn eine Mahlzeit oder Teile einer Mahlzeit sich wiederholen, können Sie eine Menge Zeit sparen, indem Sie eine größere Menge zubereiten und den Rest für später aufheben.

Farbige Symbole unter der Tageszahl geben die wichtigste Eiweißquelle in den Mahlzeiten dieses Tages an. Viele Rezepte lassen sich mit verschiedenen Eiweißquellen zubereiten. Manchmal können Sie zum Beispiel Rinderhackfleisch durch Truthahnhackfleisch oder Schweinefleisch durch Huhn ersetzen. Wenn Sie wegen des Geschmacks oder aus religiösen Gründen bestimmte Proteine meiden wollen, helfen Ihnen diese farbigen Symbole vorauszuplanen. Wenn Speck oder Wurst mit Eiern serviert werden, sind die Eier als Haupteiweißlieferant markiert, weil Speck und Wurst viel mehr Fett enthalten und vergleichsweise wenig eiweißreich sind.

Zwischenmahlzeiten werden nicht geplant, da die Mahlzeiten sättigend sind. Wenn Sie glauben, mehr essen zu müssen, empfehle ich eine zusätzliche kleine Portion der Gerichte im Menü.

Falls Sie mehr über die empfohlene Lebensweise und die Ergänzungsmittel lernen wollen, die jedes Menü abrunden, finden Sie in den am Rand aufgeführten Quellen eine Fülle von Informationen zu allen Krankheiten, auf die die Menüs abgestimmt sind.

☐ Essen Sie vollwertige Lebensmittel und meiden Sie moderne, verarbeitete und raffinierte Produkte.

☐ Essen Sie für eine gesunde Verdauung.

☐ Essen Sie für einen normalen Blutzuckerspiegel.

✓ **Befolgen Sie einen Plan, der Ihnen hilft, Ihre persönlichen Gesundheitsziele zu erreichen.**

WEITERE QUELLEN

»*Life Extension: Disease Prevention and Treatment*«. Life Extension Media (www.lefeurope.com/de/)

»*Alternative Medicine: The Definitive Guide*« von Larry Trivieri Jr. und John W. Anderson (Hrsg.)

»*Encyclopedia of Nutritional Supplements: The Essential Guide for Improving Your Health Naturally*« von Michael Murray

Richtlinien zur Portionsgröße

NAHRUNGSMITTEL	ALLGEMEINE RICHTLINIEN ZUR PORTIONSGRÖSSE
Proteine	**Für Frauen: 85–227 g für Mahlzeiten, 57–113 g für Imbisse.** **Für Männer: 227–340 g für Mahlzeiten, 85–170 g für Imbisse.** Das obere Ende der Bandbreite wird für aktivere oder stärker gebaute Menschen empfohlen, das untere für bewegungsärmere und kleinere Menschen.
Nichtstärkehaltiges Gemüse	**Essen Sie nichtstärkehaltiges Gemüse bis zur Sättigung, ohne die Menge zu begrenzen.** Wenn es in Fett oder Öl getaucht ist, müssen Sie vielleicht auf Ihre Kalorienzufuhr achten, je nach Ihrem Ziel (mehr dazu in den Menüs). Ein mit Stern (*) markiertes Gemüse dürfen Sie durch ein anderes nichtstärkehaltiges Gemüse ersetzen, das Ihren Bedürfnissen und ihren Präferenzen entspricht.
Stärkehaltiges Gemüse	**Etwa 1/2 bis 1 Tasse in Mahlzeiten für Frauen.** **Etwa 1 bis 1 1/2 Tassen oder mehr für Männer.** Die Portionen können variieren, je nach Aktivität und allgemeinem Kalorienbedarf. In den »Tipps zu kohlenhydratreichen Paläo-Lebensmitteln« finden Sie eine Liste stärkereicher Gemüsearten. Mit zwei Sternen (**) markierte Gemüsearten dürfen Sie durch ein anderes stärkehaltiges Gemüse ersetzen, das Ihren Bedürfnissen und ihren Präferenzen entspricht.
Obst	**Bei größeren Früchten ist eine halbe Frucht eine Portion.** **Etwa 1/2 bis 1 Tasse Beeren ist eine gute Portionsgröße.** Auch diese Portionen können Sie entsprechend der Empfehlungen in Ihrem Menü vergrößern oder verkleinern. Genießen Sie das Obst der Saison, das Ihnen schmeckt. Jede in einem Menü genannte Obstsorte ist mit den anderen austauschbar. Mehr dazu finden Sie in den »Tipps zur Lebensmittelqualität« auf Seite 31.
Fette und Öle	**1 bis 2 Esslöffel Fett oder Öl sind eine Portion für Frauen.** **2 bis 4 Esslöffel Fett oder Öl sind eine Portion für Männer.** Etwa 2 Esslöffel sind eine gute Portion Öl für einen Salat. Zum Zerlassen auf gedünstetem Gemüse dürfte 1 Esslöffel genügen. Auch hier kommt es auf Ihre Statur und Ihre Aktivität an. Wenn Sie stärker gebaut und/oder aktiver sind, brauchen Sie mehr Fett. Fett liefert gute Kalorien und macht satt.

30-TAGE-MENÜ-PLAN

AUTOIMMUN-KRANKHEITEN

Die Ursachen und die Symptome können ein wenig variieren, aber alle Autoimmunkrankheiten haben Verdauungsstörungen und eine pathologisch durchlässige Darmwand gemeinsam. Diese Menüs ähneln dem für die Gesundheit des Verdauungssystems, sie sind aber genauer auf Autoimmunkrankheiten abgestimmt. Wenn Sie diesen Plan befolgt haben, können zusätzliche therapeutische Maßnahmen die Symptome weiter lindern. Es kann auch sein, dass Sie mit der normalen Paläo-Ernährung Erfolg haben, ohne etwas begrenzen oder weglassen zu müssen.

Autoimmunkrankheiten sind unter anderem:

- Addison-Krankheit
- Alzheimer-Krankheit
- Asthma
- Basedowsche Krankheit (Morbus Basedow)
- Chronisches Erschöpfungssyndrom
- Crohn-Krankheit (Morbus Crohn)
- Diabetes mellitus Typ 1
- Ekzeme
- Hashimoto-Thyreoiditis
- Lupus
- Multiple Sklerose
- Parkinson-Krankheit
- Perniziöse Anämie
- Raynaud-Syndrom
- Schuppenflechte (Psoriasis)
- Sklerodermie
- Weißfleckenkrankheit (Vitiligo)
- Zöliakie

Sie können alle oben genannten Krankheiten und alle chronischen Entzündungen (siehe Seite 74) lindern, wenn Sie den Menüplan mindestens 30 Tage einhalten und dann zur normalen Paläo-Ernährung übergehen, wobei Details variieren können, je nach Krankheit und Symptomen. Für mehrere Autoimmunkrankheiten finden Sie in diesem Abschnitt spezifische Menüs.

Haftungsausschluss: Die Informationen in diesem Buch sollen eine fachkundige medizinische Diagnose oder Behandlung von Krankheiten nicht ersetzen. Es handelt sich ausschließlich um Empfehlungen zur Lebens- und Ernährungsweise, die den Körper gesünder machen.

Autoimmun-krankheiten

Empfehlungen zur Lebens- und Ernährungsweise

Zugeben [+]

GUT GEKOCHTE SPEISEN
Gerichte wie geschmortes Fleisch, Eintöpfe, Suppen und langsam gekochte Lebensmittel sind leicht verdaulich.

NÄHRSTOFFREICHE LEBENSMITTEL
Füllen Sie Nährstoffreserven auf, die erschöpft sind, weil Sie bisher zu viele industriell hergestellte Produkte gegessen haben.

SUPERLEBENSMITTEL
Bereiten Sie eine Knochenbrühe zu und trinken Sie sie oder kochen Sie regelmäßig mit ihr (Rezept auf Seite 234).

STRESSABBAU
Erlernen Sie die Praxis der Meditation, des langsamen Atmens oder des Qigong.

BEWEGUNG
Gehen Sie spazieren oder machen Sie sanfte Yoga-Übungen, die den Körper nicht belasten.

Beginnen Sie nach und nach mit einem nicht zu anstrengenden Gewichtstraining, das also keine Stressreaktion oder Cortisolausschüttung auslöst.

Meiden [–]

DARM-REIZSTOFFE
Nahrungsmittel, die Immunreaktionen auslösen, z. B. Getreide, Hülsenfrüchte, Milchprodukte (in diesem Menü alle), Eier, Nüsse, Samenkerne, Nachtschattengewächse. Meiden Sie große Mengen Obst oder Gemüse, die viele nichtlösliche Ballaststoffe enthalten, z. B. grünes Blattgemüse, Stachelbeeren und Erdbeeren. Alle Rezepte geben, wenn möglich, Ersatzprodukte an – bitte achten Sie darauf!

GLUTEN
Vollständig meiden. Siehe »Tipps zum Gluten« auf Seite 89.

ALKOHOL, KOFFEIN, SCHOKOLADE
Sie können zu einem »löchrigen Darm« beitragen.

STRESS
Ändern Sie Ihre Lebensweise, um Stress abzubauen.

SCHMERZMITTEL
Aspirin, Acetaminophen, Paracetamol, Ibuprofen und Kortikosteroide können zu einem »löchrigen Darm« beitragen.

SCHARFE CHEMISCHE REINIGUNGS- ODER HYGIENEPRODUKTE
Kaufen Sie milde, natürliche Alternativen, z. B. Waschnüsse für die Wäsche, Essig-Wasser-Lösungen für die Reinigung des Tisches sowie Backpulver und Peroxid, um Oberflächen, Wäsche, Zähne usw. zu reinigen und aufzuhellen. Verwenden Sie natürliche Produkte für die Haarwäsche.

HOCHINTENSIVER SPORT
Hochintensives Intervalltraining und Herz-Kreislauf-Training (30–60 Minuten oder länger im Sauerstoffgleichgewicht, z. B. Joggen oder Radfahren) können eine Stressreaktion auslösen.

HAFTUNGSAUSSCHLUSS: *Die Informationen in diesem Buch sollen eine fachkundige medizinische Diagnose oder Behandlung von Krankheiten nicht ersetzen. Es handelt sich ausschließlich um Empfehlungen zur Lebens- und Ernährungsweise, die den Körper gesünder machen.*

Ergänzungsmittel und Kräuter zur Unterstützung

Autoimmunkrankheiten

Diese Empfehlungen dienen als Startpunkt. Suchen Sie selbst Ergänzungsmittel, die Ihnen helfen können. Es ist am besten, wenn Sie so viele Nährstoffe wie möglich mit Lebensmitteln zu sich nehmen. Auf der nächsten Seite finden Sie eine Auflistung spezieller, lebensmittelbasierter Nährstoffe. Die folgenden Substanzen sind nicht nach ihrer Wirksamkeit geordnet.

- **VITAMIN A (Retinol)** stärkt zusammen mit Vitamin D das Immunsystem und schützt die Darmschleimwand. Wichtig für die Resorption von Mineralien.

- **FERMENTIERTER LEBERTRAN ODER BUTTERÖLMISCHUNG** enthält die fettlöslichen Vitamine A, D, E und K2 sowie Omega-3-Fettsäuren in kleiner Menge. Ich empfehle nur die Marke Green Pasture.

- **COENZYM Q10 (UBIQUINON)** fördert die Energieproduktion der Mitochondrien und lindert Müdigkeit und Muskelschmerzen. Es ist ein starkes Antioxidans, das von Statinen dezimiert wird.

- **VERDAUUNGSENZYME** bauen Nahrungsmittel ab, sodass sie resorbiert werden können, während der Darm heilt. Verwenden Sie eine Enzymmischung.

- **L-GLUTAMIN** fördert die Heilung der Epithelzellen in der Dünndarmschleimhaut.

- **KRÄUTERTEES**, die das Verdauungssystem beruhigen, sind u. a. Pfefferminze, Ingwer, Kudzu (Kopoubohne), Arznei-Eibisch und Rot-Ulme.

- **SÜSSHOLZWURZEL** fördert die Heilung der Magen- und Darmschleimhaut. Kaufen Sie Süßholztee, einen Extrakt oder Kautabletten.

- **ALOE-VERA-SAFT** (sofern er keinen Durchfall auslöst).

- **MAGNESIUM** wird für mehr als 300 Enzymprozesse im Körper benötigt. Die meisten Menschen nehmen nicht genug davon auf. Es unterstützt die Blutzuckerregulierung. Kaufen Sie Magnesiumglycinat oder -malat.

- **PHOSPHATIDYLCHOLIN** verbessert die Integrität des Verdauungstrakts, fördert die Fettverdauung und heilt die Darmschleimhaut. Es ist besonders wichtig, wenn Sie keine Eier essen.

- **PROBIOTIKA** verbessern die Verdauung. Probieren Sie verschiedene Produkte aus, um das für Sie Richtige zu finden. Beginnen Sie mit kleinen Dosen. Von Ärzten verordnete Produkte sind oft wirksamer.

- **QUERCETIN**, ein starkes Antioxidans, stärkt das Immunsystem.

- **SELEN UND ZINK** sind Antioxidantien, die vor Schäden durch freie Radikale schützen und die Sie möglicherweise einnehmen müssen, weil es schwierig ist, den Bedarf durch das Essen zu decken.

- **ZINK-CARNOSIN** kann die Darmschleimhaut verbessern.

SIE SIND EINZIGARTIG

Wenn Sie weiter an bestimmten Symptomen leiden, sollten Sie auf die unten genannten Produkte verzichten, entweder ständig oder als Teil eines Heilungsplans (siehe Seite 88).

Gelenkschmerzen, Mobilitätsprobleme: Meiden Sie Nachtschattengewächse, Eier, Nüsse und Samenkerne.

Hautkrankheiten: Meiden Sie Eier, Nüsse, Samenkerne und alle Milchprodukte.

30-Tage-Menüpläne

Autoimmunkrankheiten

Unterstützende Nährstoffe und Lebensmittel, die sie enthalten

Kurz-Info

Eiweiß
- Aal
- Austern
- Bison
- Kaltwasserfisch (Lachs, Hering, Makrele)
- Lamm
- Rindfleisch
- Schalentiere

Fette
- Kokosöl
- Olivenöl, natives, extra
- rotes Palmöl
- tierische Fette

Gemüse
- Blumenkohl
- Brokkoli
- Butternusskürbis
- Daikon-Rettich
- Knoblauch
- Mangold
- Okra
- Rosenkohl
- Rote Rüben
- Süßkartoffeln

Obst
- Bananen
- Heidelbeeren
- Kochbananen
- Zitronensaft

Superlebensmittel
- fermentierter Lebertran
- fermentiertes Gemüse
- Knochenbrühe
- Leber

Gewürze
- Basilikum
- Ingwer
- Knoblauch
- Koriandergrün
- Kreuzkümmel
- Kurkuma
- Oregano
- Petersilie

VITAMIN A (RETINOL)
- Leber, Aal, Butter, geklärte Butter oder Ghee (Butter erst 30 Tage meiden, dann essen).

BUTTERSÄURE
Hilft, die Durchlässigkeit der Darmwand zu verringern.
- Butter, geklärte Butter oder Ghee (Butter erst 30 Tage meiden, dann essen).

VITAMIN C
Ein starkes, entzündungshemmendes Antioxidans.
- Blumenkohl
- Brokkoli
- Daikon-Rettich
- Zitronensaft
- Knoblauch
- Rote Rüben
- Rosenkohl

VITAMIN D
Ein starker Modulator des Immunsystems, der in der Haut gebildet wird, wenn Sie sonnenbaden.
- Kaltwasserfisch (Lachs, Hering, Makrele)
- Butter, geklärte Butter oder Ghee (Butter erst 30 Tage meiden, dann essen).
- fermentierter Lebertran oder Butterölmischung (nur von Green Pasture)

GLYCIN
Trägt zur Heilung der Darmschleimhaut bei.
- Knochenbrühe (Rezept auf Seite 234)
- Gelatine (Rezept auf Seite 234)

OMEGA-3-FETTSÄUREN
Entzündungshemmende Fettsäuren, die nur in wenigen Lebensmitteln enthalten sind.
- Kaltwasserfisch (Lachs, Hering, Makrele)
- fermentierter Lebertran oder Butterölmischung (nur von Green Pasture)

PROBIOTIKA
Unterstützen die gesunde Darmflora, die für die Verdauung und Ausscheidung unerlässlich ist.
- fermentiertes Gemüse: Kohl (Sauerkraut, Kimchi), Möhren, Rote Rüben u. a.
- Kombucha (fermentierter Tee)

SELEN
Ein Antioxidans, das vor Schäden durch freie Radikale schützt.
- Roter Mangold
- Steckrüben
- Knoblauch

LÖSLICHE BALLASTSTOFFE
Füttern die nützlichen Darmbakterien und fördern die Peristaltik.
- Süßkartoffeln
- Butternusskürbis
- Kochbananen
- Bananen

ZINK
Ein starkes Antioxidans, das Menschen mit entzündlichen Krankheiten oft fehlt. Fördert den Vitamin-A-Stoffwechsel.
- Austern
- Lamm
- Fleisch
- Schalentiere

Autoimmunkrankheiten

TAG	FRÜHSTÜCK	MITTAGESSEN	ABENDESSEN
1	Hühnerschenkel mit Sentglasur (266), Süßkartoffel**, Rohes Sauerkraut (238)	Rest der Hühnerschenkel mit Senfglasur (266), Zucchini*	Gegrilltes Flankensteak mit Knoblauch und Zwiebeln (294), ohne Paprika, gebackene Rote Rüben mit Fenchel** (362)
2	Rest vom gegrillten Flankensteak mit Knoblauch und Zwiebel, Butternusskürbis**	Wilder Lachs aus der Dose mit Oliven, Avocado, Zitronensaft, NOE	Truthahnkeulen, mit Salbei gebacken (276), Süßkartoffel-Pfannkuchen, haschiert (298), gedünsteter Spinat*
3	Hühnerschenkel, Rest vom Süßkartoffel-Haschee	Rest der Truthahnkeulen, mit Salbei gebacken, Gemischter grüner Salat mit Persimonen, Spargel und Fenchel (380)	Zitronen-Lamm-Dolmas (318), Koriander-Blumenkohl-Reis (340)
4	Fein gehacktes Lammfleisch mit Gewürzmischung, Koriander-Blumenkohl-Reis (340), Rohes Sauerkraut (238)	Rest der Zitronen-Lamm-Dolmas, Spinatsalat mit Artischocken (380)	Asiatische Jakobsmuscheln mit Orange (304), Butternusskürbis**
5	Fein gehacktes Rindfleisch mit Curry-Gewürzmischung (233) ohne Paprika, Butternusskürbis**	Lachs im Noriblatt (316)	Rindfleisch und gemischte Gemüsepfanne (286), Koriander-Blumenkohl-Reis* (340)
6	Frühstückswurst mit italienischem Wurstgewürz (233), Mangold*	Rest vom Rindfleisch mit gemischter Gemüsepfanne, Süßkartoffel**	Lamm-Salatschiffchen mit Avo-Tsiki-Soße (322)
7	Pikante gebackene Hähnchenkeulen (264), Gewürze ohne Paprika, Kürbis*, Rohes Sauerkraut (238)	Gemischtes Grüngemüse mit wildem Lachs aus der Dose, Spargel*, Zitronensaft, NOE	Ganzes gebratenes Huhn mit Zitrusfrucht und Kräutersalz (256), Gebratene Rosmarinwurzeln (350)
8	Rest vom ganzen gebratenen Huhn mit Zitrusfrucht und Kräutersalz, Avocado, Apfel oder Heidelbeeren	Spinatsalat mit Artischocken (380), Rest vom ganzen gebratenen Huhn mit Zitrusfrucht und Kräutersalz	Salatkörbchen mit chinesischem Fünf-Gewürze-Pulver (272), Süßkartoffel**
9	Hühnerschenkel, in Speck gewickelt (262), ohne Smoky Blend, Kochbananen in KÖ**	Truthahn-Burger mit indischem Gewürz (268), gedünsteter Brokkoli*	Pesto-Garnelen und Kürbis-Fettuccine (308) ohne Nüsse
10	Garnelen, Avocado, Gurken, Apfel	Einfaches Garnelen-Ceviche ohne Paprika (316), gemischtes Grüngemüse*, NOE	Schweinefilet mit Kreuzkümmel und Wurzelgemüse** (328)

» *Eine vollständige Einkaufsliste für dieses Menü finden Sie bei balancedbites.com*

MEIDEN SIE:
Getreide — Milchprodukte
Samenkerne — Nachtschattengewächse
Hülsenfrüchte
Eier — Nüsse

SCHLÜSSEL
◆ Rind und Bison
■ Geflügel
● Schwein
● Lamm
◆ Fisch und Meeresfrüchte

ANMERKUNGEN
NOE — natives Olivenöl extra
KÖ — Kokosöl
* — oder ein anderes nichtstärkehaltiges Gemüse
** — oder ein anderes stärkehaltiges Gemüse (siehe Seite 110)
Wenn keine Seitenzahl genannt wird, können Sie die Gerichte zubereiten wie angegeben oder nach Belieben. Weitere Empfehlungen für Eiweiß, Gemüse und Fette finden Sie in der Spalte »Kurz-Info«, die auf Ihr Menü abgestimmt ist!

30-Tage-Menüpläne

Autoimmunkrankheiten

TAG	FRÜHSTÜCK	MITTAGESSEN	ABENDESSEN
11 ● ■ ◆	Rest des Schweinefilets mit Kreuzkümmel und Wurzelgemüse	Huhn, Regenbogen-Rotkohlsalat* (372) oder angeschwitzter Kohl	Abendessen
12 ● ◆ ■	Frühstückswurst mit italienischem Wurstgewürz (233), Rest des Rotkohls*	Rest der Rinderbeinscheiben, mit Orange geschmort, Möhren**	Rinderbeinscheiben, mit Orange geschmort (284), Spinat*
13 ◆ ■ ◆	Räucherlachs, Spinat*, Rohes Sauerkraut (238)	Rest der pikanten gebackenen Hähnchenkeulen, Rest des Rosenkohls mit Fenchel*	Pikante gebackene Hähnchenkeulen (264), Rosenkohl mit Fenchel* (350)
14 ◆ ■ ◆	Rest des gegrillten Lachses mit Zitrone und Rosmarin, Rest des Spargels mit Zitrone und Oliven*	Huhn, in Salat gewickelt, mit Avocado, Gurken-Salsa (296)	Gegrillter Lachs mit Zitrone und Rosmarin (306), Spargel mit Zitrone und Oliven (338), Süßkartoffel**
15 ◆ ◆ ◆	Wilder Lachs (aus der Dose), Avocado, Zitronensaft	Spinatsalat mit NOE, Rest des Thunfischs mit rotem Palmöl und Koriandergrün, Avocado, Zitronensaft	Thunfisch mit rotem Palmöl und Koriander auf Daikon-Nudelsalat (302), grüner Salat*
16 ● ◆ ■	Frühstückswurst mit italienischem Wurstgewürz (233), Zucchini*	Rest der gefüllten Paprikaschoten nach italienischer Art (mit Zucchini anstelle der Paprika), grüner Salat*	Gefüllte Paprikaschoten nach italienischer Art (300) (mit Zucchini anstelle der Paprika), grüner Salat*
17 ● ■ ◆	Rest der Frühstückswurst, Kochbananen in KÖ**	Rest der Hühnerschenkel, in Speck gewickelt, ohne Smoky Blend, grüner Salat*	Hühnerschenkel, in Speck gewickelt (262), ohne Smoky Blend, gemischter grüner Salat*
18 ◆ ◆ ●	Fein gehacktes Rindfleisch, Speck, Rest des Spaghettikürbis**	Wilder Lachs aus der Dose mit grünen Bohnen*, NOE, Zitrone	Fein gehacktes Rindfleisch mit Knoblauch und Basilikum auf Spaghettikürbis**
19 ◆ ● ◆	Wilder Lachs (aus der Dose) mit Oliven, Avocado, Zitronensaft	Rest der Fleischbällchenfüllung, Rest der pürierten Faux-Tatoes	Fleischbällchenfüllung (334), Pürierte Faux-Tatoes (344)
20 ● ◆ ■	Eichelkürbis mit Zimt und Kokosnussbutter (358), Frühstückswurst oder Speck	Rest des Heilbutts, Rest des gebackenen Romanesco mit Zitrone	Heilbutt, Gebackener Romanesco mit Zitrone (346), Süßkartoffel**

» Eine vollständige Einkaufsliste für dieses Menü finden Sie bei balancedbites.com

MEIDEN SIE:
Getreide — Milchprodukte
Samenkerne — Nachtschattengewächse
Hülsenfrüchte
Eier — Nüsse

SCHLÜSSEL
◆ Rind und Bison
■ Geflügel
● Schwein
● Lamm
◆ Fisch und Meeresfrüchte

ANMERKUNGEN
NOE — natives Olivenöl extra
KÖ — Kokosöl
* — oder ein anderes nichtstärkehaltiges Gemüse
** — oder ein anderes stärkehaltiges Gemüse (siehe Seite 110)

Wenn keine Seitenzahl genannt wird, können Sie die Gerichte zubereiten wie angegeben oder nach Belieben. Weitere Empfehlungen für Eiweiß, Gemüse und Fette finden Sie in der Spalte »Kurz-Info«, die auf Ihr Menü abgestimmt ist!

Autoimmunkrankheiten

TAG	FRÜHSTÜCK	MITTAGESSEN	ABENDESSEN
21	Rest der gebackenen Ente mit Kirschsoße, Spinat*	Lachs im Noriblatt (316)	Lammkoteletts mit Oliventapenade (326), Griechischer Salat mit Avo-Tsiki-Soße (374)
22	Wilder Lachs (aus der Dose) mit Oliven, Avocado, Zitronensaft	Rest der Lammkoteletts mit Oliventapenade, Rest des Griechischen Salats mit Avo-Tsiki-Soße	Rinderbeinscheiben, mit Orange geschmort (284), Butternusskürbissuppe mit Salbei** (348)
23	Frühstückswurst mit italienischem Wurstgewürz (233)	Rest der Rinderbeinscheiben, mit Orange geschmort, Rest der Butternusskürbissuppe mit Salbei	Hayleys Rinderbauchlappensteak-Tacos (292), Gurken-Salsa (296), Gegrillter Kürbis mit Ananas (342)
24	Eichelkürbis mit Zimt und Kokosnussbutter (358), Perfekt gebackener Speck (236)	Würziger Taco-Salat (296), Rest der Gurken-Salsa	Rindfleisch-Burger, Avocado, Kopfsalat-Wraps, Gebackener roter Knoblauch (370)
25	Rest der Rindfleisch-Burger, Avocado, Salat-Wraps	Wilder Lachs oder Thunfisch, grüner Salat*, Avocado, Oliven	Jakobsmuscheln nach asiatischer Art (304), Gebackene Rote Rüben (362)
26	Huhn, Rest der gebackenen Roten Rüben, Orange, Orangen-Vinaigrette (382)	Thunfisch, Gemischter grüner Salat mit Persimonen, Spargel und Fenchel (380), Orangen-Vinaigrette (382)	Oma Barbaras gefüllte Pilze (332), Geröstete Markknochen (288)
27	Hühnerschenkel mit Senfglasur (266), Süßkartoffel**, Rohes Sauerkraut (238)	Rest von Oma Barbaras gefüllten Pilzen, gemischter grüner Salat*, Balsam-Vinaigrette (378)	Huhn mit Zitrone und Artischocken (260), Dicke Brokkoli-Blumenkohl-Suppe mit Speck (336)
28	Rest der gewürzten Lammfleischbällchen, Kochbananen in KÖ**	Wilder Lachs aus der Dose mit Oliven, Avocado, Zitronensaft, NOE	Mamas gefüllte Kohlrouladen (290) ohne Tomaten-Cranberry-Soße, grüner Salat*
29	Frühstückswurst mit italienischem Wurstgewürz (233), Pastinaken**	Rest des Huhns mit Zitrone und Artischocken, Gebackene Grünkohlchips (356)	Mediterraner Lammbraten (320), Gedünsteter Spinat mit Korinthen* (366)
30	Rest der Frühstückswurst mit italienischem Wurstgewürz, Kürbis**	Truthahn-Fleischbällchen, Pürierte Faux-Tatoes (344)	Mediterraner Lammbraten (320), Gedünsteter Spinat mit Korinthen* (366)

» *Eine vollständige Einkaufsliste für dieses Menü finden Sie bei balancedbites.com*

SCHLÜSSEL
- ◆ Rind und Bison
- ■ Geflügel
- ● Schwein
- ● Lamm
- ◆ Fisch und Meeresfrüchte

ANMERKUNGEN
NOE   natives Olivenöl extra
KÖ   Kokosöl
*   oder ein anderes nichtstärkehaltiges Gemüse
**   oder ein anderes stärkehaltiges Gemüse (siehe Seite 110)

Wenn keine Seitenzahl genannt wird, können Sie die Gerichte zubereiten wie angegeben oder nach Belieben. Weitere Empfehlungen für Eiweiß, Gemüse und Fette finden Sie in der Spalte »Kurz-Info«, die auf Ihr Menü abgestimmt ist!

MEIDEN SIE:
Getreide   Milchprodukte
Samenkerne   Nachtschattengewächse
Hülsenfrüchte
Eier   Nüsse

30-TAGE-MENÜ-PLAN

BLUTZUCKER-REGULIERUNG

Dysglykämie
Hypoglykämie
Diabetes Typ 1 und 2

Haftungsausschluss: Die Informationen in diesem Buch sollen eine fachkundige medizinische Diagnose oder Behandlung von Krankheiten nicht ersetzen. Es handelt sich ausschließlich um Empfehlungen zur Lebens- und Ernährungsweise, die den Körper gesünder machen.

Blutzucker-
regulierung

Blutzuckerregulierung

Wenn bei Ihnen Diabetes Typ 1 diagnostiziert wurde und Sie vorher nicht das 30-Tage-Menü für Autoimmunkrankheiten befolgt haben, beginnen Sie mit jenem Menü, was die Lebensmittel anbelangt, und folgen dann den Empfehlungen dieses Menüs.

Blutzuckerschwankungen (Dysglykämie)

Symptome sind unter anderem:

- **Blutzuckerspiegel, die hoch, niedrig oder hoch und dann niedrig sind**
- **Energie-Hochs und -Tiefs während des Tages, meist als Folge einer kohlenhydratreichen Ernährung oder einer Ernährung mit industriell hergestellten Produkten, einer Stressbelastung oder eines gestörten Stoffwechsels**

Niedriger Blutzuckerspiegel (Hypoglykämie)

Symptome sind unter anderem:

- **allgemeine Müdigkeit**
- **Energieschwankungen während des Tages**
- **Müdigkeit beim Aufwachen, Schlafstörungen**
- **Konzentrationsschwierigkeiten, Benommenheit, mentale Störungen, mentale Verwirrung**
- **Sehtrübung**
- **niedriger Blutdruck**
- **Kopfschmerzen**
- **Zittern**
- **unzusammenhängendes Sprechen**
- **Schwäche in den Beinen**
- **trockener Mund**
- **Gewichtszunahme**
- **Stimmungsschwankungen, z. B. Reizbarkeit, negative Einstellung, Schwermut, Weinkrämpfe, Sprunghaftigkeit, antisoziale Einstellung, Depressionen, Angst, Hypersensibilität**
- **Heißhunger auf Zucker und Kohlenhydrate**
- **ständiger Hunger**
- **zwanghaftes Essen**
- **Appetitverlust**
- **Verlust des Geschlechtstriebes**
- **schneller Herzschlag, Flattern in der Brust**

HAFTUNGSAUSSCHLUSS: *Die Informationen in diesem Buch sollen eine fachkundige medizinische Diagnose oder Behandlung von Krankheiten nicht ersetzen. Es handelt sich ausschließlich um Empfehlungen zur Lebens- und Ernährungsweise, die den Körper gesünder machen.*

Blutzucker-
regulierung

Diabetes Typ 1 (Hyperglykämie, Autoimmunkrankheit)

Diabetes vom Typ 1 ist eine Autoimmunkrankheit, bei der das Immunsystem die Betazellen der Bauchspeicheldrüse (Pankreas) angreift und zerstört, sodass sie kein Insulin mehr bilden können. Viele Diabetiker vom Typ 1 leiden an nicht diagnostizierter Zöliakie und können nach einiger Zeit an Hashimoto-Thyreoiditis erkranken.

Symptome sind unter anderem:

- **Unfähigkeit der Pankreas-Betazellen, Insulin zu produzieren**
- **Gewichtsverlust und schlechte Resorption, extremer Durst**
- **meist bei Kindern nach Infektionen, die eine Immunreaktion auslösen, diagnostiziert**
- **geht oft mit Zöliakie und ähnlichen Symptomen einher**

Diabetes Typ 2 (Hyperglykäme)

Symptome sind unter anderem:

- **Bauchfett**
- **keine Gewichtsabnahme, obwohl Sie »alles richtig machen«**
- **Müdigkeit, vor allem nach dem Essen**
- **hoher Blutzuckerspiegel**
- **schlechte Cholesterinwerte (niedriges HDL, hohes LDL), hoher Triglyceridwert, hohes HbA1c (glykosiliertes Hämoglobin) und erhöhtes C-reaktives Protein (systemische Entzündung)**
- **Appetitverlust, gestörtes Appetitsignal**
- **Verlust der mageren Muskelmasse**
- **Heißhunger auf Kohlenhydrate**
- **Studieren Sie auch die Symptome für Hypoglykämie, da auch sie bei einem Diabetiker vom Typ 2 vorliegen können.**
- **Sekundärsymptome sind unter anderem: Metabolisches Syndrom, unregelmäßige Menstruation (Dauer, Art des Ausflusses usw.), Polyzystisches Ovarsyndrom, Herz-Kreislauf-Erkrankungen**

Von diesem Menü können Sie auch profitieren, wenn bei Ihnen folgende Krankheiten diagnostiziert wurden:

- **Schwangerschaftsdiabetes**
- **Metabolisches Syndrom**
- **Hormonstörungen (Polyzystisches Ovarsyndrom, Unfruchtbarkeit usw.)**

Sie können dieses Menü auch als ersten Schritt verwenden, bevor Sie zum Menü bei neurologischen Störungen wechseln – je nachdem, wie weit diese fortgeschritten sind:

- **Alzheimer-Krankheit (Seite 176–183)**
- **Parkinson-Krankheit (Seite 176–183)**

30-Tage-Menüpläne

Blutzuckerregulierung

Empfehlungen zur Lebens- und Ernährungsweise

Zugeben [+]

FETT
Viele Menschen, die an Dysglykämie leiden, meiden Fette ohne Grund und nehmen zu viele Kohlenhydrate zu sich. Daduch verschlimmert sich die Störung.

EIWEISS
Eiweiß stillt den Hunger länger (eiweiß- und fettreiche Mahlzeiten sind hilfreich).

NÄHRSTOFFREICHE LEBENSMITTEL
Füllen Sie Nährstoffreserven auf, die erschöpft sind, weil Sie bisher zu viele industriell hergestellte Produkte gegessen haben.

SUPERLEBENSMITTEL
So oft wie möglich. Bereiten Sie sich regelmäßig eine Knochenbrühe zu (Rezept auf Seite 234). Täglich rohes Sauerkraut (1/4 Tasse), vor allem zum Frühstück (Rezept auf Seite 238).

STRESSABBAU
Erlernen Sie die Praxis der Meditation, des langsamen Atmens oder des Qigong.

BEWEGUNG
Beginnen Sie nach und nach mit einem nicht zu anstrengenden Gewichtstraining, das also keine Stressreaktion oder Cortisolausschüttung auslöst.

Gehen Sie spazieren oder machen Sie sanfte Yoga-Übungen, die den Körper nicht belasten.

Achten Sie darauf, dass Sie genügend Energie für die Aktivitäten haben. Treiben Sie keinen Sport, wenn der Blutzuckerspiegel niedrig ist. Nehmen Sie 60–90 Minuten vor dem Sport einen kleinen Imbiss zu sich, der Eiweiß, Fett und Kohlenhydrate enthält, um den Blutzuckerspiegel zu stabilisieren.

Meiden [–]

GLUTEN
Vollständig meiden. Siehe »Tipps zum Gluten« auf Seite 89.

RAFFINIERTE PRODUKTE UND SÜSSSTOFFE
Künstliche Süßstoffe und Koffein können Blutzuckerschwankungen auslösen.

ALKOHOL, KOFFEIN, SCHOKOLADE
Sie können zur Hypoglykämie beitragen.

STRESS
Ändern Sie Ihre Lebensweise, um Stress abzubauen.

FASTEN
Nicht länger als 4–5 Stunden fasten. Wenn der Blutzuckerspiegel reguliert ist, dürfen Sie zwischen den Mahlzeiten länger fasten.

INTENSIVES HERZ-KREISLAUF-TRAINING
30–60 Minuten oder länger im Sauerstoffgleichgewicht, z. B. Joggen oder Radfahren, kann eine Stressreaktion auslösen.

HAFTUNGSAUSSCHLUSS: *Die Informationen in diesem Buch sollen eine fachkundige medizinische Diagnose oder Behandlung von Krankheiten nicht ersetzen. Es handelt sich ausschließlich um Empfehlungen zur Lebens- und Ernährungsweise, die den Körper gesünder machen.*

Ergänzungsmittel und Kräuter zur Unterstützung

Blutzucker-regulierung

Diese Empfehlungen dienen als Startpunkt. Suchen Sie selbst Ergänzungsmittel, die Ihnen helfen können. Es ist am besten, wenn Sie so viele Nährstoffe wie möglich mit Lebensmitteln zu sich nehmen. Auf der nächsten Seite finden Sie eine Auflistung spezieller, lebensmittelbasierter Nährstoffe. Die folgenden Substanzen sind nicht nach ihrer Wirksamkeit geordnet.

- **FERMENTIERTER LEBERTRAN ODER BUTTERÖLMISCHUNG** enthält die fettlöslichen Vitamine A, D, E und K2 sowie Omega-3-Fettsäuren in kleiner Menge. Ich empfehle nur die Marke Green Pasture.

- **VITAMIN B3 (NIACIN)** fördert die Blutzuckerregulierung und kann den Cholesterinspiegel senken. Niacinamid trägt möglicherweise zur Heilung von Diabetes Typ 1 im Anfangsstadium bei.

- **VITAMIN B5 (PANTOTHENSÄURE UND PANTETHIN)** kann helfen, den Cholesterin- und den Triglyceridspiegel zu senken. Eine ausgewogene Dosierung erreichen Sie mit einem B-Komplex-Präparat.

- **VITAMIN B7 (BIOTIN)** ist ein Koenzym, das wir für den Aminosäuren-, Glucose- und Fettstoffwechsel brauchen.

- **VITAMIN C ist ein starkes Antioxidans, das Entzündungen hemmt.** Es hilft, Vitamin E zu regenerieren und ist nützlich für Diabetiker.

- **CHROM (CHROMPICOLINAT, CHROMPOLYNICOTINAT, CHROM-CHELAT)** kann die Insulinsensitivität verbessern und den Appetit verringern.

- **CARNITIN ODER L-CARNITIN** kann die Insulinsensitivität und die Glucosespeicherung verbessern. Es optimiert den Kohlenhydrat- und Fettstoffwechsel und fördert möglicherweise die Verwertung von Fett als Energiequelle. Zu seinen Kofaktoren gehören Eisen, Vitamin C und die Vitamine B3 (Niacin) und B6.

- **KRÄUTER UND TEES:** blutzuckerregulierende und adaptogene Kräuter, Tees und Gewürze; Bitterstoffe für die Verdauung; Schisandra, Ginseng; Pfefferminze, Ingwer, Zimt.

- **COENZYM Q10** fördert die Energieproduktion der Mitochondrien und lindert Müdigkeit. Es wird von Statinen dezimiert.

- **VITAMIN E** verringert möglicherweise die durch Stress ausgelöste oxidative Insulinresistenz.

- **L-GLUTAMIN** lindert Heißhunger auf Zucker und Kohlenhydrate.

- **LIPONSÄURE (ALPHA-LIPONSÄURE)** ist ein Antioxidans und erhöht möglicherweise die Aufnahme von Glucose aus dem Blut, indem sie die Umwandlung von Kohlenhydraten in Energie fördert.

- **MAGNESIUM** wird für mehr als 300 Enzymprozesse im Körper benötigt. Die meisten Menschen nehmen nicht genug davon auf. Es unterstützt die Blutzuckerregulierung. Kaufen Sie Magnesiumglycinat oder -malat.

- **N-ACETYLCYSTEIN (NAC)** reduziert möglicherweise die Glykation, die zum Grauen Star führt.

- **SELEN UND ZINK** sind Antioxidantien, die vor Schäden durch freie Radikale schützen. Die Zufuhr durch Nahrungsmittel ist möglicherweise zu gering.

30-Tage-Menüpläne

Blutzucker-regulierung

Unterstützende Nährstoffe und Lebensmittel, die sie enthalten

Kurz-Info

Eiweiß
Eier
Huhn
Lachs
Lamm
Milchprodukte (von grasgefütterten Tieren)
Rind
Schalentiere
Schwein
Thunfisch

Fette
Butter/Ghee (von grasgefütterten Tieren)
Kokosöl
natives Olivenöl extra
Walnüsse

Gemüse
Blumenkohl
Brokkoli
Gemüsepaprika
Kohl
Mangold
Pastinaken
Pilze
Rosenkohl
Rote Rüben
Stielmus

Obst
Beeren
Limonensaft
Zitronensaft

Superlebensmittel
fermentierter Lebertran
Knochenbrühe
Leber
Sauerkraut

Gewürze
Basilikum
Chilipulver
Gewürznelke
Koriandergrün
Knoblauch
Kurkuma
schwarzer Pfeffer
Thymian
Zimt

VITAMIN A (RETINOL)
» Leber, Aal
» Butter, Schmelzbutter oder Ghee von grasgefütterten Tieren

VITAMIN B5
» Bierhefe (nur von Lewis Labs)

BUTTERSÄURE
Trägt dazu bei, die Durchlässigkeit des Darmes zu verringern.
» Butter, Schmelzbutter oder Ghee von grasgefütterten Tieren

VITAMIN C
Ein starkes Antioxidans, das Entzündungen hemmt.
» Blumenkohl
» Brokkoli
» Daikon-Rettich
» Zitronensaft
» Knoblauch
» Rote Rüben
» Rosenkohl

VITAMIN D
Ein starker Modulator des Immunsystems, der in der Haut gebildet wird, wenn Sie sonnenbaden.
» Kaltwasserfisch (z. B. Lachs, Hering, Makrele)
» Butter, geklärte Butter oder Ghee von grasgefütterten Tieren
» fermentierter Lebertran oder Butterölmischung (nur von Green Pasture)

GLYCIN
Trägt zur Heilung der Darmschleimhaut bei.
» Knochenbrühe (Rezept auf Seite 234)
» Gelatine (Rezept auf Seite 234)

OMEGA-3-FETTSÄUREN
Entzündungshemmende Fettsäuren, die nur in wenigen Lebensmitteln enthalten sind
» Kaltwasserfisch (z. B. Lachs, Hering, Makrele)
» fermentierter Lebertran oder Butterölmischung (nur von Green Pasture)

PROBIOTIKA
Unterstützen die gesunde Darmflora, die für die Verdauung und Ausscheidung unerlässlich ist.
» fermentiertes Gemüse: Kohl, Sauerkraut, Kimchi, Möhren
» Kombucha (fermentierter Tee)

SELEN
Ein Antioxidans, das vor Schäden durch freie Radikale schützt.
» Eier
» Roter Mangold
» Steckrüben
» Knoblauch

LÖSLICHE BALLASTSTOFFE
Füttern die nützlichen Darmbakterien und fördern die Peristaltik.
» Süßkartoffeln
» Butternusskürbis
» Kochbananen

ZINK
Ein starkes Antioxidans, das Menschen mit entzündlichen Krankheiten oft fehlt. Fördert den Vitamin-A-Stoffwechsel.
» Austern
» Meeresfrüchte
» Lamm
» Fleisch

Blutzuckerregulierung

TAG	FRÜHSTÜCK	MITTAGESSEN	ABENDESSEN
1 ● ■ ◆	Gewirbelte Quiche ohne Kruste (240), Perfekt gebackener Speck (236), Rohes Sauerkraut (238)	Hühnerschenkel mit Senfglasur (266), grüner Salat*, Balsam-Vinaigrette (378)	Gegrilltes Flankensteak mit Knoblauch, Paprika und Zwiebeln (294), Gebackene Rote Rüben mit Fenchel** (362)
2 ● ◆ ■	Rest der gewirbelten Quiche ohne Kruste, Rest vom Flankensteak mit Knoblauch und Zwiebel	Wilder Lachs aus der Dose mit Oliven, Avocado, Zitronensaft, Tomate, NOE	Truthahnkeulen, mit Salbei gebacken (276), gedünsteter Spinat*
3 ■ ■ ●	Hühnerschenkel mit Senfglasur (266), Brokkoli*	Rest der Truthahnkeulen, mit Salbei gebacken, Gemischter grüner Salat mit Persimonen, Spargel und Fenchel (380)	Zitronen-Lamm-Dolmas (318), Koriander-Blumenkohl-Reis (340)
4 ● ● ◆	Pesto-Rühreier (252), Koriander-Blumenkohl-Reis (340), Rohes Sauerkraut (238)	Rest der Zitronen-Lamm-Dolmas, Spinatsalat mit Walnüssen und Artischocken (380)	Scholle mit Orange und Macadamianüssen (314), Grünkohl*
5 ◆ ◆ ◆	Rest der Scholle mit Orange und Macadamianüssen, Spinat*	Lachs im Noriblatt (316)	Rindfleisch und gemischte Gemüsepfanne (286)
6 ● ◆ ●	Kürbispfannkuchen (242), Frühstückswurst mit italienischem Wurstgewürz (233)	Rest des Rindfleischs mit gemischter Gemüsepfanne	Lamm-Salatschiffchen mit Avo-Tsiki-Soße (322)
7 ● ◆ ■	Eier, Perfekt gebackener Speck (236), Grünkohl*, Rohes Sauerkraut (238)	Gemischter grüner Salat mit wildem Lachs aus der Dose, Spargel*, Zitronensaft, NOE	Ganzes gebratenes Huhn mit Zitrusfrucht und Kräutersalz (256), Gebackene Grünkohlchips* (356)
8 ■ ■ ■	Rest des ganzen gebratenen Huhns mit Zitrusfrucht und Kräutersalz, Brei ohne Getreide (252), Beeren	Spinatsalat mit Walnüssen und Artischocken (380), Rest des ganzen gebratenen Huhns mit Zitrusfrucht und Kräutersalz	Salatkörbchen mit chinesischem Fünf-Gewürze-Pulver (272)
9 ● ■ ◆	Gewirbelte Quiche ohne Kruste (240), gedünsteter Brokkoli*, Rohes Sauerkraut (238)	Truthahn-Burger mit indischem Gewürz (268), gedünsteter Brokkoli*	Pesto-Garnelen und Kürbis-Fettuccine (308)
10 ● ◆ ●	Omelett oder Pesto-Rühreier, Rest der Garnelen mit Avocado	Einfaches Garnelen-Ceviche (316), gemischtes Grüngemüse*, NOE	Schweinefilet mit Kreuzkümmel und Wurzelgemüse** (328)

» *Eine vollständige Einkaufsliste für dieses Menü finden Sie bei balancedbites.com*

SCHLÜSSEL
- ◆ Rind und Bison
- ■ Geflügel
- ● Eier
- ● Schwein
- ● Lamm
- ◆ Fisch und Meeresfrüchte

ANMERKUNGEN
- NOE — natives Olivenöl extra
- KÖ — Kokosöl
- * — oder ein anderes nichtstärkehaltiges Gemüse
- ** — oder ein anderes stärkehaltiges Gemüse (siehe Seite 110)

Wenn keine Seitenzahl genannt wird, können Sie die Gerichte zubereiten wie angegeben oder nach Belieben. Weitere Empfehlungen für Eiweiß, Gemüse und Fette finden Sie in der Spalte »Kurz-Info«, die auf Ihr Menü abgestimmt ist!

30-Tage-Menüpläne

Blutzuckerregulierung

TAG	FRÜHSTÜCK	MITTAGESSEN	ABENDESSEN
11 ● ● ◆	Gewirbelte Quiche ohne Kruste (240), Perfekt gebackener Speck (236), Rest des Wurzelgemüses*	Rest des Schweinefilets mit Kreuzkümmel und Wurzelgemüse, Regenbogen-Rotkohlsalat (372)	Kurze Rippchen, in Balsamessig geschmort (278), Möhren, Spinat*
12 ● ◆ ■	Eier, Rest des Regenbogen-Rotkohlsalats	Rest der kurzen Rippchen, in Balsamessig geschmort, grüner Salat*	Pikante gebackene Hähnchenkeulen (264), Rosenkohl mit Fenchel* (350)
13 ● ■ ◆	Zucchini-Pfannkuchen (248), Perfekt gebackener Speck (236), Rohes Sauerkraut (238)	Rest der pikanten gebackenen Hähnchenkeulen, Rest des Rosenkohls mit Fenchel*	Gegrillter Lachs mit Zitrone und Rosmarin (306), Spargel mit Zitrone und Oliven (338), Süßkartoffel**
14 ◆ ■ ◆	Rest des gegrillten Lachses mit Zitrone und Rosmarin, Rest des Spargels mit Zitrone und Oliven*	Hühnerfleisch-Salat-Wraps (270)	Thunfisch mit rotem Palmöl und Koriander auf Daikon-Nudelsalat (302), grüner Salat*
15 ● ◆ ■	Rührei mit Oliven, gedünsteter Spinat*, Avocado	Spinatsalat mit NOE, Rest des Thunfischs mit rotem Palmöl und Koriandergrün, Avocado, Zitronensaft	Gefüllte Paprikaschoten nach italienischer Art (300), grüner Salat* mit Balsam-Vinaigrette (378)
16 ● ◆ ■	Frühstückswurst, Brei ohne Getreide (252)	Rest der gefüllten Paprikaschoten nach italienischer Art (300), grüner Salat	Rauchige Hühnerschenkel, in Speck gewickelt (262), Gemischter grüner Salat mit Roten Rüben und Blutorangen (376)
17 ● ■ ◆	Eiersalat mit Speck (248), grüne Bohnen oder gemischtes Grüngemüse*	Rest der rauchigen Hühnerschenkel, in Speck gewickelt, grüner Salat	Spaghettikürbis Bolognese (280), Gebackene Grünkohlchips (356)
18 ● ◆ ●	Kürbispfannkuchen (242), Frühstückswurst oder Speck	Rest des Spaghettikürbis Bolognese	Fleischbällchenfüllung (334), Pürierte Faux-Tatoes (344)
19 ● ● ◆	Rührei, Avocado, Spinat oder Grünkohl*, Rohes Sauerkraut (238)	Rest der Fleischbällchenfüllung, Rest der pürierten Faux-Tatoes	Scholle mit Orange und Macadamianüssen (314), Gebratener Romanesco* mit Zitrone (346)
20 ● ◆ ◆	Brei ohne Getreide (252), hartgekochte Eier	Rest der Scholle mit Orange und Macadamianüssen, Rest des gebackenen Romanesco mit Zitrone	Bisonfleisch mit Butternusskürbis, Kakao und Chili (282), Gedünsteter Rotkohl mit Zwiebeln und Äpfeln* (352)

» *Eine vollständige Einkaufsliste für dieses Menü finden Sie bei balancedbites.com*

SCHLÜSSEL

◆ Rind und Bison
■ Geflügel
● Eier
● Schwein
● Lamm
◆ Fisch und Meeresfrüchte

ANMERKUNGEN

NOE natives Olivenöl extra
KÖ   Kokosöl
*   oder ein anderes nichtstärkehaltiges Gemüse
**   oder ein anderes stärkehaltiges Gemüse (siehe Seite 110)

Wenn keine Seitenzahl genannt wird, können Sie die Gerichte zubereiten wie angegeben oder nach Belieben. Weitere Empfehlungen für Eiweiß, Gemüse und Fette finden Sie in der Spalte »Kurz-Info«, die auf Ihr Menü abgestimmt ist!

Das große Buch der Paläo-Ernährung

Blutzuckerregulierung

TAG	FRÜHSTÜCK	MITTAGESSEN	ABENDESSEN
21 ●◆●	Hartgekochte Eier, Frühstückswurst, Rohes Sauerkraut (238)	Lachs im Noriblatt (316)	Lammkoteletts mit Oliventapenade (326), Griechischer Salat mit Avo-Tsiki-Soße (374)
22 ●●◆	Gewirbelte Quiche ohne Kruste (240), Frühstückswurst	Rest der Lammkoteletts mit Oliventapenade, Rest des Griechischen Salats mit Avo-Tsiki-Soße	Rinderbeinscheiben, mit Orange geschmort (284), Butternusskürbissuppe mit Salbei** (348)
23 ●◆◆	Rest der Gewirbelten Quiche ohne Kruste, Perfekt gebackener Speck (236)	Rest der Rinderbeinscheiben, mit Orange geschmort, Rest der Butternusskürbissuppe mit Salbei	Hayleys Rinderbauchlappensteak-Tacos (292), Salsa (296), Gegrillter Kürbis mit Ananas (342)
24 ●◆◆	Eichelkürbis mit Zimt und Kokosnussbutter (358), Frühstückswurst oder Speck	Würziger Taco-Salat (296), Rest der Salsa	Feurige Jalapeño-Büffelburger mit Süßkartoffel-Pfannkuchen (298), Gebackener roter Knoblauch (370)
25 ●◆◆	Rest der Süßkartoffel-Pfannkuchen, Eier, Avocado	Einfache Lachskuchen (310), grüner Salat*, Avocado, Oliven	Jakobsmuscheln nach asiatischer Art (304), Tomatillo-Garnelen-Cocktail (312), Zucchini*
26 ●◆●	Zucchini-Pfannkuchen (248), Perfekt gebackener Speck (236)	Thunfisch, Gemischter grüner Salat mit Persimonen, Spargel und Fenchel (380), Orangen-Vinaigrette (382)	Oma Barbaras gefüllte Pilze (332), Geröstete Markknochen (288), Spinat
27 ●●●	Brei ohne Getreide (252), Frühstückswurst mit italienischem Wurstgewürz (233)	Rest von Oma Barbaras gefüllten Pilzen, gemischter grüner Salat, Balsam-Vinaigrette (378)	Lammkebabs auf griechische Art (326), Koriandergrün (oder ein anders Kraut)-Blumenkohl-Reis (340)
28 ●◆■	Rest der Lammkebabs auf griechische Art (326), Spinat oder Kohl*	Wilder Lachs aus der Dose mit Oliven, Avocado, Zitronensaft, Tomate, NOE	Huhn mit Zitrone und Artischocken (260), Dicke Brokkoli-Blumenkohl-Suppe mit Speck (336)
29 ●■◆	Apfelstreuselmuffins (254), Speck oder Frühstückswurst	Rest des Huhns mit Zitrone und Artischocken, Möhren-Grünkohl-Salat mit Zitronen-Tahini-Soße (376)	Mamas gefüllte Kohlrouladen mit Tomaten-Cranberry-Soße (290), grüner Salat*
30 ●●●	Rest der Apfelstreuselmuffins (254), Speck oder Frühstückswurst	Chorizo-Fleischbällchen (330), gemischter grüner Salat* mit Avocado, Zitronensaft und NOE	Mediterraner Lammbraten (320), Gedünsteter Spinat mit Pinienkernen und Korinthen* (366)

» *Eine vollständige Einkaufsliste für dieses Menü finden Sie bei balancedbites.com*

SCHLÜSSEL
◆ Rind und Bison
■ Geflügel
● Eier
● Schwein
● Lamm
◆ Fisch und Meeresfrüchte

ANMERKUNGEN
NOE natives Olivenöl extra
KÖ Kokosöl
* oder ein anderes nichtstärkehaltiges Gemüse
** oder ein anderes stärkehaltiges Gemüse (siehe Seite 110)

Wenn keine Seitenzahl genannt wird, können Sie die Gerichte zubereiten wie angegeben oder nach Belieben. Weitere Empfehlungen für Eiweiß, Gemüse und Fette finden Sie in der Spalte »Kurz-Info«, die auf Ihr Menü abgestimmt ist!

30-Tage-Menüpläne

30-TAGE-MENÜ-PLAN

GESUNDE VERDAUUNG

Pathologisch durchlässige Darmwand

Reizdarm

Entzündliche Darmerkrankung

Morbus Crohn

Colitis und Colitis ulcerosa

Zöliakie

Haftungsausschluss: Die Informationen in diesem Buch sollen eine fachkundige medizinische Diagnose oder Behandlung von Krankheiten nicht ersetzen. Es handelt sich ausschließlich um Empfehlungen zur Lebens- und Ernährungsweise, die den Körper gesünder machen.

Gesunde Verdauung

Gesunde Verdauung

Wenn Sie sehr heftige Symptome haben, rate ich Ihnen, mit dem 30-Tage-Menü für Autoimmunkrankheiten anzufangen, was die Auswahl der Speisen anbelangt, und die folgenden Empfehlungen zur Lebensweise, zu Ergänzungsmitteln und zu Kräutern zu beachten.

Pathologisch durchlässige Darmwand (»Leaky-gut-Syndrom«)

Symptome sind unter anderem:

- unerwünschte oder schwierige Gewichtsabnahme
- Verdauungsbeschwerden
- Nahrungsmittelallergien oder -unverträglichkeiten als Reaktion auf viele scheinbar nicht verwandte Nahrungsmittel; »Allergie gegen alles« oder Allergietests, die auf extrem viele Allergene hinweisen
- chronische Entzündungen und Autoimmunkrankheiten

Reizdarm

Symptome sind unter anderem:

- Bauchschmerzen, abwechselnd Durchfall und Verstopfung, Gasbildung und Völlegefühl, das sich nach der Darmentleerung bessert
- häufigere oder seltenere/leichtere oder schwerere Darmentleerung, veränderter Stuhl
- Schleim im Stuhl
- das Gefühl, dass nach der Entleerung noch Stuhl im Darm ist
- Symptome einer pathologisch durchlässigen Darmwand und/oder einer Nahrungsmittelallergie oder -unverträglichkeit

Entzündliche Darmerkrankung

Symptome sind unter anderem:

- Schmerzen überall (oft nach einer Infektion oder einem Trauma)
- ähnliche Symptome wie beim Reizdarm, aber schwerer und chronisch
- schließt Morbus Crohn, Colitis und Colitis ulcerosa ein

Morbus Crohn

Symptome sind unter anderem:

- Entzündung oder Schwellung im Magen-Darm-Trakt, meist im Krummdarm; kann alle Schichten der Darmwand erfassen
- entzündete Stellen können sich verengen
- extremer Durchfall (10–20 Mal am Tag)
- Schmerzen und Überempfindlichkeit im unteren rechten Bauch
- schwere Symptome von Fehlernährung und Erschöpfung

HAFTUNGSAUSSCHLUSS: *Die Informationen in diesem Buch sollen eine fachkundige medizinische Diagnose oder Behandlung von Krankheiten nicht ersetzen. Es handelt sich ausschließlich um Empfehlungen zur Lebens- und Ernährungsweise, die den Körper gesünder machen.*

Gesunde Verdauung

Colitis und Colitis ulcerosa

Symptome sind unter anderem:

- » **ähnliche Symptome wie bei Morbus Crohn, aber im Dickdarm und/oder Mastdarm; Entzündung ist auf die obere Schicht der Epithelzellen der Darmwand begrenzt**
- » **Symptome können vorübergehend abflauen**

Zöliakie (Autoimmunkrankheit)

Symptome sind unter anderem:

- » **Schwere Gluten-Unverträglichkeit (vor allem gegen Weizen, Gerste, Roggen, Hafer, Dinkel, Kamut und Triticale) und andere Getreideproteine führt dazu, dass das Immunsystem die Dünndarmschleimhaut angreift.**
- » **Wenn Sie an einer stummen, »nichtklassischen« Zöliakie leiden, können Symptome auftreten, die den oben genannten Symptomen ähneln; auch chronische Entzündung oder Autoimmunkrankheiten sind möglich.**

Gesunde Verdauung

Empfehlungen zur Lebens- und Ernährungsweise

Zugeben [+]

GUT GEKOCHTE SPEISEN
Gerichte wie geschmortes Fleisch, Eintöpfe, Suppen und langsam gekochte Lebensmittel sind leicht verdaulich.

NÄHRSTOFFREICHE LEBENSMITTEL
Füllen Sie Nährstoffreserven auf, die erschöpft sind, weil Sie bisher zu viele industriell hergestellte Produkte gegessen haben.

SUPERLEBENSMITTEL: KNOCHENBRÜHE
Bereiten Sie sich regelmäßig eine Knochenbrühe zu. Sie enthält Mineralien, Glycin, Gelatine und Kollagen, die den Darm heilen (Rezept auf Seite 234).

LÖSLICHE BALLASTSTOFFE
Essen Sie lösliche Ballaststoffe in stärkehaltigen Gemüsearten, z. B. Süßkartoffeln, Butternusskürbis, Möhren und Maniok (um nur einige zu nennen), um die nützlichen Darmbakterien zu füttern und den Stuhl weiterzubefördern.

STRESSABBAU
Erlernen Sie die Praxis der Meditation, des langsamen Atmens oder des Qigong.

BEWEGUNG
Gehen Sie spazieren oder machen Sie sanfte Yoga-Übungen, die den Körper nicht belasten.

Beginnen Sie nach und nach mit einem nicht zu anstrengenden Gewichtstraining, das keine Stressreaktion oder Cortisolausschüttung auslöst.

Meiden [–]

GLUTEN
Vollständig meiden. Siehe »Tipps zum Gluten« auf Seite 89.

DARM-REIZSTOFFE
Nahrungsmittel, die Immunreaktionen auslösen, z. B. **Getreide, Hülsenfrüchte, Milchprodukte (in diesem Menü alle), Eier (wenn gewünscht – falls Sie probeweise auf Eier verzichten möchten, halten Sie sich an die Frühstücksmenüs im Abschnitt über Autoimmunkrankheiten), Nüsse, Samenkerne.** Essen Sie nicht zu viele Nahrungsmittel, die nichtlösliche Ballaststoffe enthalten, z. B. grünes Blattgemüse, Himbeeren, Erdbeeren, Nüsse, Samenkerne.

Bei Bedarf: Der Verzicht auf FODMAPs kann eine Zeit lang helfen. Sie werden in den »Tipps zu Paläo-Lebensmitteln« und in jedem Rezept genannt. Der Menüplan in diesem Abschnitt enthält FODMAPs, weil die meisten Menschen sie gut vertragen. Wenn nötig, sollten Sie aber auf sie verzichten.

ALKOHOL, KOFFEIN, SCHOKOLADE
Können die Darmwand durchlässiger machen.

SCHMERZMITTEL
Aspirin, Acetaminophen, Paracetamol, Ibuprofen und Kortikosteroide

SCHARFE CHEMISCHE REINIGUNGS- ODER HYGIENEPRODUKTE
Kaufen Sie milde, natürliche Alternativen, z. B. Waschnüsse für die Wäsche, Essig-Wasser-Lösungen für die Reinigung des Tisches sowie Backpulver und Peroxid um Oberflächen, Wäsche, Zähne usw. zu reinigen und aufzuhellen.

HOCHINTENSIVER SPORT
Hochintensives Intervalltraining und Herz-Kreislauf-Training (30–60 Minuten oder länger im Sauerstoffgleichgewicht, z. B. Joggen oder Radfahren) können eine Stressreaktion auslösen.

HAFTUNGSAUSSCHLUSS: *Die Informationen in diesem Buch sollen eine fachkundige medizinische Diagnose oder Behandlung von Krankheiten nicht ersetzen. Es handelt sich ausschließlich um Empfehlungen zur Lebens- und Ernährungsweise, die den Körper gesünder machen.*

Ergänzungsmittel und Kräuter zur Unterstützung

Gesunde Verdauung

Diese Empfehlungen dienen als Startpunkt. Suchen Sie selbst Ergänzungsmittel, die Ihnen helfen können. Es ist am besten, wenn Sie so viele Nährstoffe wie möglich mit Lebensmitteln zu sich nehmen. Auf der nächsten Seite finden Sie eine Auflistung spezieller, lebensmittelbasierter Nährstoffe. Die folgenden Substanzen sind nicht nach ihrer Wirksamkeit geordnet.

- **VITAMIN A (RETINOL)** stärkt zusammen mit Vitamin D das Immunsystem und schützt die Darmschleimwand. Wichtig für die Resorption von Mineralien.

- **FERMENTIERTER LEBERTRAN ODER BUTTERÖLMISCHUNG** enthält die fettlöslichen Vitamine A, D, E und K2 sowie Omega-3-Fettsäuren in kleiner Menge. Ich empfehle nur die Marke Green Pasture.

- **ARTISCHOCKENBLÄTTEREXTRAKT** ist ein Antioxidans, das die Leber unterstützt. Er heilt die chronische Entzündung im Darm und fördert die Fettverdauung. Wenn Sie auf FODMAPs verzichten, ist dieses Mittel möglicherweise nicht ideal für Sie.

- **VERDAUUNGSENZYME** bauen Nahrungsmittel ab, sodass sie resorbiert werden können, während der Darm heilt. Verwenden Sie eine Enzymmischung.

- **L-GLUTAMIN** fördert die Heilung der Epithelzellen in der Dünndarmschleimhaut.

- **KRÄUTERTEES**, die das Verdauungssystem beruhigen, sind u. a. Pfefferminze, Ingwer, Kudzu (Kopoubohne), Arznei-Eibisch und Rot-Ulme.

- **SÜSSHOLZWURZEL** fördert die Heilung der Magen- und Darmschleimhaut. Kaufen Sie Süßholztee, einen Extrakt oder Kautabletten (DGL).

- **ALOE-VERA-SAFT** (sofern er keinen Durchfall auslöst).

- **MAGNESIUM** wird für mehr als 300 Enzymprozesse im Körper benötigt. Die meisten Menschen nehmen nicht genug davon auf. Es unterstützt die Blutzuckerregulierung. Kaufen Sie Magnesiumglycinat oder -malat.

- **OCHSENGALLE/GALLENSALZE** helfen Menschen ohne Gallenblase, weil sie Fett emulgieren, vor allem ungesättigtes Fett.

- **PHOSPHATIDYLCHOLIN** verbessert die Integrität des Verdauungstrakts, fördert die Fettverdauung und heilt die Darmschleimhaut. Es ist besonders wichtig, wenn Sie keine Eier essen.

- **QUERCETIN**, ein starkes Antioxidans, stärkt das Immunsystem.

- **SELEN UND ZINK** sind Antioxidantien, die vor Schäden durch freie Radikale schützen und die Sie möglicherweise einnehmen müssen, weil es schwierig ist, den Bedarf durch das Essen zu decken.

- **ZINK-CARNOSIN** kann die Darmschleimhaut verbessern.

30-Tage-Menüpläne

Gesunde Verdauung

Unterstützende Nährstoffe und Lebensmittel, die sie enthalten

Kurz-Info

Eiweiß
Aal
Austern
Bison
Kaltwasserfisch (Lachs, Hering, Makrele usw.)
Lamm
Leber
Schalentiere
Rind

Fette
Butter/Ghee von grasgefütterten Tieren
Kokosöl
natives Olivenöl extra

Gemüse
Blumenkohl (gekocht)
Brokkoli (gekocht)
Butternusskürbis
Daikon-Rettich
essbarer Eibisch
Kürbis (alle Arten)
Rosenkohl
Rote Rüben
Spinat
Süßkartoffeln

Obst
Bananen
Heidelbeeren
Kochbananen
Zitronensaft

Superlebensmittel
fermentierter Lebertran
Knochenbrühe
Leber
Sauerkraut

Gewürze
Basilikum
Ingwer
Knoblauch
Koriandergrün
Kreuzkümmel
Kurkuma
Oregano
Petersilie
Zimt

VITAMIN A (RETINOL)
- Leber
- Aal
- Butter, Schmelzbutter oder Ghee von grasgefütterten Tieren

BROMELAIN
Ein Enzym, das Entzündungen hemmt.
- Ananas

BUTTERSÄURE
Trägt dazu bei, die Durchlässigkeit des Darmes zu verringern.
- Butter, Schmelzbutter oder Ghee von grasgefütterten Tieren

VITAMIN C
Ein starkes Antioxidans, das Entzündungen hemmt.
- Nebennieren von Weidetieren
- Blumenkohl, Brokkoli, Daikon-Rettich, Zitronensaft, Knoblauch, Rote Rüben, Rosenkohl

VITAMIN D
Ein starker Immunsystem-Modulator, Modulator des Immunsystems, der in der Haut gebildet wird, wenn Sie sonnenbaden.
- Kaltwasserfisch (Lachs, Hering, Makrele)
- Butter oder Ghee von grasgefütterten Tieren
- fermentierter Lebertran oder Butterölmischung (nur von Green Pasture)

GLYCIN
Trägt zur Heilung der Darmschleimhaut bei und fördert die Produktion von Magensäure.
- Knochenbrühe (Rezept auf Seite 234)
- Gelatine (Rezept auf Seite 234)

OMEGA-3-FETTSÄUREN
Entzündungshemmende Fettsäuren, die nur in wenigen Lebensmitteln enthalten sind.
- Kaltwasserfisch (Lachs, Hering, Makrele)
- fermentierter Lebertran (nur von Green Pasture)

PROBIOTIKA
Unterstützen die gesunde Darmflora, die für die Verdauung und Ausscheidung unerlässlich ist.
- Fermentiertes Gemüse: Kohl (Sauerkraut, Kimchi), Möhren, Rote Rüben
- Kombucha (fermentierter Tee)

SELEN
Ein Antioxidans, das vor Schäden durch freie Radikale schützt.
- Eier
- Roter Mangold
- Steckrüben
- Knoblauch

LÖSLICHE BALLASTSTOFFE
Füttern die nützlichen Darmbakterien und fördern die Peristaltik.
- Süßkartoffeln
- Butternusskürbis
- Kochbananen
- Bananen

ZINK
Ein starkes Antioxidans, das Menschen mit entzündlichen Krankheiten oft fehlt. Fördert den Vitamin-A-Stoffwechsel.
- Austern
- Meeresfrüchte
- Lamm
- Fleisch

Gesunde Verdauung

TAG	FRÜHSTÜCK	MITTAGESSEN	ABENDESSEN
1 ●■◆	Gewirbelte Quiche ohne Kruste (240), Perfekt gebackener Speck (236), Rohes Sauerkraut (238)	Hühnerschenkel mit Senfglasur (266), Butternusskürbis**	Gegrilltes Flankensteak mit Knoblauch, Paprika und Zwiebeln (294), Gebackene Rote Rüben mit Fenchel** (362)
2 ●◆■	Rest der gewirbelten Quiche ohne Kruste, Rest des gegrillten Flankensteaks mit Knoblauch, Paprika und Zwiebeln	Wilder Lachs aus der Dose mit Oliven, Avocado, Zitronensaft, Tomate, NOE	Truthahnkeulen, mit Salbei gebacken (276), Süßkartoffel-Pfannkuchen (298), gedünsteter Spinat*
3 ■■●	Rest der Süßkartoffel-Pfannkuchen, Rest der Hühnerschenkel mit Senfglasur (266)	Rest der Truthahnkeulen, mit Salbei gebacken, Gemischter grüner Salat mit Persimonen, Spargel und Fenchel (380)	Zitronen-Lamm-Dolmas (318), Koriander-Blumenkohl-Reis (340)
4 ●●◆	Pesto-Rühreier (252), Rest des Koriander-Blumenkohl-Reis, Rohes Sauerkraut (238)	Rest der Zitronen-Lamm-Dolmas, gedünsteter Spinat*	Jakobsmuscheln nach asiatischer Art (304), Butternusskürbis**
5 ◆◆◆	Eier, Perfekt gebackener Speck (236), Rest des Butternusskürbis**	Lachs im Noriblatt (316)	Rindfleisch und gemischte Gemüsepfanne (286), Koriander-Blumenkohl-Reis* (340)
6 ●◆●	Kürbispfannkuchen (242), Frühstückswurst mit italienischem Wurstgewürz (233)	Rest des Rindfleischs mit gemischter Gemüsepfanne	Lamm-Salatschiffchen mit Avo-Tsiki-Soße (322)
7 ●◆■	Eier, Perfekt gebackener Speck (236), Grünkohl*, Rohes Sauerkraut (238)	Gemischtes Grüngemüse mit wildem Lachs aus der Dose, Spargel*, Zitronensaft, NOE	Ganzes gebratenes Huhn mit Zitrusfrucht und Kräutersalz (256), Gebratene Rosmarinwurzeln (350)
8 ■■■	Rest des ganzen gebratenen Huhns mit Zitrusfrucht und Kräutersalz, Apfelstreuselmuffins (254)	Grüner Salat*, Rest des ganzen gebratenen Huhns mit Zitrusfrucht und Kräutersalz	Salatkörbchen mit chinesischem Fünf-Gewürze-Pulver (272), Süßkartoffel**
9 ●■◆	Gewirbelte Quiche ohne Kruste (240), gedünsteter Brokkoli*, Rohes Sauerkraut (238)	Truthahn-Burger mit indischem Gewürz (268), gedünsteter Brokkoli*	Pesto-Garnelen und Kürbis-Fettuccine (ohne Nüsse) (308)
10 ●◆●	Omelett oder Pesto-Rühreier, Rest der Garnelen, Avocado	Einfaches Garnelen-Ceviche (316), gemischtes Grüngemüse*, NOE	Schweinefilet mit Kreuzkümmel und Wurzelgemüse** (328)

» *Eine vollständige Einkaufsliste für dieses Menü finden Sie bei balancedbites.com*

SCHLÜSSEL
- ◆ Rind und Bison
- ■ Geflügel
- ● Eier
- ● Schwein
- ● Lamm
- ◆ Fisch und Meeresfrüchte

ANMERKUNGEN
NOE natives Olivenöl extra
KÖ Kokosöl
* oder ein anderes nichtstärkehaltiges Gemüse
** oder ein anderes stärkehaltiges Gemüse (siehe Seite 110)

Wenn keine Seitenzahl genannt wird, können Sie die Gerichte zubereiten wie angegeben oder nach Belieben. Weitere Empfehlungen für Eiweiß, Gemüse und Fette finden Sie in der Spalte »Kurz-Info«, die auf Ihr Menü abgestimmt ist!

30-Tage-Menüpläne

Gesunde Verdauung

TAG	FRÜHSTÜCK	MITTAGESSEN	ABENDESSEN
11	Gewirbelte Quiche ohne Kruste (240), Perfekt gebackener Speck (236), Rest des Wurzelgemüses	Rest des Schweinefilets mit Kreuzkümmel und Wurzelgemüse, Regenbogen-Rotkohlsalat* (372) oder Gedünsteter Rotkohl (352)	Kurze Rippchen, in Balsamessig geschmort (278), Kandierte Möhren (340), Spinat*
12	Eier, Rest des Rotkohls	Rest der kurzen Rippchen, in Balsamessig geschmort, Rest der kandierten Möhren, grüner Salat*	Pikante gebackene Hähnchenkeulen (264), Rosenkohl mit Fenchel* (350)
13	Zucchini-Pfannkuchen (248), Perfekt gebackener Speck (236), Rohes Sauerkraut (238)	Rest der pikanten gebackenen Hähnchenkeulen, Rest des Rosenkohls mit Fenchel*	Gegrillter Lachs mit Zitrone und Rosmarin (306), Spargel mit Zitrone und Oliven (338), Süßkartoffel**
14	Rest des gegrillten Lachses mit Zitrone und Rosmarin, Rest des Spargels mit Zitrone und Oliven*	Hühnerfleisch-Salat-Wraps (270)	Thunfisch mit rotem Palmöl und Koriander auf Daikon-Nudelsalat (302), grüner Salat*
15	Rührei mit Oliven, Avocado, Kürbis**	Spinatsalat mit NOE, Rest des Thunfischs mit rotem Palmöl, Avocado, Zitronensaft	Gefüllte Paprikaschoten nach italienischer Art (300), grüner Salat* mit Balsam-Vinaigrette (378)
16	Apfelstreuselmuffins (254), Frühstückswurst	Rest der gefüllten Paprikaschoten nach italienischer Art (300)	Rauchige Hühnerschenkel, in Speck gewickelt (262), Gemischter grüner Salat mit Roten Rüben und Blutorangen* (376)
17	Eiersalat mit Speck (248), Süßkartoffel oder Rote Rüben**	Rest der rauchigen Hühnerschenkel, in Speck gewickelt, grüne Bohnen*	Spaghettikürbis Bolognese (280)
18	Kürbispfannkuchen (242), Frühstückswurst oder Speck	Rest des Spaghettikürbis Bolognese	Fleischbällchenfüllung (334), Pürierte Faux-Tatoes (344)
19	Rührei, Avocado, Rohes Sauerkraut (238)	Rest der Fleischbällchenfüllung, Rest der pürierten Faux-Tatoes	Scholle mit Orange und Macadamianüssen (314), Romanesco mit Zitrone* (346)
20	Eichelkürbis mit Zimt und Kokosnussbutter (358), Frühstückswurst oder Speck	Rest der Scholle mit Orange und Macadamianüssen, Rest des gebackenen Romanesco mit Zitrone	Gebackene Ente mit Kirschsoße (274), Gedünsteter Rotkohl mit Zwiebeln und Äpfeln* (352)

» *Eine vollständige Einkaufsliste für dieses Menü finden Sie bei balancedbites.com*

SCHLÜSSEL
- ◆ Rind und Bison
- ■ Geflügel
- ● Eier
- ● Schwein
- ● Lamm
- ◆ Fisch und Meeresfrüchte

ANMERKUNGEN

NOE	natives Olivenöl extra
KÖ	Kokosöl
*	oder ein anderes nichtstärkehaltiges Gemüse
**	oder ein anderes stärkehaltiges Gemüse (siehe Seite 110)

Wenn keine Seitenzahl genannt wird, können Sie die Gerichte zubereiten wie angegeben oder nach Belieben. Weitere Empfehlungen für Eiweiß, Gemüse und Fette finden Sie in der Spalte »Kurz-Info«, die auf Ihr Menü abgestimmt ist!

Gesunde Verdauung

TAG	FRÜHSTÜCK	MITTAGESSEN	ABENDESSEN
21 ●◆●	Hartgekochte Eier, Frühstückswurst, Rohes Sauerkraut (238)	Lachs im Noriblatt (316)	Lammkoteletts mit Oliventapenade (326), Griechischer Salat mit Avo-Tsiki-Soße (374)
22 ●●◆	Gewirbelte Quiche ohne Kruste (240), Frühstückswurst	Rest der Lammkoteletts mit Oliventapenade, Rest des Griechischen Salats mit Avo-Tsiki-Soße	Rinderbeinscheiben, mit Orange geschmort (284), Butternusskürbissuppe mit Salbei** (348)
23 ●◆◆	Rest der gewirbelten Quiche ohne Kruste, Perfekt gebackener Speck (236)	Rest der Rinderbeinscheiben, mit Orange geschmort, Rest der Butternusskürbissuppe mit Salbei	Hayleys Rinderbauchlappensteak-Tacos (292), Salsa (296), Gegrillter Kürbis mit Ananas (342)
24 ●◆◆	Eichelkürbis mit Zimt und Kokosnussbutter (358), Frühstückswurst oder Speck	Würziger Taco-Salat (296), Rest der Salsa	Feurige Jalapeño-Büffelburger mit Süßkartoffel-Pfannkuchen (298), Gebackener roter Knoblauch (370)
25 ●●◆	Rest der Süßkartoffel-Pfannkuchen, Eier, Avocado	Einfache Lachskuchen (310), grüner Salat*, Avocado, Oliven	Jakobsmuscheln nach asiatischer Art (304), Tomatillo-Garnelen-Cocktail (312), Zucchini*
26 ●◆●	Zucchini-Pfannkuchen (248), Perfekt gebackener Speck (236)	Thunfisch, Gemischter grüner Salat mit Persimonen, Spargel und Fenchel (380), Orangen-Vinaigrette (382)	Oma Barbaras gefüllte Pilze (332), Geröstete Markknochen (288)
27 ●●●	Frühstückswurst mit italienischem Wurstgewürz (233), Butternusskürbis**	Rest von Oma Barbaras gefüllten Pilzen, gemischter grüner Salat, Balsam-Vinaigrette (378)	Gewürzte Lammfleischbällchen mit Balsamfeigen-Kompott (324), Grüne Bohnen mit Schalotten* (358)
28 ●◆■	Rest der gewürzten Lammfleischbällchen, Spinat oder Kohl*	Wilder Lachs aus der Dose mit Oliven, Avocado, Zitronensaft, Tomate NOE	Huhn mit Zitrone und Artischocken (260), Dicke Brokkoli-Blumenkohl-Suppe mit Speck (336)
29 ●■◆	Apfelstreuselmuffins (254), Speck oder Frühstückswurst	Rest des Huhns mit Zitrone und Artischocken, Möhren-Grünkohl-Salat mit Zitronen-Tahini-Soße (376)	Mamas gefüllte Kohlrouladen mit Tomaten-Cranberry-Soße (290)
30 ●●●	Rest der Apfelstreuselmuffins (254), Speck oder Frühstückswurst	Chorizo-Fleischbällchen (330), Pürierte Faux-Tatoes (344)	Mediterraner Lammbraten (320), Gedünsteter Spinat mit Pinienkernen und Korinthen* (366)

» *Eine vollständige Einkaufsliste für dieses Menü finden Sie bei balancedbites.com*

SCHLÜSSEL
- ◆ Rind und Bison
- ■ Geflügel
- ● Eier
- ● Schwein
- ● Lamm
- ◆ Fisch und Meeresfrüchte

ANMERKUNGEN
NOE natives Olivenöl extra
KÖ Kokosöl
* oder ein anderes nichtstärkehaltiges Gemüse
** oder ein anderes stärkehaltiges Gemüse (siehe Seite 110)

Wenn keine Seitenzahl genannt wird, können Sie die Gerichte zubereiten wie angegeben oder nach Belieben. Weitere Empfehlungen für Eiweiß, Gemüse und Fette finden Sie in der Spalte »Kurz-Info«, die auf Ihr Menü abgestimmt ist!

30-Tage-Menüpläne

30-TAGE-MENÜ-PLAN

GESUNDE SCHILDDRÜSE

Wenn bei Ihnen vor Kurzem eine Schilddrüsenstörung diagnostiziert wurde oder wenn die Paläo-Ernährung neu für Sie ist, empfehle ich Ihnen, mit dem 30-Tage-Menü für Autoimmunkrankheiten anzufangen, was die Auswahl der Speisen anbelangt, und die folgenden Empfehlungen zur Lebensweise, zu Ergänzungsmitteln und zu Kräutern zu beachten.

Manchmal ist es sehr schwierig, Schilddrüsenstörungen zu beheben; deshalb rate ich Ihnen dringend, mit einem vertrauenswürdigen Arzt zusammenzuarbeiten, wenn Sie Ihre Lebens- und Ernährungsweise umstellen oder Ergänzungsmittel einnehmen wollen.

Hypothyreose (u. a. Hashimoto-Thyreoiditis)

Symptome sind unter anderem:

- Gewichtsabnahme ist schwierig
- plötzliche Gewichtszunahme
- Verstopfung
- Müdigkeit
- Lethargie
- Energiemangel
- unregelmäßige Menstruationen, Störungen des weiblichen Hormonsystems
- niedrige Körpertemperatur

Hyperthyreose

Symptome sind unter anderem:

- vergrößerte Schilddrüse
- hervorstehende Augen
- Ausschlag an den Unterschenkeln
- schneller Herzschlag
- Gewichtsverlust
- **Durchfall**
- Müdigkeit
- Angst

Anmerkung: Hyperthyreose kommt seltener vor als Hypothyreose.

Haftungsausschluss: Die Informationen in diesem Buch sollen eine fachkundige medizinische Diagnose oder Behandlung von Krankheiten nicht ersetzen. Es handelt sich ausschließlich um Empfehlungen zur Lebens- und Ernährungsweise, die den Körper gesünder machen.

Gesunde Schilddrüse

Empfehlungen zur Lebens- und Ernährungsweise

Zugeben [+]

EIWEISS
Eiweiß stillt den Hunger länger (eiweiß- und fettreiche Mahlzeiten sind hilfreich).

NÄHRSTOFFREICHE LEBENSMITTEL
Füllen Sie Nährstoffreserven auf, die erschöpft sind, weil Sie bisher zu viele industriell hergestellte Produkte gegessen haben.

SUPERLEBENSMITTEL
So oft wie möglich. Bereiten Sie sich regelmäßig eine Knochenbrühe und Gerichte mit Leber zu (Rezepte auf Seite 234 und 384). Verwenden Sie das Sauerkrautrezept auf Seite 238, um fermentierte Möhren oder Rote Rüben zuzubereiten und täglich zu essen (1/4 Tasse), vor allem zum Frühstück, um die Peristaltik des Darms und die Ausscheidung zu unterstützen.

SONNENBADEN
Gehen Sie täglich etwa zehn Minuten in die Sonne, wenn sie hoch steht, oder länger, wenn sie tiefer steht. Dadurch fördern Sie die Bildung von Vitamin D. Vermeiden Sie Sonnenbrand.

STRESSABBAU
Bauen Sie Stress ab, um die systemische Entzündung zu lindern und Blutzuckerschwankungen vorzubeugen. Erlernen Sie die Praxis der Meditation, des langsamen Atmens oder des Qigong.

BEWEGUNG
Gehen Sie spazieren oder machen Sie sanfte Yoga-Übungen, die keine Stressreaktion auslösen.

Meiden [–]

GLUTEN
Vollständig meiden. Siehe »Tipps zum Gluten« auf Seite 89.

ZU VIELE KROPFERZEUGENDE NAHRUNGSMITTEL
Essen Sie nur gekochte kropferzeugende (die Schilddrüse hemmende) Nahrungsmittel, keine rohen und fermentierten kropferzeugenden Gemüsesorten. Auf Seite 29 finden Sie eine Liste der Paläo-Lebensmittel, die die Kropfbildung fördern können.

RAFFINIERTE PRODUKTE, SÜSSSTOFFE UND KOFFEIN
Sie können Blutzuckerschwankungen und systemischen Stress auslösen und dadurch die Schilddrüse hemmen.

ALKOHOL
Er kann zu Hypoglykämie führen und dadurch die Schilddrüse hemmen.

STRESS
Ändern Sie Ihre Lebensweise, um Stress abzubauen.

INTENSIVES HERZ-KREISLAUF-TRAINING
30–60 Minuten oder länger im Sauerstoffgleichgewicht, z. B. Joggen oder Radfahren, kann zu einem niedrigen Blutzuckerspiegel führen und eine Stressreaktion auslösen.

HAFTUNGSAUSSCHLUSS: *Die Informationen in diesem Buch sollen eine fachkundige medizinische Diagnose oder Behandlung von Krankheiten nicht ersetzen. Es handelt sich ausschließlich um Empfehlungen zur Lebens- und Ernährungsweise, die den Körper gesünder machen.*

Ergänzungsmittel und Kräuter zur Unterstützung

Gesunde Schilddrüse

Diese Empfehlungen dienen als Startpunkt. Suchen Sie selbst Ergänzungsmittel, die Ihnen helfen können. Es ist am besten, wenn Sie so viele Nährstoffe wie möglich mit Lebensmitteln zu sich nehmen. Auf der nächsten Seite finden Sie eine Auflistung spezieller, lebensmittelbasierter Nährstoffe. Die folgenden Substanzen sind nicht nach ihrer Wirksamkeit geordnet.

- **VITAMIN A (RETINOL)** stärkt zusammen mit Vitamin D das Immunsystem und schützt die Darmschleimwand. Wichtig für die Resorption von Mineralien.

- **FERMENTIERTER LEBERTRAN ODER BUTTERÖLMISCHUNG** enthält die fettlöslichen Vitamine A, D, E und K2 sowie Omega-3-Fettsäuren in kleiner Menge. Ich empfehle nur die Marke Green Pasture.

- **ADAPTOGENE KRÄUTER** helfen, je nach Bedarf des Körpers, die Energieproduktion zu steigern oder zu dämpfen. Wechseln Sie zwischen Ashwagandha, Indischem Basilikum und Rhodiola.

- **VITAMIN B5 (PANTOTHENSÄURE UND PANTETHIN)** unterstützt die Energieproduktion, vor allem die Bildung von Nebennierenhormonen und roten Blutkörperchen.

- **VITAMIN B7 (BIOTIN)** ist ein Koenzym, das wir für den Aminosäuren-, Glucose- und Fettstoffwechsel brauchen.

- **VITAMIN B12 (COBALAMIN)** unterstützt den Energiestoffwechsel und das Immunsystem und trägt möglicherweise zur Regulierung des Tag-Nacht-Rhythmus bei, da es die Melatonin-Produktion fördert. Es kann Ihnen also helfen, besser zu schlafen.

- **VITAMIN C** ist ein starkes Antioxidans, das Entzündungen hemmt. Es hilft, Vitamin E zu regenerieren und ist nützlich für Diabetiker.

- **CHROM (CHROMPICOLINAT, CHROMPOLYNICOTINAT, CHROM-CHELAT)** kann die Insulinsensitivität verbessern und den Appetit dämpfen.

- **VITAMIN D** ist ein starker Immunsystem-Modulator, der in der Haut gebildet wird, wenn Sie sonnenbaden. Ein ausgewogenes Verhältnis zwischen den Vitaminen D und A ist wichtig.

- **VITAMIN E** ist ein Antioxidans, das die Kommunikation zwischen den Zellen fördert und möglicherweise oxidativen Stress und die stressbedingte Insulinresistenz lindert.

- **JOD** fördert möglicherweise die Heilung der Hyperthyreose und der Schilddrüsenentzündung, die keine Autoimmunkrankheit ist. Jodtabletten können Hashimoto-Thyreoiditis (die häufigste Ursache für Hypothyreose in den USA) und Autoimmun-Schilddrüsenentzündungen verschlimmern. Wenn Sie an Hashimoto-Thyreoiditis oder an Hypothyreose unbekannter Art leiden, dürfen Sie keine jodreichen Nahrungsmittel essen. Fragen Sie einen Arzt, bevor Sie Jodtabletten einnehmen.

- **MAGNESIUM** wird für mehr als 300 Enzymprozesse im Körper benötigt. Die meisten Menschen nehmen nicht genug davon auf. Es unterstützt die Blutzuckerregulierung. Kaufen Sie Magnesiumglycinat oder -malat.

- **OMEGA-3-FETTSÄUREN** sind entzündungshemmende essenzielle Fettsäuren. Ich empfehle nur den fermentierten Lebertran von Green Pasture.

- **PROBIOTIKA** unterstützen die gesunde Darmflora, die für die Verdauung und Ausscheidung unerlässlich ist. Nehmen Sie, wenn nötig, Kapseln ein. Hypothyreose geht meist mit Verstopfung einher.

- **SCHILDDRÜSENEXTRAKT (BEI HYPOTHYREOSE)**: Fragen Sie Ihren Arzt, ob dieses Mittel für Sie in Frage kommt.

- **SELEN** ist ein Antioxidans, das für die Produktion der Schilddrüsenhormone benötigt wird. Es hilft, Schwermetalle wie Blei, Quecksilber, Kadmium und Aluminium auszuscheiden. Eine hohe Zinkzufuhr kann die Resorption von Selen hemmen; daher müssen beide in ausgewogenem Verhältnis zueinander stehen.

- **ZINK** ist ein starkes Antioxidans, das den Vitamin-A-Stoffwechsel unterstützt. Menschen mit entzündlichen Krankheiten leiden oft an Zinkmangel.

30-Tage-Menüpläne

Gesunde Schilddrüse

Unterstützende Nährstoffe und Lebensmittel, die sie enthalten

Kurz-Info

Eiweiß
Auster
Hering
Lachs
Lamm
Makrele
Rind
Sardine
Thunfisch

Fette
Butter/Ghee von grasgefütterten Tieren
Kokosöl
natives Olivenöl extra
tierische Fette

Gemüse
Fenchel
grüne Bohnen
grüne Gemüsepaprika
Kopfsalat
Kürbis
Mangold
Möhren
Pastinaken
Pilze
Rote Rüben

Obst
Cantaloupe-Melone
Erdbeeren
tropische Früchte
Zitrusfrüchte

Superlebensmittel
Fermentierte Möhren
Fermentierter Lebertran
Knochenbrühe
Leber

Gewürze
Basilikum
Chilipulver
Gewürznelke
Kurkuma
Knoblauch
Koriandergrün
schwarzer Pfeffer
Thymian
Zimt

VITAMIN A (RETINOL)
» Leber, Aal, Butter, geklärte Butter oder Ghee von grasgefütterten Tieren

VITAMIN B5
» Leber, Bierhefe (nur von Lewis Lab)
» Pilze
» Spuren: Pekannüsse, Sonnenblumenkerne

VITAMIN B7
» Leber, Bierhefe (nur von Lewis Lab)
» Spuren: Mangold, Walnüsse, Pekannüsse, Mandeln

VITAMIN B12
(nur in tierischen Nahrungsmitteln)
» Leber, Venusmuscheln, Nieren
» Austern, Sardinen, Forelle, Lachs, Thunfisch, Lamm, Rind, Eier, Käse, Flunder, Jakobsmuscheln, Heilbutt

VITAMIN C
» Rote Rüben, Gemüsepaprika, Cantaloupe-Melone, Knoblauch, Kiwi, Zitronen, Orangen, Papaya, Ananas
» (kleine Mengen, gekocht) Rosenkohl, Blumenkohl, Blattkohl, Brokkoli, Daikon-Rettich

CHOLIN
Ein wichtiger Nährstoff für die Zellmembranen, für die Kommunikation zwischen Nerven und Muskeln sowie für eine optimale Leberfunktion.
» Eier, Leber, Herz, Niere, Fischrogen, Kaviar, Kabeljau
» Blumenkohl (gekocht)

CHROM
» Leber, Käse von grasgefütterten Tieren
» Bierhefe (nur von Lewis Labs)
» Spuren: grüne Gemüsepaprika, Apfel, Pastinake, Spinat, Möhren

VITAMIN E
» natives Olivenöl extra, Pekannüsse

» (kleine Mengen, gekocht) Brokkoli, Rosenkohl, Spinat

JOD
» wilder Fisch, Algen, Kelp, Rotalgen

LIPONSÄURE (ALPHA-LIPONSÄURE)
» Fleisch, Innereien

MANGAN
Nützlich für die Blutzuckerregulierung, den Energiestoffwechsel und die Funktion der Nebennieren. Wichtig ist ein ausgewogenes Verhältnis zu Magnesium, Kalzium, Eisen, Kupfer und Zink.
» Pekannüsse, Walnüsse, Stielmus, Rhabarber, Rote-Rüben-Blätter, Gewürznelken, Zimt, Thymian, Kurkuma

OMEGA-3-FETTSÄUREN
Entzündungshemmende Fettsäuren, die nur in wenigen Lebensmitteln enthalten sind.
» Kaltwasserfisch (Lachs, Hering, Makrele), fermentierter Lebertran (nur von Green Pasture)
» Walnüsse, Pekannüsse

PROBIOTIKA
Unterstützen die gesunde Darmflora, die für die Verdauung und Ausscheidung unerlässlich ist.
» fermentiertes Gemüse: Möhren, Rote Rüben und andere Gemüsearten, die nicht die Kropfbildung fördern
» Kombucha (fermentierter Tee)

SELEN
Ein Antioxidans, das vor Schäden durch freie Radikale schützt.
» Eier
» Roter Mangold, Steckrüben, Knoblauch

ZINK
» Austern, Meeresfrüchte, Lamm, Fleisch, Kürbiskerne

Gesunde Schilddrüse

TAG	FRÜHSTÜCK	MITTAGESSEN	ABENDESSEN
1	Gewirbelte Quiche ohne Kruste (240), Perfekt gebackener Speck (236), rohe fermentierte Möhren (verwenden Sie das Sauerkrautrezept auf Seite 238)	Hühnerschenkel mit Senfglasur (266), grüner Salat*, Balsam-Vinaigrette (378)	Gegrilltes Flankensteak mit Knoblauch, Paprika und Zwiebeln (294), Gebackene Rote Rüben mit Fenchel** (362)
2	Rest der gewirbelten Quiche ohne Kruste, Rest des gegrillten Flankensteaks mit Knoblauch, Paprika und Zwiebeln	Wilder Lachs aus der Dose mit Oliven, Avocado, Zitronensaft, Tomate und NOE	Truthahnkeulen, mit Salbei gebacken (276), Süßkartoffel-Pfannkuchen (298), gedünsteter Spinat*
3	Rest der Süßkartoffel-Pfannkuchen, Hühnerschenkel mit Senfglasur (266)	Rest der Truthahnkeulen, mit Salbei gebacken, Gemischter grüner Salat mit Persimonen, Spargel und Fenchel (380)	Zitronen-Lamm-Dolmas (318), Koriander-Blumenkohl-Reis (340)
4	Pesto-Rühreier (252), Koriander-Blumenkohl-Reis (340), rohe fermentierte Möhren	Rest der Zitronen-Lamm-Dolmas, Mangold, NOE	Scholle mit Orange und Macadamianüssen (314), Butternusskürbis**
5	Rest der Scholle mit Orange und Macadamianüssen, Butternusskürbis**	Lachs im Noriblatt (316)	Rindfleisch und gemischte Gemüsepfanne (286)
6	Kürbispfannkuchen (242), Frühstückswurst mit italienischem Wurstgewürz (233)	Rest des Rindfleischs mit gemischter Gemüsepfanne	Lamm-Salatschiffchen mit Avo-Tsiki-Soße (322), Pastinake**
7	Eier, Perfekt gebackener Speck (236), grüne Bohnen, rohe fermentierte Möhren	Gemischtes Grüngemüse mit wildem Lachs aus der Dose, Spargel*, Zitronensaft, NOE	Ganzes gebratenes Huhn mit Zitrusfrucht und Kräutersalz (256), Gebratene Rosmarinwurzeln** (350)
8	Brei ohne Getreide (252), Beeren, Rest des ganzen gebratenen Huhns mit Zitrusfrucht und Kräutersalz	Spinatsalat mit Walnüssen und Artischocken (380), Rest des ganzen gebratenen Huhns mit Zitrusfrucht und Kräutersalz	Salatkörbchen mit chinesischem Fünf-Gewürze-Pulver (272)
9	Gewirbelte Quiche ohne Kruste (240), rohe fermentierte Möhren	Truthahn-Burger mit indischem Gewürz (268), gedünsteter Brokkoli*	Pesto-Garnelen und Kürbis-Fettuccine (308)
10	Omelett oder Pesto-Rühreier, Rest der Garnelen mit Avocado	Einfaches Garnelen-Ceviche (316), gemischtes Grüngemüse*, NOE	Schweinefilet mit Kreuzkümmel und Wurzelgemüse** (328)

» *Eine vollständige Einkaufsliste für dieses Menü finden Sie bei balancedbites.com*

SCHLÜSSEL
- ♦ **Rind und Bison**
- ■ **Geflügel**
- ● **Eier**
- ● **Schwein**
- ● **Lamm**
- ♦ **Fisch und Meeresfrüchte**

ANMERKUNGEN
NOE	natives Olivenöl extra
KÖ	Kokosöl
*	oder ein anderes nichtstärkehaltiges Gemüse
**	oder ein anderes stärkehaltiges Gemüse (siehe Seite 110)

Wenn keine Seitenzahl genannt wird, können Sie die Gerichte zubereiten wie angegeben oder nach Belieben. Weitere Empfehlungen für Eiweiß, Gemüse und Fette finden Sie in der Spalte »Kurz-Info«, die auf Ihr Menü abgestimmt ist!

30-Tage-Menüpläne

Gesunde Schilddrüse

TAG	FRÜHSTÜCK	MITTAGESSEN	ABENDESSEN
11 ●●◆	Gewirbelte Quiche ohne Kruste (240), Perfekt gebackener Speck (236), Rest des Wurzelgemüses	Rest des Schweinefilets mit Kreuzkümmel und Wurzelgemüse, gemischter grüner Salat	Kurze Rippchen, in Balsamessig geschmort (278), Kandierte Möhren (340), gedünsteter Spinat*
12 ●◆■	Eier, gemischter grüner Salat mit NOE und Zitrone, Avocado	Rest der kurzen Rippchen, in Balsamessig geschmort, Rest der kandierten Möhren, grüner Salat*	Pikante gebackene Hähnchenkeulen (264), Gemüsepaprika, Pilze*
13 ●■◆	Zucchini-Pfannkuchen (248), Perfekt gebackener Speck (236), rohe fermentierte Möhren	Rest der pikanten gebackenen Hähnchenkeulen, Rest des gedünsteten Spinats*	Gegrillter Lachs mit Zitrone und Rosmarin (306), Spargel mit Zitrone und Oliven (338), Butternusskürbis**
14 ◆■◆	Rest des gegrillten Lachses mit Zitrone und Rosmarin, Rest des Spargels mit Zitrone und Oliven	Hühnerfleisch-Salat-Wraps (270)	Thunfisch mit rotem Palmöl und Koriander auf Daikon-Nudelsalat (302), grüner Salat*
15 ●◆◆	Rührei mit Oliven, gedünsteter Mangold*, Avocado	Spinatsalat mit NOE, Rest des Thunfischs mit rotem Palmöl und Koriandergrün auf Daikon-Nudelsalat, Avocado, Zitronensaft	Gefüllte Paprikaschoten nach italienischer Art (300), grüner Salat* mit Balsam-Vinaigrette (378)
16 ●◆■	Brei ohne Getreide (252), Frühstückswurst	Rest der gefüllten Paprikaschoten nach italienischer Art (300), grüner Salat	Rauchige Hühnerschenkel, in Speck gewickelt (262), Gemischter grüner Salat mit Roten Rüben und Blutorangen (376)
17 ●■◆	Eiersalat mit Speck (248), Rote Rüben**	Rest der rauchigen Hühnerschenkel, in Speck gewickelt, grüner Salat*	Spaghettikürbis Bolognese (280)
18 ●◆●	Kürbispfannkuchen (242), Frühstückswurst oder Speck	Rest des Spaghettikürbis Bolognese	Fleischbällchenfüllung (334), Pürierte Pastinaken (344, Blumenkohl durch Pastinaken ersetzen)
19 ●●◆	Rührei, Avocado, rohe fermentierte Möhren	Rest der Fleischbällchenfüllung, Rest der pürierten Pastinaken	Scholle mit Orange und Macadamianüssen (314), grüne Bohnen*
20 ●◆■	Brei ohne Getreide (252), hartgekochte Eier	Rest der Scholle mit Orange und Macadamianüssen, Gebackener Romanesco mit Zitrone (346)	Gebackene Ente mit Kirschsoße (274), Möhren**

» *Eine vollständige Einkaufsliste für dieses Menü finden Sie bei balancedbites.com*

SCHLÜSSEL
- ◆ Rind und Bison
- ■ Geflügel
- ● Eier
- ● Schwein
- ● Lamm
- ◆ Fisch und Meeresfrüchte

ANMERKUNGEN
NOE	natives Olivenöl extra
KÖ	Kokosöl
*	oder ein anderes nichtstärkehaltiges Gemüse
**	oder ein anderes stärkehaltiges Gemüse (siehe Seite 110)

Wenn keine Seitenzahl genannt wird, können Sie die Gerichte zubereiten wie angegeben oder nach Belieben. Weitere Empfehlungen für Eiweiß, Gemüse und Fette finden Sie in der Spalte »Kurz-Info«, die auf Ihr Menü abgestimmt ist!

Gesunde Schilddrüse

TAG	FRÜHSTÜCK	MITTAGESSEN	ABENDESSEN
21	Hartgekochte Eier, Frühstückswurst, rohe fermentierte Möhren (verwenden Sie das Sauerkrautrezept Seite 238)	Lachs im Noriblatt (316)	Lammkoteletts mit Oliventapenade (326), Griechischer Salat mit Avo-Tsiki-Soße (374)
22	Gewirbelte Quiche ohne Kruste (240), Frühstückswurst	Rest der Lammkoteletts mit Oliventapenade, Rest des Griechischen Salats mit Avo-Tsiki-Soße	Rinderbeinscheiben, mit Orange geschmort (284), Butternusskürbissuppe mit Salbei** (348)
23	Rest der Gewirbelten Quiche ohne Kruste, Perfekt gebackener Speck (236)	Rest der Rinderbeinscheiben, mit Orange geschmort, Rest der Butternusskürbissuppe mit Salbei	Hayleys Rinderbauchlappensteak-Tacos (292), Gegrillter Kürbis mit Ananas (342)
24	Eichelkürbis mit Zimt und Kokosnussbutter (358), Frühstückswurst oder Speck	Würziger Taco-Salat (296), Rest der Salsa	Feurige Jalapeño-Büffelburger mit Süßkartoffel-Pfannkuchen (298), Gebackener roter Knoblauch (370)
25	Rest der Süßkartoffel-Pfannkuchen, Eier, Avocado	Einfache Lachskuchen (310), grüner Salat*, Avocado, Oliven	Jakobsmuscheln nach asiatischer Art (304), Tomatillo-Garnelen-Cocktail (312), Zucchini*
26	Zucchini-Pfannkuchen (248), Perfekt gebackener Speck (236), rohe fermentierte Möhren	Thunfisch, Gemischter grüner Salat mit Persimonen, Spargel und Fenchel (380), Orangen-Vinaigrette (382)	Oma Barbaras gefüllte Pilze (332), Geröstete Markknochen (288), Spinat*
27	Brei ohne Getreide (252), Frühstückswurst mit italienischem Wurstgewürz (233)	Rest von Oma Barbaras gefüllten Pilzen, gemischter grüner Salat, Balsam-Vinaigrette (378)	Gewürzte Lammfleischbällchen mit Balsamfeigen-Kompott (324), Grüne Bohnen mit Schalotten* (358)
28	Rest der gewürzten Lammfleischbällchen, Pastinaken**	Wilder Lachs aus der Dose mit Oliven, Avocado, Zitronensaft, Tomate, NOE	Huhn mit Zitrone und Artischocken (260), Dicke Brokkoli-Blumenkohl-Suppe mit Speck (336)
29	Apfelstreuselmuffins (254), Speck oder Frühstückswurst	Rest des Huhns mit Zitrone und Artischocken, Grünkohl* (in KÖ gekocht)	Mamas gefüllte Kohlrouladen (290) mit Tomaten-Cranberry-Soße (388)
30	Rest der Apfelstreuselmuffins, Speck oder Frühstückswurst	Chorizo-Fleischbällchen (330), gemischter grüner Salat* mit Avocado, Zitronensaft und NOE	Mediterraner Lammbraten (320), gedünsteter Mangold*

» *Eine vollständige Einkaufsliste für dieses Menü finden Sie bei balancedbites.com*

SCHLÜSSEL
- ♦ Rind und Bison
- ■ Geflügel
- ● Eier
- ● Schwein
- ● Lamm
- ♦ Fisch und Meeresfrüchte

ANMERKUNGEN
- NOE — natives Olivenöl extra
- KÖ — Kokosöl
- * — oder ein anderes nichtstärkehaltiges Gemüse
- ** — oder ein anderes stärkehaltiges Gemüse (siehe Seite 110)

Wenn keine Seitenzahl genannt wird, können Sie die Gerichte zubereiten wie angegeben oder nach Belieben. Weitere Empfehlungen für Eiweiß, Gemüse und Fette finden Sie in der Spalte »Kurz-Info«, die auf Ihr Menü abgestimmt ist!

30-Tage-Menüpläne

30-TAGE-MENÜ-PLAN

MULTIPLE SKLEROSE, FIBROMYALGIE UND CHRONISCHE ERSCHÖPFUNG

Haftungsausschluss: Die Informationen in diesem Buch sollen eine fachkundige medizinische Diagnose oder Behandlung von Krankheiten nicht ersetzen. Es handelt sich ausschließlich um Empfehlungen zur Lebens- und Ernährungsweise, die den Körper gesünder machen.

MS, FM und CES

Multiple Sklerose, Fibromyalgie und chronisches Erschöpfungssyndrom

Ich empfehle Ihnen, mit dem 30-Tage-Menü für Autoimmunkrankheiten anzufangen, was die Auswahl der Speisen anbelangt, und die folgenden Empfehlungen zur Lebensweise, zu Ergänzungsmitteln und zu Kräutern zu beachten.

Multiple Sklerose

Symptome sind unter anderem:

- Muskelschwund
- Schwäche
- Schluckstörung
- Zuckungen
- spastische Bewegungen
- Verlust des Gleichgewichts
- Tics
- Kribbeln
- Empfindlichkeit gegen Hitze und Kälte
- Sensibilitätsstörungen und »Elektroschock-Gefühl«
- skandierende Sprache
- Verlust der Muskelkoordination und Lähmung (ganz oder teilweise)
- Sehtrübung oder Doppelsehen
- Augenschmerzen
- Erblindung
- Harndrang
- Inkontinenz, zögernder Harnfluss oder Harnretention
- kognitive Störungen (kurz- oder langfristig)
- Depression
- Kann dazu führen, dass der Kranke ans Bett gefesselt ist.

Mehr Informationen über MS finden Sie auf Dr. Terry Wahls' Website www.terrywahls.com

HAFTUNGSAUSSCHLUSS: *Die Informationen in diesem Buch sollen eine fachkundige medizinische Diagnose oder Behandlung von Krankheiten nicht ersetzen. Es handelt sich ausschließlich um Empfehlungen zur Lebens- und Ernährungsweise, die den Körper gesünder machen.*

Fibromyalgie

Symptome sind unter anderem:

- Verspannung und Verdickung des myofaszialen Gewebes (des Bindegewebes)
- Schmerzen im ganzen Körper (oft nach einer Infektion oder nach einem Trauma)

MS, FM und CES

Chronisches Erschöpfungssyndrom

Symptome sind unter anderem:

- **unerklärliche Erschöpfung, die nicht die Folge von Anstrengung ist, nach Bettruhe nicht abklingt und so schwer ist, dass die bisherige tägliche Aktivität unmöglich wird**

Mindestens sechs Monate lang:

- **unerklärliche oder neue Kopfschmerzen**
- **Störung des Kurzzeitgedächtnisses oder der Konzentration**
- **Muskelschmerzen**
- **Schmerzen, Rötung, Schwellung an mehreren Gelenken**
- **nichterholsamer Schlaf**
- **Krankheitsgefühl nach Anstrengungen, das mehr als 24 Stunden dauert**
- **Halsentzündung**
- **empfindliche Lymphknoten im Hals oder in den Achselhöhlen**

Von diesen Menüs können auch Menschen mit folgenden Krankheiten profitieren:

- **Sklerodermie**
- **Arthritis, Osteoarthritis, rheumatoide Arthritis**

MS, FM und CES

Empfehlungen zur Lebens- und Ernährungsweise

Zugeben [+]

NÄHRSTOFFREICHE LEBENSMITTEL
Füllen Sie Nährstoffreserven auf, die erschöpft sind, weil Sie bisher zu viele industriell hergestellte Produkte gegessen haben.

SUPERLEBENSMITTEL
So oft wie möglich. Bereiten Sie sich regelmäßig eine Knochenbrühe und Gerichte mit Leber zu (Rezepte auf Seite 234 und 384).

Verwenden Sie das Sauerkrautrezept auf Seite 238 und essen Sie täglich 1/4 Tasse Sauerkraut, vor allem zum Frühstück, um die Peristaltik des Darms und die Ausscheidung zu unterstützen.

STRESSABBAU
Bauen Sie Stress ab, um die systemische Entzündung zu lindern. Erlernen Sie die Praxis der Meditation oder des Qigong. Auch Biofeedback, Tai Chi und geführtes Visualisieren fördern die tiefe Entspannung.

BEWEGUNG
Gehen Sie spazieren oder machen Sie sanfte Yoga-Übungen, die keine Stressreaktion auslösen.

Meiden [–]

NACHTSCHATTENGEWÄCHSE
Wenn Sie auch Gelenkschmerzen haben: Tomaten, Kartoffeln, Gemüsepaprika und Auberginen. Auf Seite 29 finden Sie eine Liste der Paläo-Lebensmittel, die Nachtschattengewächse sind. In den Rezepten werden Ersatzprodukte angegeben.

ESSEN IN RESTAURANTS
Meiden Sie geschädigte und künstliche Fette, die in Restaurants meist verwendet werden.

Raffinierte Produkte, Süßstoffe, Koffein und Alkohol können Blutzuckerschwankungen und systemischen Stress auslösen.

SCHARFE CHEMISCHE REINIGUNGS- ODER HYGIENEPRODUKTE
Kaufen Sie milde, natürliche Alternativen, z.B. Waschnüsse für die Wäsche, Essig-Wasser-Lösungen für die Reinigung des Tisches sowie Backpulver und Peroxid um Oberflächen, Wäsche, Zähne usw. zu reinigen und aufzuhellen. Waschen Sie sich die Haare ohne konventionelle Shampoos.

HEIZDECKEN, GECHLORTES WASSER UND FLUORIDE
Zahnfüllungen aus Amalgam

Lassen Sie solche Füllungen entfernen und durch ungefährliche Substanzen ersetzen.

HOCHINTENSIVER SPORT
Hochintensives Intervalltraining und Herz-Kreislauf-Training (30–60 Minuten oder länger im Sauerstoffgleichgewicht, z.B. Joggen oder Radfahren) können zu niedrigem Blutzucker führen und eine Stressreaktion auslösen.

HAFTUNGSAUSSCHLUSS: *Die Informationen in diesem Buch sollen eine fachkundige medizinische Diagnose oder Behandlung von Krankheiten nicht ersetzen. Es handelt sich ausschließlich um Empfehlungen zur Lebens- und Ernährungsweise, die den Körper gesünder machen.*

Ergänzungsmittel und Kräuter zur Unterstützung

MS, FM und CES

Diese Empfehlungen dienen als Startpunkt. Suchen Sie selbst Ergänzungsmittel, die Ihnen helfen können. Es ist am besten, wenn Sie so viele Nährstoffe wie möglich mit Lebensmitteln zu sich nehmen. Auf der nächsten Seite finden Sie eine Auflistung spezieller, lebensmittelbasierter Nährstoffe. Die folgenden Substanzen sind nicht nach ihrer Wirksamkeit geordnet.

- **ACETYL-L-CARNITIN** hilft möglicherweise, den Glutathionspiegel zu stabilisieren. Glutathion ist ein wichtiger Nährstoff, der die Nerven schützt.
- **VITAMIN C** unterstützt das Immunsystem und ist ein starkes Antioxidans, das Entzündungen hemmt.
- **COENZYM Q10** fördert die Energieproduktion der Mitochondrien und lindert Müdigkeit.
- **CURCUMIN** ist ein starkes Antioxidans.
- **VITAMIN D** ist ein starker Immunsystem-Modulator, der in der Haut gebildet wird, wenn Sie sonnenbaden. Ein ausgewogenes Verhältnis zwischen den Vitaminen D und A ist wichtig.
- **FERMENTIERTER LEBERTRAN ODER BUTTERÖLMISCHUNG** enthält die fettlöslichen Vitamine A, D, E und K2 sowie Omega-3-Fettsäuren in kleiner Menge. Ich empfehle nur die Marke Green Pasture.
- **VERDAUUNGSENZYME** bauen Nahrungsmittel ab, sodass sie resorbiert werden können, während der Darm heilt. Verwenden Sie eine Enzymmischung.
- **GABA** ist ein beruhigender Neurotransmitter, der bei Schlafstörungen hilfreich sein kann.
- **GINKGO BILOBA** ist ein starkes Antioxidans.
- **5-HTP** kann die Dopaminbildung steigern und möglicherweise Schmerzen lindern.
- **MAGNESIUM** wird für mehr als 300 Enzymprozesse im Körper benötigt. Die meisten Menschen nehmen nicht genug davon auf. Es unterstützt die Blutzuckerregulierung. Kaufen Sie Magnesiumglycinat oder -malat.
- **SILBERDISTEL** unterstützt die Leber bei der Entgiftung des Blutes. Sie ist als Tee, als Tinktur und in Kapseln erhältlich.
- **N-ACETYLCYSTEIN (NAC)** unterstützt die Leber.
- **OMEGA-3-FETTSÄUREN** sind entzündungshemmende essenzielle Fettsäuren. Ich empfehle nur den fermentierten Lebertran von Green Pasture.
- **PROBIOTIKA** unterstützen die gesunde Darmflora, die für die Verdauung und Ausscheidung unerlässlich ist. Nehmen Sie, wenn nötig, Kapseln ein.
- **S-ADENOSYLMETHIONIN (SAM)** hilft möglicherweise, oxidative Schäden zu verhindern, die kognitive Funktion zu stabilisieren und die Stimmung zu verbessern.

MS, FM und CES

Unterstützende Nährstoffe und Lebensmittel, die sie enthalten

Kurz-Info

Eiweiß
Aal
Auster
Bison
Eier
Lachs
Lamm
Makrele
Rind
Schalentiere

Fette
Butter/Ghee (von grasgefütterten Tieren)
Kokosöl
Kürbiskerne
natives Olivenöl extra

Gemüse
Blumenkohl
Brokkoli
Butternusskürbis
Daikon-Rettich
Möhren
Okra
Rosenkohl
Rote Rüben
Spinat
Süßkartoffel

Obst
Ananas
Bananen
Heidelbeeren
Zitrone

Superlebensmittel
fermentierter Lebertran
Knochenbrühe
Leber
Sauerkraut

Gewürze
Basilikum
Ingwer
Knoblauch
Koriandergrün
Kreuzkümmel
Oregano
Petersilie
Zimt

B-VITAMINE
Werden gebraucht, um Neurotransmitter zu unterstützen und die Gesundheit des Gehirns sowie die Funktion der Nerven und Muskeln zu verbessern.
» Leber, Bison, Bierhefe (nur von Lewis Labs)
» Pilze
» Spuren: Pekannüsse, Sonnenblumenkerne, Brokkoli, Rosenkohl

BROMELAIN
Ein Enzym, das Entzündungen hemmt.
» Ananas

VITAMIN C
Ein starkes Antioxidans, das Entzündungen hemmt.
» Rote Rüben, Gemüsepaprika, Cantaloupe-Melone, Knoblauch, Kiwi, Zitronen, Orangen, Papaya, Ananas
» Rosenkohl, Blumenkohl, Blattkohl, Brokkoli, Daikon-Rettich, Grünkohl

VITAMIN D
Ein starker Immunsystem-Modulator, Modulator des Immunsystems, der in der Haut gebildet wird, wenn Sie sonnenbaden.
» Eigelb, Kaltwasserfisch (u. a. Lachs, Hering, Makrele)
» Butter oder Ghee von grasgefütterten Tieren
» fermentierter Lebertran oder Butterölmischung (nur von Green Pasture)

CARNITIN
Ist wichtig für den Fettstoffwechsel und den Transport der Fettsäuren in die Zellen für die normale Gewebefunktion.
» dunkles Fleisch

CHOLIN
Wichtiger Nährstoff für die Zellmembranen, die Kommunikation zwischen Nerven und Muskeln sowie eine optimale Leberfunktion.
» Eier, Leber, Herz, Niere, Fischrogen, Kaviar, Kabeljau
» Blumenkohl (gekocht)

VITAMIN E
Ein Antioxidans, das die Funktion des Nervensystems, das Wachstum der glatten Muskeln und die Kommunikation zwischen den Zellen fördert.
» natives Olivenöl extra
» Pekannüsse, Spinat, Brokkoli, Rosenkohl

GLUTATHION
Ist ein Antioxidans, das die Entgiftungsfunktion der Leber unterstützt.
» Spargel, Brokkoli, Avocado, Knoblauch, Kurkuma, Curcumin

MAGNESIUM
Wird für die Energieproduktion in den Zellen und für den Kampf gegen Müdigkeit benötigt. Es fördert den Kalziumstoffwechsel und hält die Blutgefäße gesund.
» Grünkohl, grünes Blattgemüse, Rote Rüben, Kürbiskerne

OMEGA-3-FETTSÄUREN
Entzündungshemmende Fettsäuren, die nur in wenigen Lebensmitteln enthalten sind.
» Kaltwasserfisch (Lachs, Hering, Makrele u. a.), fermentierter Lebertran (nur von Green Pasture)
» Walnüsse, Pekannüsse

PROBIOTIKA
Unterstützen die gesunde Darmflora, die für die Verdauung und Ausscheidung unerlässlich ist.
» fermentiertes Gemüse: Kohl (Sauerkraut), Möhren, Rote Rüben oder andere Gemüsearten
» Kombucha (fermentierter Tee)

ZINK
» Austern, Meeresfrüchte
» Lamm, dunkles Fleisch
» Kürbiskerne

Multiple Sklerose, Fibromyalgie, chronisches Erschöpfungssyndrom

TAG	FRÜHSTÜCK	MITTAGESSEN	ABENDESSEN
1	Gewirbelte Quiche ohne Kruste (240), Perfekt gebackener Speck (236), Rohes Sauerkraut (238)	Hühnerschenkel mit Senfglasur (266), grüner Salat*, Balsam-Vinaigrette (378)	Gegrilltes Flankensteak mit Knoblauch, Paprika und Zwiebeln (294), Gebackene Rote Rüben mit Fenchel** (362)
2	Rest der gewirbelten Quiche ohne Kruste, Rest des gegrillten Flankensteaks mit Knoblauch, Paprika und Zwiebeln	Wilder Lachs aus der Dose mit Oliven, Avocado, Zitronensaft, Tomate, NOE	Truthahnkeulen, mit Salbei gebacken (276), Süßkartoffel-Pfannkuchen (298), gedünsteter Spinat*
3	Rest der Süßkartoffel-Pfannkuchen, Rest der Hühnerschenkel mit Senfglasur	Rest der Truthahnkeulen, mit Salbei gebacken, Gemischter grüner Salat mit Persimonen, Spargel und Fenchel (380)	Zitronen-Lamm-Dolmas (318), Koriander-Blumenkohl-Reis (340)
4	Pesto-Rühreier (252), Koriander-Blumenkohl-Reis (340), Rohes Sauerkraut (238)	Rest der Zitronen-Lamm-Dolmas, Spinatsalat mit Walnüssen und Artischocken (380)	Scholle mit Orange und Macadamianüssen (314), Butternusskürbis**
5	Rest der Scholle mit Orange und Macadamianüssen, Butternusskürbis**	Lachs im Noriblatt (316)	Rindfleisch und gemischte Gemüsepfanne (286)
6	Kürbispfannkuchen (242), Frühstückswurst mit italienischem Wurstgewürz (233)	Rest des Rindfleischs mit gemischter Gemüsepfanne	Lamm-Salatschiffchen mit Avo-Tsiki-Soße (322)
7	Eier, Perfekt gebackener Speck (236), Grünkohl*, Rohes Sauerkraut (238)	Gemischtes Grüngemüse mit wildem Lachs aus der Dose, Spargel*, Zitronensaft, NOE	Ganzes gebratenes Huhn mit Zitrusfrucht und Kräutersalz (256), Gebratene Rosmarinwurzeln (350), Gebackene Grünkohlchips* (356)
8	Brei ohne Getreide (252), Beeren, Rest des ganzen gebratenen Huhns mit Zitrusfrucht und Kräutersalz	Spinatsalat mit Walnüssen und Artischocken (380), Rest des ganzen gebratenen Huhns mit Zitrusfrucht und Kräutersalz	Salatkörbchen mit chinesischem Fünf-Gewürze-Pulver (272)
9	Gewirbelte Quiche ohne Kruste (240), gedünsteter Brokkoli*, Rohes Sauerkraut (238)	Truthahn-Burger mit indischem Gewürz (268), gedünsteter Brokkoli*	Pesto-Garnelen und Kürbis-Fettuccine (308)
10	Omelett oder Pesto-Rühreier, Rest der Garnelen mit Avocado	Einfaches Garnelen-Ceviche (316), gemischtes Grüngemüse*, NOE	Schweinefilet mit Kreuzkümmel und Wurzelgemüse** (328)

» *Eine vollständige Einkaufsliste für dieses Menü finden Sie bei balancedbites.com*

SCHLÜSSEL

- ◆ Rind und Bison
- ■ Geflügel
- ● Eier
- ● Schwein
- ● Lamm
- ◆ Fisch und Meeresfrüchte

ANMERKUNGEN

NOE	natives Olivenöl extra
KÖ	Kokosöl
*	oder ein anderes nichtstärkehaltiges Gemüse
**	oder ein anderes stärkehaltiges Gemüse (siehe Seite 110)

Wenn keine Seitenzahl genannt wird, können Sie die Gerichte zubereiten wie angegeben oder nach Belieben. Weitere Empfehlungen für Eiweiß, Gemüse und Fette finden Sie in der Spalte »Kurz-Info«, die auf Ihr Menü abgestimmt ist!

30-Tage-Menüpläne

Multiple Sklerose, Fibromyalgie, chronisches Erschöpfungssyndrom

TAG	FRÜHSTÜCK	MITTAGESSEN	ABENDESSEN
11	Gewirbelte Quiche ohne Kruste (240), Perfekt gebackener Speck (236), Rest des Wurzelgemüses	Rest des Schweinefilets mit Kreuzkümmel, Gedünsteter Rotkohl mit Zwiebeln und Äpfeln (352)	Kurze Rippchen, in Balsamessig geschmort (278), Kandierte Möhren (340), Spinat*
12	Eier, Rest des Rotkohls	Rest der kurzen Rippchen, in Balsamessig geschmort, Rest der kandierten Möhren, grüner Salat*	Pikante gebackene Hähnchenkeulen (264), Rosenkohl mit Fenchel* (350)
13	Zucchini-Pfannkuchen (248), Perfekt gebackener Speck (236), Rohes Sauerkraut (238)	Rest der pikanten gebackenen Hähnchenkeulen, Rest des Rosenkohls mit Fenchel*	Gegrillter Lachs mit Zitrone und Rosmarin (306), Spargel mit Zitrone und Oliven (338), Süßkartoffel**
14	Rest des gegrillten Lachses mit Zitrone und Rosmarin, Rest des Spargels mit Zitrone und Oliven*	Hühnerfleisch-Salat-Wraps (270)	Thunfisch mit rotem Palmöl und Koriander auf Daikon-Nudelsalat (302), grüner Salat*
15	Rühreier mit Oliven, gedünsteter Spinat*, Avocado	Spinatsalat mit NOE, Rest des Thunfischs mit rotem Palmöl und Koriandergrün, Avocado, Zitronensaft	Gefüllte Paprikaschoten nach italienischer Art (300), grüner Salat* mit Balsam-Vinaigrette (378)
16	Brei ohne Getreide (252), Frühstückswurst	Rest der gefüllten Paprikaschoten nach italienischer Art, grüner Salat*	Rauchige Hühnerschenkel, in Speck gewickelt (262), Gemischter grüner Salat mit Roten Rüben und Blutorangen (376)
17	Eiersalat mit Speck (248), Süßkartoffel oder Rote Rüben**	Rest der rauchigen Hühnerschenkel, in Speck gewickelt, grüner Salat*	Spaghettikürbis Bolognese (280), Gebackene Grünkohlchips (356)
18	Kürbispfannkuchen (242), Frühstückswurst oder Speck	Rest des Spaghettikürbis Bolognese	Fleischbällchenfüllung (334), Pürierte Faux-Tatoes (344)
19	Rühreier, Avocado, Spinat oder Grünkohl*, Rohes Sauerkraut (238)	Rest der Fleischbällchenfüllung, Rest der pürierten Faux-Tatoes	Scholle mit Orange und Macadamianüssen (314), Gebackener Romanesco mit Zitrone* (346), Pikante Süßkartoffeln** (362)
20	Brei ohne Getreide (252), hartgekochte Eier	Rest der Scholle mit Orange und Macadamianüssen, Rest des gebackenen Romanesco mit Zitrone	Gebackene Ente mit Kirschsoße (274), Gedünsteter Rotkohl mit Zwiebeln und Äpfeln* (352)

» *Eine vollständige Einkaufsliste für dieses Menü finden Sie bei balancedbites.com*

SCHLÜSSEL

- ◆ Rind und Bison
- ■ Geflügel
- ● Eier
- ● Schwein
- ● Lamm
- ◆ Fisch und Meeresfrüchte

ANMERKUNGEN

NOE	natives Olivenöl extra
KÖ	Kokosöl
*	oder ein anderes nichtstärkehaltiges Gemüse
**	oder ein anderes stärkehaltiges Gemüse (siehe Seite 110)

Wenn keine Seitenzahl genannt wird, können Sie die Gerichte zubereiten wie angegeben oder nach Belieben. Weitere Empfehlungen für Eiweiß, Gemüse und Fette finden Sie in der Spalte »Kurz-Info«, die auf Ihr Menü abgestimmt ist!

Multiple Sklerose, Fibromyalgie, chronisches Erschöpfungssyndrom

TAG	FRÜHSTÜCK	MITTAGESSEN	ABENDESSEN
21	Hartgekochte Eier, Frühstückswurst, Rohes Sauerkraut (238)	Lachs im Noriblatt (316)	Lammkoteletts mit Olivenpapenade (326), Griechischer Salat mit Avo-Tsiki-Soße (374)
22	Gewirbelte Quiche ohne Kruste (240), Frühstückswurst	Rest der Lammkoteletts mit Olivenpapenade, Rest der Lamm-Salatschiffchen mit Avo-Tsiki-Soße	Rinderbeinscheiben, mit Orange geschmort (284), Butternusskürbissuppe mit Salbei** (348)
23	Rest der gewirbelten Quiche ohne Kruste, Perfekt gebackener Speck (236)	Rest der Rinderbeinscheiben, mit Orange geschmort, Rest der Butternusskürbissuppe mit Salbei**	Hayleys Rinderbauchlappensteak-Tacos (292), Salsa (296), Gegrillter Kürbis mit Ananas (342)
24	Eichelkürbis mit Zimt und Kokosnussbutter (358), Frühstückswurst oder Speck	Würziger Taco-Salat (296), Rest der Salsa	Feurige Jalapeño-Büffelburger mit Süßkartoffel-Pfannkuchen (298), Gebackener roter Knoblauch (370)
25	Rest der Süßkartoffel-Pfannkuchen, Eier, Avocado	Einfache Lachskuchen (310), grüner Salat*, Avocado, Oliven	Jakobsmuscheln nach asiatischer Art (304), Tomatillo-Garnelen-Cocktail (312), Zucchini*
26	Zucchini-Pfannkuchen (248), Perfekt gebackener Speck (236)	Thunfisch, Gemischter grüner Salat mit Persimonen, Spargel und Fenchel (380), Orangen-Vinaigrette (382)	Oma Barbaras gefüllte Pilze (332), Geröstete Markknochen (288), Spinat
27	Brei ohne Getreide (252), Frühstückswurst mit italienischem Wurstgewürz (233)	Rest von Oma Barbaras gefüllten Pilzen, gemischter grüner Salat, Balsam-Vinaigrette (378)	Gewürzte Lammfleischbällchen mit Balsamfeigen-Kompott (324), Grüne Bohnen mit Schalotten* (358)
28	Rest der gewürzten Lammfleischbällchen, Spinat oder Kohl*	Wilder Lachs aus der Dose mit Oliven, Avocado, Zitronensaft, Tomate, NOE	Huhn mit Zitrone und Artischocken (260), Dicke Brokkoli-Blumenkohl-Suppe mit Speck (336)
29	Apfelstreuselmuffins (254), Speck oder Frühstückswurst	Rest des Huhns mit Zitrone und Artischocken, Möhren-Grünkohl-Salat mit Zitronen-Tahini-Soße (376)	Mamas gefüllte Kohlrouladen mit Tomaten-Cranberry-Soße (290), grüner Salat*
30	Rest der Apfelstreuselmuffins, Speck oder Frühstückswurst	Chorizo-Fleischbällchen (330), gemischter grüner Salat* mit Avocado, Zitronensaft und NOE	Mediterraner Lammbraten (320), Gedünsteter Spinat mit Pinienkernen und Korinthen* (366)

» *Eine vollständige Einkaufsliste für dieses Menü finden Sie bei balancedbites.com*

SCHLÜSSEL
- ◆ Rind und Bison
- ■ Geflügel
- ● Eier
- ● Schwein
- ● Lamm
- ◆ Fisch und Meeresfrüchte

ANMERKUNGEN
- NOE natives Olivenöl extra
- KÖ Kokosöl
- * oder ein anderes nichtstärkehaltiges Gemüse
- ** oder ein anderes stärkehaltiges Gemüse (siehe Seite 110)

Wenn keine Seitenzahl genannt wird, können Sie die Gerichte zubereiten wie angegeben oder nach Belieben. Weitere Empfehlungen für Eiweiß, Gemüse und Fette finden Sie in der Spalte »Kurz-Info«, die auf Ihr Menü abgestimmt ist!

30-TAGE-MENÜ-PLAN

GESUNDES NERVENSYSTEM

Vor diesem etwas begrenzten Menü können Sie den 30-Tage-Menüplan für die Blutzuckerregulierung ausprobieren, was die Auswahl der Speisen anbelangt, und die folgenden Empfehlungen zur Lebensweise, zu Ergänzungsmitteln und zu Kräutern beachten.

Parkinson-Krankheit
Symptome sind unter anderem:

- langsame Bewegungen
- Muskelstarre und Muskelverspannungen
- Ruhetremor, der sich bei Bewegungen bessert
- unsichere Haltung (Schlurfen oder winzige Schritte, um das Gleichgewicht zu bewahren)

Alzheimer-Krankheit
Symptome sind unter anderem:

- Gedächtnisschwund, fortschreitende Störungen des Kurz- und Langzeitgedächtnisses, die schlimmer sind als typische Alterserscheinungen
- wiederholte Fragen
- Schwund des Vokabulars
- Vergessen vertrauter Namen
- Schwierigkeiten mit Zahlen und mit der räumlichen und zeitlichen Orientierung

Bei folgenden Krankheiten können Sie ebenfalls von diesen Menüs profitieren:

- Epilepsie
- Diabetes Typ 2
- Krankheiten, die eine ketogene Ernährung nahelegen

Haftungsausschluss: Die Informationen in diesem Buch sollen eine fachkundige medizinische Diagnose oder Behandlung von Krankheiten nicht ersetzen. Es handelt sich ausschließlich um Empfehlungen zur Lebens- und Ernährungsweise, die den Körper gesünder machen.

Gesundes Nervensystem

Empfehlungen zur Lebens- und Ernährungsweise

Zugeben [+]

FETTE
Essen Sie mehr Fett, damit das Gehirn sie und nicht Glucose als Hauptenergiequelle nutzt. Siehe Seite 44: »Tipps zu Fetten und Ölen«. Kokosöl ist besonders gesund.

ANTIOXIDANTIEN
Essen Sie stark gefärbte Lebensmittel wie grünes Blattgemüse, Beeren und Möhren.

BIOPRODUKTE
Essen Sie Bioprodukte, so oft wie möglich, um Toxine zu meiden.

POSITIVE EINSTELLUNG
Bemühen Sie sich um eine positive Denkweise, und stellen Sie jeden Tag eine »Dankbarkeitsliste« zusammen (siehe Literaturempfehlungen auf www.balancedbites.com).

STRESSABBAU
Bauen Sie Stress ab, um die systemische Entzündung zu lindern. Erlernen Sie die Praxis der Meditation oder des Qigong. Auch Biofeedback, Tai Chi und gelenkte Imagination fördern die tiefe Entspannung.

ENTGIFTUNG
Überlegen Sie, ob Sie Schwermetalle (besonders Quecksilber) durch eine Entgiftungstherapie loswerden müssen.

MENTALE ÜBUNGEN
Sorgen Sie dafür, dass das Gehirn aktiv bleibt, zum Beispiel durch Lesen, Puzzles, Spiele und alles, was geistig anregt und Spaß macht.

HYDROTHERAPIE
Probieren Sie diese Physiotherapie mit Wasseranwendungen zur Schmerzlinderung.

MASSAGE
(vor allem bei Parkinson) Lassen Sie sich sanft massieren und probieren Sie die Feldenkrais-Methode aus.

Meiden [–]

GLUTEN UND MILCHPRODUKTE
Vollständig meiden. Siehe »Tipps zum Gluten« auf Seite 89. Meiden Sie Milchprodukte, da sie eine morphinähnliche Wirkung haben, die durch Kasein und Casomorphin verstärkt wird. Butter und Ghee sind erlaubt.

KOHLENHYDRATE
Nehmen Sie täglich nicht mehr als 50 Gramm Kohlenhydrate zu sich. Messen Sie ab und führen Sie ein Ernährungstagebuch, wenn es notwendig ist.

ESSEN IM RESTAURANT
Meiden Sie geschädigte und künstliche Fette, die in Restaurants meist verwendet werden.

SÜSSSTOFFE, KOFFEIN
Sie können Blutzuckerschwankungen und systemischen Stress auslösen.

ALKOHOL, TABAK, NIKOTIN UND MONONATRIUMGLUTAMAT
Diese Produkte enthalten Nervengifte, die durch eine Entgiftungstherapie ausgeschieden werden müssen.

SCHARFE CHEMISCHE REINIGUNGS- ODER HYGIENEPRODUKTE
Kaufen Sie milde, natürliche Alternativen, z. B. Waschnüsse für die Wäsche, Essig-Wasser-Lösungen für die Reinigung des Tisches sowie Backpulver und Peroxid, um Oberflächen, Wäsche, Zähne usw. zu reinigen und aufzuhellen.

TYRAMINE IN FERMENTIERTEN NAHRUNGSMITTELN, WENN SIE ZU MIGRÄNE NEIGEN.
Lassen Sie zudem Amalgamfüllungen entfernen und durch unbedenkliche ersetzen.

HOCHINTENSIVES TRAINING
Kann den Körper zu stark belasten und Stressreaktionen auslösen.

HAFTUNGSAUSSCHLUSS: *Die Informationen in diesem Buch sollen eine fachkundige medizinische Diagnose oder Behandlung von Krankheiten nicht ersetzen. Es handelt sich ausschließlich um Empfehlungen zur Lebens- und Ernährungsweise, die den Körper gesünder machen.*

Ergänzungsmittel und Kräuter zur Unterstützung

Gesundes Nervensystem

Diese Empfehlungen dienen als Startpunkt. Suchen Sie selbst Ergänzungsmittel, die Ihnen helfen können. Es ist am besten, wenn Sie so viele Nährstoffe wie möglich mit Lebensmitteln zu sich nehmen. Auf der nächsten Seite finden Sie eine Auflistung spezieller, lebensmittelbasierter Nährstoffe. Die folgenden Substanzen sind nicht nach ihrer Wirksamkeit geordnet.

- **LIPONSÄURE (ALPHA-LIPONSÄURE)** ist ein Antioxidans, das möglicherweise die Energieproduktion in den Zellen verbessert und die Leber unterstützt.
- **ACETYL-L-CARNITIN** hilft möglicherweise, den Glutathionspiegel zu stabilisieren. Glutathion ist ein wichtiger Nährstoff, der die Nerven schützt.
- **VITAMIN C** unterstützt das Immunsystem und ist ein starkes Antioxidans, das Entzündungen hemmt und zur Regeneration von Vitamin E beiträgt.
- **COENZYM Q10** fördert die Energieproduktion der Mitochondrien und lindert Müdigkeit. Es wird von Statinen dezimiert.
- **VITAMIN D** ist ein starker Immunsystem-Modulator, der in der Haut gebildet wird, wenn Sie sonnenbaden. Ein ausgewogenes Verhältnis zwischen den Vitaminen D und A ist wichtig.
- **FERMENTIERTER LEBERTRAN ODER BUTTERÖLMISCHUNG** enthält die fettlöslichen Vitamine A, D, E und K2 sowie Omega-3-Fettsäuren in kleiner Menge. Ich empfehle nur die Marke Green Pasture. Meiden Sie Lebertran bei hartnäckiger Migräne.
- **GABA** ist ein beruhigender Neurotransmitter, der bei Schlafstörungen hilfreich sein kann.
- **GINKGO BILOBA** ist ein starkes Antioxidans.
- **5-HTP** kann die Dopaminbildung steigern und möglicherweise Schmerzen lindern.
- **MAGNESIUM** wird für mehr als 300 Enzymprozesse im Körper benötigt. Die meisten Menschen nehmen nicht genug davon auf. Es unterstützt die Blutzuckerregulierung. Kaufen Sie Magnesiumglycinat oder -malat.
- **SILBERDISTEL** unterstützt die Leber bei der Entgiftung des Blutes. Sie ist als Tee, als Tinktur und in Kapseln erhältlich.
- **N-ACETYLCYSTEIN (NAC)** unterstützt die Leber.
- **OMEGA-3-FETTSÄUREN** sind entzündungshemmende essenzielle Fettsäuren. Ich empfehle nur den fermentierten Lebertran von Green Pasture.
- **PASSIONSBLUME** dämpft möglicherweise den Tremor bei Parkinson.
- **PHOSPATIDYLCHOLIN** verbessert die Integrität des Magen-Darm-Trakts, unterstützt die Fettverdauung und heilt die Darmschleimhaut.
- **PHOSPATIDYLSERIN** schützt die Zellmembranen und verbessert möglicherweise das Gedächtnis und die Wahrnehmung. Es dämpft nachweislich die Ausschüttung von Cortisol bei Stressreaktionen.
- **PROBIOTIKA** unterstützen die gesunde Darmflora, die für die Verdauung und Ausscheidung unerlässlich ist. Nehmen Sie, wenn nötig, Kapseln ein.
- **S-ADENOSYLMETHIONIN (SAM)** hilft möglicherweise, oxidative Schäden zu verhindern, die geistigen Fähigkeiten aufrechtzuerhalten und die Stimmung zu verbessern.
- **SELEN** ist ein Antioxidans, das hilft, Schwermetalle wie Blei, Quecksilber, Kadmium und Aluminium auszuscheiden. Es fördert die Genesung nach Krebs, die Immunfunktion, die Herzgesundheit, die Heilung von Entzündungen, das Sehvermögen und das Wachstum des Fetus. Eine hohe Zinkzufuhr kann die Resorption von Selen hemmen; daher müssen beide in ausgewogenem Verhältnis zueinander stehen.
- **SUPEROXIDDISMUTASE (SOD)** ist eine entzündungshemmende Substanz, die Schäden durch freie Radikale verhindert.
- **VERDAUUNGSENZYME** bauen Nahrungsmittel ab, sodass sie resorbiert werden können, während der Darm heilt. Verwenden Sie eine Enzymmischung.
- **ZINK** ist ein starkes Antioxidans, das den Vitamin-A-Stoffwechsel unterstützt. Menschen mit entzündlichen Krankheiten leiden oft an Zinkmangel. Zink und Selen müssen in ausgewogenem Verhältnis zueinander stehen.

30-Tage-Menüpläne

Unterstützende Nährstoffe und Lebensmittel, die sie enthalten

Gesundes Nervensystem

Kurz-Info

Eiweiß
Auster
Eier
Flunder
Forelle
Lamm
Leber
Makrele
Schalentiere
Thunfisch

Fette
Butter/Ghee von grasgefütterten Tieren
Kokosöl
natives Olivenöl extra
Walnüsse

Gemüse
Blumenkohl
Brokkoli
Butternusskürbis
Daikon-Rettich
grünes Blattgemüse
Okra
Rosenkohl
Rote Rüben
Spinat
Süßkartoffeln

Obst
Erdbeeren
Heidelbeeren
Orangen
Zitronen

Superlebensmittel
fermentierter Lebertran/Butterölmischung
Knochenbrühe
Leber

Gewürze
Basilikum
Ingwer
Koriandergrün
Kreuzkümmel
Knoblauch
Oregano
Petersilie
Zimt

B-VITAMINE
Werden gebraucht, um Neurotransmitter zu unterstützen und die Gesundheit des Gehirns sowie die Funktion der Nerven und Muskeln zu verbessern.
» Leber, Bison, Lamm, Flunder, Schellfisch, Lachs, Forelle, Thunfisch Bierhefe (nur von Lewis Labs)
» Pilze
» Haselnüsse, Walnüsse
» Spuren: Pekannüsse, Sonnenblumenkerne, Brokkoli, Rosenkohl, grünes Blattgemüse

VITAMIN C
Ein starkes Antioxidans, das Entzündungen hemmt.
» Nebennieren von Tieren, Rote Rüben, Gemüsepaprika, Knoblauch, Zitronen, Rosenkohl, Blumenkohl, Blattkohl, Brokkoli, Daikon-Rettich, Grünkohl, Brauner Senf, Petersilie, Spinat, Erdbeeren

VITAMIN D
Ein starker Immunsystem-Modulator, der in der Haut gebildet wird, wenn Sie sonnenbaden.
» Eigelb, Kaltwasserfisch (u.a. Lachs, Hering, Makrele)
» Butter oder Ghee von grasgefütterten Tieren
» fermentierter Lebertran oder Butterölmischung (nur von Green Pasture)

CHOLIN
Ein wichtiger Nährstoff für die Zellmembranen, für die Kommunikation zwischen Nerven und Muskeln sowie für eine optimale Leberfunktion.
» Eier, Leber, Herz, Niere, Fischrogen, Kaviar, Kabeljau
» Blumenkohl (gekocht)

VITAMIN E
Ein Antioxidans, das die Funktion des Nervensystems, das Wachstum der glatten Muskeln und die Kommunikation zwischen den Zellen fördert.
» natives Olivenöl extra
» Pekannüsse, Spinat, Brokkoli, Rosenkohl

GLUTATHION
Ein Antioxidans, das die Entgiftungsfunktion der Leber unterstützt.
» Spargel, Brokkoli, Avocado, Knoblauch, Kurkuma, Curcumin

KALIUM
» Avocado, Spinat, Mangold

LIPONSÄURE (ALPHA-LIPONSÄURE)
» dunkles Fleisch, Innereien

MAGNESIUM
Wird für die Energieproduktion in den Zellen und für den Kampf gegen Müdigkeit benötigt. Es fördert den Kalziumstoffwechsel und hält die Blutgefäße gesund.
» Grünkohl, grünes Blattgemüse, Rote Rüben, Kürbiskerne

OMEGA-3-FETTSÄUREN
Entzündungshemmende Fettsäuren, die nur in wenigen Lebensmitteln enthalten sind.
» Kaltwasserfisch (Lachs, Hering, Makrele u.a.), fermentierter Lebertran (nur von Green Pasture)
» Walnüsse, Pekannüsse

PROBIOTIKA
Unterstützen die gesunde Darmflora, die für die Verdauung und Ausscheidung unerlässlich ist.
» fermentiertes Gemüse: Kohl (Sauerkraut), Möhren, Rote Rüben oder andere Gemüsearten
» Kombucha (fermentierter Tee)

SELEN
» Paranüsse, Roter Mangold, Steckrüben, Knoblauch

ZINK
» Austern, Meeresfrüchte
» Lamm, dunkles Fleisch
» Kürbiskerne

Gesundes Nervensystem

TAG	FRÜHSTÜCK	MITTAGESSEN	ABENDESSEN
1	Gewirbelte Quiche ohne Kruste (240), Perfekt gebackener Speck (236), Rohes Sauerkraut (238)	Hühnerschenkel mit Senfglasur (266), grüner Salat*, Balsam-Vinaigrette (378)	Gegrilltes Flankensteak mit Knoblauch, Paprika und Zwiebeln (294), gruner Salat, NOE
2	Rest der gewirbelten Quiche ohne Kruste, Rest des gegrillten Flankensteaks mit Knoblauch, Paprika und Zwiebeln	Wilder Lachs aus der Dose mit Oliven, Avocado, Zitronensaft, Tomate, NOE	Truthahnkeulen, mit Salbei gebacken (276), gedünsteter Spinat*
3	Hartgekochte Eier, Brokkoli*	Rest der Truthahnkeulen, mit Salbei gebacken, gemischtes Grüngemüse mit Spargel und Fenchel, NOE, Zitrone	Zitronen-Lamm-Dolmas (318), Koriander-Blumenkohl-Reis (340)
4	Pesto-Rühreier (252), Rest des Koriander-Blumenkohl-Reis, Rohes Sauerkraut (238)	Rest der Zitronen-Lamm-Dolmas, Spinatsalat mit Walnüssen und Artischocken (380)	Scholle mit Orange und Macadamianüssen (314), Grünkohl*
5	Rest der Scholle mit Orange und Macadamianüssen, Möhren	Lachs im Noriblatt (316)	Rindfleisch und gemischte Gemüsepfanne (286)
6	Frühstückswurst mit italienischem Wurstgewürz (233), Blumenkohl*	Rest des Rindfleisches mit gemischtem Gemüse	Lamm-Salatschiffchen mit Avo-Tsiki-Soße (322)
7	Eier, Perfekt gebackener Speck (236), Grünkohl*, Sauerkraut (238)	Gemischtes Grüngemüse mit wildem Lachs aus der Dose, Spargel*, Zitronensaft, NOE	Ganzes gebratenes Huhn mit Zitrusfrucht und Kräutersalz (256), Gebackene Grünkohlchips* (356)
8	Brei ohne Getreide (252), Rest des ganzen gebratenen Huhns mit Zitrusfrucht und Kräutersalz	Spinatsalat mit Walnüssen und Artischocken (380), Rest des ganzen gebratenen Huhns mit Zitrusfrucht und Kräutersalz	Salatkörbchen mit chinesischem Fünf-Gewürze-Pulver (272)
9	Gewirbelte Quiche ohne Kruste (240), gedünsteter Brokkoli*, Rohes Sauerkraut (238)	Truthahn-Burger mit indischem Gewürz (268), gedünsteter Brokkoli*	Pesto-Garnelen und Kürbis-Fettuccine (308)
10	Omelett oder Pesto-Rühreier, Rest der Garnelen mit Avocado	Einfaches Garnelen-Ceviche (316), gemischtes Grüngemüse*, NOE	Schweinefilet mit Kreuzkümmel und Wurzelgemüse (328)

» *Eine vollständige Einkaufsliste für dieses Menü finden Sie bei balancedbites.com*

SCHLÜSSEL
- ◆ Rind und Bison
- ■ Geflügel
- ● Eier
- ● Schwein
- ● Lamm
- ◆ Fisch und Meeresfrüchte

ANMERKUNGEN
- NOE natives Olivenöl extra
- KÖ Kokosöl
- * oder ein anderes nichtstärkehaltiges Gemüse
- ** oder ein anderes stärkehaltiges Gemüse (siehe Seite 110)

Wenn keine Seitenzahl genannt wird, können Sie die Gerichte zubereiten wie angegeben oder nach Belieben. Weitere Empfehlungen für Eiweiß, Gemüse und Fette finden Sie in der Spalte »Kurz-Info«, die auf Ihr Menü abgestimmt ist!

Bei Parkinson: Wenn Sie Levodopa einnehmen, dürfen Sie bei der Einnahme keine Nahrungsmittel essen, die reich an Vitamin B6 sind (z. B. Bananen, Leber und Fisch). Nehmen Sie vor jeder Einnahme eine kleine Portion Eiweiß und abends nach der letzten Dosis eine größere Portion zu sich.

Gesundes Nervensystem

TAG	FRÜHSTÜCK	MITTAGESSEN	ABENDESSEN
11 ● ● ◆	Gewirbelte Quiche ohne Kruste (240), Perfekt gebackener Speck (236), Rohes Sauerkraut (238)	Rest des Schweinefilets mit Kreuzkümmel, Regenbogen-Rotkohlsalat* (372)	Kurze Rippchen, in Balsamessig geschmort (278), Möhren, Spinat*
12 ● ◆ ■	Eier, restlicher Regenbogen-Rotkohlsalat	Rest der kurzen Rippchen, in Balsamessig geschmort, Rest der Möhren, grüner Salat*	Pikante gebackene Hähnchenkeulen (264), Rosenkohl mit Fenchel* (350)
13 ● ■ ◆	Zucchini-Pfannkuchen (248), Perfekt gebackener Speck (236), Rohes Sauerkraut (238)	Rest der pikanten gebackenen Hähnchenkeulen, Rest des Rosenkohls mit Fenchel*	Gegrillter Lachs mit Zitrone und Rosmarin (306), Spargel mit Zitrone und Oliven (338)
14 ◆ ■ ◆	Rest des gegrillten Lachses mit Zitrone und Rosmarin, Rest des Spargels mit Zitrone und Oliven*	Hühnerfleisch-Salat-Wraps (270)	Thunfisch mit rotem Palmöl und Koriander auf Daikon-Nudelsalat (302), grüner Salat*
15 ● ◆ ◆	Rührei mit Oliven, gedünsteter Spinat*, Avocado	Spinatsalat mit NOE, Rest des Thunfischs mit rotem Palmöl und Koriandergrün, Avocado, Zitronensaft	Gefüllte Paprikaschoten nach italienischer Art (300), grüner Salat* mit Balsam-Vinaigrette (378)
16 ● ◆ ■	Brei ohne Getreide (252), Frühstückswurst	Rest der gefüllten Paprikaschoten nach italienischer Art (300), grüner Salat	Rauchige Hühnerschenkel, in Speck gewickelt (262), Gemischter grüner Salat mit Roten Rüben und Blutorangen (376)
17 ● ■ ◆	Eiersalat mit Speck (248), Brokkoli*	Rest der rauchigen Hühnerschenkel, in Speck gewickelt, grüner Salat*	Spaghettikürbis Bolognese (280), Gebackene Grünkohlchips* (356)
18 ● ◆ ●	Kürbispfannkuchen (242), Frühstückswurst oder Speck	Rest des Spaghettikürbis Bolognese	Fleischbällchenfüllung (334), Pürierte Faux-Tatoes (344)
19 ● ● ◆	Rührei, Avocado, Spinat oder Grünkohl*, Rohes Sauerkraut (238)	Rest der Fleischbällchenfüllung, Rest der pürierten Faux-Tatoes	Scholle mit Orange und Macadamianüssen (314), Gebackener Romanesco mit Zitrone* (346)
20 ● ◆ ■	Brei ohne Getreide (252), hartgekochte Eier	Rest der Scholle mit Orange und Macadamianüssen, Rest des gebackenen Romanesco mit Zitrone	Gebackene Ente mit Kirschsoße (274), Gedünsteter Rotkohl mit Zwiebeln und Äpfeln* (352)

» *Eine vollständige Einkaufsliste für dieses Menü finden Sie bei balancedbites.com*

SCHLÜSSEL
- ◆ Rind und Bison
- ■ Geflügel
- ● Eier
- ● Schwein
- ● Lamm
- ◆ Fisch und Meeresfrüchte

ANMERKUNGEN
NOE   natives Olivenöl extra
KÖ   Kokosöl
*   oder ein anderes nichtstärkehaltiges Gemüse
**   oder ein anderes stärkehaltiges Gemüse (siehe Seite 110)

Wenn keine Seitenzahl genannt wird, können Sie die Gerichte zubereiten wie angegeben oder nach Belieben. Weitere Empfehlungen für Eiweiß, Gemüse und Fette finden Sie in der Spalte »Kurz-Info«, die auf Ihr Menü abgestimmt ist!

Bei Parkinson: Wenn Sie Levodopa einnehmen, dürfen Sie bei der Einnahme keine Nahrungsmittel essen, die reich an Vitamin B6 sind (z.B. Bananen, Leber und Fisch). Nehmen Sie vor jeder Einnahme eine kleine Portion Eiweiß und abends nach der letzten Dosis eine größere Portion zu sich.

Gesundes Nervensystem

TAG	FRÜHSTÜCK	MITTAGESSEN	ABENDESSEN
21 ●◆●	Hartgekochte Eier, Frühstückswurst, Rohes Sauerkraut (238)	Lachs im Noriblatt (316)	Lammkoteletts mit Oliventapenade (326), Griechischer Salat mit Avo-Tsiki-Soße (374)
22 ●●◆	Gewirbelte Quiche ohne Kruste (240), Frühstückswurst	Rest der Lammkoteletts mit Oliventapenade, Rest des Griechischen Salats mit Avo-Tsiki-Soße	Rinderbeinscheiben, mit Orange geschmort (284), grüner Salat
23 ●◆◆	Rest der gewirbelten Quiche ohne Kruste, Perfekt gebackener Speck (236)	Rest der Rinderbeinscheiben, mit Orange geschmort, grüner Salat*	Hayleys Rinderbauchlappensteak-Tacos (292), Salsa (Tomate oder Gurke, kein Obst) (296)
24 ◆◆◆	Räucherlachs, Gurke, grüne Bohnen in Kokosöl*	Würziger Taco-Salat (296), Rest der Salsa	Feurige Jalapeño-Büffelburger mit Süßkartoffel-Pfannkuchen (298), Gebackener roter Knoblauch (370)
25 ●◆◆	Rest der Süßkartoffel-Pfannkuchen, Eier, Avocado	Einfache Lachskuchen (310), grüner Salat*, Avocado, Oliven	Jakobsmuscheln nach asiatischer Art (304), Tomatillo-Garnelen-Cocktail (312), Zucchini*
26 ●◆●	Pesto-Rührei (252), Perfekt gebackener Speck (236)	Thunfisch, Gemischter grüner Salat mit Persimonen, Spargel und Fenchel (380), Orangen-Vinaigrette (382)	Oma Barbaras gefüllte Pilze (332), Geröstete Markknochen (288), Spinat
27 ●●●	Brei ohne Getreide (252), Frühstückswurst mit italienischem Wurstgewürz (233)	Rest von Oma Barbaras gefüllten Pilzen, gemischter grüner Salat, Balsam-Vinaigrette (378)	Gewürzte Lammfleischbällchen mit Balsamfeigen-Kompott (324), Grüne Bohnen mit Schalotten* (358)
28 ●◆■	Rest der gewürzten Lammfleischbällchen, Spinat oder Kohl*	Wilder Lachs aus der Dose mit Oliven, Avocado, Zitronensaft, Tomate, NOE	Huhn mit Zitrone und Artischocken (260), Dicke Brokkoli-Blumenkohl-Suppe mit Speck (336)
29 ●■◆	Zucchini-Pfannkuchen (248), Speck oder Frühstückswurst	Rest des Huhns mit Zitrone und Artischocken, Möhren-Grünkohl-Salat mit Zitronen-Tahini-Soße (376)	Mamas gefüllte Kohlrouladen mit Tomaten-Cranberry-Soße (290), grüner Salat*
30 ●●●	Rest der Zucchini-Pfannkuchen, Speck oder Frühstückswurst	Chorizo-Fleischbällchen (330), gemischter grüner Salat* mit Avocado, Zitronensaft und NOE	Mediterraner Lammbraten (320), Gedünsteter Spinat mit Pinienkernen und Korinthen (366)

» Eine vollständige Einkaufsliste für dieses Menü finden Sie bei balancedbites.com

SCHLÜSSEL
◆ Rind und Bison
■ Geflügel
● Eier
● Schwein
● Lamm
◆ Fisch und Meeresfrüchte

ANMERKUNGEN
NOE natives Olivenöl extra
KÖ Kokosöl
* oder ein anderes nichtstärkehaltiges Gemüse
** oder ein anderes stärkehaltiges Gemüse (siehe Seite 110)

Wenn keine Seitenzahl genannt wird, können Sie die Gerichte zubereiten wie angegeben oder nach Belieben. Weitere Empfehlungen für Eiweiß, Gemüse und Fette finden Sie in der Spalte »Kurz-Info«, die auf Ihr Menü abgestimmt ist!

Bei Parkinson: Wenn Sie Levodopa einnehmen, dürfen Sie bei der Einnahme keine Nahrungsmittel essen, die reich an Vitamin B6 sind (z. B. Bananen, Leber und Fisch). Nehmen Sie vor jeder Einnahme eine kleine Portion Eiweiß und abends nach der letzten Dosis eine größere Portion zu sich.

30-Tage-Menüpläne

30-TAGE-MENÜ-PLAN

GESUNDES HERZ

Vor diesem etwas eingeschränkten Menü können Sie die »Mustergültige Paläo-Kost« probieren.

Cholesterinprobleme

können eines oder mehrere der folgenden Symptome auslösen:

- niedriger HDL-Spiegel
- hoher LDL-Spiegel
- hoher Triglyceridspiegel (zirkulierendes Blutfett)
- Gesamtcholesterin/HDL außerhalb der idealen Bandbreite von 3–4 (teilen Sie das Gesamtcholesterin durch das HDL)
- zu viel oxidiertes LDL im Blut (sofern Ihnen dieser Test zur Verfügung steht)

Blutdruckprobleme

können eines oder mehrere der folgenden Symptome auslösen:

- allgemeine Müdigkeit
- Energieschwankungen während des Tages
- Müdigkeit nach dem Aufwachen
- Schlafstörungen
- Konzentrationsschwäche, Benommenheit, mentale Störungen, mentale Verwirrung
- Sehtrübung
- niedriger Blutdruck
- Kopfschmerzen
- Zittern
- unzusammenhängendes Sprechen
- Schwäche in den Beinen
- trockener Mund
- Gewichtszunahme
- Stimmungsschwankungen, z. B. Reizbarkeit, negatives Denken, Trübsinn, Weinkrämpfe, Sprunghaftigkeit, antisoziale Einstellung, Depressionen, Angst, Überempfindlichkeit
- Heißhunger auf Zucker und Kohlenhydrate
- ständiger Hunger
- zwanghaftes Essen
- Appetitlosigkeit
- Verlust des Geschlechtstriebes
- schneller Herzschlag, Flattern in der Brust

Haftungsausschluss: Die Informationen in diesem Buch sollen eine fachkundige medizinische Diagnose oder Behandlung von Krankheiten nicht ersetzen. Es handelt sich ausschließlich um Empfehlungen zur Lebens- und Ernährungsweise, die den Körper gesünder machen.

Gesundes Herz

Empfehlungen zur Lebens- und Ernährungsweise

Zugeben [+]

NÄHRSTOFFREICHE LEBENSMITTEL
Füllen Sie Nährstoffreserven auf, die erschöpft sind, weil Sie bisher zu viele industriell hergestellte Produkte gegessen haben.

STRESSABBAU
Bauen Sie Stress ab, um die systemische Entzündung zu lindern. Erlernen Sie die Praxis der Meditation oder des Qigong. Auch Biofeedback, Tai Chi und gelenkte Imagination fördern die tiefe Entspannung.

BEWEGUNG
Gehen Sie spazieren oder machen Sie sanfte Yoga-Übungen, die den Körper nicht belasten.

Beginnen Sie nach und nach mit einem nicht zu anstrengenden Gewichtstraining, das keine Stressreaktion oder Cortisolausschüttung auslöst.

HAFTUNGSAUSSCHLUSS: *Die Informationen in diesem Buch sollen eine fachkundige medizinische Diagnose oder Behandlung von Krankheiten nicht ersetzen. Es handelt sich ausschließlich um Empfehlungen zur Lebens- und Ernährungsweise, die den Körper gesünder machen.*

Meiden [–]

GLUTEN
Vollständig meiden. Siehe »Tipps zum Gluten« auf Seite 89.

ESSEN IM RESTAURANT
Meiden Sie geschädigte und künstliche Fette, die in Restaurants meist verwendet werden.

RAFFINIERTE PRODUKTE, SCHLECHTE KOHLENHYDRATE, SÜSSSTOFFE, KOFFEIN, ALKOHOL UND MONONATRIUMGLUTAMAT
Können Blutzuckerschwankungen und systemischen Stress auslösen. Meiden Sie abgepackte Produkte mit zu viel Natrium.

ALKOHOL, TABAK, NIKOTIN
Müssen durch eine Entgiftungstherapie ausgeschieden werden. Sie können die Leber schädigen und eine systemische Entzündung fördern.

STRESS
Ändern Sie Ihre Lebensweise, um stressige Situationen zu vermeiden.

LANGES HERZ-KREISLAUF-TRAINING
30–60 Minuten oder länger im Sauerstoffgleichgewicht, z. B. Joggen oder Radfahren, kann eine Stressreaktion auslösen.

Ergänzungsmittel und Kräuter zur Unterstützung

Gesundes Herz

Diese Empfehlungen dienen als Startpunkt. Suchen Sie selbst Ergänzungsmittel, die Ihnen helfen können. Es ist am besten, wenn Sie so viele Nährstoffe wie möglich mit Lebensmitteln zu sich nehmen. Auf der nächsten Seite finden Sie eine Auflistung spezieller, lebensmittelbasierter Nährstoffe. Die folgenden Substanzen sind nicht nach ihrer Wirksamkeit geordnet.

- **VITAMIN A (RETINOL)** schützt die Darmschleimhaut und stärkt zusammen mit Vitamin D das Immunsystem. Wichtig für die Resorption von Mineralien.

- **FERMENTIERTER LEBERTRAN ODER BUTTERÖLMISCHUNG** enthält die fettlöslichen Vitamine A, D, E und K2 sowie Omega-3-Fettsäuren in kleiner Menge. Ich empfehle nur die Marke Green Pasture.

- **VITAMIN B3 (NIACIN)** fördert die Blutzuckerregulierung und kann den Cholesterinspiegel senken.

- **VITAMIN B5 (PANTOTHENSÄURE UND PANTETHIN)** kann (als Pantethin) helfen, den Cholesterin- und den Triglyceridspiegel zu senken, vor allem bei Diabetikern.

- **VITAMIN B7 (BIOTIN)** ist ein Koenzym, das wir für den Aminosäuren-, Glucose- und Fettstoffwechsel brauchen.

- **VITAMIN B9 (FOLAT)** fördert die Bildung gesunder roter Blutkörperchen und das Wachstum und verringert das Risiko für Geburtsfehler. Eine ausgewogene Dosierung erreichen Sie mit einem B-Komplex-Präparat.

- **VITAMIN C** ist ein starkes Antioxidans, das Entzündungen hemmt. Es hilft, Vitamin E zu regenerieren.

- **COENZYM Q10** fördert die Energieproduktion der Mitochondrien und lindert Müdigkeit und Muskelschmerzen. Es ist ein starkes Antioxidans, das von Statinen dezimiert wird.

- **VITAMIN E** ist ein Antioxidans, das vor Schäden durch freie Radikale schützt.

- **LIPONSÄURE (ALPHA-LIPONSÄURE)** ist ein Antioxidans, das möglicherweise die Energieproduktion in den Zellen verbessert und für Herzpatienten hilfreich ist.

- **MAGNESIUM** wird für mehr als 300 Enzymprozesse im Körper benötigt. Die meisten Menschen nehmen nicht genug davon auf. Es unterstützt die Blutzuckerregulierung. Kaufen Sie Magnesiumglycinat oder -malat.

- **OMEGA-3-FETTSÄUREN** hemmen Entzündungen. Ich empfehle nur fermentierten Lebertran von Green Pasture.

- **SELEN UND ZINK** sind Antioxidantien, die vor Schäden durch freie Radikale schützen. Es ist schwierig, sie allein mit der Nahrung in ausreichender Menge aufzunehmen.

30-Tage-Menüpläne

Gesundes Herz

Unterstützende Nährstoffe und Lebensmittel, die sie enthalten

Kurz-Info

Eiweiß
Austern
Eier
Hering
Huhn
Lachs
Makrele
Schalentiere
Schwein
Thunfisch

Fette
Butter/Ghee von grasgefütterten Tieren
Kokosöl
natives Olivenöl extra
Walnüsse

Gemüse
Avocado
Blumenkohl
Brokkoli
Kohl
Kürbis
Mangold
Rosenkohl
Rote Rüben
Spargel
Yamswurzeln

Obst
Beeren
Melone
Papaya
Zitrusfrüchte

Superlebensmittel
fermentierter Lebertran
Knochenbrühe
Leber
Sauerkraut

Gewürze
Basilikum
Gewürznelke
Kardamom
Knoblauch
Kurkuma
Oregano
schwarzer Pfeffer
Thymian

B-VITAMINE
(besonders B3, B6, B9)
- Leber, Huhn, Thunfisch, Lamm, Lachs, Eigelb, Sardinen, Milchprodukte von grasgefütterten Tieren, Bierhefe (nur von Lewis Labs)
- Spuren: Sesamsamen, Sonnenblumenkerne, Mandeln, Walnüsse, Pekannüsse, Pilze, Romana-Salat, Blumenkohl

VITAMIN C
- Nebennieren von Weidetieren, Rote Rüben, Gemüsepaprika, Knoblauch, Zitronen, Rosenkohl, Blattkohl, Brokkoli, Daikon-Rettich, Grünkohl, Brauner Senf, Petersilie, Spinat, Erdbeeren

CHOLESTERIN
Ist Bestandteil der Zellmembranen und ein Vorläufer von Hormonen und Galle. Es wird für die Produktion von Vitamin D unter dem Einfluss von Sonnenlicht sowie für die Gehirnfunktion und die Hormonbildung benötigt. Angst vor Cholesterin in Nahrungsmitteln ist unbegründet.
- Eigelb, Fisch, Meeresfrüchte
- Rind, Lamm

VITAMIN D
Ist ein starker Immunsystem-Modulator, der in der Haut gebildet wird, wenn Sie sonnenbaden.
- Eigelb, Kaltwasserfisch (Lachs, Hering, Makrele usw.)
- Butter oder Ghee von grasgefütterten Tieren
- fermentierter Lebertran (nur von Green Pasture)

KALIUM
- Spargel, Avocado, Spinat, Mangold, Papaya, Banane, Honigmelone, Cantaloupe-Melone, Nektarinen, Orangen, Grapefruit, Yamswurzel

KALZIUM
dunkelgrünes Blattgemüse (essen Sie auch Butter von grasgefütterten Tieren oder nehmen Sie ein K2-Ergänzungsmittel ein, z. B. fermentierten Lebertran von Green Pasture, damit das Kalzium resorbiert wird)

LIPONSÄURE (ALPHA-LIPONSÄURE)
- dunkles Fleisch, Innereien

MAGNESIUM
Wird für die Energieproduktion in den Zellen und für den Kampf gegen Müdigkeit benötigt. Es fördert den Kalziumstoffwechsel und hält die Blutgefäße gesund.
- Grünkohl, grünes Blattgemüse, Rote Rüben, Kürbiskerne

NATRIUM
- nichtraffiniertes, mineralreiches Meersalz

OMEGA-3-FETTSÄUREN
Entzündungshemmende Fettsäuren, die nur in wenigen Lebensmitteln enthalten sind.
- Kaltwasserfisch (Lachs, Hering, Makrele u. a.), fermentierter Lebertran (nur von Green Pasture)
- Walnüsse, Pekannüsse

PROBIOTIKA
Unterstützen die gesunde Darmflora, die für die Verdauung und Ausscheidung unerlässlich ist.
- fermentiertes Gemüse: Kohl (Sauerkraut), Möhren, Rote Rüben oder andere Gemüsearten
- Kombucha (fermentierter Tee)

SELEN
- Eier, Paranüsse
- Roter Mangold, Steckrüben, Knoblauch

ZINK
- Austern, Meeresfrüchte
- Lamm, dunkles Fleisch
- Kürbiskerne

Gesundes Herz

TAG	FRÜHSTÜCK	MITTAGESSEN	ABENDESSEN
1 ●■◆	Gewirbelte Quiche ohne Kruste (240), Perfekt gebackener Speck (236), Rohes Sauerkraut (238)	Hühnerschenkel mit Senfglasur (266), grüner Salat*, Balsam-Vinaigrette (378)	Gegrilltes Flankensteak mit Knoblauch, Paprika und Zwiebeln (294), Gebackene Rote Rüben mit Fenchel** (362)
2 ●◆■	Rest der gewirbelten Quiche ohne Kruste, Rest des gegrillten Flankensteaks mit Knoblauch, Paprika und Zwiebeln	Wilder Lachs aus der Dose mit Oliven, Avocado, Zitronensaft, Tomate, NOE	Truthahnkeulen, mit Salbei gebacken (276), Süßkartoffel-Pfannkuchen (298), gedünsteter Spinat*
3 ■■●	Rest der Süßkartoffel-Pfannkuchen, Rest der Hühnerschenkel mit Senfglasur	Rest der Truthahnkeulen, mit Salbei gebacken, Gemischter grüner Salat mit Persimonen, Spargel und Fenchel (380)	Zitronen-Lamm-Dolmas (318), Koriander-Blumenkohl-Reis (340)
4 ●●◆	Pesto-Rühreier (252), Rest des Koriander-Blumenkohl-Reis	Rest der Zitronen-Lamm-Dolmas, Spinatsalat mit Walnüssen und Artischocken (380)	Scholle mit Orange und Macadamianüssen (314), Butternusskürbis**
5 ◆◆◆	Rest der Scholle mit Orange und Macadamianüssen, Butternusskürbis**	Lachs im Noriblatt (316)	Rindfleisch und gemischte Gemüsepfanne (286)
6 ●◆●	Kürbispfannkuchen (242), Frühstückwurst mit italienischem Wustgewürz (233)	Rest des Rindfleischs mit gemischter Gemüsepfanne	Lamm-Salatschiffchen mit Avo-Tsiki-Soße (322)
7 ●◆■	Eier, Perfekt gebackener Speck (236), Rohes Sauerkraut (238)	Gemischtes Grüngemüse mit wildem Lachs aus der Dose, Spargel*, Zitronensaft, NOE	Ganzes gebratenes Huhn mit Zitrusfrucht und Kräutersalz (256), Gebratene Rosmarinwurzeln (350), Gebackene Grünkohlchips* (356)
8 ■■■	Brei ohne Getreide (252), Beeren, Rest des ganzen gebratenen Huhns mit Zitrusfrucht und Kräutersalz	Spinatsalat mit Walnüssen und Artischocken (380), Rest des ganzen gebratenen Huhns mit Zitrusfrucht und Kräutersalz	Hühnerleberpastete (384), Gurke, Grünkohl*, Beeren
9 ●■◆	Gewirbelte Quiche ohne Kruste (240), gedünsteter Brokkoli*, Rohes Sauerkraut (238)	Rest der Hühnerleberpastete, grüner Salat*, Melone	Pesto-Garnelen und Kürbis-Fettuccine (308)
10 ●◆●	Omelett oder Pesto-Rühreier, Rest der Garnelen mit Avocado	Einfaches Garnelen-Ceviche (316), gemischtes Grüngemüse*, NOE	Schweinefilet mit Kreuzkümmel und Wurzelgemüse** (328)

» *Eine vollständige Einkaufsliste für dieses Menü finden Sie bei balancedbites.com*

SCHLÜSSEL

- ◆ Rind und Bison
- ■ Geflügel
- ● Eier
- ● Schwein
- ● Lamm
- ◆ Fisch und Meeresfrüchte

ANMERKUNGEN

NOE	natives Olivenöl extra
KÖ	Kokosöl
*	oder ein anderes nichtstärkehaltiges Gemüse
**	oder ein anderes stärkehaltiges Gemüse (siehe Seite 110)

Wenn keine Seitenzahl genannt wird, können Sie die Gerichte zubereiten wie angegeben oder nach Belieben. Weitere Empfehlungen für Eiweiß, Gemüse und Fette finden Sie in der Spalte »Kurz-Info«, die auf Ihr Menü abgestimmt ist!

30-Tage-Menüpläne

Gesundes Herz

TAG	FRÜHSTÜCK	MITTAGESSEN	ABENDESSEN
11	Gewirbelte Quiche ohne Kruste (240), Perfekt gebackener Speck (236), Rest des Wurzelgemüses**	Rest des Schweinefilets mit Kreuzkümmel, Regenbogen-Rotkohlsalat* (372)	Kurze Rippchen, in Balsamessig geschmort (278), Kandierte Möhren (340), Spinat*
12	Eier, Rest des Regenbogen-Rotkohlsalats*	Rest der kurzen Rippchen, in Balsamessig geschmort, Rest der kandierten Möhren, grüner Salat*	Pikante gebackene Hähnchenkeulen (264), Rosenkohl mit Fenchel* (350)
13	Zucchini-Pfannkuchen (248), Perfekt gebackener Speck (236), Rohes Sauerkraut (238)	Rest der pikanten gebackenen Hähnchenkeulen, Rest des Rosenkohls mit Fenchel*	Gegrillter Lachs mit Zitrone und Rosmarin (306), Spargel mit Zitrone und Oliven (338), Süßkartoffel**
14	Rest des gegrillten Lachses mit Zitrone und Rosmarin, Rest des Spargels mit Zitrone und Oliven*	Hühnerfleisch-Salat-Wraps (270)	Thunfisch mit rotem Palmöl und Koriander auf Daikon-Nudelsalat (302), grüner Salat*
15	Rührei mit Oliven, gedünsteter Spinat*, Avocado	Spinatsalat mit NOE, Rest des Thunfischs mit rotem Palmöl und Koriandergrün, Avocado, Zitronensaft	Gefüllte Paprikaschoten nach italienischer Art (300), grüner Salat* mit Balsam-Vinaigrette (378)
16	Brei ohne Getreide (252), Frühstückswurst	Rest der gefüllten Paprikaschoten nach italienischer Art (300), grüner Salat*	Hühnerleberpastete (384), Gurke, Gemischter grüner Salat mit Roten Rüben und Blutorangen (376)
17	Eiersalat mit Speck (248), Süßkartoffel oder Rote Rüben**	Rest der Hühnerleberpastete, Gurke, grüner Salat*	Spaghettikürbis Bolognese (280), Gebackene Grünkohlchips* (356)
18	Kürbispfannkuchen (242), Frühstückswurst oder Speck	Rest des Spaghettikürbis Bolognese	Fleischbällchenfüllung (334), Pürierte Faux-Tatoes (344)
19	Rührei, Avocado, Spinat oder Grünkohl*, Rohes Sauerkraut (238)	Rest der Fleischbällchenfüllung, Rest der pürierten Faux-Tatoes	Scholle mit Orange und Macadamianüssen (314), Gebackener Romanesco mit Zitrone* (346), Pikante Süßkartoffeln** (362)
20	Brei ohne Getreide (252), hartgekochte Eier	Rest der Scholle mit Orange und Macadamianüssen, Rest des gebackenen Romanesco mit Zitrone*	Gebackene Ente mit Kirschsoße (274), Gedünsteter Rotkohl mit Zwiebeln und Äpfeln* (352)

» *Eine vollständige Einkaufsliste für dieses Menü finden Sie bei balancedbites.com*

SCHLÜSSEL

- ◆ Rind und Bison
- ■ Geflügel
- ● Eier
- ● Schwein
- ● Lamm
- ◆ Fisch und Meeresfrüchte

ANMERKUNGEN

NOE	natives Olivenöl extra
KÖ	Kokosöl
*	oder ein anderes nichtstärkehaltiges Gemüse
**	oder ein anderes stärkehaltiges Gemüse (siehe Seite 110)

Wenn keine Seitenzahl genannt wird, können Sie die Gerichte zubereiten wie angegeben oder nach Belieben. Weitere Empfehlungen für Eiweiß, Gemüse und Fette finden Sie in der Spalte »Kurz-Info«, die auf Ihr Menü abgestimmt ist!

Das große Buch der Paläo-Ernährung

Gesundes Herz

TAG	FRÜHSTÜCK	MITTAGESSEN	ABENDESSEN
21 ● ◆ ●	Hartgekochte Eier, Frühstückswurst, Rohes Sauerkraut (238)	Lachs im Noriblatt (316)	Lammkoteletts mit Oliventapenade (326), Griechischer Salat mit Avo-Tsiki-Soße (374)
22 ● ● ◆	Gewirbelte Quiche ohne Kruste (240), Frühstückswurst	Rest der Lammkoteletts mit Oliventapenade, Rest des Griechischen Salats mit Avo-Tsiki-Soße	Rinderbeinscheiben, mit Orange geschmort (284), Butternusskürbissuppe mit Salbei** (348)
23 ● ◆ ◆	Rest der gewirbelten Quiche ohne Kruste, Perfekt gebackener Speck (236)	Rest der Rinderbeinscheiben, mit Orange geschmort, Rest der Butternusskürbissuppe mit Salbei	Hayleys Rinderbauchlappensteak-Tacos (292), Gegrillter Kürbis mit Ananas (342)
24 ● ◆ ◆	Eichelkürbis mit Zimt und Kokosnussbutter (358), Frühstückswurst oder Speck	Würziger Taco-Salat (296), Rest der Salsa	Feurige Jalapeño-Burger mit Süßkartoffel-Pfannkuchen (298), Gebackener roter Knoblauch (370)
25 ● ◆ ◆	Rest der Süßkartoffel-Pfannkuchen, Eier, Avocado	Einfache Lachskuchen (310), grüner Salat*, Avocado, Oliven	Jakobsmuscheln nach asiatischer Art (304), Tomatillo-Garnelen-Cocktail (312), Zucchini*
26 ● ◆ ●	Zucchini-Pfannkuchen (248), Perfekt gebackener Speck (236), Rohes Sauerkraut (238)	Thunfisch, Gemischter grüner Salat mit Persimonen, Spargel und Fenchel (380), Orangen-Vinaigrette (382)	Oma Barbaras gefüllte Pilze (332), Geröstete Markknochen (288), Spinat*
27 ● ● ●	Brei ohne Getreide (252), Frühstückswurst mit italienischem Wurstgewürz (233)	Rest von Oma Barbaras gefüllten Pilzen, gemischter grüner Salat*, Balsam-Vinaigrette (378)	Gewürzte Lammfleischbällchen mit Balsamfeigen-Kompott (324), Grüne Bohnen mit Schalotten* (358)
28 ● ◆ ■	Rest der gewürzten Lammfleischbällchen, Spinat oder Kohl*	Wilder Lachs aus der Dose mit Oliven, Avocado, Zitronensaft, Tomate, NOE	Huhn mit Zitrone und Artischocken (260), Dicke Brokkoli-Blumenkohl-Suppe mit Speck (336)
29 ● ■ ◆	Apfelstreuselmuffins (254), Speck oder Frühstückswurst	Rest des Huhns mit Zitrone und Artischocken, Möhren-Grünkohl-Salat mit Zitronen-Tahini-Soße (376)	Mamas gefüllte Kohlrouladen mit Tomaten-Cranberry-Soße (290), grüner Salat*
30 ● ● ●	Rest der Apfelstreuselmuffins, Speck oder Frühstückswurst	Chorizo-Fleischbällchen (330), gemischter grüner Salat* mit Avocado, Zitronensaft und NOE	Mediterraner Lammbraten (320), Gedünsteter Spinat mit Pinienkernen und Korinthen* (366)

» *Eine vollständige Einkaufsliste für dieses Menü finden Sie bei balancedbites.com*

SCHLÜSSEL
- ◆ Dunkles Fleisch
- ■ Geflügel
- ● Eier
- ● Schwein
- ● Lamm
- ◆ Fisch und Meeresfrüchte

ANMERKUNGEN
- NOE — natives Olivenöl extra
- KÖ — Kokosöl
- * — oder ein anderes nichtstärkehaltiges Gemüse
- ** — oder ein anderes stärkehaltiges Gemüse (siehe Seite 110)

Wenn keine Seitenzahl genannt wird, können Sie die Gerichte zubereiten wie angegeben oder nach Belieben. Weitere Empfehlungen für Eiweiß, Gemüse und Fette finden Sie in der Spalte »Kurz-Info«, die auf Ihr Menü abgestimmt ist!

30-TAGE-MENÜ-PLAN

GENESUNG NACH KREBS

Eine entzündungshemmende Ernährung und eine gesunde Lebensweise sind die Ecksteine der Krebsprävention. Wir haben zwar nicht alles im Griff, was uns krank machen kann, dennoch gibt es viele Möglichkeiten, die Genesung optimal zu fördern. Vielen Menschen fällt es schwer, ihre Ernährung umzustellen, solange sie nicht mit einer Krankheit kämpfen, aber eine gesunde Ernährung gibt dem Körper, was er braucht, um sich zu heilen. Zusammen mit einer unerschütterlich positiven Einstellung liefert das Essen das Rohmaterial für neue, gesunde Zellen.

Wenn Sie die Genesung nach Krebs mit einer ketogenen Ernährung unterstützen wollen, sollten Sie auch die »Empfehlungen zur Lebens- und Ernährungsweise« im Kapitel »Gesundes Nervensystem« auf Seite 178 beachten. Wichtig ist vor allem die minimale Zufuhr von Kohlenhydraten durch stärkereiches Gemüse und Obst.

Haftungsausschluss: Die Informationen in diesem Buch sollen eine fachkundige medizinische Diagnose oder Behandlung von Krankheiten nicht ersetzen. Es handelt sich ausschließlich um Empfehlungen zur Lebens- und Ernährungsweise, die den Körper gesünder machen.

Genesung nach Krebs

Empfehlungen zur Lebens- und Ernährungsweise

Zugeben [+]

NÄHRSTOFFREICHE LEBENSMITTEL
Füllen Sie Nährstoffreserven auf, die erschöpft sind, weil Sie bisher zu viele industriell hergestellte Produkte gegessen haben.

SUPERLEBENSMITTEL
So oft wie möglich. Bereiten Sie sich regelmäßig eine Knochenbrühe und Gerichte mit Leber zu (Rezepte auf Seite 234 und 384). Verwenden Sie das Sauerkrautrezept auf Seite 238, um fermentierte Möhren oder Rote Rüben zuzubereiten und täglich zu essen (1/4 Tasse), vor allem zum Frühstück, um die Peristaltik des Darms und die Ausscheidung zu unterstützen.

EIWEISS
Hilft, die Darmschleimhaut zu heilen (Aminosäuren sind die Bausteine des Proteins).

ARZNEIPILZE
Arzneipilze wie Reishi, Shiitake und Maitake (als Nahrungsmittel oder Extrakt) bekämpfen die Nebenwirkungen der Chemo- und Strahlentherapie.

ANTIOXIDANTIEN
Essen Sie stark gefärbte Lebensmittel wie grünes Blattgemüse, Beeren und Süßkartoffeln.

STRESSABBAU
Bauen Sie Stress ab, um die systemische Entzündung zu lindern. Erlernen Sie die Praxis der Meditation oder des Qigong. Auch Biofeedback, Tai Chi und gelenkte Imagination fördern die tiefe Entspannung.

SCHLAF
Melatonin, das in einem dunklen Zimmer während des Schlafs gebildet wird, ist ein starkes Antioxidans, das Ihr Immunsystem stärkt.

BEWEGUNG
Gehen Sie spazieren oder machen Sie sanfte Yoga-Übungen, die den Körper nicht belasten.

Meiden [–]

GLUTEN
Vollständig meiden. Siehe »Tipps zum Gluten« auf Seite 89.

MILCHPRODUKTE
Können das Tumorwachstum fördern. Butter und Ghee sind erlaubt.

ESSEN IM RESTAURANT
Meiden Sie geschädigte und künstliche Fette. Das gilt für jeden Menschen, ist für Krebspatienten aber besonders wichtig.

RAFFINIERTE PRODUKTE, SÜSSSTOFFE, KOFFEIN
Krebszellen ernähren sich von Zucker. Sie haben etwa achtmal so viele Zuckerrezeptoren wie normale Zellen. Essen Sie nur nährstoffreiche Kohlenhydrate in Form von Gemüse und Obst.

ALKOHOL, TABAK, NIKOTIN UND MONONATRIUMGLUTAMAT
Diese Produkte enthalten Nervengifte, die durch eine Entgiftungstherapie ausgeschieden werden müssen und/oder neurotoxische Wirkungen haben.

VERARBEITETES FLEISCH
Mit synthetischen Konservierungsstoffen wie BHA und/oder BHT. Lesen Sie die Liste der Zutaten sorgfältig.

VERSCHMORTE GERICHTE

NAHRUNGSMITTEL, DIE KEINE BIO-PRODUKTE SIND, UND FLEISCH AUS KONVENTIONELLER TIERHALTUNG
Meiden Sie Toxine im Übermaß.

SCHARFE CHEMISCHE REINIGUNGS- ODER HYGIENEPRODUKTE
Kaufen Sie milde, natürliche Alternativen, z.B. Waschnüsse für die Wäsche, Essig-Wasser-Lösungen für die Reinigung des Tisches sowie Backpulver und Peroxid, um Oberflächen, Wäsche, Zähne usw. zu reinigen und aufzuhellen.

HAFTUNGSAUSSCHLUSS: *Die Informationen in diesem Buch sollen eine fachkundige medizinische Diagnose oder Behandlung von Krankheiten nicht ersetzen. Es handelt sich ausschließlich um Empfehlungen zur Lebens- und Ernährungsweise, die den Körper gesünder machen.*

Ergänzungsmittel und Kräuter zur Unterstützung

Genesung nach Krebs

Diese Empfehlungen dienen als Startpunkt. Suchen Sie selbst Ergänzungsmittel, die Ihnen helfen können. Es ist am besten, wenn Sie so viele Nährstoffe wie möglich mit Lebensmitteln zu sich nehmen. Auf der nächsten Seite finden Sie eine Auflistung spezieller, lebensmittelbasierter Nährstoffe. Die folgenden Substanzen sind nicht nach ihrer Wirksamkeit geordnet.

- **VITAMIN A (RETINOL)** schützt die Darmschleimhaut, bewahrt und verbessert möglicherweise die Sehkraft und stärkt zusammen mit Vitamin D das Immunsystem. Wichtig für die Resorption von Mineralien.

- **FERMENTIERTER LEBERTRAN ODER BUTTERÖLMISCHUNG** enthält die fettlöslichen Vitamine A, D, E und K2 sowie Omega-3-Fettsäuren in kleiner Menge. Ich empfehle nur die Marke Green Pasture.

- **B-VITAMINE** sind wichtig, weil sie die Neurotransmitter unterstützen, die Gesundheit des Gehirns verbessern und die Nerven und die Muskeln unterstützen. Kaufen Sie ein B-Komplex-Präparat mit B12.

- **VITAMIN C** ist ein starkes Antioxidans.

- **COENZYM Q10 (UBIQUINON)** fördert die Energieproduktion der Mitochondrien und lindert Müdigkeit und Muskel- und Gelenkschmerzen. Es ist ein starkes Antioxidans, das von Statinen dezimiert wird.

- **CURCUMIN** ist ein starkes Antioxidans. Es unterstützt das Immunsystem.

- **DIINDOLYLMETHAN (DIM)** hemmt möglicherweise die Tumorbildung und fördert die Apoptose (das Absterben von Krebszellen) bei Brust-, Prostata- und Lungenkrebs.

- **VITAMIN E** ist ein Antioxidans, das die Funktion des Nervensystems, das Wachstum der glatten Muskulatur und die Kommunikation zwischen den Zellen fördert. Möglicherweise verringert es auch die Insulinresistenz, die von freien Radikalen verursacht wird.

- **EPIGALLOCATECHINGALLAT (EGCG)** ist ein im Grüntee enthaltenes Flavonoid und starkes Antioxidans, das die Neubildung von Blutgefäßen fördert. Nach einer Chemotherapie warten Sie am besten drei Wochen, ehe Sie EGCG einnehmen.

- **GLUTATHION** ist ein Antioxidans, das die Entgiftungsfunktion der Leber unterstützt und die Vitamine A, C und E regeneriert.

- **KRÄUTER UND TEES:** Grüntee (wegen des EGCG), Ingwer.

- **L-GLUTAMIN** fördert die Heilung der Epithelzellen der Dünndarmwand.

- **LIPONSÄURE (ALPHA-LIPONSÄURE)** ist ein Antioxidans, das möglicherweise die Entnahme von Glucose aus dem Blut steigert, indem es die Umwandlung von Kohlenhydraten in Energie fördert.

- **MAGNESIUM** wird für mehr als 300 Enzymprozesse im Körper benötigt. Die meisten Menschen nehmen nicht genug davon auf. Es unterstützt die Blutzuckerregulierung. Kaufen Sie Magnesiumglycinat oder -malat.

- **N-ACETYLCYSTEIN (NAC)** unterstützt die Leber.

- **OMEGA-3-FETTSÄUREN** hemmen Entzündungen. Ich empfehle nur fermentierten Lebertran von Green Pasture.

- **PROTEOLYTISCHE ENZYME** wirken entzündungshemmend und verbessern möglicherweise die Funktion der Zytokine (Mediatoren für Immunreaktionen).

- **SELEN UND ZINK** sind Antioxidantien, die vor Schäden durch freie Radikale schützen. Es ist schwierig, sie allein mit der Nahrung in ausreichender Menge aufzunehmen.

Genesung nach Krebs

Unterstützende Nährstoffe und Lebensmittel, die sie enthalten

Kurz-Info

Eiweiß
Auster
Hering
Huhn
Lachs
Leber
Makrele
Schalentiere
Thunfisch
Truthahn

Fette
Kokosöl
Pekannüsse
rotes Palmöl
Walnüsse

Gemüse
Blumenkohl
Brokkoli
Butternusskürbis
Daikon-Rettich
Kürbis
Mangold
Rosenkohl
Rote Rüben
Süßkartoffeln

Obst
Beeren
Melone
Tropische Früchte
Zitrusfrüchte

Superlebensmittel
fermentierter Lebertran/Butterölmischung
Knochenbrühe
Sauerkraut

Gewürze
Basilikum
Ingwer
Knoblauch
Koriandergrün
Kreuzkümmel
Kurkuma
Oregano
Petersilie
Zimt

VITAMIN A (RETINOL)
» Leber, Aal, Butter von grasgefütterten Tieren, Schmelzbutter oder Ghee

VITAMIN C
» Nebennieren, Rote Rüben, Gemüsepaprika, Knoblauch, Zitronen, Rosenkohl, Blumenkohl, Blattkohl, Brokkoli, Daikon-Rettich, Grünkohl, Brauner Senf, Petersilie, Spinat, Erdbeeren

CAROTINOIDE
» Alpha-Carotin: Kürbis, Möhren
» Cryptoxanthin: Zitrusfrüchte, Pfirsiche, Aprikosen
» Lycopin: Tomaten, Guaven, Wassermelonen, rosa Grapefruit
» Lutein: Grünkohl, Spinat, Blattkohl, Stielmus
» Zeaxanthin: Grüngemüse, Zitrusfrüchte
» Beta-Carotin: Grünkohl, Brokkoli, Süßkartoffeln, Möhren, rote Gemüsepaprika, Mango, Aprikosen, Pfirsiche, Persimonen, Cantaloupe-Melone

CURCUMIN
» Kurkuma, getrocknet oder frisch

VITAMIN D
Ein starker Modulator des Immunsystems, der in der Haut gebildet wird, wenn Sie sonnenbaden.
» Eigelb, Kaltwasserfisch (u. a. Lachs, Hering, Makrele)
» Butter oder Ghee von grasgefütterten Tieren
» fermentierter Lebertran oder Butterölmischung (nur von Green Pasture)

DIINDOLYLMETHAN (DIM)
» Brokkoli, Rosenkohl, Blumenkohl, Grünkohl, Mangold, Blattkohl

VITAMIN E
» natives Olivenöl extra
» Pekannüsse, Spinat
» Brokkoli, Rosenkohl

FLAVONOIDE
» Grüntee

LIMONEN
Hemmt möglicherweise die Angiogenese.
» Zitrusfrüchte

MAGNESIUM
Wird für die Energieproduktion in den Zellen und für den Kampf gegen Müdigkeit benötigt. Es fördert den Kalziumstoffwechsel und hält die Blutgefäße gesund.
» Grünkohl, grünes Blattgemüse, Rote Rüben, Kürbiskerne

OMEGA-3-FETTSÄUREN
Entzündungshemmende Fettsäuren, die nur in wenigen Lebensmitteln enthalten sind.
» Kaltwasserfisch (Lachs, Hering, Makrele u. a.), fermentierter Lebertran (nur von Green Pasture)
» Walnüsse, Pekannüsse

POLYPHENOLE
Hemmen möglicherweise die Vermehrung von Krebszellen im Mund, im Dickdarm und in der Prostata.
» Granatapfel, Erdbeeren, Kirschen, Heidelbeeren

PROTEOLYTISCHE ENZYME
» Papaya, Ananas

Genesung nach Krebs

TAG	FRÜHSTÜCK	MITTAGESSEN	ABENDESSEN
1 ●■◆	Gewirbelte Quiche ohne Kruste (240)	Hühnerschenkel mit Senfglasur (266), grüner Salat*, Balsam-Vinaigrette (378)	Einfaches Garnelen-Ceviche (316), Gebackener Romanesco mit Zitrone (346)
2 ●◆■	Rest der gewirbelten Quiche ohne Kruste, Rest des gebackenen Romanesco mit Zitrone	Wilder Lachs aus der Dose mit Oliven, Avocado, Zitronensaft, Tomate, NOE	Truthahnkeulen, mit Salbei gebacken (276), Süßkartoffel-Pfannkuchen (298), gedünsteter Spinat*
3 ■■●	Rest der Süßkartoffel-Pfannkuchen, Rest der Hühnerschenkel mit Senfglasur	Rest der Truthahnkeulen, mit Salbei gebacken, Gemischter grüner Salat mit Spargel und Fenchel (380)	Zitronen-Lamm-Dolmas (318), Koriander-Blumenkohl-Reis (340)
4 ●●◆	Pesto-Rühreier (252), Rest des Koriander-Blumenkohl-Reis	Rest der Zitronen-Lamm-Dolmas, Spinatsalat mit Walnüssen und Artischocken (380)	Scholle mit Orange und Macadamianüssen (314), Butternusskürbis**
5 ◆◆■	Rest der Scholle mit Orange und Macadamianüssen, Butternusskürbis**	Lachs im Noriblatt (316)	Pikante gebackene Hähnchenkeulen (264), Gebackene Rote Rüben mit Fenchel** (362)
6 ■■●	Kürbispfannkuchen (242), Hühnerschenkel oder Hühnerbrust	Rest der pikanten gebackenen Hähnchenkeulen, Rest der gebackenen Roten Rüben mit Fenchel	Lamm-Salatschiffchen mit Avo-Tsiki-Soße (322)
7 ●◆■	Pesto-Rühreier (252), Grünkohl*, Heidelbeeren	Gemischtes Grüngemüse mit wildem Lachs aus der Dose, Spargel*, Zitronensaft, NOE	Ganzes gebratenes Huhn mit Zitrusfrucht und Kräutersalz (256), Gebratene Rosmarinwurzeln (350), Gebackene Grünkohlchips* (356)
8 ■■■	Brei ohne Getreide (252), Beeren, Rest des ganzen gebratenen Huhns mit Zitrusfrucht und Kräutersalz	Spinatsalat mit Walnüssen und Artischocken (380), Rest des ganzen gebratenen Huhns mit Zitrusfrucht und Kräutersalz	Salatkörbchen mit chinesischem Fünf-Gewürze-Pulver (272)
9 ●■◆	Gewirbelte Quiche ohne Kruste (240), gedünsteter Brokkoli*	Truthahn-Burger mit indischem Gewürz (268), gedünsteter Brokkoli*	Pesto-Garnelen und Kürbis-Fettuccine (308)
10 ●◆●	Omelett oder Pesto-Rühreier, Rest der Garnelen mit Avocado	Einfaches Garnelen-Ceviche (316), gemischtes Grüngemüse*, NOE	Schweinefilet mit Kreuzkümmel und Wurzelgemüse** (328)

» *Eine vollständige Einkaufsliste für dieses Menü finden Sie bei balancedbites.com*

SCHLÜSSEL

- ◆ Rind und Bison
- ■ Geflügel
- ● Eier
- ● Schwein
- ● Lamm
- ◆ Fisch und Meeresfrüchte

ANMERKUNGEN

NOE natives Olivenöl extra
KÖ   Kokosöl
*   oder ein anderes nichtstärkehaltiges Gemüse
**   oder ein anderes stärkehaltiges Gemüse (siehe Seite 110)

Wenn keine Seitenzahl genannt wird, können Sie die Gerichte zubereiten wie angegeben oder nach Belieben. Weitere Empfehlungen für Eiweiß, Gemüse und Fette finden Sie in der Spalte „Kurz Info", die auf Ihr Menü abgestimmt ist!

Genesung nach Krebs

TAG	FRÜHSTÜCK	MITTAGESSEN	ABENDESSEN
11 ●●◆	Gewirbelte Quiche ohne Kruste (240), Rest des Wurzelgemüses**	Rest des Schweinefilets mit Kreuzkümmel, Regenbogen-Rotkohlsalat* (372)	Jakobsmuscheln nach asiatischer Art (304), Tomatillo-Garnelen-Cocktail (312), Spinat*
12 ●◆■	Eier, Rest des Regenbogen-Rotkohlsalats	Wilder Lachs auf grünem Salat*, Orangen-Vinaigrette (382)	Pikante gebackene Hähnchenkeulen (264), Rosenkohl mit Fenchel* (350), Beeren
13 ●■◆	Zucchini-Pfannkuchen (248), Beeren	Rest der pikanten gebackenen Hähnchenkeulen, Rest des Rosenkohls mit Fenchel*	Gegrillter Lachs mit Zitrone und Rosmarin (306), Spargel mit Zitrone und Oliven (338), Süßkartoffel**
14 ◆■◆	Rest des gegrillten Lachses mit Zitrone und Rosmarin, Rest des Spargels mit Zitrone und Oliven*	Hühnerfleisch-Salat-Wraps (270), Orange	Thunfisch mit rotem Palmöl und Koriander auf Daikon-Nudelsalat (302), grüner Salat*
15 ●◆◆	Rührei mit Oliven, gedünsteter Spinat*, Avocado	Spinatsalat mit NOE, Rest des Thunfischs mit rotem Palmöl und Koriandergrün, Avocado, Zitronensaft	Gefüllte Paprikaschoten nach italienischer Art (300), grüner Salat* mit Balsam-Vinaigrette (378)
16 ●◆■	Apfelstreuselmuffins (254), Brokkoli*	Rest der gefüllten Paprikaschoten nach italienischer Art (300), grüner Salat*	Hühnerschenkel mit Senfglasur (266), Gemischter grüner Salat mit Roten Rüben und Blutorangen (376)
17 ●■■	Rest der Apfelstreuselmuffins, Brokkoli*, Orange	Rest der Hühnerschenkel mit Senfglasur, grüner Salat*	Huhn mit Zitrone und Artischocken (260), Dicke Brokkoli-Blumenkohl-Suppe mit Speck (336), Beeren
18 ■■●	Rest der Hühnerschenkel mit Senfglasur, Kürbispfannkuchen (242)	Rest des Huhns mit Zitrone und Artischocken, Spinat*	Fleischbällchenfüllung (334), Pürierte Faux-Tatoes (344)
19 ●●■	Rührei, Avocado, Spinat oder Grünkohl*	Rest der Fleischbällchenfüllung, Rest der pürierten Faux-Tatoes, Orange	Scholle mit Orange und Macadamianüssen (314), Gebackener Romanesco mit Zitrone* (346), Pikante Süßkartoffeln** (362)
20 ●◆■	Eiersalat mit Speck (248), Süßkartoffel oder Rote Rüben**, Orange	Rest der Scholle mit Orange und Macadamianüssen, Rest des gebackenen Romanesco mit Zitrone*	Gebackene Ente mit Kirschsoße (274), Gedünsteter Rotkohl mit Zwiebeln und Äpfeln* (352)

» Eine vollständige Einkaufsliste für dieses Menü finden Sie bei balancedbites.com

SCHLÜSSEL
◆ Rind und Bison
■ Geflügel
● Eier
● Schwein
● Lamm
◆ Fisch und Meeresfrüchte

ANMERKUNGEN
NOE natives Olivenöl extra
KÖ Kokosöl
* oder ein anderes nichtstärkehaltiges Gemüse
** oder ein anderes stärkehaltiges Gemüse (siehe Seite 110)

Wenn keine Seitenzahl genannt wird, können Sie die Gerichte zubereiten wie angegeben oder nach Belieben. Weitere Empfehlungen für Eiweiß, Gemüse und Fette finden Sie in der Spalte »Kurz-Info«, die auf Ihr Menü abgestimmt ist!

Genesung nach Krebs

TAG	FRÜHSTÜCK	MITTAGESSEN	ABENDESSEN
21	Rührei, Rest des gedünsteten Rotkohls mit Zwiebeln und Äpfeln*	Lachs im Noriblatt (316), Apfel	Lammkoteletts mit Oliventapenade (326), Griechischer Salat mit Avo-Tsiki-Soße (374)
22	Gewirbelte Quiche ohne Kruste (240), Frühstückswurst, Melone	Rest der Lammkoteletts mit Oliventapenade, Rest des Griechischen Salats mit Avo-Tsiki-Soße	Rinderbeinscheiben, mit Orange geschmort (284), Butternusskürbissuppe** (348)
23	Rest der gewirbelten Quiche ohne Kruste, Melone	Rest der Rinderbeinscheiben, mit Orange geschmort, Rest der Butternusskürbissuppe mit Salbei**	Hühnerfleisch-Salat-Wraps (270), Spargel*, Beeren
24	Eier, Eichelkürbis mit Zimt und Kokosnussbutter (358)	Würziger Taco-Salat (296), Salsa (296)	Truthahn-Burger mit indischem Gewürz (268), gedünsteter Brokkoli*, Gebackener roter Knoblauch (370)
25	Süßkartoffel-Pfannkuchen (298), Eier, Avocado, Orange	Einfache Lachskuchen (310), grüner Salat*, Avocado, Oliven	Jakobsmuscheln nach asiatischer Art (304), Tomatillo-Garnelen-Cocktail (312), Zucchini*
26	Zucchini-Pfannkuchen (248), Melone	Thunfisch, Gemischter grüner Salat mit Persimonen, Spargel und Fenchel (380), Orangen-Vinaigrette (382)	Oma Barbaras gefüllte Pilze (332), Geröstete Markknochen (288), Spinat*
27	Pesto-Rühreier (252), Melone, Brokkoli*	Rest von Oma Barbaras gefüllten Pilzen, gemischter grüner Salat*, Balsam-Vinaigrette (378)	Gewürzte Lammfleischbällchen mit Balsamfeigen-Kompott (324), Grüne Bohnen mit Schalotten* (358)
28	Rest der gewürzten Lammfleischbällchen, Spinat oder Kohl*, Apfel	Wilder Lachs aus der Dose mit Oliven, Avocado, Zitronensaft, Tomate, NOE	Huhn mit Zitrone und Artischocken (260), Dicke Brokkoli-Blumenkohl-Suppe mit Speck (336)
29	Apfelstreuselmuffins (254), Brokkoli*	Rest des Huhns mit Zitrone und Artischocken, Möhren-Grünkohl-Salat mit Zitronen-Tahini-Soße (376)	Mamas gefüllte Kohlrouladen mit Tomaten-Cranberry-Soße (290), grüner Salat*
30	Rest der Apfelstreuselmuffins, Blumenkohl*	Chorizo-Fleischbällchen (330), gemischter grüner Salat* mit Avocado, Zitronensaft und NOE	Mediterraner Lammbraten (320), Gedünsteter Spinat mit Pinienkernen und Korinthen* (366)

» *Eine vollständige Einkaufsliste für dieses Menü finden Sie bei balancedbites.com*

SCHLÜSSEL
- ◆ Rind und Bison
- ■ Geflügel
- ● Eier
- ● Schwein
- ● Lamm
- ◆ Fisch und Meeresfrüchte

ANMERKUNGEN
- NOE — natives Olivenöl extra
- KÖ — Kokosöl
- * — oder ein anderes nichtstärkehaltiges Gemüse
- ** — oder ein anderes stärkehaltiges Gemüse (siehe Seite 110)

Wenn keine Seitenzahl genannt wird, können Sie die Gerichte zubereiten wie angegeben oder nach Belieben. Weitere Empfehlungen für Eiweiß, Gemüse und Fette finden Sie in der Spalte »Kurz-Info«, die auf Ihr Menü abgestimmt ist!

30-Tage-Menüpläne

30-TAGE-MENÜ-PLAN

SPORTLICHE LEISTUNGS-FÄHIGKEIT

Der Energiebedarf ist bei jeder Sportart unterschiedlich, aber die folgenden grundlegenden Empfehlungen zeigen Ihnen die richtige Richtung. Diese Menüs enthalten mehr Kohlenhydrate und legen besonderen Wert auf nährstoffreiche Nahrungsmittel und Superlebensmittel. Um herauszufinden, ob diese Menüs oder andere für Sie geeignet sind, führen Sie am besten ein Ernährungs- und Trainingstagebuch. So finden Sie heraus, welche Änderungen notwendig sind. Dieses Tagebuch liefert auch einem Arzt wertvolle Informationen, sodass er Ihre Ernährung bei Bedarf modifizieren kann.

Im Literaturverzeichnis von balancedbites.com finden Sie ein praktisches Formular, das Sie als PDF herunterladen und für Ihr Tagebuch verwenden können.

Haftungsausschluss: Die Informationen in diesem Buch sollen eine fachkundige medizinische Diagnose oder Behandlung von Krankheiten nicht ersetzen. Es handelt sich ausschließlich um Empfehlungen zur Lebens- und Ernährungsweise, die den Körper gesünder machen.

Sportliche Leistungsfähigkeit

Empfehlungen zur Lebens- und Ernährungsweise

Zugeben [+]

SUPERLEBENSMITTEL UND PROBIOTIKA
So oft wie möglich (siehe »Tipps zu Paläo-Lebensmitteln« auf Seite 29). Essen Sie täglich rohes Sauerkraut (Rezept auf Seite 238) oder andere fermentierte Gemüsearten (1/4 Tasse), vor allem zum Frühstück.

EIWEISS
Wenn Sie Eiweiß zu sich nehmen, bleiben Sie länger satt. Am besten sind eiweiß- und fettreiche Speisen.

NÄHRSTOFFREICHE LEBENSMITTEL
Füllen Sie Nährstoffreserven auf, die erschöpft sind, weil Sie bisher zu viele industriell hergestellte Produkte gegessen haben.

STÄRKEREICHE LEBENSMITTEL VOR UND NACH DEM TRAINING
Auf Seite 110 finden Sie eine Liste dieser Lebensmittel. Essen Sie vor und nach dem Training, je nach Länge, etwa 50 bis 75 Gramm Kohlenhydrate, ggf. auch mehr. Achten Sie darauf, wie Sie sich fühlen, und ändern Sie die Zufuhr, falls Ihre Leistung nicht besser wird oder wenn Sie mehr Energie brauchen.

KLUGES TRAINING
Hören Sie auf Ihren Körper. Legen Sie, wenn nötig, Ruhetage ein.

SCHLAF
Schlafen Sie täglich mindestens acht Stunden in einem dunklen Zimmer, um sich vom Training zu erholen und ein gesundes Hormongleichgewicht zu fördern.

MASSAGE
Regelmäßige Sportmassagen, chiropraktische Behandlungen und/oder Active Release Techniques (ART) sind eine Wohltat für den Körper.

Meiden [–]

GLUTEN
Vollständig meiden, damit die systemische Entzündung gering bleibt und Sie sich optimal erholen. Siehe »Tipps zum Gluten« auf Seite 89.

ÜBERTRAINING
Seien Sie klug und ruhen Sie sich aus, wenn Sie Schmerzen haben. Lassen Sie einer Entzündung Zeit, »ihre Arbeit zu tun«; dann kehren Sie viel stärker zum Training zurück, als wenn Sie regelmäßig Schmerzen erdulden (deren Ursache eine Verletzung ist, nicht hartes Training).

ZU VIELE ERGÄNZUNGSMITTEL
Essen Sie echte Lebensmittel, um Nährstoffe aufzunehmen. Ihr Körper weiß, wie er echte, vollwertige Lebensmittel besser verwertet als jedes Ergänzungsmittel. Probieren Sie einige der unten empfohlenen Ergänzungsmittel aus. Vielleicht brauchen Sie nicht alle, und Sie müssen natürlich nicht alle Nährstoffe in Form von Ergänzungsmitteln zu sich nehmen.

MINDERWERTIGES EIWEISSPULVER
Ein Protein-Shake nach dem Training kann die Erholung fördern. Hüten Sie sich aber vor minderwertigen Shakes oder Pulvern mit zu vielen Zusatzstoffen. Bevorzugen Sie Molkepulver oder Eiklarpulver, wenn Sie es vertragen. Achten Sie auf Ihre Verdauung und auf Anzeichen für eine chronische Entzündung und verzichten Sie bei jedem Anzeichen auf eine Unverträglichkeit auf das Pulver.

HAFTUNGSAUSSCHLUSS: *Die Informationen in diesem Buch sollen eine fachkundige medizinische Diagnose oder Behandlung von Krankheiten nicht ersetzen. Es handelt sich ausschließlich um Empfehlungen zur Lebens- und Ernährungsweise, die den Körper gesünder machen.*

Ergänzungsmittel und Kräuter zur Unterstützung

Sportliche Leistungsfähigkeit

Diese Empfehlungen dienen als Startpunkt. Suchen Sie selbst Ergänzungsmittel, die Ihnen helfen können. Es ist am besten, wenn Sie so viele Nährstoffe wie möglich mit Lebensmitteln zu sich nehmen. Auf der nächsten Seite finden Sie eine Auflistung spezieller, lebensmittelbasierter Nährstoffe. Die folgenden Substanzen sind nicht nach ihrer Wirksamkeit geordnet.

- **VITAMIN A (RETINOL)** schützt die Darmschleimhaut, bewahrt und verbessert möglicherweise die Sehkraft und stärkt zusammen mit Vitamin D das Immunsystem. Wichtig für die Resorption von Mineralien. Bei Stress und hartem Training wird mehr Vitamin A verbraucht.

- **FERMENTIERTER LEBERTRAN ODER BUTTERÖLMISCHUNG** enthält die fettlöslichen Vitamine A, D, E und K2 sowie Omega-3-Fettsäuren in kleiner Menge. Ich empfehle nur die Marke Green Pasture.

- **B-VITAMINE (VOR ALLEM B1, B7 UND B12)** sind wichtig, weil sie die Neurotransmitter unterstützen, die Gesundheit des Gehirns verbessern und die Nerven und die Muskeln unterstützen.

- **VITAMIN B1 (THIAMIN)** unterstützt die Nerven und die Muskeln. Magnesium aktiviert Thiamin.

- **VITAMIN B7 (BIOTIN)** ist ein Koenzym, das wir für den Aminosäuren-, Glucose- und Fettstoffwechsel brauchen.

- **VITAMIN B12 (COBALAMIN)** unterstützt den Homocystein-Stoffwechsel, den Energiestoffwechsel und die Nerven.

- **VITAMIN C** ist ein starkes Antioxidans. Er fördert die Kollagenbildung und die Carnitin-Synthese, hemmt Entzündungen, hilft, Vitamin E zu regenerieren, und verbessert die Eisenresorption.

- **CARNITIN UND L-CARNITIN** verbessern die Insulinsensitivität und die Glucosespeicherung. Sie optimieren den Kohlenhydrat- und Fettstoffwechsel und verbessern möglicherweise die Verwertung von Fett als Energiequelle. Kofaktoren sind unter anderem Eisen, Vitamin C, Vitamin B3 (Niacin) und Vitamin B6.

- **COENZYM Q10** verbessert die Energieproduktion in den Mitochondrien und kann Müdigkeit lindern.

- **VITAMIN E** ist ein Antioxidans, das die Funktion des Nervensystems, das Wachstum der glatten Muskulatur und die Kommunikation zwischen den Zellen fördert.

- **L-GLUTAMIN** Fördert die Heilung der Epithelzellen der Dünndarmwand, die Reparatur der Zellen und die Erholung.

- **LIPONSÄURE (ALPHA-LIPONSÄURE)** ist ein Antioxidans, das möglicherweise die Entnahme von Glucose aus dem Blut steigert, indem es die Umwandlung von Kohlenhydraten in Energie fördert.

- **MAGNESIUM** wird für mehr als 300 Enzymprozesse im Körper benötigt. Die meisten Menschen nehmen nicht genug davon auf. Es unterstützt die Blutzuckerregulierung. Kaufen Sie Magnesiumglycinat oder -malat.

- **OMEGA-3-FETTSÄUREN** hemmen Entzündungen. Ich empfehle nur fermentierten Lebertran von Green Pasture.

- **ZINK** ist ein starkes Antioxidans, das den Vitamin-A-Stoffwechsel unterstützt. Sie können auch Zink plus Magnesium nehmen.

Sportliche Leistungsfähigkeit

Unterstützende Nährstoffe und Lebensmittel, die sie enthalten

Kurz-Info

Eiweiß
Aal
Bison
Huhn
Jakobsmuscheln
Lachs
Lamm
Leber
Rind
Schwertfisch

Fette
Butter/Ghee von grasgefütterten Tieren
Kokosöl
natives Olivenöl extra
rotes Palmöl

Gemüse
Blumenkohl
Brokkoli
Butternusskürbis
Daikon-Rettich
Grünkohl
Okra
Rosenkohl
Rote Rüben
Speisekürbis
Süßkartoffeln

Obst
Beeren
Melonen
tropische Früchte
Zitrusfrüchte

Superlebensmittel
Fermentierter Lebertran/Butteröl
Knochenbrühe
Leber

Gewürze
Basilikum
Ingwer
Knoblauch
Koriandergrün
Kreuzkümmel
Kurkuma
Oregano
Petersilie
Zimt

VITAMIN A (RETINOL)
» Leber, Aal, Butter, Schmelzbutter oder Ghee von grasgefütterten Tieren

VITAMIN B1
» Bierhefe (nur von Lewis Labs)
» Spuren: Sonnenblumenkerne, Paranüsse, Haselnüsse, Walnüsse, Knoblauch, Mandeln

VITAMIN B7
» Leber, Bierhefe (nur von Lewis Labs)
» Spuren: Mangold, Walnüsse, Pekannüsse, Mandeln

VITAMIN B12
» Leber, Venusmuscheln, Niere, Lamm, Rind, Eier
» Austern, Sardinen, Forelle, Lachs, Thunfisch, Schellfisch, Flunder, Jakobsmuscheln, Heilbutt, Schwertfisch
» Käse (roh, von grasgefütterten Tieren)

VITAMIN C
» Nebennieren, Rote Rüben, Gemüsepaprika, Knoblauch, Zitronen, Rosenkohl, Blumenkohl, Blattkohl, Brokkoli, Daikon-Rettich, Grünkohl, Brauner Senf, Petersilie, Spinat, Erdbeeren

CARNITIN
» dunkles Fleisch (je dunkler, desto mehr)

VITAMIN D
Ein starker Modulator des Immunsystems, der in der Haut gebildet wird, wenn Sie sonnenbaden.
» Eigelb, Kaltwasserfisch (u. a. Lachs, Hering, Makrele)
» Butter oder Ghee von grasgefütterten Tieren
» fermentierter Lebertran oder Butterölmischung (nur von Green Pasture)

VITAMIN E
» natives Olivenöl extra
» Pekannüsse, Spinat
» Brokkoli, Rosenkohl

EISEN
» Rind, Bison
» Lamm, Leber

KONJUGIERTE LINOLSÄURE (CLA)
Ein starkes Antioxidans, das Fettabbau fördert.
» Rind, Lamm (mit Gras gefüttert)

LIPONSÄURE
» dunkles Fleisch, Innereien
» Spuren: Spinat

OMEGA-3-FETTSÄUREN
Entzündungshemmende Fettsäuren, die nur in wenigen Lebensmitteln enthalten sind.
» Kaltwasserfisch (Lachs, Hering, Makrele u. a.), fermentierter Lebertran (nur von Green Pasture)
» Walnüsse, Pekannüsse

ZINK
» Austern, Schalentiere
» Lamm, dunkles Fleisch
» Kürbissamen

Sportliche Leistungsfähigkeit

TAG	FRÜHSTÜCK	MITTAGESSEN	ABENDESSEN
1 ●■◆	Gewirbelte Quiche ohne Kruste (240), Perfekt gebackener Speck (236), Süßkartoffel**	Hühnerschenkel mit Senfglasur (266), grüner Salat*, Balsam-Vinaigrette (378)	Gegrilltes Flankensteak mit Knoblauch, Paprika und Zwiebeln (294), Gebackene Rote Rüben mit Fenchel** (362)
2 ●◆■	Rest der gewirbelten Quiche ohne Kruste, Rest des gegrillten Flankensteaks mit Knoblauch, Paprika und Zwiebeln	Wilder Lachs aus der Dose mit Oliven, Avocado, Zitronensaft, Tomate, NOE	Truthahnkeulen, mit Salbei gebacken (276), Süßkartoffel-Pfannkuchen (298), gedünsteter Spinat*
3 ■■●	Rest der Süßkartoffel-Pfannkuchen, Rest der Hühnerschenkel mit Senfglasur	Rest der Truthahnkeulen, mit Salbei gebacken, Gemischter grüner Salat mit Persimonen, Spargel und Fenchel (380)	Zitronen-Lamm-Dolmas (318), Koriander-Blumenkohl-Reis (340), Banane
4 ●●◆	Pesto-Rühreier (252), Rest des Koriander-Blumenkohl-Reis, Apfel	Rest der Zitronen-Lamm-Dolmas, Spinatsalat mit Walnüssen und Artischocken (380)	Scholle mit Orange und Macadamianüssen (314), Butternusskürbis**, Beeren
5 ◆◆◆	Rest der Scholle mit Orange und Macadamianüssen, Kochbananen in KÖ**	Lachs im Noriblatt (316), Beeren oder anderes Obst	Rindfleisch und gemischte Gemüsepfanne, Winterkürbis**
6 ●◆●	Kürbispfannkuchen (242), Frühstückswurst mit italienischem Wurstgewürz (233)	Rest des Rindfleisches mit gemischter Gemüsepfanne, Süßkartoffel**	Lamm-Salatschiffchen mit Avo-Tsiki-Soße (322), Gebratene Rosmarinwurzeln** (350)
7 ●◆■	Eier, Perfekt gebackener Speck (236), Knusprige Süßkartoffelscheiben mit Curry (364)	Gemischtes Grüngemüse mit wildem Lachs aus der Dose, Spargel*, Zitronensaft, NOE	Ganzes gebratenes Huhn mit Zitrusfrucht und Kräutersalz (256), Gebratene Rosmarinwurzeln** (350), Gebackene Grünkohlchips* (356)
8 ■■■	Möhren-Lebkuchen-Muffins (244), Rest des ganzen gebratenen Huhns mit Zitrusfrucht und Kräutersalz	Spinatsalat mit Walnüssen und Artischocken (380), Rest des ganzen gebratenen Huhns mit Zitrusfrucht und Kräutersalz	Salatkörbchen mit chinesischem Fünf-Gewürze-Pulver (272), Pastinaken**
9 ●■■	Gewirbelte Quiche ohne Kruste (240), Süßkartoffel**	Truthahn-Burger mit indischem Gewürz (268), gedünsteter Brokkoli*, Beeren	Hühnerleberpastete (384), Gurke, Knusprige Süßkartoffelscheiben mit Curry (364)
10 ●◆●	Omelett oder Pesto-Rühreier, Banane	Einfaches Garnelen-Ceviche (316), gemischtes Grüngemüse*, NOE, Rest der Hühnerleberpastete, Gurke	Schweinefilet mit Kreuzkümmel und Wurzelgemüse** (328)

» *Eine vollständige Einkaufsliste für dieses Menü finden Sie bei balancedbites.com*

SCHLÜSSEL
- ◆ Rind und Bison
- ■ Geflügel
- ● Eier
- ● Schwein
- ● Lamm
- ✚ Fisch und Meeresfrüchte

ANMERKUNGEN
NOE natives Olivenöl extra
KÖ Kokosöl
* oder ein anderes nichtstärkehaltiges Gemüse
** oder ein anderes stärkehaltiges Gemüse (siehe Seite 110)

Wenn keine Seitenzahl genannt wird, können Sie die Gerichte zubereiten wie angegeben oder nach Belieben. Weitere Empfehlungen für Eiweiß, Gemüse und Fette finden Sie in der Spalte »Kurz-Info«, die auf Ihr Menü abgestimmt ist!

30-Tage-Menüpläne

Sportliche Leistungsfähigkeit

TAG	FRÜHSTÜCK	MITTAGESSEN	ABENDESSEN
11 ●●◆	Gewirbelte Quiche ohne Kruste (240), Perfekt gebackener Speck (236), Rest des Wurzelgemüses	Rest des Schweinefilets mit Kreuzkümmel, Regenbogen-Rotkohlsalat* (372)	Kurze Rippchen, in Balsamessig geschmort (278), Kandierte Möhren (340), Spinat*
12 ●◆◆	Eier, Rest des Regenbogen-Rotkohlsalats, Kochbananen in KÖ**	Rest der kurzen Rippchen, in Balsamessig geschmort, Kandierte Möhren (340), grüner Salat*	Pikante gebackene Hähnchenkeulen (264), Rosenkohl mit Fenchel* (350), Beeren
13 ●■◆	Zucchini-Pfannkuchen (248), Perfekt gebackener Speck (236), Orange	Rest der pikanten gebackenen Hähnchenkeulen, Rest des Rosenkohls mit Fenchel*, Süßkartoffel**	Gegrillter Lachs mit Zitrone und Rosmarin (306), Spargel mit Zitrone und Oliven (338), Beeren
14 ◆■	Rest des gegrillten Lachses mit Zitrone und Rosmarin, Rest des Spargels mit Zitrone und Oliven*	Hühnerfleisch-Salat-Wraps (270), Banane	Thunfisch mit rotem Palmöl und Koriander auf Daikon-Nudelsalat (302), grüner Salat*
15 ●◆◆	Rührei mit Oliven, gedünsteter Spinat*, Avocado	Spinatsalat mit NOE, Rest des Thunfischs mit rotem Palmöl und Koriandergrün, Avocado, Zitronensaft	Gefüllte Paprikaschoten nach italienischer Art (300), grüner Salat* mit Balsam-Vinaigrette (378)
16 ●◆■	Heidelbeer-Zitrone-Muffins (246), Frühstückswurst, Apfel	Rest der gefüllten Paprikaschoten nach italienischer Art, grüner Salat*	Rauchige Hühnerschenkel, in Speck gewickelt (262), Gemischter grüner Salat mit Roten Rüben und Blutorangen (376)
17 ●■◆	Eiersalat mit Speck (248), Süßkartoffel oder Rote Rüben**	Rest der rauchigen Hühnerschenkel, in Speck gewickelt, grüner Salat*, Butternusskürbis**	Spaghettikürbis Bolognese (280), Gebackene Grünkohlchips (356)
18 ●◆◆	Kürbispfannkuchen (242), Frühstückswurst oder Speck	Rest des Spaghettikürbis Bolognese, Apfel	Fleischbällchenfüllung (334), Pürierte Faux-Tatoes (344), Hühnerleberpastete (384)
19 ●◆◆	Rührei, Avocado, Spinat oder Grünkohl*, Süßkartoffel**	Rest der Fleischbällchenfüllung, Rest der pürierten Faux-Tatoes, Rest der Leberpastete	Scholle mit Orange und Macadamianüssen (314), Gebackener Romanesco mit Zitrone* (346), Pikante Süßkartoffeln** (362)
20 ●◆■	Brei ohne Getreide (252), Beeren, hartgekochte Eier	Rest der Scholle mit Orange und Macadamianüssen, Rest des gebackenen Romanesco mit Zitrone*	Gebackene Ente mit Kirschsoße (274), Gedünsteter Rotkohl mit Zwiebeln und Äpfeln* (352)

» *Eine vollständige Einkaufsliste für dieses Menü finden Sie bei balancedbites.com*

SCHLÜSSEL
- ◆ Rind und Bison
- ■ Geflügel
- ● Eier
- ● Schwein
- ● Lamm
- ◆ Fisch und Meeresfrüchte

ANMERKUNGEN
NOE — natives Olivenöl extra
KÖ — Kokosöl
* — oder ein anderes nichtstärkehaltiges Gemüse
** — oder ein anderes stärkehaltiges Gemüse (siehe Seite 110)

Wenn keine Seitenzahl genannt wird, können Sie die Gerichte zubereiten wie angegeben oder nach Belieben. Weitere Empfehlungen für Eiweiß, Gemüse und Fette finden Sie in der Spalte »Kurz-Info«, die auf Ihr Menü abgestimmt ist!

Sportliche Leistungsfähigkeit

TAG	FRÜHSTÜCK	MITTAGESSEN	ABENDESSEN
21 ●◆◆	Hartgekochte Eier, Frühstückswurst, Süßkartoffel**	Lachs im Noriblatt (316)	Lammkoteletts mit Oliventapenade (326), Griechischer Salat mit Avo-Tsiki-Soße (374)
22 ●●◆	Gewirbelte Quiche ohne Kruste (240), Frühstückswurst, Banane	Rest der Lammkoteletts mit Oliventapenade, Rest des Griechischen Salats mit Avo-Tsiki-Soße	Rinderbeinscheiben, mit Orange geschmort (284), Butternusskürbissuppe** (348)
23 ●◆◆	Rest der gewirbelten Quiche ohne Kruste, Perfekt gebackener Speck (236), Kochbananen in KÖ**	Rest der Rinderbeinscheiben, mit Orange geschmort, Rest der Butternusskürbissuppe mit Salbei**	Hayleys Rinderbauchlappensteak-Tacos (292), Gegrillter Kürbis mit Ananas (342)
24 ◆◆◆	Zucchini-Pfannkuchen (248), Perfekt gebackener Speck (236), Beeren	Würziger Taco-Salat (296), Rest der Salsa	Feurige Jalapeño-Büffelburger und Süßkartoffel-Pfannkuchen (298), Gebackener roter Knoblauch (370)
25 ●◆◆	Rest der Süßkartoffel-Pfannkuchen, Eier, Avocado	Einfache Lachskuchen (310), grüner Salat*, Avocado, Oliven, Apfel	Jakobsmuscheln nach asiatischer Art (304), Tomatillo-Garnelen-Cocktail (312), Eichelkürbis (358)
26 ●◆◆	Rest des Eichelkürbis mit Zimt und Kokosnussbutter (358), Frühstückswurst oder Speck	Thunfisch, Gemischter grüner Salat mit Persimonen, Spargel und Fenchel (380), Orangen-Vinaigrette (382)	Oma Barbaras gefüllte Pilze (332), Geröstete Markknochen (288), Spinat*
27 ●●●	Kürbis-Cranberry-Muffins (246), Frühstückswurst mit italienischem Wurstgewürz (233)	Rest von Oma Barbaras gefüllten Pilzen, gemischter grüner Salat, Balsam-Vinaigrette (378)	Gewürzte Lammfleischbällchen mit Balsamfeigen-Kompott (324), Grüne Bohnen mit Schalotten* (358)
28 ●◆■	Rest der gewürzten Lammfleischbällchen, Spinat oder Kohl*, Apfel	Wilder Lachs aus der Dose, Zitronensaft, Tomate, NOE, Süßkartoffel**	Huhn mit Zitrone und Artischocken (260), Dicke Brokkoli-Blumenkohl-Suppe mit Speck (336)
29 ●■◆	Apfelstreuselmuffins (254), Speck oder Frühstückswurst	Rest des Huhns mit Zitrone und Artischocken, Möhren-Grünkohl-Salat mit Zitronen-Tahini-Soße* (376)	Mamas gefüllte Kohlrouladen mit Tomaten-Cranberry-Soße (290), grüner Salat*
30 ●●●	Rest der Apfelstreuselmuffins, Speck oder Frühstückswurst	Chorizo-Fleischbällchen (330), gemischter grüner Salat* mit Avocado, Zitronensaft und NOE	Mediterraner Lammbraten (320), Gedünsteter Spinat mit Pinienkernen und Korinthen* (366), Süßkartoffel**

» *Eine vollständige Einkaufsliste für dieses Menü finden Sie bei balancedbites.com*

SCHLÜSSEL
- ◆ Rind und Bison
- ■ Geflügel
- ● Eier
- ● Schwein
- ● Lamm
- ◆ Fisch und Meeresfrüchte

ANMERKUNGEN
NOE natives Olivenöl extra
KÖ Kokosöl
* oder ein anderes nichtstärkehaltiges Gemüse
** oder ein anderes stärkehaltiges Gemüse (siehe Seite 110)

Wenn keine Seitenzahl genannt wird, können Sie die Gerichte zubereiten wie angegeben oder nach Belieben. Weitere Empfehlungen für Eiweiß, Gemüse und Fette finden Sie in der Spalte »Kurz-Info«, die auf Ihr Menü abgestimmt ist!

30-Tage-Menüpläne

30-TAGE-MENÜ-PLAN

GEWICHTS-ABNAHME

Es gibt verschiedene Ursachen für Gewichtszunahme und Gewichtsabnahme, aber die folgenden grundlegenden Empfehlungen zeigen Ihnen die richtige Richtung. Mit diesen Menüs nehmen Sie wahrscheinlich weniger Kohlenhydrate zu sich als bisher und haben dennoch genügend Energie für den Sport.

Wenn die Paläo-Ernährung neu für Sie ist, können Sie zuerst die »Mustergültige Paläo-Kost« oder die Menüs für die Blutzuckerregulierung ausprobieren. Es kann sein, dass Sie damit (ohne die zusätzlichen Modifikationen der folgenden Menüs) genug abnehmen.

Von diesen Menüs können Sie auch profitieren:

» wenn Sie heißhungrig auf Zucker und Kohlenhydrate sind;
» wenn Sie Obst schlecht vertragen oder wenn Sie den Verdacht haben, dass sich in Ihrem Darm Bakterien oder Pilze übermäßig vermehren.

Haftungsausschluss: Die Informationen in diesem Buch sollen eine fachkundige medizinische Diagnose oder Behandlung von Krankheiten nicht ersetzen. Es handelt sich ausschließlich um Empfehlungen zur Lebens- und Ernährungsweise, die den Körper gesünder machen.

Gewichtsabnahme

Empfehlungen zur Lebens- und Ernährungsweise

Zugeben [+]

SUPERLEBENSMITTEL UND PROBIOTIKA
So oft wie möglich (siehe »Tipps zu Paläo-Lebensmitteln« auf Seite 29). Essen Sie täglich rohes Sauerkraut (Rezept auf Seite 238) oder andere fermentierte Gemüsearten (1/4 Tasse), vor allem zum Frühstück.

EIWEISS
Wenn Sie Eiweiß zu sich nehmen, bleiben Sie länger satt. Am besten sind eiweiß- und fettreiche Speisen.

NÄHRSTOFFREICHE LEBENSMITTEL
Füllen Sie Nährstoffreserven auf, die erschöpft sind, weil Sie bisher zu viele industriell hergestellte Produkte gegessen haben.

STÄRKEREICHE LEBENSMITTEL NACH DEM TRAINING
Auf Seite 110 finden Sie eine Liste dieser Lebensmittel. Essen Sie nach dem Training, je nach Länge, etwa 30 bis 75 Gramm Kohlenhydrate. Achten Sie darauf, wie Sie sich fühlen, und essen Sie mehr oder weniger Kohlenhydrate, falls Ihre Leistung nicht besser wird oder wenn Sie nicht genug Energie für den Sport am nächsten Tag haben.

STRESSABBAU
Sorgen Sie dafür, dass die systemische Entzündung gering bleibt, und erlauben Sie Ihrem Körper, Fettpolster loszuwerden.

SCHLAF
Schlafen Sie täglich mindestens acht Stunden in einem dunklen Zimmer, um erfrischt aufzuwachen und während des Tages nicht heißhungrig zu werden.

BEWEGUNG
Beginnen Sie nach und nach mit einem nicht zu anstrengenden Gewichtstraining mit moderaten bis schweren Gewichten. Wenn Sie nicht erschöpft sind, können Sie versuchen, einige Male (nicht öfter als vier Mal) in der Woche 5 bis 25 Minuten hochintensiv zu trainieren. Gehen Sie spazieren oder machen Sie sanfte Yogaübungen, um keinen systemischen Stress auszulösen.

Meiden [−]

GLUTEN UND MILCHPRODUKTE
Vollständig meiden. Siehe »Tipps zum Gluten« auf Seite 89. Meiden Sie Milchprodukte, da sie das Zellwachstum fördern können. Butter und Ghee sind erlaubt.

ZU VIELE FETTREICHE SPEISEN
Sie sollen nicht auf Fett verzichten, sondern das natürliche Fett im Fleisch, im Fisch, in Eiern und in Avocados essen. Meiden Sie aber zusätzliches Fett beim Kochen.

OBST
Der süße Geschmack kann dazu verleiten, noch mehr Süßes zu essen. Bevorzugen Sie stattdessen stärkehaltiges Gemüse und essen Sie Obst nur in kleinen Mengen als Nachtisch, nicht regelmäßig als Teil Ihrer Mahlzeiten.

RAFFINIERTE PRODUKTE, SÜSSSTOFFE, ALKOHOL
Machen es der Leber schwer, das Blut zu entgiften und Fett abzubauen.

KOFFEIN
Kann Stress auslösen, die Cortisolausschüttung verstärken und die Gewichtsabnahme erschweren.

UMWELTGIFTE
Toxine und Xenoestrogene (z. B. in Kunststoffen, im Fleisch aus konventioneller Tierhaltung und in industriell gefertigten Nahrungsmitteln) können das Hormongleichgewicht stören.

INTENSIVES HERZ-KREISLAUF-TRAINING
30–60 Minuten oder länger im Sauerstoffgleichgewicht, z. B. Joggen oder Radfahren, kann Unterzuckerung und eine Stressreaktion auslösen.

HAFTUNGSAUSSCHLUSS: *Die Informationen in diesem Buch sollen eine fachkundige medizinische Diagnose oder Behandlung von Krankheiten nicht ersetzen. Es handelt sich ausschließlich um Empfehlungen zur Lebens- und Ernährungsweise, die den Körper gesünder machen.*

Gewichtsabnahme

Ergänzungsmittel und Kräuter zur Unterstützung

Diese Empfehlungen dienen als Startpunkt. Suchen Sie selbst Ergänzungsmittel, die Ihnen helfen können. Es ist am besten, wenn Sie so viele Nährstoffe wie möglich mit Lebensmitteln zu sich nehmen. Auf der nächsten Seite finden Sie eine Auflistung spezieller, lebensmittelbasierter Nährstoffe. Die folgenden Substanzen sind nicht nach ihrer Wirksamkeit geordnet.

- **VITAMIN A (RETINOL)** stärkt zusammen mit Vitamin D das Immunsystem und schützt die Darmschleimwand. Wichtig für die Resorption von Mineralien. Stress, starke körperliche Anstrengung, Schwangerschaft, Stillen und Infektionen erhöhen den Vitamin-A-Bedarf.

- **FERMENTIERTER LEBERTRAN ODER BUTTERÖLMISCHUNG** enthält die fettlöslichen Vitamine A, D, E und K2 sowie Omega-3-Fettsäuren in kleiner Menge. Ich empfehle nur die Marke Green Pasture.

- **CARNITIN UND L-CARNITIN** verbessern die Insulinsensitivität und die Glucosespeicherung. Sie optimieren den Kohlenhydrat- und Fettstoffwechsel und verbessern möglicherweise die Verwertung von Fett als Energiequelle. Kofaktoren sind unter anderem Eisen, Vitamin C, Vitamin B3 (Niacin) und Vitamin B6.

- **CHROM** kann die Insulinsensitivität verbessern und den Appetit verringern. Kaufen Sie Chrompicolinat, Chrompolynicotinat oder Chrom-Chelat.

- **L-GLUTAMIN** fördert die Heilung der Epithelzellen in der Dünndarmwand.

- **LIPONSÄURE (ALPHA-LIPONSÄURE)** ist ein Antioxidans, das möglicherweise die Entnahme von Glucose aus dem Blut steigert, indem es die Umwandlung von Kohlenhydraten in Energie fördert.

- **MAGNESIUM** wird für mehr als 300 Enzymprozesse im Körper benötigt. Die meisten Menschen nehmen nicht genug davon auf. Es unterstützt die Blutzuckerregulierung. Kaufen Sie Magnesiumglycinat oder -malat.

- **OMEGA-3-FETTSÄUREN** hemmen Entzündungen. Ich empfehle nur fermentierten Lebertran von Green Pasture.

- **PROBIOTIKA** unterstützen die gesunde Darmflora, die für die Verdauung und Ausscheidung unerlässlich ist. Verwenden Sie bei Bedarf ein Ergänzungsmittel.

30-Tage-Menüpläne

Gewichts-
abnahme

Unterstützende Nährstoffe und Lebensmittel, die sie enthalten

Kurz-Info

Eiweiß
Austern
Huhn
Lachs
Lamm
Rind
Sardinen
Schalentiere
Thunfisch

Fette
Butter/Ghee von grasgefütterten Tieren
Eier
Kokosöl
natives Olivenöl extra

Gemüse
Blumenkohl
Brokkoli
Daikon-Rettich
grüne Gemüsepaprika
Kohl
Mangold
Möhren
Pastinaken
Rosenkohl
Rote Rüben

Gemüse
grüne Äpfel
Limonen
Zitronen

Superlebensmittel
fermentierter Lebertran/Butterölmischung
Knochenbrühe
Leber

Gewürze
Basilikum
Ingwer
Knoblauch
Koriandergrün
Kreuzkümmel
Kurkuma
Oregano
Petersilie
Zimt

VITAMIN A (RETINOL)
» Leber, Aal, Butter, Schmelzbutter oder Ghee

VITAMIN B3
» Leber, Huhn, Thunfisch, Lamm, Lachs,
» Bierhefe (nur von Lewis Labs)
» Spuren: Sesamsamen, Sonnenblumenkerne, Mandeln, Pilze

VITAMIN B7
» Leber, Bierhefe (nur von Lewis Labs)
» Spuren: Mangold, Walnüsse, Pekannüsse, Mandeln

VITAMIN C
» Nebennieren von Weidetieren, Rote Rüben, Gemüsepaprika, Knoblauch, Zitronen, Rosenkohl, Blumenkohl, Blattkohl, Brokkoli, Daikon-Rettich, Grünkohl, Brauner Senf, Petersilie, Spinat, Erdbeeren

CHROM
» Leber, Käse von grasgefütterten Tieren
» Bierhefe (nur von Lewis Labs)
» Spuren: grüne Gemüsepaprika, Apfel, Pastinake, Spinat, Möhren

CARNITIN
» dunkles Fleisch (je dunkler, desto mehr)

VITAMIN D
Ein starker Modulator des Immunsystems, der in der Haut gebildet wird, wenn Sie sonnenbaden.
» Eigelb, Kaltwasserfisch (u.a. Lachs, Hering, Makrele)
» Butter oder Ghee von grasgefütterten Tieren
» fermentierter Lebertran oder Butterölmischung (nur von Green Pasture)

KONJUGIERTE LINOLSÄURE (CLA)
Ein starkes Antioxidans, das den Fettabbau fördert.
» Rind, Lamm (mit Gras gefüttert)

MAGNESIUM
Wird für die Energieproduktion in den Zellen und für den Kampf gegen Müdigkeit benötigt. Es fördert den Kalziumstoffwechsel und hält die Blutgefäße gesund.
» Grünkohl, grünes Blattgemüse, Rote Rüben, Kürbiskerne

MANGAN
Mangan ist wichtig für den Energiestoffwechsel und die Schilddrüsenfunktion. Nehmen Sie Mangan zusammen mit Magnesium, Kalzium, Eisen, Kupfer und Zink zu sich. Säureblocker können die Resorption hemmen.
» Pekannüsse, Walnüsse, Stielmus, Rhabarber, Rote-Rüben-Blätter
» Gewürznelke, Zimt, Thymian, schwarzer Pfeffer, Kurkuma

OMEGA-3-FETTSÄUREN
Entzündungshemmende Fettsäuren, die nur in wenigen Lebensmitteln enthalten sind.
» Kaltwasserfisch (Lachs, Hering, Makrele u.a.), fermentierter Lebertran (nur von Green Pasture)
» Walnüsse, Pekannüsse

PROBIOTIKA
Unterstützen die gesunde Darmflora, die für die Verdauung und Ausscheidung unerlässlich ist.
» fermentiertes Gemüse: Kohl (Sauerkraut), Möhren, Rote Rüben oder andere Gemüsearten
» Kombucha (fermentierter Tee)

Gewichtsabnahme

TAG	FRÜHSTÜCK	MITTAGESSEN	ABENDESSEN
1	Gewirbelte Quiche ohne Kruste (240), Perfekt gebackener Speck (236)	Hühnerschenkel mit Senfglasur (266), grüner Salat*, Balsam-Vinaigrette (378)	Gegrilltes Flankensteak mit Knoblauch, Paprika und Zwiebeln (294), Spinat*
2	Rest der gewirbelten Quiche ohne Kruste, Rest des gegrillten Flankensteaks mit Knoblauch, Paprika und Zwiebeln	Wilder Lachs aus der Dose mit Oliven, Zitronensaft, Tomate, NOE	Truthahnkeulen, mit Salbei gebacken (276), Gebackene Perlzwiebeln (370), grüner Salat*
3	Rest der Hühnerschenkel mit Senfglasur, Rest der gebackenen Perlzwiebeln	Rest der Truthahnkeulen, mit Salbei gebacken, Gemischter grüner Salat mit Persimonen, Spargel und Fenchel (380)	Zitronen-Lamm-Dolmas (318), Koriander-Blumenkohl-Reis (340)
4	Pesto-Rühreier (252), Rest des Koriander-Blumenkohl-Reis	Rest der Zitronen-Lamm-Dolmas, Spinatsalat mit Walnüssen und Artischocken (380)	Scholle mit Orange und Macadamianüssen (314), Grüne Bohnen mit Schalotten* (358)
5	Rest der Scholle mit Orange und Macadamianüssen, Rosenkohl*	Lachs im Noriblatt (316)	Lamm-Salatschiffchen mit Avo-Tsiki-Soße (322)
6	Kürbispfannkuchen (242), Frühstückswurst mit italienischem Wurstgewürz (233)	Rest des Rindfleischs mit gemischter Gemüsepfanne	Ganzes gebratenes Huhn mit Zitrusfrucht und Kräutersalz (256), Gebackene Grünkohlchips* (356)
7	Eier, Perfekt gebackener Speck (236), Grünkohl*	Gemischtes Grüngemüse mit wildem Lachs aus der Dose, Spargel*, Zitronensaft, NOE	Salatkörbchen mit chinesischem Fünf-Gewürze-Pulver (272)
8	Brei ohne Getreide (252), Beeren, Rest des ganzen gebratenen Huhns mit Zitrusfrucht und Kräutersalz	Spinatsalat mit Walnüssen und Artischocken (380), Rest des ganzen gebratenen Huhns mit Zitrusfrucht und Kräutersalz	Pesto-Garnelen und Kürbis-Fettuccine (308)
9	Gewirbelte Quiche ohne Kruste (240), gedünsteter Brokkoli*	Truthahn-Burger mit indischem Gewürz (268), gedünsteter Brokkoli*	Schweinefilet mit Kreuzkümmel und Wurzelgemüse** (328)
10	Omelett oder Pesto-Rühreier, Rest der Garnelen mit Avocado	Einfaches Garnelen-Ceviche (316), gemischtes Grüngemüse*, NOE	Schweinefilet mit Kreuzkümmel und Wurzelgemüse**(328)

» *Eine vollständige Einkaufsliste für dieses Menü finden Sie bei balancedbites.com*

SCHLÜSSEL

- ◆ Rind und Bison
- ■ Geflügel
- ● Eier
- ● Schwein
- ● Lamm
- ◆ Fisch und Meeresfrüchte

ANMERKUNGEN

NOE   natives Olivenöl extra
KÖ   Kokosöl
*   oder ein anderes nichtstärkehaltiges Gemüse
**   oder ein anderes stärkehaltiges Gemüse (siehe Seite 110)

Wenn keine Seitenzahl genannt wird, können Sie die Gerichte zubereiten wie angegeben oder nach Belieben. Weitere Empfehlungen für Eiweiß, Gemüse und Fette finden Sie in der Spalte »Kurz-Info«, die auf Ihr Menü abgestimmt ist!

30-Tage-Menüpläne

Gewichtsabnahme

TAG	FRÜHSTÜCK	MITTAGESSEN	ABENDESSEN
11 ● ● ◆	Gewirbelte Quiche ohne Kruste (240)	Rest des Schweinefilets mit Kreuzkümmel, Regenbogen-Rotkohlsalat* (372)	Kurze Rippchen, in Balsamessig geschmort (278), Spinat*
12 ● ◆ ■	Eier, Rest des Regenbogen-Rotkohlsalats	Rest der kurzen Rippchen, in Balsamessig geschmort, grüner Salat*	Pikante gebackene Hähnchenkeulen (264), Rosenkohl mit Fenchel* (350)
13 ● ■ ◆	Zucchini-Pfannkuchen (248), Perfekt gebackener Speck (236)	Rest der pikanten gebackenen Hähnchenkeulen, Rest des Rosenkohls mit Fenchel*	Gegrillter Lachs mit Zitrone und Rosmarin (306), Spargel mit Zitrone und Oliven (338)
14 ◆ ■ ◆	Rest des gegrillten Lachses mit Zitrone und Rosmarin, Rest des Spargels mit Zitrone und Oliven*	Hühnerfleisch-Salat-Wraps (270)	Thunfisch mit rotem Palmöl und Koriander auf Daikon-Nudelsalat (302), grüner Salat*
15 ● ◆ ◆	Rührei mit Oliven, gedünsteter Spinat*, Avocado	Spinatsalat mit NOE, Rest des Thunfischs mit rotem Palmöl und Koriandergrün, Avocado, Zitronensaft	Gefüllte Paprikaschoten nach italienischer Art (300), grüner Salat* mit Balsam-Vinaigrette (378)
16 ● ◆ ■	Frühstückswurst, Rosenkohl*	Rest der gefüllten Paprikaschoten nach italienischer Art (300), grüner Salat*	Rauchige Hühnerschenkel, in Speck gewickelt (262), Gemischter grüner Salat mit Roten Rüben und Blutorangen (376)
17 ● ■ ◆	Eiersalat mit Speck (248), Brokkoli*	Rest der rauchigen Hühnerschenkel, in Speck gewickelt, grüner Salat*	Spaghettikürbis Bolognese (280), Gebackene Grünkohlchips* (356)
18 ● ◆ ●	Rest des Eiersalats mit Speck, Frühstückswurst oder Speck	Rest des Spaghettikürbis Bolognese	Fleischbällchenfüllung (334), Pürierte Faux-Tatoes (344)
19 ● ● ◆	Rührei, Avocado, Spinat oder Grünkohl*	Rest der Fleischbällchenfüllung, Rest der pürierten Faux-Tatoes	Scholle mit Orange und Macadamianüssen (314), Gebackener Romanesco mit Zitrone* (346)
20 ● ◆ ■	Hartgekochte Eier, Perfekt gebackener Speck (236)	Rest der Scholle mit Orange und Macadamianüssen, Rest des gebackenen Romanesco mit Zitrone*	Gebackene Ente mit Kirschsoße (274), Gedünsteter Rotkohl mit Zwiebeln und Äpfeln* (352)

» Eine vollständige Einkaufsliste für dieses Menü finden Sie bei balancedbites.com

SCHLÜSSEL
◆ Rind und Bison
■ Geflügel
● Eier
● Schwein
● Lamm
◆ Fisch und Meeresfrüchte

ANMERKUNGEN
NOE   natives Olivenöl extra
KÖ   Kokosöl
*   oder ein anderes nichtstärkehaltiges Gemüse
**   oder ein anderes stärkehaltiges Gemüse (siehe Seite 110)

Wenn keine Seitenzahl genannt wird, können Sie die Gerichte zubereiten wie angegeben oder nach Belieben. Weitere Empfehlungen für Eiweiß, Gemüse und Fette finden Sie in der Spalte »Kurz-Info«, die auf Ihr Menü abgestimmt ist!

Das große Buch der Paläo-Ernährung

Gewichtsabnahme

TAG	FRÜHSTÜCK	MITTAGESSEN	ABENDESSEN
21 ●◆●	Hartgekochte Eier, Frühstückswurst	Lachs im Noriblatt (316)	Lammkoteletts mit Oliventapenade (326), Griechischer Salat mit Avo-Tsiki-Soße (374)
22 ●●◆	Gewirbelte Quiche ohne Kruste (240), Frühstückswurst	Rest der Lammkoteletts mit Oliventapenade, Rest des Griechischen Salats mit Avo-Tsiki-Soße	Rinderbeinscheiben, mit Orange geschmort (284), Butternusskürbissuppe mit Salbei** (348)
23 ●◆◆	Rest der gewirbelten Quiche ohne Kruste, Perfekt gebackener Speck (236)	Rest der Rinderbeinscheiben, mit Orange geschmort, Rest der Butternusskürbissuppe mit Salbei**	Hayleys Rinderbauchlappensteak-Tacos (292), Gegrillter Kürbis mit Ananas (342)
24 ●◆◆	Pesto-Rühreier (252), Frühstückswurst oder Speck	Würziger Taco-Salat (296), Rest der Salsa	Feurige Jalapeño-Büffelburger mit Süßkartoffel-Pfannkuchen (298), Gebackener roter Knoblauch (370)
25 ●◆◆	Rest der Süßkartoffel-Pfannkuchen, Eier, Avocado	Einfache Lachskuchen (310), grüner Salat*, Avocado, Oliven	Jakobsmuscheln nach asiatischer Art (304), Tomatillo-Garnelen-Cocktail (312), Zucchini*
26 ●◆●	Zucchini-Pfannkuchen (248), Pikante gebackene Hähnchenkeulen (264)	Thunfisch, Gemischter grüner Salat mit Persimonen, Spargel und Fenchel (380), Orangen-Vinaigrette (382)	Oma Barbaras gefüllte Pilze (332), Geröstete Markknochen (288), Spinat*
27 ●●●	Brei ohne Getreide (252), Frühstückswurst mit italienischem Wurstgewürz (233)	Rest von Oma Barbaras gefüllten Pilzen, gemischter grüner Salat*, Balsam-Vinaigrette (378)	Gewürzte Lammfleischbällchen mit Balsamfeigen-Kompott (324), Grüne Bohnen mit Schalotten* (358)
28 ●◆■	Rest der gewürzten Lammfleischbällchen, Spinat oder Kohl*	Wilder Lachs aus der Dose mit Oliven, Avocado, Zitronensaft, Tomate, NOE	Huhn mit Zitrone und Artischocken (260), Dicke Brokkoli-Blumenkohl-Suppe mit Speck (336)
29 ●■◆	Apfelstreuselmuffins (254), Speck oder Frühstückswurst	Rest des Huhns mit Zitrone und Artischocken, Möhren-Grünkohl-Salat mit Zitronen-Tahini-Soße* (376)	Mamas gefüllte Kohlrouladen mit Tomaten-Cranberry-Soße (290), grüner Salat*
30 ●●●	Rest der Apfelstreuselmuffins, Speck oder Frühstückswurst	Chorizo-Fleischbällchen (330), gemischter grüner Salat* mit Avocado, Zitronensaft und NOE	Mediterraner Lammbraten (320), Gedünsteter Spinat mit Pinienkernen und Korinthen* (366)

» *Eine vollständige Einkaufsliste für dieses Menü finden Sie bei balancedbites.com*

SCHLÜSSEL
◆ Rind und Bison
■ Geflügel
● Eier
● Schwein
● Lamm
◆ Fisch und Meeresfrüchte

ANMERKUNGEN
NOE natives Olivenöl extra
KÖ Kokosöl
* oder ein anderes nichtstärkehaltiges Gemüse
** oder ein anderes stärkehaltiges Gemüse (siehe Seite 110)

Wenn keine Seitenzahl genannt wird, können Sie die Gerichte zubereiten wie angegeben oder nach Belieben. Weitere Empfehlungen für Eiweiß, Gemüse und Fette finden Sie in der Spalte »Kurz-Info«, die auf Ihr Menü abgestimmt ist!

30-TAGE-MENÜ-PLAN

MUSTER-GÜLTIGE PALÄO-KOST

Wenn Sie nicht krank sind und kein bestimmtes Ziel verfolgen, sondern einfach nur »mustergültige Paläo-Kost« essen wollen, sind diese Menüs für Sie richtig. Sie essen nur vollwertige Lebensmittel oder getreidefreie »Leckereien«. Das setzt voraus, dass Sie die Etiketten genau lesen und auf Zusätze achten, die Sie nicht haben wollen, vor allem auf versteckten Zucker und auf Gluten.

Ergänzungsmittel sind nicht Teil dieser Menüs. Wenn Sie bestimmte Ziele verfolgen, sollten Sie sich nach den vorherigen Menüs richten und die dort genannten Ergänzungsmittel mit den folgenden Menüs verbinden.

Haftungsausschluss: Die Informationen in diesem Buch sollen eine fachkundige medizinische Diagnose oder Behandlung von Krankheiten nicht ersetzen. Es handelt sich ausschließlich um Empfehlungen zur Lebens- und Ernährungsweise, die den Körper gesünder machen.

Mustergültige Paläo-Kost

Empfehlungen zur Lebens- und Ernährungsweise

Zugeben [+]

SUPERLEBENSMITTEL UND PROBIOTIKA
So oft wie möglich (siehe »Tipps zu Paläo-Lebensmitteln« auf Seite 29). Essen Sie täglich rohes Sauerkraut (Rezept auf Seite 238) oder andere fermentierte Gemüsearten (1/4 Tasse), vor allem zum Frühstück.

EIWEISS
Wenn Sie Eiweiß zu sich nehmen, bleiben Sie länger satt. Am besten sind eiweiß- und fettreiche Speisen.

NÄHRSTOFFREICHE LEBENSMITTEL
Füllen Sie Nährstoffreserven auf, die erschöpft sind, weil Sie bisher zu viele industriell hergestellte Produkte gegessen haben.

STÄRKEREICHE LEBENSMITTEL VOR UND NACH DEM TRAINING
Auf Seite 110 finden Sie eine Liste dieser Lebensmittel. Essen Sie vor und nach dem Training, je nach Länge, etwa 30 bis 75 Gramm Kohlenhydrate. Achten Sie darauf, wie Sie sich fühlen, und essen Sie mehr oder weniger Kohlenhydrate, falls Ihre Leistung nicht besser wird oder wenn Sie nicht genug Energie für den Sport am nächsten Tag haben.

KLUGES TRAINING
Hören Sie auf Ihren Körper. Legen Sie, wenn nötig, Ruhetage ein.

SCHLAF
Schlafen Sie täglich mindestens acht Stunden in einem dunklen Zimmer, um sich vom Training zu erholen und ein gesundes Hormongleichgewicht zu fördern.

Meiden [–]

GLUTEN UND MILCHPRODUKTE
Gluten vollständig meiden. Siehe »Tipps zum Gluten« auf Seite 89. Meiden Sie auch Milchprodukte, die den Darm reizen und Allergien auslösen können (Butter und Ghee sind erlaubt).

RAFFINIERTE PRODUKTE UND SÜSSSTOFFE
Künstliche Süßstoffe und Koffein können Blutzuckerschwankungen auslösen.

ZU VIEL KOFFEIN
Koffein kann Stress auslösen, die Cortisolausschüttung steigern und die Gewichtsabnahme erschweren.

ALKOHOL

HAFTUNGSAUSSCHLUSS: *Die Informationen in diesem Buch sollen eine fachkundige medizinische Diagnose oder Behandlung von Krankheiten nicht ersetzen. Es handelt sich ausschließlich um Empfehlungen zur Lebens- und Ernährungsweise, die den Körper gesünder machen.*

Mustergültige Paläo-Kost

TAG	FRÜHSTÜCK	MITTAGESSEN	ABENDESSEN
1 ●■♦	Gewirbelte Quiche ohne Kruste (240), Perfekt gebackener Speck (236), Rohes Sauerkraut (238)	Hühnerschenkel mit Senfglasur (266), grüner Salat*, Balsam-Vinaigrette (378)	Gegrilltes Flankensteak mit Knoblauch, Paprika und Zwiebeln (294), Gebackene Rote Rüben mit Fenchel** (362)
2 ●♦♦	Rest der gewirbelten Quiche ohne Kruste, Rest des gegrillten Flankensteaks mit Knoblauch, Paprika und Zwiebeln	Wilder Lachs aus der Dose mit Oliven, Avocado, Zitronensaft, Tomate, NOE	Truthahnkeulen, mit Salbei gebacken (276), Süßkartoffel-Pfannkuchen (298), gedünsteter Spinat*
3 ■■●	Rest der Süßkartoffel-Pfannkuchen, Hühnerschenkel mit Senfglasur (266)	Rest der Truthahnkeulen, mit Salbei gebacken, Gemischter grüner Salat mit Persimonen, Spargel und Fenchel (380)	Zitronen-Lamm-Dolmas (318), Koriander-Blumenkohl-Reis (340)
4 ●●♦	Pesto-Rühreier (252), Koriander-Blumenkohl-Reis (340), Rohes Sauerkraut (238)	Lachs im Noriblatt (316)	Scholle mit Orange und Macadamianüssen (314), Butternusskürbis**
5 ♦♦♦	Rest der Scholle mit Orange und Macadamianüssen, Butternusskürbis**	Rest des Rindfleischs mit gemischter Gemüsepfanne	Rindfleisch und gemischte Gemüsepfanne (286)
6 ●■●	Kürbispfannkuchen (242), Frühstückswurst mit italienischem Wurstgewürz (233)	Gemischtes Grüngemüse mit wildem Lachs aus der Dose, Spargel*, Zitronensaft, NOE	Lamm-Salatschiffchen mit Avo-Tsiki-Soße (322)
7 ●♦■	Eier, Perfekt gebackener Speck (236), Grünkohl*, Rohes Sauerkraut (238)	Spinatsalat mit Walnüssen und Artischocken (380), Rest des ganzen gebratenen Huhns mit Zitrusfrucht und Kräutersalz	Ganzes gebratenes Huhn mit Zitrusfrucht und Kräutersalz (256), Gebratene Rosmarinwurzeln (350), Gebackene Grünkohlchips* (356)
8 ■■■	Brei ohne Getreide (252), Beeren, Rest des ganzen gebratenen Huhns mit Zitrusfrucht und Kräutersalz	Truthahn-Burger mit indischem Gewürz (268), gedünsteter Brokkoli*	Salatkörbchen mit chinesischem Fünf-Gewürze-Pulver (272)
9 ●■♦	Gewirbelte Quiche ohne Kruste (240), gedünsteter Brokkoli*, Rohes Sauerkraut (238)	Einfaches Garnelen-Ceviche (316), gemischtes Grüngemüse*, NOE	Pesto-Garnelen und Kürbis-Fettuccine (308)
10 ●♦●	Omelett oder Pesto-Rühreier, Rest der Garnelen mit Avocado	Einfaches Garnelen-Ceviche (316), gemischtes Grüngemüse*, NOE	Schweinefilet mit Kreuzkümmel und Wurzelgemüse** (328)

» *Eine vollständige Einkaufsliste für dieses Menü finden Sie bei balancedbites.com*

SCHLÜSSEL

♦ **Rind und Bison**
■ **Geflügel**
● **Eier**
● **Schwein**
● **Lamm**
♦ **Fisch und Meeresfrüchte**

ANMERKUNGEN

NOE natives Olivenöl extra
KÖ Kokosöl
* oder ein anderes nichtstärkehaltiges Gemüse
** oder ein anderes stärkehaltiges Gemüse (siehe Seite 110)

Wenn keine Seitenzahl genannt wird, können Sie die Gerichte zubereiten wie angegeben oder nach Belieben. Weitere Empfehlungen für Eiweiß, Gemüse und Fette finden Sie in der Spalte »Kurz-Info«, die auf Ihr Menü abgestimmt ist!

Mustergültige Paläo-Kost

TAG	FRÜHSTÜCK	MITTAGESSEN	ABENDESSEN
11	Gewirbelte Quiche ohne Kruste (240), Perfekt gebackener Speck (236), Rest des Wurzelgemüses	Rest des Schweinefilets mit Kreuzkümmel, Regenbogen-Rotkohlsalat* (372)	Kurze Rippchen, in Balsamessig geschmort (278), Kandierte Möhren (340), Spinat*
12	Eier, Rest des Regenbogen-Rotkohlsalats	Rest der kurzen Rippchen, in Balsamessig geschmort, Rest der kandierten Möhren, grüner Salat*	Pikante gebackene Hähnchenkeulen (264), Rosenkohl mit Fenchel* (350)
13	Zucchini-Pfannkuchen (248), Perfekt gebackener Speck (236), Rohes Sauerkraut (238)	Rest der pikanten gebackenen Hähnchenkeulen, Rest des Rosenkohls mit Fenchel*	Gegrillter Lachs mit Zitrone und Rosmarin (306), Spargel mit Zitrone und Oliven (338), Süßkartoffel**
14	Rest des gegrillten Lachses mit Zitrone und Rosmarin, Rest des Spargels mit Zitronen und Oliven*	Hühnerfleisch-Salat-Wraps (270)	Thunfisch mit rotem Palmöl und Koriander auf Daikon-Nudelsalat (302), grüner Salat*
15	Rührei mit Oliven, gedünsteter Spinat*, Avocado	Spinatsalat mit NOE, Rest des Thunfischs mit rotem Palmöl und Koriandergrün, Avocado, Zitronensaft	Gefüllte Paprikaschoten nach italienischer Art (300), grüner Salat* mit Balsam-Vinaigrette (378)
16	Brei ohne Getreide (252), Frühstückswurst	Rest der gefüllten Paprikaschoten nach italienischer Art (300), grüner Salat*	Rauchige Hühnerschenkel, in Speck gewickelt (262), Gemischter grüner Salat mit Roten Rüben und Blutorangen (376)
17	Eiersalat mit Speck (248), Süßkartoffel oder Rote Rüben**	Rest der rauchigen Hühnerschenkel, in Speck gewickelt, grüner Salat*	Spaghettikürbis Bolognese (280), Gebackene Grünkohlchips* (356)
18	Kürbispfannkuchen (242), Frühstückswurst oder Speck	Rest des Spaghettikürbis Bolognese	Fleischbällchenfüllung (334), Pürierte Faux-Tatoes (344)
19	Rührei, Avocado, Spinat oder Grünkohl*, Rohes Sauerkraut (238)	Rest der Fleischbällchenfüllung, Rest der pürierten Faux-Tatoes	Scholle mit Orange und Macadamianüssen (314), Gebackener Romanesco mit Zitrone* (346), Pikante Süßkartoffeln** (362)
20	Brei ohne Getreide (252), hartgekochte Eier	Rest der Scholle mit Orange und Macadamianüssen, Rest des gebackenen Romanesco mit Zitrone*	Gebackene Ente mit Kirschsoße (274), Gedünsteter Rotkohl mit Zwiebeln und Äpfeln (352)

» *Eine vollständige Einkaufsliste für dieses Menü finden Sie bei balancedbites.com*

SCHLÜSSEL
- ◆ Rind und Bison
- ■ Geflügel
- ● Eier
- ● Schwein
- ● Lamm
- ◆ Fisch und Meeresfrüchte

ANMERKUNGEN

NOE	natives Olivenöl extra
KÖ	Kokosöl
*	oder ein anderes nichtstärkehaltiges Gemüse
**	oder ein anderes stärkehaltiges Gemüse (siehe Seite 110)

Wenn keine Seitenzahl genannt wird, können Sie die Gerichte zubereiten wie angegeben oder nach Belieben. Weitere Empfehlungen für Eiweiß, Gemüse und Fette finden Sie in der Spalte »Kurz-Info«, die auf Ihr Menü abgestimmt ist!

Mustergültige Paläo-Kost

TAG	FRÜHSTÜCK	MITTAGESSEN	ABENDESSEN
21 ●◆●	Hartgekochte Eier, Frühstückswurst, Rohes Sauerkraut (238)	Lachs im Noriblatt (316)	Lammkoteletts mit Oliventapenade (326), Griechischer Salat mit Avo-Tsiki-Soße (374)
22 ●●◆	Gewirbelte Quiche ohne Kruste (240), Frühstückswurst	Rest der Lammkoteletts mit Oliventapenade, Rest des Griechischen Salats mit Avo-Tsiki-Soße	Rinderbeinscheiben, mit Orange geschmort (284), Butternusskürbissuppe mit Salbei** (348)
23 ●◆◆	Rest der gewirbelten Quiche ohne Kruste, Perfekt gebackener Speck (236)	Rest der Rinderbeinscheiben, mit Orange geschmort, Rest der Butternusskürbissuppe mit Salbei**	Hayleys Rinderbauchlappensteak-Tacos (292), Salsa (296), Gegrillter Kürbis mit Ananas (342)
24 ●◆◆	Eichelkürbis mit Zimt und Kokosnussbutter (358), Frühstückswurst oder Speck	Würziger Taco-Salat (296), Rest der Salsa	Feurige Jalapeño-Büffelburger mit Süßkartoffel-Pfannkuchen (298), Gebackener roter Knoblauch (370)
25 ●◆◆	Rest der Süßkartoffel-Pfannkuchen, Eier, Avocado	Einfache Lachskuchen (310), grüner Salat*, Avocado, Oliven	Jakobsmuscheln nach asiatischer Art (304), Tomatillo-Garnelen-Cocktail (312), Zucchini*
26 ●◆●	Zucchini-Pfannkuchen (248), Perfekt gebackener Speck (236)	Thunfisch, Gemischter grüner Salat mit Persimonen, Spargel und Fenchel (380), Orangen-Vinaigrette (382)	Oma Barbaras gefüllte Pilze (332), Geröstete Markknochen (288), Spinat
27 ●●●	Brei ohne Getreide (252), Frühstückswurst mit italienischem Wurstgewürz (233)	Rest von Oma Barbaras gefüllten Pilzen, gemischter grüner Salat, Balsam-Vinaigrette	Gewürzte Lammfleischbällchen mit Balsamfeigen-Kompott (324), Grüne Bohnen mit Schalotten* (358)
28 ●◆■	Rest der Gewürzten Lammfleischbällchen, Spinat oder Kohl*	Wilder Lachs aus der Dose mit Oliven, Avocado, Zitronensaft, Tomate, NOE	Huhn mit Zitrone und Artischocken (260), Dicke Brokkoli-Blumenkohl-Suppe mit Speck (336)
29 ●■◆	Apfelstreuselmuffins (254), Speck oder Frühstückswurst	Rest des Huhns mit Zitrone und Artischocken, Möhren-Grünkohl-Salat mit Zitronen-Tahini-Soße (376)	Mamas gefüllte Kohlrouladen mit Tomaten-Cranberry-Soße (290), grüner Salat*
30 ●●●	Rest der Apfelstreuselmuffins, Speck oder Frühstückswurst	Chorizo-Fleischbällchen (330), gemischter grüner Salat* mit Avocado, Zitronensaft und NOE	Mediterraner Lammbraten (320), Gedünsteter Spinat mit Pinienkernen und Korinthen* (366)

» *Eine vollständige Einkaufsliste für dieses Menü finden Sie bei balancedbites.com*

SCHLÜSSEL
- ◆ **Rind und Bison**
- ■ **Geflügel**
- ● **Eier**
- ● **Schwein**
- ● **Lamm**
- ◆ **Fisch und Meeresfrüchte**

ANMERKUNGEN
NOE.	natives Olivenöl extra
KÖ	Kokosöl
*	oder ein anderes nichtstärkehaltiges Gemüse
**	oder ein anderes stärkehaltiges Gemüse (siehe Seite 110)

Wenn keine Seitenzahl genannt wird, können Sie die Gerichte zubereiten wie angegeben oder nach Belieben. Weitere Empfehlungen für Eiweiß, Gemüse und Fette finden Sie in der Spalte »Kurz-Info«, die auf Ihr Menü abgestimmt ist!

TEIL 3: REZEPTE

Informationen über Nährwerte finden Sie bei balancedbites.com

Einmaleins der Küche

So schneidet man eine Zwiebel

1. Klemmen Sie die Schneide des Messers zwischen Daumen und Zeigefinger.

2. Die anderen Finger bleiben neben dem Messergriff gestreckt.

3. Halten Sie den Griff mit dem Mittelfinger, dem Ringfinger und dem kleinen Finger. Daumen und Zeigefinger bleiben an der Schneide.

4. Übung: Setzen Sie die Messerspitze auf ein Schneidbrett, wippen Sie mit der Schneide nach hinten und nach unten, um ein imaginäres Gemüse zu zerkleinern. Sie können auch den Messerrücken auf das Brett setzen und die Schneide dann nach vorne und durch ein imaginäres Stück Gemüse hindurch bewegen.

5. Legen Sie die leicht gekrümmten Finger der freien Hand auf die Zwiebel. Setzen Sie dann die Schneide auf die Zwiebel.

6. Schneiden Sie das Ende der Zwiebel ab, so wie Sie es geübt haben. Dadurch wird die Unterseite der Zwiebel flach.

7. Drehen Sie die Zwiebel um, sodass sie auf der flachen Seite liegt. Schneiden Sie sie nun in zwei Hälften. Ein Teil der Wurzel bleibt dabei auf beiden Seiten intakt.

8. Bearbeiten Sie jetzt jede Hälfte separat.

9. Entfernen Sie die äußere Schale und, wenn es notwendig ist oder wenn Sie es wünschen, die erste Schicht.

10. Schneiden Sie die eine Hälfte quer in 6–13 mm dicke Scheiben. Das Ende bleibt jedoch intakt.

11. Drehen Sie die Zwiebel um 45 Grad und schneiden Sie sie quer über die vorherigen Schnitte in 6–13 mm breite, zerfallende Scheiben.

12. Machen Sie so weiter bis knapp vor dem Ende der Zwiebel.

13. Der letzte Schnitt ist ca. 2,5 cm vom Ende entfernt.

14. Drehen Sie die Zwiebel so, dass die Wurzel nach oben zeigt.

15. Machen Sie einen oder zwei Schnitte näher am Ende.

16. Drehen Sie die Zwiebel ein letztes Mal um.

17. Hacken Sie den letzten Teil.

18. Schütten Sie alle Stückchen in die Schüssel.

KEINE TRÄNEN MEHR!

Wenn Sie die Zwiebeln vor dem Hacken in den Kühlschrank legen, kommen Ihnen nicht die Tränen.

Einmaleins der Küche

So schneidet man Gemüsepaprika

1. Klemmen Sie die Messerklinge zwischen Daumen und Zeigefinger.

2. Die anderen Finger bleiben neben dem Messergriff gestreckt.

3. Halten Sie den Griff mit dem Mittelfinger, dem Ringfinger und dem kleinen Finger. Der Daumen und der Zeigefinger bleiben an der Schneide.

4. Übung: Setzen Sie die Messerspitze auf ein Schneidbrett, wippen Sie mit der Schneide nach hinten und nach unten, um ein imaginäres Gemüse zu zerkleinern. Sie können auch den Messerrücken auf das Brett setzen und dann die Schneide nach vorne und durch ein imaginäres Stück Gemüse drücken.

5. Legen Sie die Paprika auf das Schneidbrett und die leicht gekrümmten Finger der freien Hand auf die Schote. Setzen Sie nun die Schneide des Messers quer über die Mitte der Paprika und schneiden Sie sie durch, so wie Sie es geübt haben.

6. und 7. Entfernen Sie den Stiel und das Kerngehäuse.

8. Schneiden Sie den Rest der Schote entlang der weißen Rippen in mehrere Teile.

9. Legen Sie die Seite des Messers in die Schotenteile, drücken Sie es nach unten, beginnen Sie, die Rippen zu entfernen.

10. Klemmen Sie das andere Ende der Schote zwischen die Finger und schieben Sie das Messer weiter nach vorne, weg von der Hand.

11. Entfernen Sie die restlichen weißen Rippen und die Samen.

12.–14. Schneiden Sie die Teile in lange, etwa 6 mm breite Stücke.

15.–17. Schneiden Sie die Stücke quer in 6 mm lange Würfel.

18. Schütten Sie alle Würfel in eine Schüssel.

VORSICHT -- SCHARF!

Sie möchten scharfe Paprika zerteilen? Denken Sie daran, dass die weißen Rippen und die Samen am schärfsten sind. Entfernen Sie diese Teile, damit die Paprika milder wird. Vergessen Sie nicht, sich die Hände zu waschen, bevor Sie Ihr Gesicht berühren!

Einmaleins der Küche

So schneidet man alles

NÜTZLICHER TIPP

Schälen Sie Wurzeln und Knollen vor dem Zerkleinern. Verwenden Sie dafür einen Gemüseschäler.

Das gilt auch für Mangos. Ich finde, sie sind leichter zu teilen, wenn man sie vorher schält. Allerdings sind geschälte Mangos glitschig.

Wie Sie das Messer und die führende Hand halten, erfahren Sie auf den vorigen Seiten.

Sie können jedes Nahrungsmittel mit der gleichen Methode zerkleinern:

Dabei entsteht immer eine von drei »Formen«:
1) Scheiben 2) Stifte 3) Würfel

Scheiben: Der erste, grundlegende Schnitt vor dem Schneiden von Stiften. Der Knoblauch unten links wird sehr dünn geschnitten!

Lange Stücke: Eine in gleiche Teile geschnittene Scheibe. Die Teile sind oft lang und schmal. Die Süßkartoffel oben links wird in Längsteile geschnitten.

Gewürfelt: Stifte, die in gleich große Stücke zerteilt werden, meist 2,5–7,5 cm groß. Die Süßkartoffel oben rechts ist in Würfel geschnitten.

Stifte (Julienne): Eine Scheibe, die in feine Streifen von Streichholzgröße geschnitten wird. Die Stifte sind ca. 3 mm breit und 2,5–7,5 cm lang. Die rote Paprikaschote unten links wird so zerteilt. Manchmal werden die Stifte dann in Würfel geschnitten.

Fein gewürfelt: Gleichmäßig in ca. 6 mm lange und breite Stücke geschnitten. Die rote Paprikaschote unten rechts auf der nächsten Seite und der Inhalt der Schale oben links auf dieser Seite sind Beispiele für fein gewürfelte Zutaten.

Fein gehackt: In Stücke geschnitten, die kleiner als 6 mm sind und nicht gleich groß sein müssen. Knoblauch wird häufig fein gehackt.

Gerieben (geraspelt): Verwenden Sie eine Reibe oder das Schnitzelwerk einer Küchenmaschine, um beispielsweise Möhren oder Zucchini in kurze, dünne Stücke zu schneiden.

Fein gerieben (geschabt): Um die Struktur einer Zutat fast unkenntlich zu machen, verwenden Sie eine feine Reibe (Zestenreißer). So erhalten Sie einen sehr fein geriebenen Brei. Zutaten wie Knoblauch können Sie fein reiben.

Das große Buch der Paläo-Ernährung

Einmaleins der Küche

Kräuter- und Zitronensalzmischungen

ZUBEREITUNGSZEIT
20 Minuten

DÖRRZEIT
4 Stunden

ERGIBT
1/2 Tasse

Wenn Sie Ihre Lieblingskräuter mit Meersalz mischen, haben Sie immer eine Würze für jedes Gericht zur Hand. Verwenden Sie ein grobes, nicht raffiniertes, mineralstoffreiches Salz (weiß oder grau). Sie bekommen es in manchen Lebensmittelgeschäften oder im Internet.

1 Tasse* frische Kräuter (Rosmarin, Salbei, Thymian, Zitronenschale usw.)
1/2 Tasse grobes Meersalz

RANDNOTIZ
Sie können Kräuter in einem heißen, aber abgeschalteten Ofen trocknen, aber auch mehrere Stunden lang bei der niedrigsten Temperatur. Achten Sie darauf, dass sie nicht anbrennen. Um das Haus mit Kräuteraromen zu erfüllen, lassen Sie die Kräuter bei einer niedrigeren Temperatur länger trocknen.

Den Backofen auf 40–50° vorheizen (oder auf die niedrigste Stufe, »warm« genügt).

Die einzelnen Kräuter auf separaten Backblechen verteilen und im Ofen trocknen, bis sie zwischen den Fingern zerbröseln. Das dauert etwa 4 Stunden.

Die getrockneten Kräuter mit einer Küchenmaschine oder mit Mörser und Stößel bis zur gewünschten Konsistenz zerstoßen. Das Kräutersalz erneut im Ofen trocknen, falls es noch feucht ist.

Das Salz in Gläsern an einem kühlen, trockenen Platz aufbewahren.

NÜSSE
EIER
NACHTSCHATTENGEWÄCHSE
FODMAPS

Anmerkung: Wenn ein Rezept eine solche Salzmischung verlangt und Sie keine vorrätig haben, nehmen Sie einfach ein getrocknetes Kraut oder Zitronenschalen und Meersalz zu gleichen Teilen.

Ich empfehle dringend, sowohl eine Rosmarin- als auch eine Salbeisalzmischung herzustellen, auch für die folgenden Rezepte.

* 1 amerikanische Tasse entspricht rund 250 Millilitern

Gewürzmischungen

OHNE NACHTSCHATTEN-GEWÄCHSE?
Verwenden Sie keine Rezepte mit Paprika, Chilipulver, Chipotlepulver oder roten Paprikaflocken.

OHNE FODMAPS?
Lassen Sie Zwiebel- und Knoblauchpulver weg.

Wenn nicht anders angegeben, werden alle Gewürzmischungen gleich zubereitet: Sämtliche Gewürze in einer Schüssel mischen und in einem kleinen Behälter aufbewahren. Verwenden Sie die Mischungen für die Rezepte – oder nach Belieben!

RAUCHIGE GEWÜRZMISCHUNG

1 EL Chipotlepulver
1 EL geräucherter Paprika
1 EL Zwiebelpulver
1/2 EL Zimt
1 EL Meersalz
1/2 EL schwarzer Pfeffer

ERGIBT
ca. 5 Esslöffel

CHORIZO-GEWÜRZMISCHUNG

2 EL Chipotlepulver
1 EL geräucherter Paprika
1 EL Zwiebelpulver
1 EL Knoblauchpulver
1/2 EL Meersalz
1 TL schwarzer Pfeffer

ERGIBT
ca. 6 Esslöffel

Wenn Sie Fleisch würzen möchten, mischen Sie 1/2 EL Apfelessig mit jedem EL Gewürzmischung. Nehmen Sie 2 EL Chorizo-Gewürzmischung auf 450 g Fleisch.

KÜHLENDE GEWÜRZMISCHUNG

1 EL Kurkuma
1 EL geräucherter Paprika
1 EL Zimt
1 EL Kreuzkümmel
1 EL getrockneter Oregano
1 TL schwarzer Pfeffer
1 EL Zwiebelpulver
1 EL Knoblauchpulver

ERGIBT
ca. 7 Esslöffel

INDISCHE GEWÜRZMISCHUNG

ERGIBT ca. 4 1/2 Esslöffel

2 EL Zwiebelpulver
2 TL Garam masala
2 TL Koriandersamen
1 TL Meersalz
1 TL schwarzer Pfeffer
1/2 TL Zimt
1/2 TL rote Paprikaflocken

ITALIENISCHES WURSTGEWÜRZ

ERGIBT ca. 5 Esslöffel

1 TL Meersalz
1 EL Fenchelsamen, gemahlen
1 EL Salbei, gemahlen
1 EL Knoblauchpulver
1 EL Zwiebelpulver
1/4 TL weißer Pfeffer
(oder 1 TL schwarzer Pfeffer)
2 TL getrocknete Petersilie (optional)

Verwenden Sie 2 EL auf 450 g Fleisch, um Wurst zu machen.

CURRY-GEWÜRZMISCHUNG

ERGIBT ca. 4 1/2 Esslöffel

1 EL Currypulver
1 EL Zwiebelpulver
1 EL Paprika
1/2 EL Zimt
1 EL Meersalz

PIKANTE GEWÜRZMISCHUNG

ERGIBT ca. 4 Esslöffel

1 EL Rosmarin-Salbei-Salz
    (Rezept auf Seite 230)
1 EL Knoblauchpulver
1 EL Zwiebelpulver
1/2 EL Paprika
1 TL schwarzer Pfeffer

GRIECHISCHE GEWÜRZMISCHUNG

ERGIBT ca. 5 1/2 Esslöffel

2 EL Zitronensalz
    (Rezept auf Seite 230)
2 EL getrockneter Oregano
1 EL Knoblauchpulver
2 TL schwarzer Pfeffer

Einmaleins der Küche

Mineralstoffreiche Knochenbrühe

Nichts ist einfacher, als eine Knochenbrühe zuzubereiten. Es ist so einfach wie Wasser kochen und selbstgemachte Brühe enthält keine Zusätze. Sie brauchen nie wieder Brühwürfel oder gekörnte Brühe in Dosen zu kaufen!

ZUBEREITUNGSZEIT
5 Minuten

KOCHZEIT
8–24 Stunden

ERGIBT
knapp 2 Liter Brühe

RANDNOTIZ
Wenn Sie keinen Schongarer haben, können Sie einen emaillierten gusseisernen Topf in den 150° heißen Ofen stellen oder die Brühe in einem Topf auf der Herdplatte zum Kochen bringen und dann sieden lassen. Dabei sollten sich ständig winzige Bläschen bilden.

OHNE FODMAPS?
Lassen Sie den Knoblauch weg.

NÜSSE
EIER
NACHTSCHATTENGEWÄCHSE
FODMAPS

- 3,8 l gefiltertes Wasser
- 700–900 g Knochen (Rinderknochen, Markknochen, Knochen mit Fleischresten, Hühner- oder Truthahnknochen oder -hälse oder andere verfügbare Knochen)
- 2 EL Apfelessig (biologisch, ungefiltert)
- 2 TL (oder nach Geschmack) nicht raffiniertes Meersalz (optional)
- Zehen einer ganzen frischen Knoblauchknolle, geschält und zerquetscht (optional)

Alle Zutaten in einen Schongarer geben und diesen auf hoch einstellen. Die Brühe zum Kochen bringen, dann Hitze auf niedrig stellen. Mindestens 8 (bis zu 24) Stunden kochen lassen – je länger, desto besser.

Den Schmortopf abschalten und die Brühe abkühlen lassen. Dann mit einem feinmaschigen Metallsieb oder Stofftuch abseien. Die abgekühlte und in Gläser umgefüllte Brühe kann einige Tage im Kühlschrank aufbewahrt werden, oder in entsprechenden Behältern einfrieren.

VARIANTE
Für eine Gemüsebrühe 1 Zwiebel, 4 Möhren, 2 Selleriestangen und 4 Knoblauchzehen in 13 mm große Stücke hacken, kochen und dann 6 Stunden sieden lassen. Nicht verkochen, sonst wird die Brühe bitter.

Vor der Verwendung festes Fett an der Oberfläche abschöpfen und wegwerfen. Sie können die Brühe trinken oder als Basis für Suppen und Eintöpfe sowie für Rezepte verwenden.

Gelatinewürfel, in Kräutertee getränkt

Wenn Sie die erstaunliche Heilkraft der Gelatine im Darm nutzen, aber nicht immer pikante Brühe trinken wollen, sind diese Gelatinewürfel genau richtig. Verwenden Sie einen Tee, den Sie mögen, und gewöhnliche Gelatine. Es ist ganz einfach!

ZUBEREITUNGSZEIT
10 Minuten

KOCHZEIT
10 Minuten + Gelierzeit

ERGIBT
verschiedene Mengen, je nach Gelatine

NACH IHREM GESCHMACK
Verwenden Sie einen Tee, den Sie mögen. Mit Früchtetee wird die Gelatine ein Hochgenuss für Kinder!

NÜSSE
EIER
NACHTSCHATTENGEWÄCHSE
FODMAPS

- Wasser wie auf der Gelatinepackung angegeben
- 1–2 EL Kräutertee (oder etwa 3–4 Beutel)
- 1 EL Honig (optional)
- 1 Packung Gelatine

Das Wasser vorbereiten, wie auf der Gelatinepackung angegeben.

Das Tee-Ei bzw. den Tee-Löffel (siehe Bild) oder die Beutel mit dem Honig im heißen Wasser ziehen lassen, dann die Gelatine wie auf der Packung angegeben weiter zubereiten.

Die Gelatine im Kühlschrank gelieren lassen, dann in Würfel schneiden und servieren.

Einmaleins der Küche

Perfekt gebackener Speck

Vielleicht überrascht es Sie, dass Speck in den folgenden Rezepten so selten vorkommt. Ich serviere ihn morgens mit Spiegeleiern und rohem Sauerkraut. Das Warten lohnt sich.

ZUBEREITUNGSZEIT
5 Minuten

BACKZEIT
20–30 Minuten

ERGIBT
450 g Speck

QUALITÄT IST WICHTIG
Kaufen Sie Speck von einem örtlichen Bauern, der seine Schweine weiden lässt. Fragen Sie, was die Tiere fressen, und besuchen Sie, wenn möglich, den Hof. Speck ist nicht von Natur aus ungesund, aber große Mengen Fleisch von Schweinen aus Mastparzellen sind nicht gut. Auf Seite 31 erfahren Sie mehr über hochwertiges Fleisch.

NÜSSE
EIER
NACHTSCHATTENGEWÄCHSE
FODMAPS

450 g Speck (vom geweideten Schwein, Rind oder Lamm; Truthahnspeck ist kein Speck)

Den Backofen auf 175° vorheizen. Speckstreifen gleichmäßig auf einem Backrost über einem Backblech verteilen (siehe Foto) und backen, bis die Streifen gar sind – rund 20–30 Minuten, je nach Dicke des Specks.

Wenn Sie Speck vom geweideten Schwein backen, lohnt es sich, das Fett aufzubewahren. Leicht abkühlen lassen, dann in ein Glas oder in ein Keramikgefäß füllen und für Rezepte und als Kochfett aufbewahren.

VARIANTE
Sie können den Speck auch in einem Tischbackofen auf einem Rost backen, wenn Sie jeweils eine kleinere Portion zubereiten.

Schmelzbutter und Ghee

Butter ist ein sehr nährstoffreiches Lebensmittel, das viel Vitamin A und sogar Vitamin K2 enthält. Da viele Menschen jedoch keine Lactose vertragen, ist geklärte Butter von grasgefütterten Tieren eine vorzügliche Alternative. Die Nährstoffe bleiben erhalten, während der Milchzucker und das Eiweiß abgeschöpft werden.

ZUBEREITUNGSZEIT
-

GARZEIT
20–30 Minuten

ERGIBT
900 g Schmelzbutter oder Ghee

BESSERE BUTTER
Butter von Tieren, die mit Gras gefüttert wurden, bekommen Sie unter anderem auf Wochenmärkten.

NÜSSE
EIER
NACHTSCHATTENGEWÄCHSE
FODMAPS

900 g Butter von grasgefütterten oder geweideten Tieren

Die Butter in einen mittelgroßen, schweren Stieltopf legen und bei schwacher Hitze zerlassen.

Die Butter sieden lassen, bis die festen Teile der Milch oben auf dem Öl zu treiben beginnen und schaumig werden. Diese festen Teile abschöpfen und die nunmehr geklärte Butter vom Herd nehmen. Dann durch ein Stofftuch gießen, um die restlichen festen Milchbestandteile zu entfernen. Die Butter hält in einem Glasgefäß im Kühlschrank einen Monat.

Aus der geklärten Butter wird Ghee, wenn die festen Milchbestandteile langsam weiter kochen, bis sie braun werden und zu Boden sinken. Wenn nichts mehr braun wird und sinkt, ist das Ghee fertig und wird durch ein Stofftuch gegossen, um die festen braunen Teile zu entfernen. Auch Ghee hält im Glasgefäß im Kühlschrank einen Monat.

Einmaleins der Küche

Rohes Sauerkraut (probiotisch) mit gerösteten Jalapeños und Knoblauch

Fermentierte Nahrungsmittel sind ein wichtiger Teil Ihrer täglichen Kost. Das folgende Rezept ist detailliert und scheinbar kompliziert, aber im Grunde ist das Verfahren einfach. Wenn Sie es einmal probiert haben, können Sie es jederzeit wiederholen und nach Ihrem Geschmack abwandeln. Für das fertige Produkt brauchen Sie zwei 1-Liter-Einweckgläser.

ZUBEREITUNGSZEIT
30 Minuten

GÄRUNGSZEIT
2–3 Wochen

ERGIBT
etwa 1 Liter

VARIANTE
Geben Sie Ingwer in die Mischung, oder lassen Sie den Knoblauch und die Jalapeños weg und geben Sie nur 1 EL Kümmel dazu.

OHNE NACHTSCHATTENGEWÄCHSE?
Lassen Sie die Jalapeños weg.

OHNE FODMAPS?
Nehmen Sie nur geriebene Möhren anstelle des Kohls.

NÜSSE
EIER
NACHTSCHATTENGEWÄCHSE
FODMAPS

- 1 großer Weißkohlkopf, in dünne Streifen geschnitten (die großen äußeren Blätter entfernen)
- 1–2 EL Meersalz
- 2 große Möhren, gerieben
- 2–4 Knoblauchzehen, in dünne Scheiben geschnitten (2 wenn groß, 4 wenn kleiner)
- 1–2 Jalapeños, geröstet (s. Seite 298)
- schwarzer Pfeffer nach Geschmack

Ein Drittel des geschnittenen Kohls in eine große Schüssel schütten und 1 EL Salz darüber streuen. Den Kohl mit den Händen pressen, bis Wasser herauszuquellen beginnt.

Dieses Verfahren wiederholen und dabei den restlichen Kohl und das Salz (je 1/3) dazugeben. Dafür brauchen Sie Zeit und ordentlich Muskelkraft.

Geriebene Möhren, Knoblauch, Jalapeños und schwarzen Pfeffer dazugeben und alles mit den Händen vermengen.

Zwei gläserne 1-Liter-Einweckgläser gleichmäßig füllen und die Mischung nach unten drücken, bis das Gemüse sich unter Wasser befindet. Oben im Glas sollten 5 cm Luft bleiben.

Die großen äußeren Kohlblätter oben ins Glas legen und nach unten drücken, bis der Wasserspiegel über die Blätter steigt. Ein Schnapsglas oder eine Minischale aus Glas oder Keramik eignen sich gut als zusätzliches Gewicht.

Die gefüllten Gläser in eine flache Pfanne oder auf einen flachen Teller stellen (für den Fall, dass sie überlaufen) und an einen sicheren, kühlen, dunklen Platz stellen, wo niemand sie stört.

Schauen Sie alle ein bis zwei Tage nach dem Sauerkraut, und prüfen Sie, ob das Gemüse unter Wasser steht – es darf keinen Kontakt mit der Luft haben, weil es nur unter dem Wasser gärt. Holen Sie alles, was zu hoch steigt, mit einem sauberen Löffel heraus. Es ist normal, wenn sich oben ein wenig Schimmel bildet; dennoch ist es besser, ihn zu entfernen. Füllen Sie bei Bedarf frisches Wasser nach, damit der Inhalt unter Wasser bleibt. Dazu tragen die Gewichte bei.

Lassen Sie das Sauerkraut mindestens zwei Wochen stehen, kosten Sie es ab und zu. Sobald es so schmeckt, wie Sie es mögen, verschließen Sie die Gläser und bewahren sie im Kühlschrank auf, wo das Kraut mehrere Monate frisch bleibt, ohne weiter zu gären.

Frühstück

Gewirbelte Quiche ohne Kruste

ZUBEREITUNGSZEIT
20 Minuten

BACKZEIT
45 Minuten

ERGIBT
6 Portionen

VARIANTE
Sportler können eine geriebene Süßkartoffel dazugeben, um mehr »gute Kohlenhydrate« zu tanken.

NÜSSE
EIER
NACHTSCHATTENGEWÄCHSE
FODMAPS

Diese Leckerei können Sie einfrieren und in einem Tischbackofen auftauen. Probieren Sie verschiedene Gemüsearten und Gewürze aus, um die Aromen jedes Mal zu ändern. Wenn Sie Hackfleisch zur Hand haben, können Sie mit der Gewürzmischung auf Seite 233 eine italienische Wurst daraus machen und hier als Zutat verwenden.

- 1 große Zucchini, gerieben und abgeseiht
- 2 große Möhren, gerieben
- 1 TL Rosmarin-Salbei-Salz (Rezept auf Seite 230; optional)
- 12 Eier, geschlagen
- 1 EL Butter, ausgelassener Speck oder Kokosöl

Den Backofen auf 190° vorheizen.

Die Zucchini mit einem Stofftuch oder Siebbeutel abseihen. (Das ist nicht unbedingt notwendig, trägt aber zu einer besseren Konsistenz der Quiche bei.)

Zucchini, Möhren, Rosmarin-Salbei-Salz und Eier in einer großen Schüssel vermengen und beiseite stellen.

Eine ca. 24 × 35 cm große Backform mit Butter einfetten, die Mischung hineingeben und vor dem Backen mit einer Gabel kreisförmig verwirbeln.

Etwa 45 Minuten backen (oder bis die Ränder braun sind). Die Quiche bläht sich beim Backen auf und fällt wieder zusammen, wenn man sie aus dem Ofen nimmt.

Frühstück

Kürbispfannkuchen

ZUBEREITUNGSZEIT
10 Minuten

GARZEIT
20 Minuten

ERGIBT
Etwa 8 kleine Pfannkuchen oder 2 Portionen

VARIANTE
Anstelle des Ahornsirups können Sie eine zerdrückte, reife, ganze Banane in die Mischung geben. Sie erhalten dann mehr Pfannkuchen.

NÜSSE
EIER
NACHTSCHATTENGEWÄCHSE
FODMAPS

Im Herbst ist es ganz natürlich, viele Gerichte mit Kürbis zu kochen. Mit diesem Rezept verwandeln Sie eine billige Zutat (Kürbis aus der Dose) in einen Leckerbissen.

4 Eier
1/2 Tasse Kürbis aus der Dose
1 TL reiner Vanilleextrakt
2 EL reiner Ahornsirup (optional)

1 TL Kürbiskuchengewürz
1 TL Zimt
1/4 TL Backnatron
2 EL Butter oder Kokosöl (und etwas Fett fürs Braten)

Eier, Kürbis, Vanilleextrakt und Ahornsirup verquirlen. Kürbiskuchengewürz, Zimt und Backnatron in die nassen Zutaten sieben.

2 EL Butter bei mittlerer Hitze in einer großen Bratpfanne zerlassen, dann in den Teig mischen.

Die Pfanne einfetten und den Teig löffelweise in die heiße Pfanne geben, um Pfannkuchen in der gewünschten Größe zu erhalten. Wenn ein paar Blasen auftreten, die Pfannkuchen einmal umdrehen und braten, bis sie gar sind.

Mit Butter von grasgefütterten Tieren und Zimt oder mit Bananenscheiben servieren.

Frühstück

Möhren-Lebkuchen-Muffins

ZUBEREITUNGSZEIT
20 Minuten

KOCHZEIT
35–40 Minuten

ERGIBT
12–18 Muffins

VARIANTE
Sie können die Glasur auch für andere Muffins verwenden, wenn Sie die Orangenschalen durch Zitronenschalen ersetzen und mit der Glasur die Heidelbeer-Zitrone-Muffins (siehe Seite 246) bestreichen. Die unveränderte Glasur eignet sich auch für die Kürbis-Cranberry-Muffins.

NÜSSE
EIER
NACHTSCHATTENGEWÄCHSE
FODMAPS

Mit diesem Rezept können Sie aus Gemüse eine Delikatesse machen. Jeder Muffin enthält etwa 1/4 Tasse Möhren, und der würzige Lebkuchen ist ein Genuss.

6 Eier
1/2 Tasse Butter oder Kokosöl
1 TL reiner Vanilleextrakt
1/2 Tasse schwarze Melasse
1/4 Tasse Ahornsirup (Güteklasse B)
1/2 Tasse Kokosmehl
1/2 TL Meersalz
1/4 TL Backnatron
1 TL Zimt
1 TL Ingwer
1/2 TL gemahlene Nelken
3 Tassen Möhren, gerieben
1/2 Tasse Rosinen (optional)

GLASUR (OPTIONAL)
1/4 Tasse Kokosbutter
1/4 Tasse Kokosöl
1/4 TL frisch gemahlener Ingwer
1 EL Orangenschale
1 EL Kokosraspeln
1 EL Ahornsirup

Den Backofen auf 175° vorheizen.

Eier, Butter oder Kokosöl, Vanilleextrakt, Melasse und Ahornsirup in einer großen Rührschüssel verquirlen. Kokosmehl, Meersalz, Backnatron, Zimt, Ingwer und gemahlene Nelken dazugeben. Dann Karotten und Rosinen (wenn gewünscht) hinzufügen und alles vermengen.

Je 1/4 Tasse des Teiges in die (mit Muffin-Papier, am besten aus natürlichem Pergament) ausgekleideten Schalen eines Muffin-Backblechs löffeln und 35–40 Minuten backen.

Alle Glasurzutaten vermengen, bis ein glatter Brei entsteht. Die Muffins vor dem Glasieren etwas abkühlen lassen.

Das große Buch der Paläo-Ernährung

Frühstück

Heidelbeer-Zitrone-Muffins

Wenn Sie Heidelbeeren mögen, sind diese Muffins genau das Richtige für Sie – sie bersten geradezu vor den frischen blauen Köstlichkeiten!

ZUBEREITUNGSZEIT
15 Minuten

BACKZEIT
35–40 Minuten

ERGIBT
12 Muffins

VARIANTE
Für gewöhnliche Blaubeeren-Muffins lassen Sie die Zitrone weg.

NÜSSE
EIER
NACHTSCHATTENGEWÄCHSE
FODMAPS

6 Eier
1/2 Tasse Butter oder Kokosöl, zerlassen
1 TL reiner Vanilleextrakt
1/4 Tasse Ahornsirup (Güteklasse B)
1 Zitrone (Saft und Schale)
1/2 Tasse Kokosmehl
1/2 TL Meersalz
1/4 TL Backnatron
1 Tasse frische Heidelbeeren

Den Backofen auf 175° vorheizen.

Eier, Butter oder Kokosöl, Vanilleextrakt, Ahornsirup, Zitronensaft und Zitronenschale in einer großen Rührschüssel vermengen. Kokosmehl, Meersalz und Backnatron hineinsieben und gut umrühren. Dann die Heidelbeeren behutsam hineindrücken.

Je 1/4 Tasse des Teiges in die (mit Muffin-Papier, am besten aus natürlichem Pergament) ausgekleideten Schalen eines Muffin-Backblechs löffeln und 35–40 Minuten backen.

Kürbis-Cranberry-Muffins

Diese Muffins werden bestimmt zu einem herbstlichen Lieblingsgebäck in Ihrem Haus. Kürbis in Dosen eignet sich vorzüglich dafür. Wenn Sie möchten, können Sie die Muffins zusätzlich mit der einfachen Cranberry-Soße (Rezept auf Seite 388) bestreichen.

ZUBEREITUNGSZEIT
15 Minuten

BACKZEIT
35–40 Minuten

ERGIBT
12 Muffins

VARIANTE
Wenn es keine frischen Cranberrys gibt, nehmen Sie stattdessen gehackte Walnüsse.

NÜSSE
EIER
NACHTSCHATTENGEWÄCHSE
FODMAPS

6 Eier
1/4 Tasse Kürbis aus der Dose
1/2 Tasse Butter oder Kokosöl, zerlassen
1 TL reiner Vanilleextrakt
1/4 Tasse Ahornsirup (Güteklasse B)
1/2 Tasse Kokosmehl
1/2 TL Meersalz
1/4 TL Backnatron
1 EL Kürbiskuchengewürz
1/2 Tasse frische Cranberrys

Den Backofen auf 175° vorheizen.

Eier, Kürbis, Butter oder Kokosöl, Vanilleextrakt und Ahornsirup in einer großen Rührschüssel vermengen. Kokosmehl, Meersalz, Backnatron und Kürbiskuchengewürz hineinsieben und gut umrühren. Dann die Cranberrys behutsam hineindrücken.

Je 1/4 Tasse des Teiges in die (mit Muffin-Papier, am besten aus natürlichem Pergament) ausgekleideten Schalen eines Muffin-Backblechs löffeln und 35–40 Minuten backen.

Frühstück

Eiersalat mit Speck

Eiersalat ist seit Langem eines meiner Lieblingsgerichte. Mayonnaise kommt nicht in Frage, wenn Sie raffiniertes Pflanzenöl meiden wollen. Diese Abwandlung eines Klassikers verwendet Baconnaise (Rezept auf Seite 390) und bringt das Speckaroma direkt in den Salat.

ZUBEREITUNGSZEIT
20 Minuten

BACKZEIT
20 Minuten

ERGIBT
4 Portionen

SERVIEREN
Mit Gurkenscheiben oder Selleriestangen

NÜSSE
EIER
NACHTSCHATTENGEWÄCHSE
FODMAPS

12 Eier
1/4 Tasse Baconnaise (Rezept auf Seite 390)
Meersalz und schwarzer Pfeffer nach Belieben

12 Scheiben Speck, gehackt
2 EL frischer Schnittlauch, gehackt (optional)

Die Eier aus dem Kühlschrank holen, damit sie Raumtemperatur bekommen. Einen großen Topf mit 8 Tassen Wasser füllen und zum Kochen bringen.

Die Eier 10 Minuten ins kochende Wasser legen, dann herausholen und 10 Minuten in eine große Schüssel mit Eiswasser legen, damit sie nicht um den Dotter herum grün werden.

Eier schälen, in eine Schüssel legen und mit einem Kartoffelstampfer oder mit einer großen Gabel zerdrücken. Baconnaise, Meersalz, schwarzen Pfeffer, Speck und Schnittlauch untermischen.

Zucchini-Pfannkuchen

Mögen Sie Pfannkuchen, die nicht süß, sondern pikant schmecken? Dann sind Sie hier richtig! Backen Sie ein paar mehr und wärmen Sie sie auf, wann immer Sie wollen, oder essen Sie sie am nächsten Tag kalt.

ZUBEREITUNGSZEIT
10 Minuten

BACKZEIT
20 Minuten

ERGIBT
etwa 8 kleine Pfannkuchen oder 2 Portionen

RANDNOTIZ
Mit der Küchenmaschine ist die Zubereitung schnell und einfach.

NÜSSE
EIER
NACHTSCHATTENGEWÄCHSE
FODMAPS

3 Eier
1 EL Kokosmehl
Meersalz und schwarzer Pfeffer nach Belieben
2 Tassen Zucchini, gerieben (mit der Küchenmaschine oder von Hand)

Kokosöl oder ausgelassener Speck nach Belieben fürs Braten (die Menge ist unterschiedlich)

Eier mit Kokosmehl, Meersalz und schwarzem Pfeffer schlagen. Geriebene Zucchini gut untermischen. Kokosöl bei mittlerer Hitze in eine große Bratpfanne gießen (ca. 3 mm hoch). Die Mischung so in die Pfanne löffeln, dass Fladen mit etwa 10–15 cm Durchmesser entstehen.

Backen, bis die Fladen zusammenhalten. Einmal umdrehen wie normale Pfannkuchen.

Warm oder bei Zimmertemperatur servieren.

248   Das große Buch der Paläo-Ernährung

Frühstück

Vanille-Mandel-Biskuitbrot

ZUBEREITUNGSZEIT
10 Minuten

KOCHZEIT
40 Minuten

ERGIBT
6 Portionen

SERVIEREN
Mit Beeren oder Bananenscheiben, oder mit etwas Mandelbutter bestreichen.

VARIANTE
Das Brot wird noch pikanter, wenn Sie ein wenig Rosmarin- oder Salbeisalz in die Mischung streuen – etwa 1 TL sollte genügen.

NÜSSE
EIER
NACHTSCHATTENGEWÄCHSE
FODMAPS

Wenn Sie nach einem einfachen Ersatz für das Brot am Morgen suchen, ist dies ein Rezept für Sie! Essen Sie das Brot unbelegt und frisch aus dem Ofen, oder toasten Sie es mit etwas zusätzlicher Butter und Zimt. Sie können damit auch getreidefreie Arme Ritter machen. Dieses Pfannenbrot können Sie zudem mit dem Saft und der Schale einer Zitrone oder Orange würzen.

6 Eier
Inhalt von 1/4 Vanilleschote
1 TL Vanilleextrakt
2 EL Butter, zerlassen
2 EL vollfette Kokosmilch

1/4 Tasse Kokosmehl
1 Prise Muskat
1 Prise Meersalz
1/2 TL Backnatron
2 EL Mandelscheiben

Den Backofen auf 175° vorheizen.

Eier, Vanille, Vanilleextrakt, Butter und Kokosmilch in einer großen Rührschüssel verquirlen. Kokosmehl, Muskat, Salz und Backnatron hineinsieben und gründlich vermengen.

Die Eiermischung in eine 9 × 9 cm große, mit Pergamentpapier ausgelegte Backform gießen. Die Mandelscheiben darüber streuen und etwa 40 Minuten backen (oder bis die Ränder braun sind und ein Zahnstocher, mit dem Sie die Mitte testen, sauber bleibt).

Frühstück

Brei ohne Getreide, 2 Varianten

Wenn Sie Ihre warmen Frühstücksflocken am Morgen vermissen, probieren Sie diese Alternativen.

ZUBEREITUNGSZEIT
10 Minuten

GARZEIT
10 Minuten

ERGIBT
Eine große Portion

RANDNOTIZ
Probieren Sie dieses Rezept mit verschiedenen Nüssen aus!

NÜSSE
EIER
NACHTSCHATTENGEWÄCHSE
FODMAPS

MIT KOKOSNUSS
2 EL Mandelbutter (Mandelmus)
1/4 Tasse Kokosraspeln
6 EL warmes Wasser oder vollfette Kokosmilch
1/4 TL Vanilleextrakt
1/2 TL Zimt
1 TL roher Honig oder Ahornsirup (optional)

KÜRBIS-TAHINI (OHNE NÜSSE)
1 EL Tahini
1/2 Tasse Kürbis aus der Dose
1/4 Tasse warmes Wasser
1/4 TL Vanilleextrakt
1/4 TL Zimt
1 EL Kokosraspeln
1 EL Rosinen
1 TL roher Honig oder Ahornsirup

Alle Zutaten in einer kleinen Rührschüssel vermengen.

Die Mischung in einen Stieltopf gießen und bei schwacher Hitze wärmen, bis die gewünschte Temperatur erreicht ist.

Pesto-Rühreier

Verfeinern Sie Ihre einfachen Rühreier mit etwas Pesto (Rezept auf Seite 308).

ZUBEREITUNGSZEIT
5 Minuten

GARZEIT
3 Minuten

ERGIBT
4 Rühreier

RANDNOTIZ
Sie können auch gebratene oder hartgekochte Eier mit Pesto bestreichen – lecker!

NÜSSE
EIER
NACHTSCHATTENGEWÄCHSE
FODMAPS

1 EL Butter oder Kokosöl
4 Eier

1–2 EL Pesto (Rezept auf Seite 308)

Die Butter bei mittlerer Hitze in einer Bratpfanne zerlassen.

Die Eier direkt in die Pfanne schlagen und langsam verrühren. Eiweiß und Dotter sollten sich etwas vermischen, sodass der Farbunterschied zwischen beiden noch erkennbar ist. Ich empfehle dafür einen hitzebeständigen Silikonspachtel.

Nach etwa einer Minute den Pesto dazugeben und behutsam mit den Eiern verrühren.

Sobald die Eier nicht mehr dünnflüssig sind, sind sie gar.

Mit zusätzlichem Pesto und einer Seite perfekt gebackenem Speck (Rezept auf Seite 236) servieren.

Frühstück

Apfelstreuselmuffins

ZUBEREITUNGSZEIT
15 Minuten

BACKZEIT
40 Minuten

ERGIBT
12 Muffins

Ich wollte ein Frühstück aus vollwertigen Lebensmitteln zubereiten, das obendrein lecker schmeckt. Das Ergebnis waren die Apfelstreuselmuffins. Wenn Sie pikante Eiermuffins vorziehen, verwenden Sie das Rezept und die Zutaten für die gewirbelte Quiche ohne Kruste (Rezept auf Seite 240) und backen sie wie unten erklärt.

- 3 große grüne Äpfel, in 1 1/2 cm große Stücke gehackt (etwa 2 Tassen)
- 3 EL warmes Wasser
- 2 TL Zimt, geteilt
- 9 Eier
- 1 1/2 EL Butter oder Kokosöl, zerlassen
- 3 EL Kokosmilch
- 1 1/2 EL Kokosmehl
- 1/4 TL Backnatron
- 1 Prise Salz

RANDNOTIZ
Wenn Sie süßere Muffins mögen, geben Sie ein paar gehackte getrocknete Datteln in die Äpfel, während sie braten.

OHNE FODMAPS?
Verwenden Sie 2 gehackte Bananen anstelle der Äpfel.

Den Backofen auf 175° vorheizen.

Äpfel, Wasser und 1 1/2 TL Zimt in einer mittelgroßen Bratpfanne kurz anbraten, bis die Äpfel die Konsistenz eines groben Apfelmuses oder einer Apfeltortenfüllung haben. Die Mischung abkühlen lassen und dann mit der Eiermischung vermengen.

Eier, Butter, Kokosmilch, Kokosmehl, 1/2 TL Zimt, Backnatron und Salz in einer mittelgroßen Rührschüssel gründlich vermengen. Das gekühlte Apfelmus hineingießen und 1/4 Tasse davon für die Garnierung aufheben.

Die Eier-Apfel-Mischung in ausgekleidete Muffin-Formen löffeln, jeweils 1/4 Tasse. Etwa einen TL der verbliebenen Apfelmischung behutsam auf jedem Muffin verteilen. 40 Minuten backen.

VARIANTE
Ersetzen Sie die Äpfel durch leicht gekochte Birnen oder Banenen. Fügen Sie 1/4 Tasse gehackte Nüsse oder Kokosraspeln hinzu, um die Muffins körniger zu machen und gesunde Fette zu sich zu nehmen.

NÜSSE
EIER
NACHTSCHATTENGEWÄCHSE
FODMAPS

Das große Buch der Paläo-Ernährung

Geflügel

Ganzes gebratenes Huhn mit Zitrusfrucht und Kräutersalz

ZUBEREITUNGSZEIT
10 Minuten

BACKZEIT
60–120 Minuten

ERGIBT
4–6 Portionen, je nach Größe

VARIANTE
Verwenden Sie einige der Gewürzmischungen auf Seite 232–233, um dem Huhn ein ganz neues Aroma zu geben.

OHNE FODMAPS?
Knoblauch und Zwiebel weglassen.

Ganze Tiere gehören zu den preiswertesten Eiweißlieferanten. Hühner sind keine Ausnahme. Mehrere Personen können mittags ein ganzes Huhn essen, und mit den Knochen kann man eine Brühe zubereiten.

- 1/4 Tasse zerlassene Butter, Kokosöl, ausgelassener Speck oder Entenfett
- 1 ganzes Huhn
- 1 Zwiebel, in große Stücke geschnitten
- 4–6 Knoblauchzehen, zerquetscht
- 1 Orange oder Zitrone, in 6 Stücke geschnitten
- 2–4 große Möhren, in große Stücke geschnitten
- 1 TL Kräutersalz (Rezept auf Seite 230)
- schwarzer Pfeffer nach Belieben

Den Backofen auf 190° vorheizen.

Den Boden einer großen Bratpfanne mit einem Teil der geschmolzenen Butter bepinseln.

Muskelmägen oder Organe (sie sind bisweilen in Papier oder Plastikfolie verpackt) aus dem Inneren des Huhns entfernen. Das Huhn mit Zwiebel, Knoblauch und einem Teil der Zitrusfrucht füllen. Möhren um das Huhn herum in der Pfanne verteilen. Das Huhn mit geschmolzener Butter bepinseln und mit Kräutersalz und schwarzem Pfeffer bestreuen.

Backen, bis ein Thermometer zwischen Bein und Brust des Huhns 75° zeigt.

Die Garzeit hängt von der Größe des Vogels ab; sie liegt aber bei rund 20 Minuten pro Pfund.

NÜSSE
EIER
NACHTSCHATTENGEWÄCHSE
FODMAPS

Geflügel

Hühnerflügel, 2 Varianten

Sie können perfekte Partysnacks zubereiten, ohne sie in Mehl zu wälzen und zu braten. Backen Sie die Hühnerflügel stattdessen! Sie können sogar einen nach dem anderen zubereiten. Noch besser als ohnehin schon schmecken sie mit Dipsaucen.

ZUBEREITUNGSZEIT
10 Minuten

BACKZEIT
30 Minuten

ERGIBT
2 Dutzend Flügel

OHNE NACHTSCHATTENGEWÄCHSE?
Bereiten Sie die Flügel nur mit dem Ananas-Teriyaki zu.

NÜSSE
EIER
NACHTSCHATTENGEWÄCHSE
FODMAPS

RAUCHIGE FLÜGEL
- 1 Dutzend Hühnerflügel
- 2 EL Kokosöl, Speck oder Palmöl, zerlassen
- 2 EL rauchige Gewürzmischung (Rezept auf Seite 232)

FÜR DEN DIP
- 1/4 Tasse gebackenes Knoblauch-Aioli (Rezept unten)

ANANAS-TERIYAKI-FLÜGEL
- 1 Dutzend Hühnerflügel
- 1/2 Tasse Ananas-Teriyaki-Soße, geteilt (Rezept auf Seite 390)
- 2 EL Zwiebelpulver
- 1/2 TL Meersalz
- 1/2 TL schwarzer Pfeffer

Den Backofen auf 190° vorheizen.

Die Flügel in zwei Rührschüsseln verteilen. Die eine Hälfte in Kokosöl und in der rauchigen Gewürzmischung wälzen, die andere Hälfte in Ananas-Teriyaki, Zwiebelpulver, Salz und schwarzem Pfeffer. Die Hühnerflügel auf eine Auflaufform legen und etwa 30 Minuten backen (oder bis das Fleisch innen eine Temperatur von 75° hat).

Die rauchigen Flügel mit gebackener Knoblauch-Aioli und die Ananas-Teriyaki-Flügel mit der restlichen Vierteltasse Teriyaki-Soße servieren.

Gebackenes Knoblauch-Aioli

Diese Kombination von zwei Rezepten ergibt einen großartigen Dip oder eine köstliche Soße.

ZUBEREITUNGSZEIT
5 Minuten

GARZEIT
-

ERGIBT
1/2 Tasse

RANDNOTIZ
Verwenden Sie dieses Aioli in Rezepten anstelle von Mayonnaise, um das Aroma zu verbessern.

NÜSSE
EIER
NACHTSCHATTENGEWÄCHSE
FODMAPS

- 1/2 Tasse Baconnaise (Rezept auf Seite 390)
- 6 Zehen gebackener roter Knoblauch (Rezept auf Seite 370)

Die Baconnaise und den gebackenen roten Knoblauch in einer kleinen Rührschüssel vermengen. Bei Zimmertemperatur oder gekühlt servieren.

Geflügel

Huhn mit Zitrone und Artischocken

ZUBEREITUNGSZEIT
10 Minuten

BACKZEIT
50 Minuten

ERGIBT
4 Portionen

OHNE FODMAPS?
Schalotten/Zwiebel weglassen und die Artischockenherzen durch dünne Pastinaken- oder Möhrenscheiben ersetzen.

Diese Variante einer klassischen Hühner-Piccata aus ganzen Stücken (mit Knochen und Haut) entfaltet ihr ganzes Aroma ohne Mehl! Ihre Familie freut sich an Wochenenden bestimmt über dieses leckere Abendessen.

- 4 EL Butter, Ghee oder Kokosöl, geteilt
- 2 Schalotten oder 1/4 Zwiebel, in Scheiben geschnitten
- 2 Tassen Artischockenherzen, aufgetaut und/oder abgetropft und abgespült
- 1/4 Tasse Kapern, abgetropft
- Saft von 2 Zitronen
- 900 g Huhn mit Knochen und Haut
- Meersalz und schwarzer Pfeffer nach Belieben

Den Backofen auf 190° vorheizen.

2 EL Butter in einer großen, ofenfesten Bratpfanne zerlassen. Die Schalotten dazugeben und kurz anbraten, bis sie glasig sind. Artischockenherzen, Kapern und Zitronensaft dazugeben und alles vermengen.

Die Hühnerstücke in die Pfanne geben und auf jedes Stück eine kleine Portion der restlichen 2 EL Butter streichen. Die Pfanne 45 Minuten (oder bis das Fleisch innen eine Temperatur von 75° hat) in den Ofen stellen.

VARIANTE
Sie können dieses Rezept auch mit ganzen Hühnerschlegeln, Hühnerbrüsten (mit Knochen und Haut) oder einem ganzen Huhn zubereiten.

NÜSSE
EIER
NACHTSCHATTENGEWÄCHSE
FODMAPS

Das große Buch der Paläo-Ernährung

Geflügel

Rauchige Hühnerschenkel (Smoky Blend), in Speck gewickelt

ZUBEREITUNGSZEIT
10 Minuten

BACKZEIT
40 Minuten

ERGIBT
4 Hühnerschenkel
(2 Portionen)

Was tun, wenn Sie mit einer Packung Hühnerschenkel mit Knochen nach Hause kommen und feststellen, dass Sie versehentlich welche ohne Haut gekauft haben? Wickeln Sie die Schlegel in Speck ein, geben Sie die rauchige Gewürzmischung dazu, und schon haben Sie ein köstliches Gericht!

4 Hühnerschenkel mit Knochen, ohne Haut
8 Scheiben Speck

2 TL rauchige Gewürzmischung (Rezept auf Seite 232)

Den Backofen auf 190° vorheizen.

Die Hühnerschenkel mit 1 TL Gewürzmischung beträufeln. Jeden Schenkel in 2 Scheiben Speck wickeln. Dann die restliche Gewürzmischung darauf träufeln und etwa 40 Minuten backen (oder bis das Huhn innen eine Temperatur von 75° hat).

OHNE NACHTSCHATTENGEWÄCHSE?
Probieren Sie die pikante Gewürzmischung anstelle der rauchigen.

VARIANTE
Probieren Sie dieses Rezept mit Schweinefilet anstelle der Hühnerschenkel. Folgen Sie einfach derselben Anleitung, aber backen Sie das Filet, bis es innen 65° heiß ist (das dauert etwa 30–40 Minuten).

NÜSSE
EIER
NACHTSCHATTENGEWÄCHSE
FODMAPS

Das große Buch der Paläo-Ernährung

Geflügel

Pikante gebackene Hähnchenkeulen

ZUBEREITUNGSZEIT
5 Minuten

BACKZEIT
45–60 Minuten

ERGIBT
6 Hähnchenkeulen
(3–6 Portionen)

Ich mag dieses einfache, vielseitige Rezept. Sie können zerlassenes Kochfett und beliebige Gewürze verwenden. Um das Rezept noch einfacher zu machen, empfehle ich eine der Gewürzmischungen.

6 Hähnchenkeulen
1–2 EL Butter, Ghee, Speck oder Kokosöl, zerlassen

2 EL der Gewürzmischung Ihrer Wahl (Rezepte auf Seite 232–233)

OHNE NACHTSCHATTENGEWÄCHSE?
Verwenden Sie eine Gewürzmischung ohne Nachtschattengewächse.

OHNE FODMAPS?
Verwenden Sie eine Gewürzmischung ohne FODMAPs.

Den Backofen auf 190° vorheizen.

Die Hähnchenkeulen auf einem Backblech oder einem ofenfesten Teller verteilen, mit zerlassener Butter bestreichen und gleichmäßig mit der Gewürzmischung bestreuen.

45–60 Minuten backen (oder bis ein Thermometer in der Mitte einer Keule 75° anzeigt).

Foto: rauchige Mischung und pikante Mischung

VARIANTE
Verwenden Sie Hühnerbrüste mit Knochen und Haut, wenn Sie keine Hühnerkeulen haben.

Mit einem einfachen grünen Salat oder mit gebratenen Rosmarinwurzeln (Rezept Seite 350) servieren.

NÜSSE
EIER
NACHTSCHATTENGEWÄCHSE
FODMAPS

Geflügel

Hühnerschenkel mit Senfglasur

ZUBEREITUNGSZEIT
5 Minuten

BACKZEIT
45 Minuten

ERGIBT
12 Hühnerschenkel
(4–6 Portionen)

Honigsenf ist ohne Süßstoff schnell zubereitet, wenn Sie ein gesundes Fett verwenden, zum Beispiel Butter oder Kokosöl. Nehmen Sie, was Ihnen am besten schmeckt, oder mischen Sie beide Fette.

- 1/4 Tasse Butter oder Kokosöl, zerlassen
- 2 EL glutenfreier Senf
- schwarzer Pfeffer nach Belieben
- 1 TL Salbeisalz (Rezept auf Seite 230) oder 1/2 TL Meersalz + 1/2 TL getrockneter Salbei
- 12 Hühnerschenkel mit Knochen und Haut

RANDNOTIZ
Die Hühnerschenkel schmecken vorzüglich – auch als leichtes Frühstück –, wenn man sie im Ofen oder Tischbackofen aufwärmt.

Den Backofen auf 220° vorheizen.

Geschmolzene Butter, Senf, schwarzen Pfeffer und Salbeisalz in einer kleinen Rührschüssel vermengen. Die Hühnerschenkel auf einem Backblech oder einem ofenfesten Teller verteilen und gleichmäßig mit der Mischung bepinseln.

45 Minuten backen (oder bis ein Thermometer in der Mitte eines Hühnerschenkels 75° anzeigt).

VARIANTE
Verwenden Sie Hühnerbrüste mit Knochen und Haut, wenn Sie keine Hühnerschenkel haben. Mit Butternusskürbis und Kumquats (Rezept Seite 360) oder pürierten Faux-Tatoes (Rezept Seite 344) servieren.

NÜSSE
EIER
NACHTSCHATTENGEWÄCHSE
FODMAPS

Geflügel

Truthahn-Burger mit indischem Gewürz

ZUBEREITUNGSZEIT
10 Minuten

GARZEIT
10 Minuten

ERGIBT
4 Burger

Jede Gewürzmischung verbessert das Aroma eines schlichten Burgers. Hier verwenden wir die indische Gewürzmischung (Rezept auf Seite 233) und den gebackenen roten Knoblauch (Rezept auf Seite 370) mit Koriandergrün. Mit einem Salat oder mit gegrilltem Gemüse wird daraus ein ganz einfaches Abendessen.

450 g Truthahnhackfleisch
1 EL indische Gewürzmischung (Rezept auf Seite 233)

frische Korianderblätter zum Garnieren

SALATWICKEL
Wickeln Sie die Burger in Salatblätter oder servieren Sie sie in einem »Brötchen« aus großen Champignons (siehe Foto). Sie können die Champignons vorher etwa 10 Minuten bei 175° grillen oder backen.

OHNE FODMAPS?
Lassen Sie bei der indischen Gewürzmischung das Zwiebelpulver weg.

Truthahn und indische Gewürzmischung in einer großen Rührschüssel gut vermengen. Aus dem Truthahnfleisch vier Burger (zu je ca. 115 g) formen und in die Mitte mit dem Daumen eine Mulde drücken, damit sie gleichmäßig gar werden.

Die Burger bei mittlerer Hitze etwa 4 Minuten pro Seite grillen oder in der Pfanne backen (oder bis sie durch und durch gar sind, keine rosa Stellen mehr aufweisen und innen 75° heiß sind).

VARIANTE
Ersetzen Sie das Truthahnfleisch durch Hackfleisch vom Rind, Bison oder Lamm und servieren Sie es auf einem Süßkartoffel-Pfannkuchen (Rezept auf Seite 298). Ein sättigender Imbiss nach dem Training.

NÜSSE
EIER
NACHTSCHATTENGEWÄCHSE
FODMAPS

Geflügel

Hühnerfleisch-Salat-Wraps

ZUBEREITUNGSZEIT
10 Minuten

BRATZEIT
5–10 Minuten

ERGIBT
2 große oder
4 kleine Portionen

OHNE NACHTSCHATTEN-GEWÄCHSE?
Chipotlepulver und Tomaten weglassen und die Hühnerschenkel nur im Knoblauch- und Zwiebelpulver wälzen.

OHNE FODMAPS?
Knoblauch- und Zwiebelpulver, Avocado und grüne Zwiebeln weglassen und stattdessen mit Koriandergrün garnieren.

NÜSSE
EIER
NACHTSCHATTENGEWÄCHSE
FODMAPS

Egal, welche eiweißreichen Lebensmittel ich gerade im Kühlschrank habe, ich wickle sie gerne in Salatblätter und verwandle sie in köstliche, handliche Speisen. Würziges Hühnerfleisch, in knackigen frischen Kopfsalat gewickelt, ist eine köstliche Alternative zu Hot Chicken Wings.

450 g Hühnerschenkel ohne Haut und Knochen
2 TL Chipotlepulver
1/2 TL Knoblauchpulver
1/2 TL Zwiebelpulver
Meersalz und schwarzer Pfeffer nach Belieben

2 EL Kokosöl
1 Kopfsalat (oder eine andere Salatart)
1 Avocado, in Scheiben geschnitten
1/2 Tasse Kirsch- oder Strauchtomaten, halbiert
2 EL grüne Zwiebeln, gehackt

Die Hühnerschenkel in ca. 6 mm dicke Streifen schneiden und diese in einer Rührschüssel im Chipotle-, Knoblauch- und Zwiebelpulver nebst Meersalz und schwarzem Pfeffer wälzen.

Das Kokosöl in einer Bratpfanne bei mittlerer Hitze zerlassen und dann die Hühnerschenkel in die Pfanne legen. Etwa 5–10 Minuten braten und gelegentlich wenden, bis das Fleisch durch und durch weiß ist.

Mit Avocado, halbierten Tomaten und gehackten grünen Zwiebeln belegen und auf Salatblättern servieren.

VARIANTE
Sie haben eine Lieblingssoße? Nehmen Sie davon 1 EL anstelle des Chipotle-, Knoblauch- und Zwiebelpulvers.

Das große Buch der Paläo-Ernährung

Geflügel

Salatkörbchen mit chinesischem Fünf-Gewürze-Pulver

ZUBEREITUNGSZEIT
45 Minuten

GARZEIT
15 Minuten

ERGIBT
3-4 Portionen

Asiatische Aromen sind schwer zu ersetzen, aber das tiefe, volle Aroma, das einst nur Sojasoßen auszeichnete, ist auch in einem fermentierten Produkt namens Kokosnuss-Aminos enthalten. Wie für Sojasoße gilt auch für diese Aminos: Eine kleine Menge genügt.

2 EL Kokos- oder Palmöl
450 g Truthahnhackfleisch
1 1/2 EL chinesisches Fünf-Gewürze-Pulver
2 TL Kokosnuss-Aminos
Meersalz und schwarzer Pfeffer nach Belieben

SOSSE
2 EL Tahini (oder Sonnenblumenkern- oder Mandelbutter)
2 EL Kokosnuss-Aminos
1 EL kalt gepresstes Sesamöl
1 TL Sesamsamen zum Garnieren

GARNIERUNG
1 große Möhre, gerieben (etwa 1/2 Tasse)
1/4 Tasse Koriandergrün, gehackt
1/2 Tasse Gemüsepaprika, mehrere Farben
1/2 Tasse Gurke, gehackt
1/4 Tasse Rotkohl, geraspelt
1 Zitrone, in Schnitze geschnitten
1 EL Sesamsamen zum Garnieren
1 Kopfsalat

OHNE NACHTSCHATTENGEWÄCHSE?
Paprikaschoten beim Garnieren weglassen.

OHNE FODMAPS?
Paprikaschoten und Rotkohl beim Garnieren weglassen.

Das Kokos- oder Palmöl bei mittlerer Hitze in einer großen Bratpfanne zerlassen. Das Truthahnfleisch, das chinesische Fünf-Gewürze-Pulver, die Kokosnuss-Aminos, Salz und Pfeffer dazugeben. Das Fleisch in der Pfanne mit einem Holzlöffel oder mit einem hitzebeständigen Pfannenwender mit den Gewürzen vermengen. Braten, bis das Fleisch braun wird.

Für die Soße alle Zutaten außer den Sesamsamen in einer kleinen Rührschüssel mischen.

Nach Belieben garnieren und in Salatblättern als »Körbchen« servieren.

NÜSSE
EIER
NACHTSCHATTENGEWÄCHSE
FODMAPS

Gebackene Ente mit Kirschsoße

Obst und Geflügel sind das ganze Jahr über eine wundervolle Kombination. Probieren Sie dieses Rezept mit Feigen oder Pfirsichen aus. Statt der Entenschlegel können Sie auch Entenbrust verwenden. Wenn Sie die Haut der Ente zuerst scharf anbraten wollen, erhitzen Sie die Pfanne bei mittlerer Hitze und legen die Entenkeulen dann mit der Hautseite nach unten ein paar Minuten in die Pfanne, bevor Sie sie wenden, um sie zu fertig zu braten.

ZUBEREITUNGSZEIT
5 Minuten

GARZEIT
60–80 Minuten

ERGIBT
2 Entenschlegel
(2 Portionen)

ENTE STATT HUHN
Denken Sie »Ente«, wenn Sie wieder einmal Huhn essen möchten. Die Garzeit ist etwas länger, und Sie müssen das Fett aus der Haut »herausschmelzen«. Aber es ist eine köstliche Alternative zu Huhn und Truthahn, und obendrein erhalten Sie eine Menge Entenfett für später.

OHNE FODMAPS?
Die Kirschsoße weglassen.

NÜSSE
EIER
NACHTSCHATTENGEWÄCHSE
FODMAPS

---

2 Entenschlegel
1 TL Kräutersalzmischung, halb Rosmarin, halb Salbei (Rezept auf Seite 230) oder je 1/4 TL getrockneter Rosmarin und Salbei mit 1/2 TL grobem Meersalz

KIRSCHSOSSE
3/4 Tassen gefrorene oder frische Kirschen oder 1/2 Tasse getrocknete Kirschen, die vorher 1 Stunde in warmem Wasser eingeweicht wurden
1 Zweig frischer Rosmarin

Den Backofen auf 160° vorheizen.

Die Entenschlegel großzügig mit dem Rosmarin-Salbei-Salz würzen, in eine ofenfeste Bratpfanne oder in einen Bräter legen und in den Ofen stellen. 60–80 Minuten backen, bis die Haut braun ist und die Schlegel innen eine Temperatur von 75° haben.

Während die Entenschlegel garen, die Kirschen bei schwacher Hitze in einem kleinen Stieltopf mit dem Rosmarinzweig sieden, bis sie sich zu verformen beginnen. Sobald die Kirschen weich und von Flüssigkeit umgeben sind, den Rosmarinzweig herausnehmen und die Kirschen mit einer Gabel zerdrücken, um eine dickere Konsistenz zu erhalten (siehe Foto), oder mixen, damit der Brei feiner wird. Die Soße beiseitestellen.

Die gebackenen Entenschlegel vor dem Servieren mit der Kirschsoße garnieren. Eine Menge Fett wird übrig bleiben. Seihen Sie es ab und heben Sie es als Kochfett auf. Es eignet sich vorzüglich zum Rösten von Kartoffeln oder anderem Wurzelgemüse.

Geflügel

Truthahnkeulen, mit Salbei gebacken

ZUBEREITUNGSZEIT
5 Minuten

BACKZEIT
45–60 Minuten

ERGIBT
2 Truthahnschlegel

Salbei und Truthahn ist eine klassische Kombination, und der Duft erinnert Sie wahrscheinlich an die Feiertage. Für dieses Rezept können Sie das billige Truthahnfleisch verwenden, das Sie oft im Lebensmittelgeschäft bekommen.

2 große Truthahnschlegel
1 EL zerlassene Butter oder Kokosöl

1–2 TL Kräutersalz mit Salbei (Rezept auf Seite 230)
schwarzer Pfeffer nach Belieben

TRUTHAHNWISSEN

Enthält viel Tryptophan, Selen, Vitamine B3 und B6 und ist ein vorzüglicher Eiweißlieferant, den wir nach Thanksgiving oft vergessen. Halten Sie das ganze Jahr über Ausschau nach preisgünstigem Truthahnhackfleisch, Schlegeln oder Brüsten, wenn möglich von Freilandtieren (siehe »Tipps zur Lebensmittelqualität« auf Seite 31). Frisch ist besser als tiefgefroren.

Den Backofen auf 190° vorheizen.

Die Truthahnschlegel mit geschmolzener Butter oder Kokosöl einpinseln und großzügig mit dem Salbeisalz würzen. Die Schlegel in einen flachen, ofenfesten Bräter legen und mit Folie abdecken. 30 Minuten backen.

Die Folie entfernen und weiter backen, bis die Schlegel innen 75° heiß sind (nach weiteren 15–30 Minuten).

VARIANTE

Sie können auch Hühnerschlegel verwenden. Servieren Sie die Truthahnschlegel mit Cranberry-Soße (Rezept Seite 388) und pürierten Faux-Tatoes (Rezept Seite 344) als Leckerbissen für jede Gelegenheit.

NÜSSE
EIER
NACHTSCHATTENGEWÄCHSE
FODMAPS

Das große Buch der Paläo-Ernährung

Rind und Bison

Kurze Rippchen, in Balsamessig geschmort

ZUBEREITUNGSZEIT
5 Minuten

GARZEIT
4–6 Stunden

ERGIBT
6–8 Portionen

Es gab eine Handvoll Lieblingsgerichte, als ich einen Lieferservice für Bioprodukte führte, und kurze Rippchen, in Balsamessig geschmort, standen ganz oben auf der Liste. Ich habe das Rezept geändert und verwende nun zum Süßen Datteln anstelle von braunem Zucker. Ihre Familie wird von dem kräftigen Aroma begeistert sein.

RANDNOTIZ
Dieses Gericht eignet sich auch hervorragend für Partys, zu denen die Gäste Essen mitbringen.

OHNE NACHTSCHATTEN-GEWÄCHSE?
Die Tomatensoße durch Knochenbrühe (Rezept auf Seite 234) ersetzen.

OHNE FODMAPS?
Den Knoblauch weglassen.

2 EL pikante Gewürzmischung (Rezept auf Seite 233)
900–1350 g kurze Rinderrippchen mit Knochen
1 EL Kokosöl
1 Dose Tomatensoße (425 g)
1/2 Tasse Balsamessig
4 ganze getrocknete Datteln
6 Knoblauchzehen, zerquetscht

Die Rippchen mit der Gewürzmischung einreiben.

Das Kokosöl bei mittlerer Hitze in einer großen Bratpfanne zerlassen und die Rippchen auf beiden Seiten je 1–2 Minuten scharf anbraten (oder bis sie ein wenig braun sind).

Rippchen, Tomatensoße, Balsamessig, Datteln und Knoblauch in einen Schongarer geben, zudecken und bei schwacher Hitze 4–6 Stunden schmoren (oder bis das Fleisch so zart ist, dass es unter der Gabel zerfällt).

Das Fleisch von den Knochen schaben und mit kandierten Möhren servieren (Rezept auf Seite 340).

VARIANTE
Sie haben keinen Schongarer? Verwenden Sie einen emaillierten gusseisernen Topf, den Sie bei 150° 4–6 Stunden in den Ofen stellen.

NÜSSE
EIER
NACHTSCHATTENGEWÄCHSE
FODMAPS

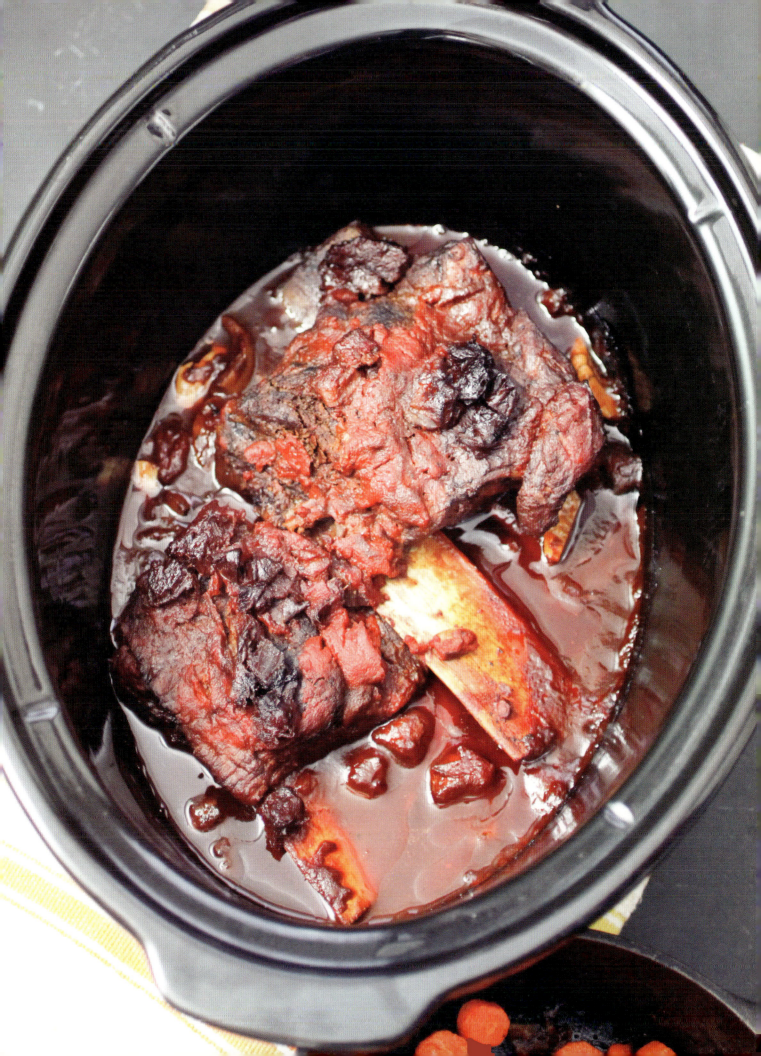

Rind und Bison

Spaghettikürbis Bolognese

ZUBEREITUNGSZEIT
15 Minuten

GARZEIT
60 Minuten

ERGIBT
3–4 Portionen

VARIANTE
Sie können diese Soße auch über Zucchini-Nudeln (siehe Seite 308) gießen.

NÜSSE
EIER
NACHTSCHATTENGEWÄCHSE
FODMAPS

Bolognese ist eine traditionelle Fleischsoße, die meist mit Crème double und verschiedenen Fleischsorten zubreitet wird. Anstelle der Crème verwende ich Kokosmilch.

- 1 Spaghettikürbis
- Meersalz und schwarzer Pfeffer nach Belieben
- 2 EL ausgelassener Speck oder Butter von grasgefütterten Tieren
- 1 Zwiebel, dünn gewürfelt
- 1 Möhre, dünn gewürfelt
- 1 Selleriestange, dünn gewürfelt
- 1 Knoblauchzehe, gerieben oder dünn gewürfelt
- 225 g Kalbs- oder Rinderhackfleisch
- 225 g Schweinehackfleisch
- 4 Scheiben Speck, geschnitten
- 1/2 Tasse vollfette Kokosmilch
- 85 g Tomatenmark
- 1/2 Tasse trockener Weißwein (optional)
- Meersalz und schwarzer Pfeffer nach Belieben

Den Backofen auf 190° vorheizen.

Den Kürbis der Länge nach in zwei flache Hälften teilen und das Kerngehäuse entfernen. Meersalz und schwarzen Pfeffer über den Kürbis streuen. Beide Hälften mit der Schnittfläche nach unten auf ein Backblech legen und 35–45 Minuten backen, bis das Kürbisfleisch glasig wird und die Haut weich zu werden beginnt und sich leicht von den »Spaghetti« löst.

Den Kürbis abkühlen lassen, bis Sie ihn anfassen können, dann das Fleisch herausschaben, in eine große Schüssel leeren und beiseitestellen, bis die Soße fertig ist.

Während der Kürbis backt: Den ausgelassenen Speck oder die Butter bei mittlerer Hitze in einer großen Bratpfanne schmelzen und Zwiebeln, Möhren und Sellerie kurz anbraten, bis sie glasig werden. Den Knoblauch dazugeben und eine weitere Minute braten.

Kalbfleisch, Schweinefleisch und Speck dazugeben und braten, bis das Fleisch durch und durch braun ist. Sobald es gar ist, Kokosmilch, Tomatenmark und Weißwein (optional) dazugeben und bei mittlerer Hitze 20–30 Minuten simmern lassen (oder bis die Soße gut vermischt und der Alkohol herausgekocht ist).

Bevor Sie die Soße vom Herd nehmen, nach Belieben mit Meersalz und schwarzem Pfeffer bestreuen.

Vor dem Servieren die Soße auf den gebackenen Spaghettikürbis gießen.

Rind und Bison

Bisonfleisch mit Butternusskürbis, Kakao und Chili

ZUBEREITUNGSZEIT
20 Minuten

KOCHZEIT
4–6 Stunden

ERGIBT
3–4 Portionen in Mahlzeitgröße

Bevor ich mich auf die Paläo-Ernährung umstellte, war mein traditionelles Chili-Rezept ein fester Bestandteil meines Kochrepertoires. Doch als ich Bohnen von meinem Speiseplan strich, verwendete ich Chili lange Zeit nicht mehr. Das hat sich mit diesem fantastischen Rezept geändert, zu dessen Zutaten Butternusskürbis und rauchige Aromen gehören.

- 3 Knoblauchzehen, zerquetscht
- 1 EL geräucherter Paprika
- 2 EL Chilipulver
- 1 EL Chipotlepulver
- 1 EL Zimt
- 1 EL Kakaopulver (100 % rein)
- 1 1/2 EL Meersalz
- 2 TL schwarzer Pfeffer
- 900 g gewürfelte Tomaten aus der Dose oder 4 Tassen frische, gewürfelte Tomaten
- 450 g Bison-Eintopffleisch
- 2 Tassen Butternusskürbis, geschält und in 5 cm große Stücke geschnitten
- 1 Zwiebel, in 5 cm große Stücke geschnitten
- 1 Paprikaschote, in 5 cm große Stücke geschnitten

OHNE FODMAPS?
Knoblauch und Zwiebel weglassen. 3–4 gehackte Pastinaken oder Möhren dazugeben, damit das Gericht voluminöser wird.

Knoblauch, geräucherten Paprika, Chilipulver, Chipotlepulver, Zimt, Kakaopulver, Meersalz und schwarzen Pfeffer in einer Schüssel mit den Tomaten vermengen.

Bisonfleisch, Kürbis, Zwiebel und Paprikaschote in einen Schongarer legen und mit der Tomatenmischung übergießen.

Zudecken und bei schwacher Hitze 4 bis 6 Stunden köcheln lassen.

VARIANTE
Sie haben keinen Schongarer? Verwenden Sie einen emaillierten gusseisernen Topf, den Sie bei 150° 4–6 Stunden in den Ofen stellen.

Sie können für dieses Rezept auch Rinder- oder Truthahnhackfleisch verwenden.

NÜSSE
EIER
NACHTSCHATTENGEWÄCHSE
FODMAPS

Rind und Bison

Rinderbeinscheiben, mit Orange geschmort

Rinderbeinscheiben sind vielleicht ungewöhnlich, aber sie sind oft das preiswerteste Fleisch, vor allem wenn Sie Bioprodukte vorziehen. Ein Schongarer oder ein emaillierter gusseiserner Schmortopf machen die sonst zähen Fleischstücke zart und lecker.

ZUBEREITUNGSZEIT
10 Minuten

GARZEIT
4–6 Stunden

ERGIBT
6–8 Portionen

SO WIRD ES EINFACHER:
Schälen Sie die Süßkartoffel, bevor Sie sie in den Schongarer legen.

OHNE FODMAPS?
Den Knoblauch weglassen.

- 2 TL Fenchelsamen
- 1 TL schwarze Pfefferkörner
- 900 ml Rinderknochenbrühe (Rezept auf Seite 234)
- 1 Orange, in Scheiben geschnitten und entsaftet
- 1 TL Kreuzkümmel
- 3 Knoblauchzehen, zerquetscht
- 6 Rinderbeinscheiben (etwa 1,5 kg)
- 1 große Süßkartoffel, in 5 cm große Stücke geschnitten

Fenchelsamen und Pfefferkörner in ein Teesieb aus Metall oder in ein kleines Stofftuch schütten (das Tuch zubinden). Orangenscheiben, Orangensaft, Kreuzkümmel und Knoblauch in der Knochenbrühe vermengen und das Teesieb oder das Tuch hineinlegen.

Die Rinderbeinscheiben und die Süßkartoffel in den Schongarer legen und die Knochenbrühe durch das Sieb oder Stofftuch hineingießen. Zudecken und bei schwacher Hitze 4–6 Stunden schmoren (oder bis das Fleisch so zart ist, dass es unter einer Gabel zerfällt).

Vor dem Servieren das Fleisch von den Knochen schaben und die Süßkartoffel schälen.

VARIANTE
Sie haben keinen Schongarer? Verwenden Sie einen emaillierten gusseisernen Topf, den Sie bei 150° 4–6 Stunden in den Ofen stellen.

NÜSSE
EIER
NACHTSCHATTENGEWÄCHSE
FODMAPS

Rind und Bison

Rindfleisch und gemischte Gemüsepfanne

Am Ende einer langen Koch-Woche, wenn Sie fast alles eingekaufte Grünzeug aufgebraucht haben, ist eine Gemüsepfanne die beste Antwort auf eine aufkommende Koch-Unlust. Zerkleinern Sie alles, was Sie noch haben, geben Sie ein paar wichtige Zutaten hinein – zum Beispiel Kokosnuss-Aminos, Wasserkastanien und Sesamsamen –, und alles ist bereit.

ZUBEREITUNGSZEIT
15 Minuten

GARZEIT
15 Minuten

ERGIBT
2–4 Portionen

HACK-TIPPS
Auf Seite 224–228 erfahren Sie, wie man Gemüse zerkleinert.

OHNE NACHTSCHATTENGEWÄCHSE?
Gemüsepaprika weglassen.

OHNE FODMAPS?
Nur Gemüse verwenden, das nicht als FODMAPs gekennzeichnet ist (siehe Liste auf Seite 29), und Knoblauch weglassen.

NÜSSE
EIER
NACHTSCHATTENGEWÄCHSE
FODMAPS

- 450 g Rinderbauchlappen
- 2 EL Kokosöl
- 1 Tasse rote Zwiebeln, in feine Streifen geschnitten
- 1 Tasse Brokkoli, gehackt
- 1 Tasse grüne Bohnen, Enden abgeschnitten
- 1 Tasse Gemüsepaprika, in feine Streifen geschnitten (oder insgesamt 4 Tassen anderes Gemüse)
- 1 EL Sesamsamen, roh oder geröstet
- 2 EL grüne Zwiebeln, gehackt
- 1/4 Tasse Wasserkastanien, in Scheiben geschnitten

SOSSE
- 2 EL Kokosnuss-Aminos
- 2 EL warmes Wasser
- 2 Knoblauchzehen, fein gehackt oder gerieben
- 1/4–1/2 TL Ingwer, fein gehackt oder gerieben

Den Rinderbauchlappen auf ein großes Schneidbrett legen und entlang der Faser in etwa 10 cm lange Teile schneiden. Dann jedes Stück gegen die Faser in 6–7 mm lange Streifen schneiden.

Die Bratpfanne bei mittlerer Hitze heiß werden lassen und das Kokosöl schmelzen. Den Rinderbauchlappen in die Pfanne legen und auf beiden Seiten bräunen, jede Seite etwa 1–2 Minuten. Dann das Fleisch aus der Pfanne nehmen und beiseitestellen.

Rote Zwiebeln, Brokkoli, Bohnen und Paprikaschote (oder anderes Gemüse) in die Pfanne geben und etwa 5 Minuten (oder bis der Gabeltest zeigt, dass die Mischung zart ist) braten.

Während das Gemüse brät, die Soßenzutaten gut vermengen.

Das Fleisch wieder in die Pfanne legen, die Soße hineingießen und weitere 2 Minuten erhitzen.

Fleisch und Gemüse auf einen Teller legen und mit Sesamsamen, grünen Zwiebeln und Wasserkastanien bestreuen.

VARIANTE
Ersetzen Sie das Rindfleisch durch Hühner- oder Schweinefleisch.

Rind und Bison

Geröstete Markknochen

ZUBEREITUNGSZEIT
5 Minuten

GARZEIT
30 Minuten

ERGIBT
3–4 Portionen

Wenn Sie noch nie Markknochen geröstet haben, besorgen Sie sich Knochen von einem Bauern, der sein Vieh nur mit Gras füttert. Es ist so einfach, dieses delikate Superlebensmittel zu Hause zu genießen! Ihre Urgroßmutter wäre stolz auf Sie. Bereiten Sie aus den Knochen eine Brühe zu (Rezept auf Seite 234), nachdem Sie das Mark gegessen haben.

900 g Rindermarkknochen
Meersalz und schwarzer Pfeffer nach Belieben

gebackener roter Knoblauch (Rezept auf Seite 370) (optional)

RANDNOTIZ
Was ist so toll an Knochenmark? Es ist reich an Glycin und Gelatine, die beide Heilkraft besitzen. Essen Sie geröstete Markknochen oder trinken Sie Knochenbrühe, wenn Sie krank sind oder gesund bleiben wollen.

Den Backofen auf 220° vorheizen.

Die Markknochen in eine flache Bratpfanne legen und mit Meersalz und schwarzem Pfeffer bestreuen. 30 Minuten rösten (oder bis Knochen und Mark goldbraun sind).

Servieren und sofort mit einem Löffel essen.

OHNE FODMAPS?
Auf den gebackenen Knoblauch verzichten.

NÜSSE
EIER
NACHTSCHATTENGEWÄCHSE
FODMAPS

Rind und Bison

Mamas gefüllte Kohlrouladen mit Tomaten-Cranberry-Soße

Dieses Gericht bereitet meine Mama zu, seit ich denken kann. Ihr ursprüngliches Rezept enthielt Cranberrysoße aus der Dose, aber dies ist eine gesündere Alternative. Bereiten Sie die doppelte Menge zu und frieren Sie die Hälfte davon ein.

ZUBEREITUNGSZEIT
30 Minuten

BACKZEIT
45 Minuten

ERGIBT
12–15 Rouladen
(4–6 Portionen)

RANDNOTIZ
Am besten bereiten Sie die einfache Cranberrysoße im Voraus zu.

OHNE NACHTSCHATTENGEWÄCHSE?
Ersetzen Sie die Tomaten durch Knochenbrühe (Rezept auf Seite 234).

NÜSSE
EIER
NACHTSCHATTENGEWÄCHSE
FODMAPS

- 1 Kopf Wirsingkohl (Blätter behutsam trennen, sodass sie intakt bleiben)
- 1 Tasse Blumenkohl, gerieben
- 1 TL Butter oder Kokosöl
- Meersalz und schwarzer Pfeffer nach Belieben
- 450 g Rinderhackfleisch
- 1–2 Knoblauchzehen, fein gerieben oder gewürfelt
- 1/2 Zwiebel, fein gewürfelt
- 1 TL getrockneter Rosmarin
- 1 große Dose (900 g) zerquetschte oder gewürfelte Tomaten
- 1 Tasse einfache Cranberrysoße (Rezept auf Seite 388)

Den Backofen auf 175° vorheizen.

Einen großen Topf mit 5 cm Wasser füllen (verwenden Sie einen Dämpfeinsatz, wenn Sie einen haben) und die ganzen Wirsingblätter dämpfen, bis sie weich sind. Zum Abkühlen beiseitestellen.

Während der Wirsing gart, den Blumenkohl bei mittlerer Hitze in einer großen Bratpfanne ein paar Minuten in der Butter anbraten, bis er ein wenig weich ist. Mit Meersalz und schwarzem Pfeffer bestreuen. Dann Wirsing und Blumenkohl vom Herd nehmen und beiseitestellen.

Rinderhackfleisch, gekochten Blumenkohl, Knoblauch, Zwiebel, Rosmarin und etwas Meersalz und Pfeffer in einer großen Rührschüssel gut vermengen.

Das Ende jedes Wirsingblattes mit jeweils etwa 1/4 bis 1/3 Tasse der Mischung füllen und wie einen Burrito zusammenrollen (zuerst das untere Ende nach oben rollen, dann die Seiten einrollen; das Ende sollte unten liegen). Die Wirsingrouladen in eine ofenfeste Schüssel legen (das Ende der Rolle bleibt unten).

Tomaten und Cranberrysoße in der Pfanne, die den Blumenkohl enthielt, vermengen. Diese Mischung auf die Rouladen gießen.

Das ganze Gericht in den Ofen stellen und mit dem Deckel oder mit Alufolie abdecken. Etwa 45 Minuten backen (oder bis das Fleisch durch und durch gar ist).

NÜTZLICHE TIPPS
Wirsing ist weicher als normaler Grünkohl und hat krause Kanten. Wenn Sie keinen bekommen, können Sie auch Grünkohl verwenden.

Vielleicht müssen Sie die Blätter schubweise dämpfen, da sie sehr groß sind. Planen Sie diese Zeit mit ein.

Rind und Bison

Hayleys Rinderbauchlappen-steak-Tacos

ZUBEREITUNGSZEIT
20 Minuten

GARZEIT
10–15 Minuten

ERGIBT
als Hauptgericht
3–4 Portionen, als
Appetitanreger mehr

OHNE NACHTSCHATTENGEWÄCHSE?
Chilipulver und Tomaten weglassen und durch nachtschattengewächsfreie Salsa ersetzen – Mango, Ananas oder Gurke (Rezepte auf Seite 296).

OHNE FODMAPS?
Knoblauch und Avocado weglassen.

NÜSSE
EIER
NACHTSCHATTENGEWÄCHSE
FODMAPS

Unter der Woche gehören Salat-Tacos zu meinen Lieblingsgerichten am Abend. Ich wickle fast jede proteinreiche Zutat in Kopfsalat und garniere sie mit Avocado. Dieses Rezept stammt von Hayley Mason, der Koautorin von »Make it Paleo«.

Saft und Schale einer Limette
1 Knoblauchzehe, fein gerieben oder gehackt
1/2 TL Chilipulver
1 Rinderbauchlappensteak, 450 bis 675 g
Meersalz und schwarzer Pfeffer nach Belieben
1 Kopfsalat

TACO-BELAG
2 Dutzend Kirschtomaten, halbiert (oder eine große Tomate, in 2 1/2 cm große Stücke geschnitten)
1 Avocado, in dünne Scheiben geschnitten
1/4 Tasse Koriandergrün, geschnitten

Die Salatblätter behutsam trennen und waschen, dann zum Trocknen beiseitestellen.

Limettensaft, Limettenschale, Knoblauch und Chilipulver in einer großen Rührschüssel vermengen. Das Steak in die Schüssel legen und das Gewürz einmassieren. Mit Meersalz und schwarzem Pfeffer bestreuen.

Etwa 3 Minuten pro Seite grillen. Das gegrillte Steak 10 Minuten beiseitestellen, dann gegen die Faser in kleine Streifen schneiden. Da dieses Steak meist sehr lang ist, können Sie es vorher in 2 oder 3 Teile schneiden.

Steak, Tomaten, Koriandergrün und Avocado in den Salatblättern servieren.

VARIANTE
Belegen Sie diese einfachen Steak-Tacos mit Gemüse, das Ihnen schmeckt, zum Beispiel mit dünnen roten Zwiebelscheiben.

Geben Sie eine der fünf Arten Salsa dazu (Rezept auf Seite 296).

Rind und Bison

Gegrilltes Flankensteak mit Knoblauch, Paprika und Zwiebeln

ZUBEREITUNGSZEIT
20 Minuten

GARZEIT
10–15 Minuten

ERGIBT
3–4 Portionen in Mahlzeitgröße

Dieses Gericht ist für jedes Abendessen unter der Woche und zum Mitnehmen auf Partys geeignet. Übrig gebliebene Fleischstreifen können Sie über einen Salat verteilen oder am nächsten Morgen mit Eiern zum Frühstück essen.

OHNE NACHTSCHATTENGEWÄCHSE?

Die Paprikaschote weglassen und auf gegrilltem Kürbis und gegrillten Möhren servieren.

OHNE FODMAPS?

Nur mit Meersalz und schwarzem Pfeffer würzen und auf gegrillten Möhren anstatt auf Paprika und Zwiebel servieren.

- 3 Knoblauchzehen, fein gerieben oder gehackt
- 1 Flankensteak, 625 bis 900 g
- Meersalz und schwarzer Pfeffer nach Belieben
- 1 EL ausgelassener Speck, Butter, Ghee oder Kokosöl
- 1 Zwiebel, in 1 1/2 cm große Stücke geschnitten
- 1 Paprikaschote, in 1 1/2 cm große Stücke geschnitten

Einen Grill auf mittlere bis hohe Temperatur erhitzen. Das Steak mit dem Knoblauch einreiben und großzügig mit Meersalz und schwarzem Pfeffer bestreuen.

Etwa 5 Minuten je Seite grillen und nach 2 1/2 Minuten halb drehen, damit ein Grillmuster entsteht. Das gegrillte Steak beiseitelegen.

Den ausgelassenen Speck bei mittlerer bis starker Hitze in einer großen Bratpfanne schmelzen und Zwiebel und Paprikaschote kurz anbraten, bis sie weich und an den Rändern leicht braun sind.

Das Steak leicht schräg gegen die Faser in Streifen schneiden und auf den Zwiebel- und Paprikastücken servieren.

VARIANTE

Servieren Sie dieses Flankensteak auf beliebigem gegrilltem oder kurz angebratenem Gemüse.

NÜSSE
EIER
NACHTSCHATTENGEWÄCHSE
FODMAPS

Rind und Bison

ZUBEREITUNGSZEIT
30 Minuten

GARZEIT
10 Minuten

ERGIBT
4 Portionen in Mahlzeitgröße

OHNE NACHTSCHATTENGEWÄCHSE?
Chilipulver, Tomaten und Paprika weglassen. Stattdessen Gurken- oder Frucht-Salsa verwenden und wegen der Farbe geriebene Möhren dazugeben.

OHNE FODMAPS?
Zwiebel- und Knoblauchpulver und Avocado weglassen.

NÜSSE
EIER
NACHTSCHATTENGEWÄCHSE
FODMAPS

Würziger Taco-Salat

Rinderhackfleisch wird zum Leckerbissen, wenn Sie Taco-Fleisch daraus machen und mit delikatem Belag servieren.

450 g Rinderhackfleisch
1 EL Chilipulver
1 TL Zwiebelpulver
1 TL Knoblauchpulver (oder 2 frische Knoblauchzehen, fein gerieben oder gehackt)
8 Tassen Romana-Salat, geschnitten

1 Tasse Tomaten, in Scheiben oder Stücke geschnitten
1/2 Tasse Gemüsepaprika (beliebige Farbe), geschnitten
1 Tasse Salsa (Rezepte siehe unten)
1 Avocado, in Scheiben geschnitten (oder Guacamole)
1 Limette, halbiert

Das Fleisch bei mittlerer bis starker Hitze in einer großen Bratpfanne bräunen. Die Gewürze (Chili-, Zwiebel- und Knoblauchpulver) über das Fleisch geben, wenn es etwa halb gar ist.

Während das Fleisch brät, aus Kopfsalat, Tomaten, Gemüsepaprika, Salsa und Avocado den Salat mischen.

Das gebratene Hackfleisch auf dem Salat verteilen und als Dressing auf jedem Salat eine halbe Limette ausdrücken.

WRAPS
Sie können das Fleisch auch in Salatblätter wickeln.

Probieren Sie Bison-, Truthahn- oder Hühnerhackfleisch anstelle des Rindfleischs.

ZUBEREITUNGSZEIT
30 Minuten

GARZEIT
–

ERGIBT
etwa 8 Portionen

OHNE NACHTSCHATTENGEWÄCHSE?
Gurke, Ananas oder Mango für die Salsa verwenden.

OHNE FODMAPS?
Tomate oder Gurke für die Salsa verwenden.

NÜSSE
EIER
NACHTSCHATTENGEWÄCHSE
FODMAPS

Fünf Arten Salsa

Selbst wenn Sie keine Tomaten essen, können Sie Salsa genießen. Ersetzen Sie die traditionelle Zutat einfach durch ein anderes Gemüse.

2 EL frisches Koriandergrün, fein gehackt
1 Schalotte, klein geschnitten
Saft von 1–2 Limetten (nach Belieben)
1 EL natives Olivenöl extra
Meersalz und schwarzer Pfeffer nach Belieben

2 Tassen mit einer der folgenden Früchte oder Gemüsesorten oder einer Mischung daraus, gewürfelt: Tomate, Mango, Gurke, Gemüsepaprika, Ananas

Koriandergrün, Schalotte, Limettensaft, Olivenöl, Meersalz und schwarzen Pfeffer in einer mittelgroßen Rührschüssel vermengen.

Die Hauptzutaten dazugeben und alles vermengen.

VARIANTE
Einige Kombinationsvorschläge:
Tomate + Gurke
Ananas + Mango
Paprika + Mango
Ananas + Gurke

Rind und Bison

Feurige Jalapeño-Büffelburger

Die Süße eines Süßkartoffel-Pfannkuchens (Rezept unten) ergänzt die Würzigkeit dieses Burgers.

ZUBEREITUNGSZEIT
15 Minuten

GARZEIT
10 Minuten

ERGIBT
4 Burger

BEILAGE
Mit grünem Salat oder gegrilltem Gemüse servieren, um das Gericht abzurunden.

NÜSSE
EIER
NACHTSCHATTENGEWÄCHSE
FODMAPS

1 Jalapeño-Schote
1 TL »smoked« Paprikapulver
1 TL Zwiebelpulver
Meersalz und schwarzer Pfeffer nach Belieben
450 g Bisonhackfleisch

Die Jalapeño-Schote über einer offenen Flamme oder auf dem Grill rösten, bis die Haut überall schwarz ist. Dann unter kühlem fließendem Wasser abschälen. Die Schote klein schneiden, aber die weißen Teile und die Samen nur verwenden, wenn Sie einen sehr scharfen Burger mögen.

Fleisch, geröstete Schote und Gewürze in einer großen Rührschüssel gut vermengen. Aus der Mischung Frikadellen (je ca. 120 g schwer) formen und in die Mitte mit dem Daumen Mulden drücken, damit sie gleichmäßig garen. Die Burger etwa 4–5 Minuten je Seite grillen (oder bis sie nach Ihrem Geschmack gar sind).

VARIANTE
Ersetzen Sie das Bisonfleisch durch Rind- oder Lammfleisch. Belegen Sie es mit Speck und gebackenem Knoblauch-Aioli (Rezept auf Seite 258), um das Aroma zu intensivieren.

Süßkartoffel-Pfannkuchen

Genießen Sie diese Pfannkuchen zum Frühstück oder als Brötchen für Burger aller Art. Man kann sie im Voraus zubereiten und innerhalb einiger Tage aufwärmen. Wenn Sie weniger Kohlenhydrate essen wollen, nehmen Sie geriebene Möhren statt der Süßkartoffeln.

ZUBEREITUNGSZEIT
15 Minuten

GARZEIT
20 Minuten

ERGIBT
4–5 große Pfannkuchen

OHNE EI?
Eier und Kokosmehl weglassen und die Zutaten in einer Pfanne kurz anbraten, um ein köstliches Haschee zu erhalten.

NÜSSE
EIER
NACHTSCHATTENGEWÄCHSE
FODMAPS

3 Eier
2 TL Kokosmehl
1/2 TL Zimt
1/4 TL gemahlener Ingwer
1/4 TL Meersalz
2 Tassen Süßkartoffeln, gerieben (am besten mit der Küchenmaschine, aber es geht auch mit der Hand)
Kokosöl zum Braten (die Menge ist unterschiedlich)

Die Eier in einer mittelgroßen Rührschüssel mit Kokosmehl, Zimt, Ingwer und Meersalz aufschlagen. Die zerkleinerten Süßkartoffeln gründlich unterrühren. Kokosöl bei mittlerer bis schwacher Hitze in eine große Bratpfanne gießen (ca. 3 mm hoch). Die Mischung so in die Pfanne löffeln, dass Küchlein mit 10–15 cm Durchmesser entstehen. Etwa 2–3 Minuten je Seite braten, bis sie zusammenhalten. Einmal wenden wie bei normalen Pfannkuchen.

VARIANTE
Zimt und Ingwer durch 1/4 TL Rosmarin ersetzen.

Rind und Bison

Gefüllte Paprikaschoten nach italienischer Art

ZUBEREITUNGSZEIT
20 Minuten

GARZEIT
25–35 Minuten

ERGIBT
3–4 Portionen
in Mahlzeitgröße

Es ist einfach, aus Hackfleisch ein spezielles Gericht zu machen: indem Sie ein elegantes »Paket« daraus machen. Verwenden Sie Paprikaschoten egal welcher Farbe oder anderes zum Füllen geeignetes Gemüse, zum Beispiel Kürbis, für dieses Gericht.

- 2 Paprikaschoten, halbiert und gesäubert
- 1 EL ausgelassener Speck oder Kokosöl
- 1/2 große Zwiebel, gewürfelt
- Meersalz und schwarzer Pfeffer nach Belieben
- 4 Knoblauchzehen, zerquetscht oder gehackt
- 1/2 Tasse Tomaten, geschnitten, frisch oder aus der Dose
- 450 g Rinder-, Bison, Truthahn- oder Hühnerhackfleisch
- 6 frische Basilikumblätter, fein gehackt
- einige Basilikumblätter zum Garnieren

OHNE NACHTSCHATTENGEWÄCHSE?
Anstelle der Paprikaschoten einen Kürbis füllen und Tomaten weglassen.

OHNE FODMAPS?
Zwiebel und Knoblauch weglassen und mit der Mischung einen Kürbis anstelle der Paprikaschoten füllen.

NÜSSE
EIER
NACHTSCHATTENGEWÄCHSE
FODMAPS

Den Backofen auf 190° vorheizen.

Die Paprikahälften mit den Schnittflächen nach unten 10–15 Minuten in einen Bräter legen. (Sie können diesen Schritt auslassen, wenn Sie festere oder rohe Schoten vorziehen.)

Während die Paprika röstet, den ausgelassenen Speck oder das Kokosöl bei mittlerer oder starker Hitze in einer großen Bratpfanne erhitzen. Die Zwiebeln kurz anbraten, Meersalz und schwarzen Pfeffer dazugeben. Wenn die Zwiebeln glasig und ein wenig braun sind, Tomaten und Knoblauch dazugeben und etwa 2 Minuten sieden lassen.

Dann das Fleisch dazugeben und braten, bis es gar ist. Die Mischung probieren und erneut nach Belieben würzen (mehr Salz, mehr Pfeffer usw.). Dann das gehackte Basilikum untermischen.

Die Schoten aus dem Ofen holen – sie sollten nur ein bisschen weich sein – und umdrehen. Jede Schote mit der Mischung füllen. Sie können sie jetzt essen oder weitere 15–20 Minuten in den Ofen stellen, damit sich das Aroma der Paprika mit dem der Fleischmischung verbindet.

Sie können die gefüllten Schoten im Kühlschrank aufbewahren oder einfrieren und später aufwärmen.

VARIANTE
2 Tassen fein geschnittenen Babyspinat zum Fleisch dazugeben.

COOKING TIP
In gusseiserne Gefäße am besten keine sauren Zutaten (z. B. Tomaten oder Essig) geben, da die Säure mit dem Eisen reagiert. Eine emaillierte Pfanne aus Gusseisen oder rostfreiem Stahl ist geeignet.

Fisch und Meeresfrüchte

Thunfisch mit rotem Palmöl und Koriander auf Daikon-Nudelsalat

ZUBEREITUNGSZEIT
25 Minuten

GARZEIT
10 Minuten

ERGIBT
3–4 Portionen

VARIANTE
Sie mögen Daikon-Rettich nicht oder finden keinen? Dann verarbeiten Sie eine Zucchini oder einen gelben Kürbis zu »Nudeln« – oder nehmen Sie nur Möhren.

WERKZEUG
Julienneschneider finden Sie im Internet und in Geschäften für Küchenbedarf.

Rotes Palmöl bekommen Sie im Internet und in manchen Bioläden.

NÜSSE
EIER
NACHTSCHATTENGEWÄCHSE
FODMAPS

Gegrillter Thunfisch ist ein Leckerbissen, vor allem im Sommer. Der kalte Daikon-Nudelsalat ist eine erfrischende und schmackhafte Zugabe. Wenn Sie keinen Grill besitzen, können Sie ein Grillblech verwenden.

1 EL rotes Palmöl, zerlassen
450 g Steaks von wildem Thunfisch
1/2 TL Zitronensalz (Rezept auf Seite 230) oder 1/4 TL Salz und die Schale einer halben Zitrone
1/4 TL Koriandersamen
schwarzer Pfeffer nach Belieben
1/2 Zitrone
1 EL natives Olivenöl extra

DAIKON-NUDELSALAT
2–3 Daikon-Rettiche
1 große Möhre
1 EL frisches Koriandergrün, geschnitten
Saft einer halben Zitrone
1 EL natives Olivenöl extra oder kalt gepresstes Sesamöl
Meersalz und schwarzer Pfeffer nach Belieben

Den Thunfisch auf jeder Seite mit Palmöl bestreichen. Zitronensalz, Koriandersamen und schwarzen Pfeffer in einer kleinen Schüssel vermengen und die Mischung gleichmäßig auf beiden Seiten des Fisches verteilen.

Den Thunfisch auf beiden Seiten je 3 Minuten grillen (oder bis er so ist, wie Sie ihn mögen). Wilder, für Sashimi geeigneter Thunfisch kann fast roh bleiben. Wenn Sie wilden Thunfisch von geringerer Qualität essen, sollten Sie ihn grillen, bis er in der Mitte rosa wird.

Für den Daikon-Nudelsalat: Die äußere Haut des Daikon-Rettichs waschen und mit einem Gemüseschälmesser entfernen. Dann die Rettiche und die Möhre mit einem Julienneschneider (oder, wenn Sie keinen haben, mit dem Sparschäler) in nudelförmige Stücke »schälen«.

Rettiche und Möhre in einer großen Rührschüssel mit Koriandergrün, Zitronensaft, Öl, Salz und Pfeffer vermengen. Sofort servieren, damit der Salat knackig bleibt (der Daikon wird pampig, wenn Sie mit dem Servieren zu lange warten).

Legen Sie den Thunfisch auf den Nudelsalat und träufeln Sie darauf etwas Zitronensaft und das Olivenöl.

Fisch und Meeresfrüchte

Jakobsmuscheln nach asiatischer Art

Jakobsmuscheln sind einfach zuzubereiten, erfordern jedoch ungeteilte Aufmerksamkeit, weil sie gummiartig werden, wenn man sie verkocht. Dieses Rezept ist ideal für frische Muscheln, nicht aber für tiefgefrorene, weil diese eine Menge Wasser abgeben und schwer zu braten sind.

ZUBEREITUNGSZEIT
5 Minuten

GARZEIT
20 Minuten

ERGIBT
2 große oder
3–4 kleine Portionen

450 g große wilde Jakobsmuscheln
Meersalz und schwarzer Pfeffer nach Belieben
Knoblauchpulver (einige Prisen)
2 EL Butter, Ghee oder Kokosöl
Schale einer Zitrone

FLÜSSIGKEIT ZUM ABLÖSCHEN
2 EL Kokosnuss-Aminos
2 EL frisch gepresster Orangensaft (etwa eine halbe Orange)
1 EL warmes Wasser
1 EL Butter oder Kokosöl

VARIANTE
Diese Soße passt hervorragend zu allen anderen Meeresfrüchten oder Fischen sowie zu Huhn und Schwein.

Schweinekoteletts werden dank dieser Soße zu einer abendlichen Delikatesse!

OHNE FODMAPS?
Knoblauchpulver weglassen.

NÜSSE
EIER
NACHTSCHATTENGEWÄCHSE
FODMAPS

Die Muscheln auf ein Papier- oder Stofftuch legen und an beiden Seiten abtupfen, um überschüssige Feuchtigkeit zu entfernen. Beide Seiten leicht mit Meersalz, schwarzem Pfeffer und ein paar Prisen Knoblauchpulver bestreuen.

Butter, Ghee oder Kokosöl bei mittlerer bis starker Hitze in einer Bratpfanne aus rostfreiem Stahl oder in einer gut gewürzten gusseisernen Pfanne schmelzen und die Muscheln in die heiße Pfanne legen (Mindestabstand 2 1/2 cm). Etwa 2–3 Minuten anbraten, dann wenden und erneut kurz anbraten, bis die Muscheln durch und durch weiß und nicht mehr glasig sind. Die Garzeit hängt von der Dicke der Muscheln ab.

Während die Muscheln braten, die Zutaten für die Ablöschflüssigkeit in einer Schüssel vermengen.

Die Muscheln aus der Pfanne holen, die Temperatur höher stellen und die Ablöschflüssigkeit in die Pfanne geben.

Ablöschen (oder deglacieren) heißt, eine Flüssigkeit in eine sehr heiße Pfanne gießen, damit sich der aromatische Bodensatz löst und die Soße würzt; dabei hilft ein Schneebesen.

Die restliche Flüssigkeit 2–3 Minuten bei starker Hitze reduzieren.

Jede Muschel vor dem Servieren mit etwa 1/2 TL Soße übergießen und mit Orangenschale garnieren.

ABLÖSCHEN:
Die Flüssigkeit Ihrer Wahl in die sehr heiße Pfanne gießen, um dann den aromatischen Bodensatz mithilfe eines Schneebesens zu lösen. Die restliche Flüssigkeit dann ein paar Minuten bei starker Hitze sieden lassen, dann die Soße abseihen und über die Muscheln gießen.

Fisch und Meeresfrüchte

Gegrillter Lachs mit Zitrone und Rosmarin

ZUBEREITUNGSZEIT
5 Minuten

GARZEIT
15 Minuten

ERGIBT
3–4 Portionen

RANDNOTIZ

Wenn Sie keinen Bratrost haben oder keine Einstellung zum Grillen, können Sie den Lachs bei 175° etwa 10–15 Minuten backen.

Auch Huhn schmeckt mit diesem Gewürz wunderbar.

NÜSSE
EIER
NACHTSCHATTENGEWÄCHSE
FODMAPS

Selbstgemachtes Rosmarinsalz (Rezept auf Seite 230) ist seit Langem aus meiner Küche nicht mehr wegzudenken. Dieses Rezept war ein Glückstreffer, denn ich hätte nie daran gedacht, Rosmarin mit Fisch zu kombinieren. Aber ich probierte es aus – und es war köstlich!

2 EL Butter, Ghee oder Kokosöl
450 g wilder Lachs, ganz oder in Teilen

1 Zitrone
1 TL Rosmarinsalz (Rezept auf Seite 230)

Den Ofen auf niedrige Grilltemperatur einstellen.

In dünne Scheiben geschnittene Butterstücke in einen Bräter geben oder Ghee oder Kokosöl darin verteilen. Den Lachs in den Bräter legen und mit Rosmarinsalz bestreuen. Weitere dünne Butterstücke auf den Lachs streichen und darauf Zitronenscheiben legen.

Bei schwacher Hitze etwa 10–12 Minuten grillen (oder bis der Lachs gar ist).

Fisch und Meeresfrüchte

Pesto-Garnelen und Kürbis-Fettuccine

Wenn Sie Nudeln vermissen, sind Zucchininudeln ein vorzüglicher Ersatz. Sie sind aromatischer und nährstoffreicher und eine Soße haftet an ihnen genau so gut wie an anderen Nudeln. Verwenden Sie einen Julienneschneider oder ein normales Schälmesser, je nachdem, welche Form die Nudeln haben sollen.

ZUBEREITUNGSZEIT
30 Minuten

GARZEIT
25 Minuten

ERGIBT
2 Portionen in Mahlzeitgröße oder 4 Portionen in Beilagengröße

RANDNOTIZ
Wenn Sie die Garnelen vorgekocht haben, sollten Sie vor dem Vermengen mit den Nudeln und der Soße warm sein.

Zum Entdarmen der Garnelen siehe Seite 312.

OHNE FODMAPS?
Den Knoblauch weglassen.

OHNE NÜSSE?
Probieren Sie es stattdessen mit Kokosraspeln, oder lassen Sie die Nüsse einfach weg.

NÜSSE
EIER
NACHTSCHATTENGEWÄCHSE
FODMAPS

2 Dutzend große Garnelen
4 Zucchini oder gelbe Kürbisse
Meersalz und schwarzer Pfeffer nach Belieben

PESTO
1/2 Tasse Macadamianüsse
1 Büschel Koriandergrün, gewaschen
1 Knoblauchzehe
1/2 Tasse natives Olivenöl extra oder Macadamianussöl
Meersalz und schwarzer Pfeffer nach Belieben

Zuerst den Pesto zubereiten. Macadamianüsse, Koriandergrün, Knoblauch, Olivenöl, Meersalz und schwarzer Pfeffer in der Küchenmaschine vermengen, bis ein glatter Brei entsteht.

Die Garnelen vor dem Kochen schälen und den Darm entfernen (siehe Seite 312). Zuerst den Schwanz abziehen, dann den Rest der Schale. (Wenn Sie das vor dem Kochen machen, können Sie das Gericht warm servieren. Nach dem Kochen müssten Sie die Garnelen vor dem Entdarmen abkühlen lassen.)

Einen Dämpfeinsatz in einen großen Topf legen und etwa 2 1/2 cm Wasser zum Kochen bringen. Während das Wasser heiß wird, mit einem Julienneschneider oder mit einem normalen Schälmesser an den Kürbissen entlangstreichen, bis Sie das Kerngehäuse erreichen. Die Kürbisnudeln etwa 3–5 Minuten dämpfen, dann beiseitestellen.

Die Garnelen etwa 3 Minuten dämpfen (oder bis sie durch und durch rosa sind).

Die gedämpften Kürbisnudeln mit dem Pesto in eine Rührschüssel geben und gut vermengen.

Die Garnelen auf die Nudeln legen und warm servieren.

VARIANTE
Mit einem Julienneschneider können Sie auch spaghettiförmige Nudeln machen.

Fisch und Meeresfrüchte

Einfache Lachskuchen

ZUBEREITUNGSZEIT
10 Minuten

GARZEIT
20 Minuten

ERGIBT
4 Frikadellen

Wenn Sie wilden Lachs aus der Dose aufpeppen möchten, ist dieses Rezept das Richtige für Sie! Es ist einfach und schnell zubereitet und Sie brauchen fast nur Zutaten, die Sie gewöhnlich zur Hand haben.

- 2 Dosen (je 170 g) wilder Lachs, abgetropft
- 2 Eier, geschlagen
- 3 EL Schalotten, fein gehackt
- 1–2 Knoblauchzehen, fein gehackt oder gerieben
- 2 EL grüne Zwiebeln, fein gehackt
- 1 TL pikante Gewürzmischung (Rezept auf Seite 233)
- 2 TL glutenfreier Senf (optional)
- 1–2 TL Kokosmehl (optional)
- 1/4 Tasse Kokosöl oder Butter

OHNE FODMAPS?
Schalotten, Knoblauch und grüne Zwiebeln weglassen und mit frischen Kräutern würzen.

Kein Kokosmehl oder Kokosöl verwenden.

Lachs, Eier, Schalotten, Knoblauch, grüne Zwiebeln, Gewürzmischung und Senf (optional) in einer kleinen Rührschüssel vermengen. Wenn die Mischung zu wässrig wird, das Kokosmehl darüber sieben und gut untermischen.

In einer großen Pfanne bei mittlerer Hitze so viel Kokosöl zerlassen, dass eine etwa 6 mm dicke Schicht entsteht. Aus der Lachsmischung 4 gleich große Frikadellen formen und in die Pfanne legen, alle auf einmal oder je 2 gleichzeitig. Die Frikadellen auf einer Seite bräunen, dann wenden und durch und durch garen.

Warm oder kalt (wenn Reste übrig bleiben) servieren.

VARIANTE
Geben Sie dem Gericht einen neuen Geschmack, indem Sie andere Gewürzmischungen probieren, z. B. die Curry-Mischung anstatt der pikanten.

NÜSSE
EIER
NACHTSCHATTENGEWÄCHSE
FODMAPS

Fisch und Meeresfrüchte

Tomatillo-Garnelen-Cocktail

ZUBEREITUNGSZEIT
40 Minuten

KOCHZEIT
5 Minuten

ERGIBT
Etwa 1 Tasse Cocktailsoße. Die Portionsgröße der Garnelen hängt von deren Größe und Gewicht ab: 4–6 Garnelen pro Person genügen als Vorspeise, 10–12 Garnelen als Hauptgang.

Garnelencocktail ist ein klassisches Lieblingsgericht meiner Freunde und darf daher bei keiner Party fehlen. Genießen Sie diese Abwandlung der klassischen Soße, die meist mit Tomaten zubereitet wird.

- 900 g (oder mehr) wilde Riesengarnelen
- 2 Tassen Tomatillos, äußere Haut abgeschält, Frucht geviertelt
- 1 TL Jalapeños, fein gehackt
- 1/2 TL Knoblauch, fein gehackt oder gerieben
- 1–2 TL frischer Meerrettich, fein gehackt oder gerieben (nach Belieben; je mehr, desto würziger wird die Soße)
- 1 EL Apfelessig oder destillierter Essig
- 1 EL natives Olivenöl extra

ZU SCHARF?
Jalapeños weglassen und die Menge des Meerrettichs reduzieren.

OHNE NACHTSCHATTENGEWÄCHSE?
Die Cocktailsoße mit Mangos, Pfirsichen oder Ananas anstatt mit Tomatillos zubereiten.

Die Garnelen schälen, den Darm entfernen und dann etwa 2–3 Minuten (wenn frisch) oder 3–5 Minuten (wenn tiefgefroren) dämpfen. Sie können frische Garnelen vor oder nach dem Kochen entdarmen. Tiefgefrorene Garnelen müssen Sie zuerst kochen. Die gekochten Garnelen beiseitestellen und vor dem Servieren abkühlen lassen.

Tomatillos, Jalapeños, Knoblauch, Meerrettich, Essig und Olivenöl mit einer Küchenmaschine vermengen und pulsen, bis ein glatter Brei entsteht.

Abgekühlt servieren.

VARIANTE
Wenn Sie keine Tomatillos bekommen, können Sie normale Tomaten nehmen.

Versuchen Sie auch, die Garnelen in der Soße zu wälzen und auf einem Salat zu servieren.

NÜSSE
EIER
NACHTSCHATTENGEWÄCHSE
FODMAPS

Fisch und Meeresfrüchte

Scholle mit Orange und Macadamianüssen

ZUBEREITUNGSZEIT
10 Minuten

GARZEIT
15 Minuten

ERGIBT
3–4 Portionen

VARIANTE
Verwenden Sie andere Nüsse und Zitronen- oder Limettenschale anstelle der Orange.

NÜSSE
EIER
NACHTSCHATTENGEWÄCHSE
FODMAPS

Als ich ein Kind war, servierte meine Mutter fast jede Woche Fisch mit Nüssen. Ab und zu änderte sie das Rezept, aber Butter und heller oder weißer Fisch gehörten immer dazu. Probieren Sie dieses Rezept auch mit Flunder oder Heilbutt.

- 1/4 Tasse Macadamianüsse, gehackt
- Schale einer Orange
- 450 g Rotzunge (oder ein anderer weißer Fisch)
- Meersalz und schwarzer Pfeffer nach Belieben
- 2 EL Butter oder Kokosöl

Den Ofen auf Grilltemperatur vorheizen.

Macadamianüsse und Orangenschale in einer kleinen Rührschüssel vermengen und beiseitestellen.

Die Rotzunge auf ein Backblech legen, nach Belieben mit Meersalz und schwarzem Pfeffer würzen und dann gleichmäßig mit Butter oder Kokosöl bestreichen und mit den Nüssen und der Orangenschale bestreuen.

Den Fisch in die Backröhre stellen und etwa 10 Minuten grillen (oder bis er durch und durch milchig-weiß ist.

Fisch und Meeresfrüchte

Lachs im Noriblatt

ZUBEREITUNGSZEIT
5 Minuten

GARZEIT
–

ERGIBT
1 Rolle in Imbissgröße

VARIANTE
Verwenden Sie wilden Lachs aus der Dose, wenn Sie keinen Räucherlachs haben oder mögen.

NÜSSE
EIER
NACHTSCHATTENGEWÄCHSE
FODMAPS

Wickeln Sie Ihren Lieblingsfisch oder auch übrig gebliebenes Hühner- oder Truthahnfleisch in Noriblätter (Rot- oder Grünalgen), und fertig ist Ihr Imbiss oder Mittagessen!

- 1 geröstetes Noriblatt
- 1/4 Avocado, zerdrückt oder in Scheiben geschnitten
- 60 g wilder Räucherlachs
- 2 Gurkenscheiben
- 1 grüne Zwiebel, fein gehackt
- 1 sehr dünne Zitronenscheibe (optional)

Das Noriblatt auf ein Schneidbrett legen und Avocado, Räucherlachs Gurke, grüne Zwiebel und Zitrone schichtweise darauf legen.

Die Zutaten in das Blatt wickeln und genießen.

Einfaches Garnelen-Ceviche

ZUBEREITUNGSZEIT
40 Minuten

KOCHZEIT
–

ERGIBT
4 Tassen

OHNE NACHTSCHATTEN-GEWÄCHSE?
Paprikaschoten weglassen.

NÜSSE
EIER
NACHTSCHATTENGEWÄCHSE
FODMAPS

Dieses Rezept ist auf Partys immer ein Hit und eignet sich auch hervorragend für Grillfeste. Das Ceviche schmeckt am besten, wenn Sie es ein paar Stunden im Voraus zubereiten und im Zitrusfruchtsaft marinieren lassen. Geben Sie vor dem Servieren eine reife, in Scheiben geschnittene Avocado dazu.

- 450 g gekochte wilde Garnelen, geschält und entdarmt (gekühlt)
- 1/4 rote Paprikaschote, fein gewürfelt
- 1/4 orangefarbene oder gelbe Paprikaschote, fein gewürfelt
- 1/2 Jalapeño-Schote, fein gewürfelt (Samen und weiße Rippen entfernen)
- 1/4 Tasse gewürfelte rohe Yambohne
- 1/4 Tasse Gurke mit Haut, gewürfelt
- 1 EL Schalotte, fein gewürfelt
- 2 EL Koriandergrün, gehackt
- 1 EL natives Olivenöl extra
- Saft einer Limette
- Saft einer Zitrone
- 2 Tassen Gurkenscheiben zum Tunken

Die gekochten und abgekühlten Garnelen in 6 bis 12 mm große Stücke schneiden. Rote Paprika, gelbe Paprika, Jalapeño, Yambohne, Gurke, Schalotte, Koriandergrün, Olivenöl, Limettensaft und Zitronensaft in einer großen Rührschüssel vermengen.

Die Mischung 30 Minuten in den Kühlschrank stellen, dann mit Gurkenscheiben servieren.

Lamm

Zitronen-Lamm-Dolmas (gefüllte Weinblätter)

ZUBEREITUNGSZEIT
40 Minuten

KOCHZEIT
50 Minuten

ERGIBT
20–24 Dolmas (4 genügen als Hauptgericht)

OHNE FODMAPS?
Zwiebeln und Blumenkohl weglassen.

NÜSSE
EIER
NACHTSCHATTENGEWÄCHSE
FODMAPS

Dieses Gericht passt vorzüglich zu folgenden Rezepten: Taramosalata (Seite 386), Soße aus gebackenem Knoblauch und Tahini (Seite 386), Avo-Tsiki-Soße (Seite 322) und Oliventapenade (Seite 326).

- 1 EL Kokosöl
- 1 kleine Zwiebel, fein gewürfelt
- 450 g Lammhackfleisch
- 1 TL Muskat
- 1/2 TL Zimt
- 1 TL Kreuzkümmel
- 1 TL getrockneter Oregano
- 2 EL getrocknete Korinthen oder Rosinen
- 1 Tasse Blumenkohl, geraspelt oder fein gerieben
- Saft einer Limette
- Meersalz und schwarzer Pfeffer nach Belieben
- 20 Weinblätter (etwa ein 455-Gramm-Glas)
- 1 Zitrone
- 1/4 Tasse Wasser
- 2–3 Lorbeerblätter
- 2 EL rohe Mandeln, in Scheiben geschnitten

Den Backofen auf 175° vorheizen.

Das Kokosöl bei mittlerer Hitze in einer großen Pfanne zerlassen und die Zwiebel glasig anbraten. Lammhackfleisch, Muskat, Zimt, Kreuzkümmel, Oregano und Korinthen oder Rosinen dazugeben und braten, bis das Lammfleisch innen ein wenig rosa ist.

Den Blumenkohl dazugeben, mit der Fleischmischung vermengen und weitere 2–3 Minuten braten. Die Limette über der Mischung ausdrücken und umrühren. Die Fleisch-Blumenkohl-Mischung beiseitestellen und ein wenig abkühlen lassen.

Die Weinblätter behutsam trennen und entrollen – sie sind etwas empfindlich. Eine kleine Menge der Mischung auf das Ende jedes Blattes löffeln (siehe Bild) und das untere Ende des Blattes nach oben klappen. Dann die Seiten nach innen falten und das Blatt weiter aufrollen, bis das Ende sich unten befindet.

Die Dolmas mit den Faltkanten nach unten auf einen ofenfesten Teller legen. Die Zitrone in dünne Scheiben schneiden und Saft auf den Teller sprenkeln. Dann das Wasser auf den Teller gießen und Lorbeerblätter und Mandelscheiben auf den Dolmas verteilen.

Mit Folie abdecken und 30–45 Minuten backen, bis die Blätter dunkler werden und das Wasser verdampft. Vor dem Essen die Lorbeerblätter entfernen.

Lamm

Mediterraner Lammbraten

ZUBEREITUNGSZEIT
10 Minuten

GARZEIT
6–8 Stunden

ERGIBT
6–8 Portionen

Wenn Sie wenig Zeit haben, machen Schongarer das Leben leichter. Bereiten Sie diesen Lammbraten morgens vor und genießen Sie ihn abends, wenn Sie von der Arbeit nach Hause kommen!

1800 g Lammbraten
2 Zwiebeln, geviertelt
4 große Möhren, in 2 1/2 cm große Stücke geschnitten
6–8 Knoblauchzehen, zerquetscht
1/4 Tasse Kalamata-Oliven
1/4 Tasse Lake aus dem Olivenglas
1 Dose (900 g) ganze, geschälte Pflaumentomaten

RANDNOTIZ
Ich nehme für dieses Rezept gerne Kalamata-Oliven, aber wenn Sie keine zur Hand haben, können Sie auch grüne Oliven verwenden.

Alle Zutaten in einen Schongarer legen und bei schwacher Hitze mindestens 6 Stunden oder über Nacht schmoren.

Wenn Sie keinen Schongarer besitzen, können Sie einen emaillierten gusseisernen Schmortopf verwenden und die Zutaten bei 135° etwa 6 Stunden oder bei 90° über Nacht schmoren.

Alleine oder auf pürierten Faux-Tatoes (Rezept auf Seite 344) servieren.

OHNE NACHTSCHATTENGEWÄCHSE?
Tomaten weglassen und 710 ml Knochenbrühe (siehe Seite 234) anstelle der Lake verwenden.

NÜSSE
EIER
NACHTSCHATTENGEWÄCHSE
FODMAPS

Lamm

Lamm-Salatschiffchen mit Avo-Tsiki-Soße

Ich bin dafür bekannt, dass ich fast alles in Salatblätter wickle – und Lamm ist keine Ausnahme! Dieses Gericht ist frisch und schmackhaft und hat kühne Aromen. Es ist eine unerwartete und lustige Methode, Ihrer Familie Lammfleisch zu servieren.

ZUBEREITUNGSZEIT
20 Minuten

GARZEIT
10 Minuten

ERGIBT
2–3 Portionen als Hauptgericht

RANDNOTIZ
Diese Schiffchen schmecken auch mit der Oliventapenade fantastisch (Rezept auf Seite 326)!

OHNE NACHTSCHATTENGEWÄCHSE?
Tomaten weglassen.

OHNE FODMAPS?
Avo-Tsiki-Soße weglassen.

NÜSSE
EIER
NACHTSCHATTENGEWÄCHSE
FODMAPS

450 g Lammragoutfleisch
Meersalz und schwarzer Pfeffer nach Belieben
1/2 TL getrockneter oder frischer Oregano
1 EL Kokosöl, zerlassen
4–6 große Blätter Romana-Salat, gewaschen
1 Tasse Kirschtomaten, halbiert (oder normale Tomaten, gewürfelt)
1/2 Gurke, fein gewürfelt
1 Zitrone, halbiert

AVO-TSIKI-SOSSE
1 reife Avocado
1/4 Tasse Gurke, gerieben
1 kleine Knoblauchzehe, gerieben
Saft einer Zitrone
2 EL natives Olivenöl extra
Meersalz und schwarzer Pfeffer nach Belieben
1 TL frischer Dill, fein gehackt

Das Lammfleisch in einer kleinen Rührschüssel mit Meersalz, schwarzem Pfeffer und Oregano würzen. Das Kokosöl bei mittlerer bis starker Hitze in einer Bratpfanne zerlassen, die Lammfleischstücke in die Pfanne geben und etwa 2–3 Minuten braten, bis sie auf einer Seite braun sind, dann wenden und die andere Seite weitere 2 Minuten braten.

Sobald das Fleisch gar ist, in 2 1/2 cm große Stücke teilen.

Die Salatblätter auf Servierteller legen und mit Lammfleisch, Kirschtomaten und Gurke belegen. Auf jedes Salatschiffchen Zitronensaft träufeln, dann Avo-Tsiki-Soße darübergeben.

Für die Soße: Alle Zutaten in einer kleinen Küchenmaschine oder mit einem Pürierstab vermengen.

Lamm

Gewürzte Lammfleischbällchen mit Balsamfeigen-Kompott

Diese gewürzten Fleischbällchen schmecken mit einer Tunke vorzüglich. Seien Sie unbesorgt, wenn Fleisch mit Fruchtsoße nicht Ihr Fall ist – die Fleischbällchen schmecken auch mit Soße aus gebackenem Knoblauch und Tahini (Rezept auf Seite 386) oder mit Oliventapenade (Rezept auf Seite 326) lecker.

ZUBEREITUNGSZEIT
20 Minuten

BACKZEIT
30 Minuten

ERGIBT
16 Minifleischbällchen + Soße

RANDNOTIZ
Mit diesem einfachen Rezept eröffnen sich ganz neue Möglichkeiten für Trockenfrüchte. Sie können auch frische Feigen verwenden, die weniger Wasser benötigen und schneller gar sind. Ich liebe die süß-pikante Kombination aus Feigen und Essig.

OHNE FODMAPS?
Zwiebelpulver weglassen und die Fleischbällchen mit Oliventapenade anstelle des Feigenkompotts genießen.

NÜSSE
EIER
NACHTSCHATTENGEWÄCHSE
FODMAPS

450 g Lammhackfleisch
1 TL Kreuzkümmel
1/4 TL Piment
1/4 Tl Zimt
1 TL Zwiebelpulver
Meersalz und schwarzer Pfeffer nach Belieben

BALSAMFEIGEN-KOMPOTT
1/2 Tasse Wasser
1/2 Tasse Balsamessig
4 getrocknete Feigen, in Scheiben geschnitten
1 Zweig frischer Rosmarin

Den Backofen auf 190° vorheizen.

Lammfleisch und Gewürze in einer Rührschüssel mit den Händen vermengen. Etwa 16 kleine Fleischbällchen (4 cm Durchmesser, je 30 g) formen, auf ein großes Backblech legen und 25 Minuten backen.

Während die Fleischbällchen backen: Wasser, Balsamessig, Feigen und Rosmarin in einem kleinen Stieltopf vermengen und sieden, bis die Mischung dick wird. Essig nachgießen, wenn sie zu süß schmeckt, und die Soße weiter reduzieren, wenn sie zu säuerlich schmeckt.

Die Fleischbällchen warm aus dem Ofen mit dem Kompott servieren.

Das große Buch der Paläo-Ernährung

Lamm

Lammkebabs auf griechische Art

Mit Kebabs können Sie aus preiswertem Fleisch (zum Beispiel für Eintöpfe) mühelos ein fantastisches Essen zaubern. Sie sind eine perfekte Alternative zu langweiligen Burgern mit Grillfleisch.

ZUBEREITUNGSZEIT
30 Minuten

GRILLZEIT
15 Minuten

ERGIBT
2-4 Portionen
in Mahlzeitgröße

- 450 g Lammragoutfleisch
- 1 Paprikaschote, in 2 1/2 cm große Stücke geschnitten
- 2 Zucchini, in 2 1/2 cm große Stücke geschnitten
- 1 rote Zwiebel, in 2 1/2 cm große Stücke geschnitten
- Saft von 2 Zitronen oder Limetten
- 1/2 TL getrockneter Oregano
- 1/2 TL Meersalz
- 1/4–1/2 TL schwarzer Pfeffer nach Belieben
- 1/4 Tasse natives Olivenöl extra

VARIANTE
Nehmen Sie Koriandergrün anstelle von Oregano, um das Aroma schnell zu ändern.

Einen Grill (oder einen Backofen mit Grillfunktion) auf mittlere bis starke Hitze vorheizen.

Die Lammfleischwürfel auf hitzebeständige lange Spieße stecken, abwechselnd mit Paprika, Zucchini und Zwiebeln (oder anderem Gemüse).

Zitronen- oder Limettensaft mit Oregano, Meersalz und schwarzem Pfeffer in einer kleinen Rührschüssel vermengen. Mit dieser Mischung die Spieße bestreichen und 10 Minuten marinieren lassen.

Die Spieße auf den Grill (oder ins Grillblech) legen und auf jeder Seite etwa 3–4 Minuten grillen (oder bis das Fleisch gar ist). Die Spieße kurz vor dem Servieren mit dem Olivenöl beträufeln.

NÜSSE
EIER
NACHTSCHATTENGEWÄCHSE
FODMAPS

Lammkoteletts mit Oliventapenade

Lamm und Oliven passen perfekt zueinander. Genießen Sie diese einfachen Koteletts mit dem köstlichen salzigen Olivenaufstrich.

ZUBEREITUNGSZEIT
10 Minuten

GARZEIT
5–10 Minuten

ERGIBT
4 Portionen

- 2 EL ausgelassener Speck oder Kokosöl
- 900 g Lammkoteletts
- 1 EL griechische Gewürzmischung (Rezept auf Seite 233)

OLIVENTAPENADE
- 1/2 Tasse Kalamata-Oliven, entsteint
- 1/2 TL getrockneter Oregano
- 2 EL natives Olivenöl extra
- 1 EL Kapern
- 1/2 TL Sardellenbutter
- Saft einer halben Zitrone

VARIANTE
Genießen Sie die Lammkoteletts mit grünem Salat oder gedünstetem Spinat (Rezept 366).

Den Backofen auf 200° vorheizen. Den ausgelassenen Speck bei mittlerer Hitze in einer ofenfesten Pfanne zerlassen. Während die Pfanne heiß wird, beide Seiten der Lammkoteletts mit der griechischen Gewürzmischung bestreuen. Die Koteletts auf beiden Seiten je 2 Minuten scharf anbraten, die Pfanne 2 Minuten in die heiße Backröhre stellen und dann herausnehmen.

Tapenade: Alle Zutaten in einer Küchenmaschine oder mit einem Pürierstab vermengen. Auf jedes Kotelett einen Schlag Tapenade geben.

NÜSSE
EIER
NACHTSCHATTENGEWÄCHSE
FODMAPS

Schweinefilet mit Kreuzkümmel und Wurzelgemüse

ZUBEREITUNGSZEIT
20 Minuten

GARZEIT
45 Minuten

ERGIBT
4–6 Portionen
in Hauptgerichtgröße

RANDNOTIZ
Dieses Gericht passt hervorragend zu gedünstetem Rosenkohl mit Fenchel (Rezept Seite 350)

OHNE FODMAPS?
Zwiebeln und Knoblauch weglassen und Pastinaken durch Möhren ersetzen.

NÜSSE
EIER
NACHTSCHATTENGEWÄCHSE
FODMAPS

Zu diesem Gericht inspirierte mich ein Kochkurs namens »Spanische Küche«, den ich in San Francisco belegte. Kreuzkümmel und Knoblauch passen vorzüglich zum Schweinefleisch. Auf geröstetem Wurzelgemüse serviert, ist dieses Gericht einfach genug für eine Mahlzeit unter der Woche und zugleich elegant genug, um abends Gäste damit zu bewirten.

- 1 EL Kreuzkümmel
- 1 EL Koriandersamen
- 1 EL Knoblauchgranulat oder -pulver
- 1 TL Meersalz
- schwarzer Pfeffer nach Belieben
- 2 Schweinefilets
- 2 EL ausgelassener Speck (oder ein anderes Kochfett)
- 2 Zwiebeln, in dicke Scheiben geschnitten
- 4 Pastinaken, geschält und gehackt
- 2 frische Knoblauchzehen, zerquetscht
- 1 große Orange, geschält und in Spalten geteilt
- Kerne eines Granatapfels (etwa 1/4 Tasse) (optional)

Den Backofen auf 190° vorheizen.

Kreuzkümmel, Koriander, Knoblauchgranulat, Meersalz und schwarzen Pfeffer in einer kleinen Rührschüssel vermengen.

Die Filets mit Küchenpapier trocken tupfen und großzügig mit der Gewürzmischung bestreichen, damit eine Kruste entsteht. Den ausgelassenen Speck in einer großen Bratpfanne bei mittlerer Hitze schmelzen. Die Filets in die Pfanne legen und auf beiden Seiten je etwa 2 Minuten anbraten.

Zwiebeln, Pastinaken, Knoblauch, Orangenspalten und Granatapfelkerne in einen großen Bräter geben und die angebratenen Filets darauf legen. 30–40 Minuten schmoren (oder bis die Filets eine Temperatur von ca. 65° haben). Wenn das Gemüse noch nicht weich ist, das Fleisch herausnehmen und auf ein Schneidbrett legen, während das Gemüse weitere 10–15 Minuten gart.

Die Filets schräg in Scheiben schneiden und auf dem Gemüse servieren.

Schwein

Chorizo-Fleischbällchen

Dieses Rezept ist einfach, wenn Sie die Chorizo-Gewürzmischung (Rezept auf Seite 232) im Voraus zubereiten. Dann ist das Abendessen unter der Woche schnell fertig. Die Fleischbällchen schmecken auch als Appetitanreger auf einer Party oder als ganze Mahlzeit auf pürierten Faux-Tatoes (Rezept auf Seite 344).

ZUBEREITUNGSZEIT
10 Minuten

KOCHZEIT
20–25 Minuten

ERGIBT
1 Dutzend Fleischbällchen

450 g Schweinehackfleisch
2 EL Chorizo-Gewürzmischung

1 EL Apfelessig

VARIANTE
Verwenden Sie Rindfleisch oder Schweinefleisch und Huhn. Verdoppeln oder verdreifachen Sie die Mengen und essen Sie die Reste später oder frieren Sie sie ein.

Der Backofen auf 220° vorheizen.

Hackfleisch, Gewürzmischung und Apfelessig in einer mittelgroßen Rührschüssel mit den Händen gleichmäßig vermengen.

Aus dem Fleisch ein Dutzend Bällchen (30 g) formen, diese in eine Auflaufform oder auf ein Backblech legen und 20–25 Minuten backen.

NÜSSE
EIER
NACHTSCHATTENGEWÄCHSE
FODMAPS

Schwein

Oma Barbaras gefüllte Pilze

ZUBEREITUNGSZEIT
20 Minuten

KOCHZEIT
30 Minuten

ERGIBT
3-4 Portionen in Hauptgerichtgröße (12 Pilze)

VARIANTE
Schweinefleisch durch Truthahnhackfleisch ersetzen. Anstelle der 12 kleinen Pilzkäppchen 4 große füllen.

OHNE NACHTSCHATTENGEWÄCHSE?
Gemüsepaprika weglassen.

NÜSSE
EIER
NACHTSCHATTENGEWÄCHSE
FODMAPS

Meine Großmutter bereitete an Feiertagen viele Appetithappen zu und ich wollte immer ihre gefüllten Pilze essen. Das Originalrezept enthält Brotkrumen – aber keine Sorge: Der Belag wird auch ohne Getreide knusprig.

- 1 Dutzend Champignon-Käppchen, gesäubert
- 1 EL ausgelassener Speck (oder ein anderes Kochfett)
- 1/4 Tasse Paprikaschoten, fein gehackt
- 1/4 Tasse gelbe Zwiebeln, gehackt
- 450 g Schweinehackfleisch mit italienischer Gewürzmischung (Rezept auf Seite 233)
- 2 Tassen Spinat, fein gehackt oder in der Küchenmaschine zerkleinert
- 1 Knoblauchzehe, gerieben

Den Backofen auf 230° vorheizen.

Während der Zubereitung der Füllung (oder vorher) die Pilze mit der offenen Seite nach unten auf einem Backblech verteilen und 10 Minuten backen (oder bis sie einen Teil ihrer Flüssigkeit abgegeben haben).

Den ausgelassenen Speck bei mittlerer Hitze in einer großen Bratpfanne schmelzen und Paprika und gelbe Zwiebeln darin verteilen. Kurz anbraten, bis die Zwiebeln glasig und weich sind. Das Hackfleisch mit der Gewürzmischung in der Pfanne etwa 5 Minuten braten, bis nur noch wenige oder gar keine Fleischstücke mehr rosa sind. Gelegentlich umrühren, um größere Fleischstücke zu zerkleinern.

Spinat und Knoblauch dazugeben und alles in der Pfanne vermengen. Die Mischung in die Pilzkäppchen löffeln und diese wieder auf das Backblech legen. Etwa 20 Minuten backen (oder bis sie oben goldbraun sind).

Das große Buch der Paläo-Ernährung

Schwein

Fleischbällchenfüllung

ZUBEREITUNGSZEIT
20 Minuten

BACKZEIT
25–30 Minuten

ERGIBT
24 Fleischbällchen (je 30 g)

RANDNOTIZ
Formen Sie Pastetchen anstelle der Bällchen und frieren Sie sie für ein schnelles, einfach zubereitetes Frühstück ein.

NÜSSE
EIER
NACHTSCHATTENGEWÄCHSE
FODMAPS

Wenn Sie das ganze Jahr über etwas essen wollen, was nach Thanksgiving schmeckt, ohne ein ganzes Festmahl zuzubereiten, ist hier Ihre Chance! Diese Schweinefleischbällchen enthalten alle Aromen der Saison und passen hervorragend zur einfachen Cranberrysauce (Rezept auf Seite 388) zum Tunken.

- 900 g Schweinehackfleisch
- 2 EL italienisches Wurstgewürz (Rezept auf Seite 233)
- 2 TL Butter, ausgelassener Speck oder Kokosöl
- 1/4 Tasse Zwiebeln, fein gehackt
- 1/4 Tasse Stangensellerie, fein gehackt
- 1/4 Tasse Möhren, gerieben
- 1/4 Tasse Kastanien, fein gehackt (verwenden Sie Walnüsse oder Pekannüsse, wenn Sie keine Kastanien bekommen)

Den Backofen auf 220° vorheizen.

Schweinefleisch und italienisches Wurstgewürz in einer mittelgroßen Rührschüssel gleichmäßig vermengen.

Butter, Speck oder Kokosöl in einer großen Bratpfanne bei mittlerer Hitze zerlassen. Zwiebeln, Sellerie und Möhren in die Pfanne geben und anbraten, bis die Zwiebeln und der Sellerie glasig werden. Die Kastanien dazugeben und weitere 2 Minuten braten.

Zwiebeln, Sellerie, Möhren und Kastanien beiseitestellen und abkühlen lassen, bis man sie unbeschadet anfassen kann. Dann die Mischung mit dem Fleisch vermengen und 24 Bällchen formen.

Die Fleischbällchen auf einen ofenfesten Teller oder auf ein Backblech legen und etwa 25–30 Minuten backen (oder bis sie durch und durch gar sind).

Beilagen und Salate

Dicke Brokkoli-Blumenkohl-Suppe mit Speck

ZUBEREITUNGSZEIT
30 Minuten

KOCHZEIT
30 Minuten

ERGIBT
etwa 8 Portionen

VARIANTE
Bereiten Sie die Suppe nur mit Brokkoli oder nur mit Blumenkohl zu.

NÜSSE
EIER
NACHTSCHATTENGEWÄCHSE
FODMAPS

Wenn Sie Ihr Gemüse einfach zubereiten wollen, ist diese dicke Suppe das Richtige für Sie. Jede Schüssel mit dieser sahnigen Beilage enthält eine großzügige Portion Brokkoli und Blumenkohl.

- 4 Tassen Brokkoli, gehackt und gedünstet
- 2 Tassen Hühner- oder Rinderbrühe (Rezept auf Seite 234)
- 4 Tassen Blumenkohl, gehackt und gedünstet
- 4–6 gebackene Knoblauchzehen (optional, Rezept auf Seite 370)
- Meersalz und schwarzer Pfeffer nach Belieben
- 4 Scheiben Speck, gebacken und geschnitten (Rezept auf Seite 236)

Den Brokkoli mit der Hälfte der Brühe in einem Mixer pürieren, ebenso den Blumenkohl mit der restlichen Brühe. Dann den Knoblauch dazugeben und erneut mixen.

Die Suppenpürees in einem große Topf bei mittlerer Hitze vermengen. Meersalz und schwarzen Pfeffer nach Belieben hineinstreuen und 10 Minuten sieden lassen. Umrühren, damit die beiden Pürees sich gut vermischen. Wenn die Suppe zu dick ist, mehr Brühe hineingießen, je 1/4 Tasse auf einmal.

Mit gebackenem, geschnittenem Speck garnieren.

Beilagen und Salate

Spargel mit Zitrone und Oliven

ZUBEREITUNGSZEIT
5 Minuten

BACKZEIT
10–15 Minuten

ERGIBT
4 Portionen

VARIANTE
Für dieses Rezept sind auch grüne Oliven und Orangenschale geeignet.

Gegrillter, gerösteter oder gedünsteter Spargel schmeckt köstlich, aber Spargel mit Zitrone und Oliven ist ein ganz neues Erlebnis. Genießen Sie ihn als Beilage zum Lachsrezept auf Seite 306 oder zu gegrilltem Fleisch.

450 g Spargel
1 EL Butter oder Kokosöl, zerlassen
1/2 TL Knoblauchpulver
Meersalz und schwarzer Pfeffer

1 Zitrone
1 EL natives Olivenöl extra
1/4 Tasse Kalamata-Oliven, entsteint und halbiert

Den Backofen auf 190° vorheizen.

Die Enden des Spargels abschneiden und die Stangen unter Wasser waschen. Den Spargel auf ein Backblech legen und in der Butter oder im Kokosöl wälzen. Mit Knoblauchpulver und nach Belieben mit Meersalz und schwarzem Pfeffer bestreuen. Etwa 10–15 Minuten backen – kürzer, wenn der Spargel sehr dünn ist, länger, wenn er sehr dick ist.

Während der Spargel röstet, die Zitronenschale mit einer feinen Raspel entfernen und beiseitestellen.

Den Spargel aus der Backröhre holen, wenn er hellgrün und gabelzart ist. Mit Olivenöl beträufeln und mit der Zitronenschale und den halbierten Oliven garnieren.

NÜSSE
EIER
NACHTSCHATTENGEWÄCHSE
FODMAPS

Beilagen und Salate

Kandierte Möhren

ZUBEREITUNGSZEIT
10 Minuten

BACKZEIT
20–30 Minuten

ERGIBT
4 Portionen

RANDNOTIZ
Diese Möhren sind ein Leckerbissen – kein Rezept für jede Woche.

NÜSSE
EIER
NACHTSCHATTENGEWÄCHSE
FODMAPS

Servieren Sie diese Möhren mit kurzen Rippchen, in Balsamessig geschmort (Rezept auf Seite 278).

- 8 große Möhren, geschält und in 1 1/2 cm große Stücke geschnitten
- 4 Datteln, entsteint und geschnitten
- 2 EL zerlassene Butter oder Kokosöl
- Meersalz nach Belieben

Den Ofen auf 190° vorheizen.

Möhren und Datteln auf einen ofenfesten Teller legen, mit der zerlassenen Butter oder dem Kokosöl übergießen und wälzen, damit ein Überzug entsteht. Dann nach Belieben mit Meersalz bestreuen.

Etwa 20–30 Minuten backen (oder bis die Möhren gabelzart sind).

Koriander-Blumenkohl-Reis

ZUBEREITUNGSZEIT
20 Minuten

GARZEIT
5 Minuten

ERGIBT
4 Portionen

VARIANTE
Anstelle des Koriandergrüns können Sie jedes andere frische Kraut verwenden. Probieren Sie Basilikum oder Schnittlauch.

NÜSSE
EIER
NACHTSCHATTENGEWÄCHSE
FODMAPS

Dieser Reis-Ersatz passt gut zu mexikanischen Gerichten und schmeckt unter dem gegrillten Flankensteak mit Knoblauch, Paprika und Zwiebeln (Rezept auf Seite 294) besonders gut.

- 1 Blumenkohlkopf
- 1 EL Kokosöl oder Butter
- Meersalz und schwarzer Pfeffer nach Belieben
- 1/4 Tasse frisches Koriandergrün, fein gehackt

Die äußeren Blätter und den Stiel des Blumenkohls entfernen und den Kopf in große Stücke schneiden. Dann mit einer Raspel oder mit der Küchenmaschine reiben.

Das Kokosöl in einer großen Bratpfanne bei mittlerer Hitze zerlassen und den geriebenen Blumenkohl in die Pfanne schütten. Nach Belieben mit Meersalz und schwarzem Pfeffer würzen. Etwa 5 Minuten anbraten (oder bis der Blumenkohl glasig zu werden beginnt), behutsam umrühren, damit er durch und durch gar wird.

Den Blumenkohl in eine Servierschüssel geben und vor dem Servieren im gehackten Koriandergrün wälzen.

Beilagen und Salate

Gegrillter Kürbis mit Ananas

Wenn Sie süße Lebensmittel grillen, ist das Ergebnis meist köstlich – und diese zwei schönen, kohlenhydratreichen Lebensmittel sind davon keine Ausnahmen.

ZUBEREITUNGSZEIT
15 Minuten

GARZEIT
45 Minuten

ERGIBT
8 Portionen

- 1 ganzer Butternusskürbis
- 1/2 Ananas, geschält und in 2 1/2 cm dicke Scheiben geschnitten
- 1/4 Tasse Butter, Ghee oder Kokosöl, zerlassen
- 1–2 EL rauchige Gewürzmischung (Rezept auf Seite 232)
- Meersalz nach Belieben
- 1/4 Tasse Kokosraspeln zum Garnieren

RANDNOTIZ
Wenn Sie keinen Grill haben, können Sie eine Grillpfanne in der Backröhre verwenden.

Den Ofen auf 190° vorheizen.

Mit einem Schälmesser die Schale des Butternusskürbis entfernen. Den Kürbis dann der Länge nach in zwei Hälften teilen und die Kerne entfernen. In 2 1/2 cm große Stücke schneiden und 30 Minuten rösten (oder bis sie gabelzart sind).

Die gerösteten Kürbisstücke und die Ananasscheiben mit zerlassener Butter oder Ghee bestreichen, mit Gewürzmischung und Meersalz abschmecken und bei mittlerer Hitze auf den Grill legen.

Kürbis und Ananas auf jeder Seite etwa 3–5 Minuten grillen (oder bis sie Grillspuren zeigen).

Mit Kokosraspeln garnieren und warm servieren.

VARIANTE
Grillen Sie jede Frucht, die Sie in dicke Stücke schneiden können: Äpfel, Birnen, Pfirsiche oder sogar ganze Feigen.

NÜSSE
EIER
NACHTSCHATTENGEWÄCHSE
FODMAPS

Beilagen und Salate

Pürierte Faux-Tatoes

Dies ist die erstaunlichste Alternative zum Kartoffelpüree! Meine ganze Familie ließ sich täuschen, als ich dieses Gericht vor ein paar Jahren an Thanksgiving servierte – und es blieb nichts übrig!

ZUBEREITUNGSZEIT
10 Minuten

GARZEIT
20 Minuten

ERGIBT
4–6 Portionen

1 Blumenkohlkopf (etwa 4 Tassen)
4 EL Butter oder Kokosöl
1/2 TL Kräutersalzmischung (Rezept auf Seite 230)
schwarzer Pfeffer nach Belieben

RANDNOTIZ
Wenn Sie keine Butter essen wollen, sorgt gebackener Knoblauch für ein intensiveres Aroma.

Den Blumenkohl in 5–8 cm große Stücke schneiden und dünsten, bis er gabelzart ist. Dann mit Butter, Kräutersalz und schwarzem Pfeffer in der Küchenmaschine pürieren, bis ein sämiger Brei entsteht.

VARIANTE
Wenn Sie keine Küchenmaschine haben, zerdrücken Sie den Blumenkohl mit einem Kartoffelstampfer. Probieren Sie das Rezept mit Mini-Chorizo-Fleischbällchen (Seite 330).

NÜSSE
EIER
NACHTSCHATTENGEWÄCHSE
FODMAPS

Beilagen und Salate

Gebackener Romanesco mit Zitrone

ZUBEREITUNGSZEIT
10 Minuten

BACKZEIT
20–25 Minuten

ERGIBT
3–4 Portionen

VARIANTE
Sie finden im Geschäft oder auf dem Wochenmarkt keinen Romanesco? Dann ersetzen Sie ihn durch Blumenkohl oder Brokkoli.

NÜSSE
EIER
NACHTSCHATTENGEWÄCHSE
FODMAPS

Romanesco ist nicht immer erhältlich, doch jedes Mal, wenn ich welchen sehe, kaufe ich ihn wegen seiner einzigartigen Formen und Farben. Probieren Sie möglichst viele Gemüsesorten aus, damit Ihr Speiseplan interessant bleibt.

- 8 kleine oder 2 große Romanesco-Köpfe (abgebildet sind kleine Köpfe, aber oft sind größere erhältlich, fast so groß wie Blumenkohl)
- 2 EL Butter, ausgelassener Speck oder Kokosöl
- Meersalz und schwarzer Pfeffer nach Belieben
- 1/2 Zitrone, in sehr dünne Scheiben geschnitten

Den Backofen auf 190° vorheizen.

Die äußeren Blätter entfernen, den Romanesco in 5 cm große Stücke schneiden und in die Mitte eines Backblechs legen. Butter, ausgelassenen Speck oder Kokosöl über den Romanesco gießen und die Stücke behutsam mit den Händen wälzen, damit sie gleichmäßig überzogen werden. Mit Meersalz und schwarzem Pfeffer bestreuen und die Zitronenscheiben darauf legen.

Etwa 20–25 Minuten backen, bis die Romanesco-Stücke an den Rändern goldbraun und gabelzart sind.

Das große Buch der Paläo-Ernährung

Beilagen und Salate

Butternusskürbissuppe mit Salbei

ZUBEREITUNGSZEIT
30 Minuten

GARZEIT
45 Minuten

ERGIBT
4–6 Portionen

OHNE FODMAPS?
Zwiebel, Knoblauch und Kokosmilch weglassen.

Diese Suppe ist so köstlich und sahnig, dass Sie Milchprodukte nicht vermissen werden!

- 1 Butternusskürbis
- 4 EL Speck, Kokosöl oder Ghee, zerlassen und aufgeteilt
- 1 gelbe Zwiebel, gewürfelt
- 4 Knoblauchzehen, geschält und zerquetscht
- 1 TL Salbeisalz (Rezept auf Seite 230) oder einige Prisen getrockneter Salbei und Meersalz
- schwarzer Pfeffer nach Belieben
- 475 ml Knochenbrühe (Huhn ist ideal; Rezept auf Seite 234)
- 2 EL Kokosmilch (optional)
- Saft einer Orange
- 2 EL Wasser (bei Bedarf mehr oder weniger)
- 8–12 frische Salbeiblätter

Den Backofen auf 200° vorheizen.

Den Kürbis schälen und in Stücke schneiden. Diese in einem Bräter in 1 EL ausgelassenem Speck schwenken und etwa 40 Minuten (oder bis sie gabelzart sind) backen.

Während der Kürbis backt, die Zwiebeln in einem großen Topf im restlichen ausgelassenen Speck anbraten, bis sie an den Rändern braun zu werden beginnen. Knoblauch dazugeben, dann Salbeisalz und schwarzen Pfeffer. Etwa 2 Minuten anbraten, um die Schärfe des Knoblauchs zu mildern. Dann Brühe, Kokosmilch und Wasser dazugeben.

Den gebackenen Kürbis dazugeben und alles verrühren. Zum Schluss, kurz bevor Sie den Ofen ausschalten, den Orangensaft hineingießen.

Die Suppe ein wenig abkühlen lassen, in einen Mixer gießen und pürieren. Den Mixer nicht ganz füllen, weil der Dampf die Flüssigkeit ausdehnt.

Die Suppe in Teller geben und den Salbei in einer kleinen Bratpfanne oder in einer gusseisernen Pfanne in 1–2 EL Butter oder Ghee anbraten, bis er blasig aussieht und sich knusprig anfühlt.

Jede Schüssel mit ein paar Salbeiblättern garnieren.

NÜSSE
EIER
NACHTSCHATTENGEWÄCHSE
FODMAPS

Beilagen und Salate

Rosenkohl mit Fenchel

Das einfachste Rosenkohlrezept ist zugleich das beste: Backen Sie ihn mit ausgelassenem Speck, Meersalz und Pfeffer. Mehr ist nicht nötig, um aus diesem Gemüse mit den winzigen Kohlköpfen einen Leckerbissen zu machen.

ZUBEREITUNGSZEIT
10 Minuten

GARZEIT
20 Minuten

ERGIBT
4 Portionen

VARIANTE
Wenn kein Fenchel erhältlich ist, können Sie Schalotten verwenden.

NÜSSE
EIER
NACHTSCHATTENGEWÄCHSE
FODMAPS

- 4 Tassen Rosenkohl
- 1/2 Tasse Fenchel, in dünne Scheiben geschnitten (etwa 1 Zwiebel)
- 2 EL Speck, Butter oder Kokosöl, zerlassen
- 2 EL Fenchelwedel (sie sehen aus wie Dill), geschnitten
- Meersalz und schwarzer Pfeffer nach Belieben

Den Backofen auf 190° vorheizen.

Den Rosenkohl in 3 mm dicke Scheiben schneiden, die Enden und die Blattspitzen entfernen. Die Scheiben auf ein großes Backblech legen und mit den Fenchelwedeln belegen.

Alles Gemüse im ausgelassenen Speck, in Butter oder im Kokosöl schwenken und mit Meersalz und schwarzem Pfeffer bestreuen.

20 Minuten backen.

Gebratene Rosmarinwurzeln

Dieses Rezept verlangt Topinambur und Pastinaken, aber die einfache Bratmethode und Aromakombination eignet sich für jedes Wurzelgemüse. Probieren Sie es mit Möhren oder Süßkartoffeln oder kombinieren Sie eine weiße mit einer orangefarbenen Gemüseart, damit das Gericht bunter aussieht.

ZUBEREITUNGSZEIT
15 Minuten

KOCHZEIT
30–40 Minuten

ERGIBT
4 Portionen

OHNE FODMAPS?
Topinambur durch Möhren ersetzen und Knoblauch weglassen.

NÜSSE
EIER
NACHTSCHATTENGEWÄCHSE
FODMAPS

- 8 Topinamburknollen
- 4 Pastinaken, geschält
- 3 EL Butter, Ghee oder Kokosöl, zerlassen
- 1 TL frischer Rosmarin, fein gehackt
- 1 Knoblauchzehe, gerieben oder fein gehackt (optional)

Den Backofen auf 220° vorheizen.

Topinamburknollen und Pastinaken in etwa 6 mm dicke und 5–8 cm lange Stifte schneiden.

Die Stifte in Butter, Ghee oder Kokosöl und mit Rosmarin schwenken und dabei den Knoblauch dazugeben.

Das Gemüse auf einem Backblech verteilen und 30–40 Minuten braten (oder bis es gabelzart und an den Rändern goldbraun ist).

VARIANTE
Anstelle des Rosmarins können Sie jedes andere würzige Kraut verwenden, z. B. Salbei, Petersilie oder Thymian.

Beilagen und Salate

Gedünsteter Rotkohl mit Zwiebeln und Äpfeln

ZUBEREITUNGSZEIT
15 Minuten

GARZEIT
20–30 Minuten

ERGIBT
4 Portionen

Dieses süße und gleichzeitig pikante Gericht passt vorzüglich zu gebratenem oder gegrilltem Fleisch. Es eignet sich aber auch als Frühstücksbeilage zu Eiern.

- 1 große gelbe Zwiebel, in dünne Scheiben geschnitten
- 1 EL ausgelassener Speck oder Kokosöl
- 1/2 Rotkohlkopf, in dünne Scheiben geschnitten
- 2–4 EL ungefilterter Apfelessig
- 1 EL Rosmarinsalz (Rezept auf Seite 230)
- 1 grüner Apfel, in streichholzgroße Stücke geschnitten

RANDNOTIZ
Für dieses Gericht ist eine gusseiserne Bratpfanne weniger geeignet, weil es Essig enthält, der mit dem Eisen reagieren könnte.

Die Zwiebel in einem großen emaillierten Topf oder in einer Pfanne im Fett oder Öl kurz anbraten, bis sie glasig ist. Dann den Kohl dazugeben und braten, bis er weich zu werden beginnt.

Essig und Rosmarinsalz dazugeben und die Kohl-Zwiebel-Mischung garen, bis alles weich und gabelzart ist.

Die Apfelstücke dazugeben und garen, bis sie weich sind. Wenn die Mischung zu trocken wird, mehr Essig oder Wasser hineingießen.

VARIANTE
Sie können den ausgelassenen Speck durch 2–3 Speckscheiben ersetzen und diese nach dem Anbraten auf die Mischung legen.

Das Gericht wird etwas süßer, wenn Sie etwa 2 EL bis 1/4 Tasse gehackte getrocknete Cranberrys dazugeben (ohne Zuckerzusatz oder selbst getrocknet).

NÜSSE
EIER
NACHTSCHATTENGEWÄCHSE
FODMAPS

Beilagen und Salate

Geröstete Feigen mit Rosmarin

ZUBEREITUNGSZEIT
15 Minuten

GARZEIT
10–15 Minuten

ERGIBT
4 Portionen

Frische Feigen sind nicht immer erhältlich. Sie haben einen ganz anderen Geschmack und eine andere Konsistenz als getrocknete Feigen, die ideal für Soßen sind, zum Beispiel für das Balsamfeigen-Kompott auf Seite 324.

RANDNOTIZ
Sie können jeden Feigenhappen auch in luftgetrockneten Schinken wickeln und als Appetithäppchen oder Imbiss servieren.

- 12 ganze frische Feigen
- 2 TL frischer Rosmarin, fein gehackt
- 2 EL natives Olivenöl extra
- grobes Meersalz

Den Backofen auf 220° vorheizen.

Die Feigen vierteln (vorher die Spitzen abschneiden) und auf ein Backblech legen. Den fein geschnittenen Rosmarin darüber streuen und 10–15 Minuten rösten (oder bis die Ränder etwas braun sind).

Die Feigen aus dem Ofen holen und vor dem Servieren mit Olivenöl beträufeln und mit Meersalz bestreuen.

NÜSSE
EIER
NACHTSCHATTENGEWÄCHSE
FODMAPS

Beilagen und Salate

Gebackene Grünkohlchips

ZUBEREITUNGSZEIT
10 Minuten

GARZEIT
20 Minuten

ERGIBT
4 Portionen

Kinder mögen diese Chips besonders! Mit diesem Rezept können Sie eine Menge Grünkohl schnell zubereiten. Sie werden es bestimmt oft verwenden, denn es ist einfacher, als Sie denken!

- 2 Köpfe krausblättriger Grünkohl (oder eine andere Sorte)
- 1 EL Kokosöl, verflüssigt
- 1/2 TL Knoblauchpulver (optional)
- Meersalz und schwarzer Pfeffer nach Belieben

RANDNOTIZ
Gut aufpassen, während der Kohl backt – er brennt ziemlich schnell an!

OHNE FODMAPS?
Knoblauchpulver durch andere Gewürze ersetzen.

Den Backofen auf 190° vorheizen.

Die Kohlblätter unter kaltem Wasser waschen und mit einem Handtuch abtupfen. Die Blätter am unteren Ende festhalten und vom Strunk abziehen oder den Strunk herausschneiden.

Den Grünkohl in große Stücke schneiden und diese in eine große Rührschüssel legen. Das Kokosöl darauf träufeln und behutsam in die Kohlstücke »einmassieren« und gleichmäßig auf alle Blätter verteilen.

Den Grünkohl einschichtig auf zwei Backblechen verteilen und mit Knoblauchpulver, Meersalz und schwarzem Pfeffer bestreuen.

10–15 Minuten backen (oder bis der Kohl knusprig wird).

VARIANTE
Sie können jede Würze dazugeben, die Sie mögen. Diese Chips schmecken mit ein paar Prisen Cayennepfeffer oder Zwiebelpulver anstelle des Knoblauchpulvers besonders gut.

NÜSSE
EIER
NACHTSCHATTENGEWÄCHSE
FODMAPS

Beilagen und Salate

Eichelkürbis mit Zimt und Kokosnussbutter

Gebackener Winterkürbis wärmt die Seele. Das Aroma, das aus dem Ofen dringt, während er backt und allmählich gar wird, ist wundervoll. Dieses Gericht ist fast ein Dessert, jedoch ohne Süßstoff.

ZUBEREITUNGSZEIT
5 Minuten

GARZEIT
35–45 Minuten

ERGIBT
4 Portionen

VARIANTE
Probieren Sie dieses Rezept mit Süßkartoffeln, Yams oder einem Winterkürbis.

NÜSSE
EIER
NACHTSCHATTENGEWÄCHSE
FODMAPS

- 1 Eichelkürbis
- 1/4 EL Kokosnussbutter oder Kokosnussmanna (konzentrierte Kokosnusscreme)
- einige Prisen Zimt
- eine Prise Meersalz
- 2 EL Rosinen oder Korinthen (optional)
- 2 EL Mandelscheiben oder gehackte Walnüsse (optional)

Den Backofen auf 190° vorheizen.

Den Kürbis der Länge nach halbieren und mit der Schnittfläche nach unten in einen ofenfesten Bräter legen. Etwa 35–45 Minuten backen (oder bis er gabelzart ist und an den Rändern braun zu werden beginnt).

Dann den Kürbis aus der Backröhre holen und, während er noch warm ist, die Mittelteile mit gleichen Mengen Kokosnussbutter füllen. Mit Zimt und einer Prise Meersalz bestreuen und andere Zutaten, die Sie mögen, darauf legen, zum Beispiel Rosinen, Korinthen, Walnüsse oder andere Nüsse. Warm servieren.

Grüne Bohnen mit Schalotten

Obwohl sie »Bohne« heißt, ist die grüne Bohne eher eine Schote als eine Bohne und daher ein gesundes Grüngemüse.

ZUBEREITUNGSZEIT
5 Minuten

KOCHZEIT
15 Minuten

ERGIBT
4 Portionen

OHNE FODMAPS?
Die Schalotten weglassen und stattdessen mit Zitronenschale würzen.

NÜSSE
EIER
NACHTSCHATTENGEWÄCHSE
FODMAPS

- 450 g grüne Bohnen
- 2 EL Butter oder Kokosöl, aufgeteilt
- 2 Schalotten, in Scheiben geschnitten
- Meersalz und schwarzer Pfeffer nach Belieben

Die grünen Bohnen in einem Dämpfeinsatz über 2 1/2 cm hohem, kochendem Wasser etwa 8 Minuten dämpfen (oder bis ihre Farbe heller wird).

Während die Bohnen dämpfen, 1 EL Butter oder Kokosöl in einer mittelgroßen Bratpfanne bei mittlerer Hitze schmelzen. Die Schalotten in die Pfanne legen und anbraten, bis sie glasig und an den Rändern goldbraun sind. Nach Belieben mit Meersalz und schwarzem Pfeffer bestreuen.

Die Bohnen aus dem Dämpfeinsatz nehmen und in eine Servierschüssel geben. Den zweiten EL Fett darüber gießen und die Bohnen darin von allen Seiten wälzen.

Die gebratenen Schalotten auf den grünen Bohnen verteilen und servieren.

Beilagen und Salate

Butternusskürbis und Kumquats

ZUBEREITUNGSZEIT
10 Minuten

BACKZEIT
40 Minuten

ERGIBT
6 Portionen

Sie überlegen, was Sie mit diesen niedlichen, kleinen orangenähnlichen Zitrusfrüchten machen können, die Sie im Supermarkt gesehen haben? Nun, hier ist ein Rezept, das sich schnell zubereiten lässt. Der bittere Zitrusgeschmack der Kumquats passt gut zum süßen Butternusskürbis.

- 1 Butternusskürbis
- 1/2 Tasse Kumquats, in Scheiben geschnitten
- 1 kleine Schalotte, in dünne Scheiben geschnitten
- 2 EL Kokosöl, Butter oder Ghee, zerlassen
- Meersalz und schwarzer Pfeffer nach Belieben

RANDNOTIZ
Kumquats sind ziemlich bitter. Deshalb schmecken sie zusammen mit süßem, stärkereichem Gemüse am besten.

OHNE FODMAPS?
Die Schalotten weglassen.

Den Backofen auf 200° vorheizen.

Den Kürbis schälen und in Stücke schneiden. Kürbisstücke, Kumquats, Schalotte und Öl, Butter oder Ghee in einen Bräter geben.

Alle Zutaten miteinander vermengen, dann nach Belieben mit Meersalz und schwarzem Pfeffer bestreuen.

Etwa 40 Minuten backen (oder bis die Kürbisstücke gabelzart und an den Rändern braun sind).

VARIANTE
Dieses Rezept gelingt auch mit Süßkartoffeln, Yamswurzeln, Delicata-Kürbis oder Hokkaido-Kürbis.

NÜSSE
EIER
NACHTSCHATTENGEWÄCHSE
FODMAPS

Das große Buch der Paläo-Ernährung

Beilagen und Salate

Pikante Süßkartoffeln

Süßkartoffeln kann man braten und mit Salz und schwarzem Pfeffer genießen. Mit ein paar anderen Gewürzen vermitteln sie ein ganz neues Geschmackserlebnis.

ZUBEREITUNGSZEIT
15 Minuten

BACKZEIT
30 Minuten

ERGIBT
2 Portionen

OHNE FODMAPS?
Zwiebel- und Knoblauchpulver weglassen und 1/2 TL getrockneten Rosmarin dazugeben.

NÜSSE
EIER
NACHTSCHATTENGEWÄCHSE
FODMAPS

- 2 große Süßkartoffeln (nach dem Schneiden 2 Tassen)
- 1 TL Entenfett oder ausgelassener Speck oder Kokosöl
- 1/4 TL Zwiebelpulver
- 1/4 TL Knoblauchpulver
- 1/2 TL Zimt
- Meersalz und schwarzer Pfeffer nach Belieben

Den Backofen auf 190° vorheizen.

Die Süßkartoffeln schälen und in 2 1/2 cm große Stücke schneiden. Die Stücke in einer mittelgroßen Rührschüssel mit Entenfett, ausgelassenem Speck oder Kokosöl wälzen, bis sie gleichmäßig damit überzogen sind.

Zwiebelpulver, Knoblauchpulver, Zimt, Meersalz und schwarzen Pfeffer in einer kleinen Rührschüssel vermengen. Die Gewürzmischung zu den Süßkartoffeln geben und erneut wälzen, um sie gleichmäßig zu verteilen.

Die Süßkartoffeln auf einem Backblech verteilen und etwa 30 Minuten backen, bis sie gabelzart sind.

Gebackene Rote Rüben mit Fenchel

Rote Rüben sind erstaunlich nährstoffreich und passen in fast jedes Menü in diesem Buch. Heben Sie einen Teil als Salatgarnierung für den nächsten Tag auf.

ZUBEREITUNGSZEIT
15 Minuten

BACKZEIT
30–40 Minuten

ERGIBT
2–3 Portionen

OHNE FODMAPS?
Möhren oder Pastinaken anstelle der Roten Rüben mit dem Fenchel backen.

NÜSSE
EIER
NACHTSCHATTENGEWÄCHSE
FODMAPS

- 2 große Rote Rüben
- 1 Fenchelzwiebel
- 1/2 Orange (optional)
- 2 EL Kokosöl oder Butter
- Meersalz und schwarzer Pfeffer nach Belieben

Den Backofen auf 190° vorheizen.

Die Roten Rüben mit einem Gemüseschäler schälen und in 2 1/2 cm große Stücke schneiden. Den Wedel vom Fenchel abschneiden und die Zwiebel in 6 mm dicke Streifen schneiden. Die Orange in 1 1/2 cm große Stücke schneiden (oder die Spalten verwenden).

Rote Rüben, Fenchel und Orange mit Kokosöl oder Butter übergießen und alles gut vermengen. Gleichmäßig auf einer ofenfesten Platte verteilen und 30–40 Minuten backen, bis die Roten Rüben gabelzart sind.

Beilagen und Salate

Knusprige Süßkartoffelscheiben mit Curry

ZUBEREITUNGSZEIT
10 Minuten

BACKZEIT
20–30 Minuten

ERGIBT
etwa 4 Portionen

OHNE EIER?
Die Süßkartoffelscheiben mit weniger Mehl und Würzmischung panieren, dann braten oder backen, bis sie gar sind.

NÜSSE
EIER
NACHTSCHATTENGEWÄCHSE
FODMAPS

Wenn Sie Süßkartoffeln »raffinierter« zubereiten wollen, ist dieses Rezept das Richtige für Sie. Wenn Sie die Süßkartoffelscheiben in einer Panade aus Kokosnuss- oder Mandelmehl wälzen und Ihre Lieblingsgewürze untermischen, wird dieses Gericht jedes Mal ein wenig anders. Probieren Sie auch verschiedene Kochfette aus, um die Aromen zu variieren.

- 2 Süßkartoffeln, geschält
- 1/2 Tasse Mandelmehl oder gesiebtes Kokosnussmehl
- 2 EL Curry-Gewürzmischung oder eine andere Gewürzmischung (Rezepte auf Seite 233)
- 1–2 Eier, verquirlt (2 Eier, wenn die Süßkartoffeln sehr groß sind)
- 1/4 Tasse oder mehr Speck, Kokosöl oder Ghee, zerlassen

Die Süßkartoffeln in 6 mm dicke Scheiben schneiden.

Mandel- oder Kokosnussmehl und Gewürzmischung in einer Schüssel mit einer Gabel oder einem Rührbesen vermengen. Die Süßkartoffelscheiben zuerst in die Eiermasse tunken, dann im Mehl wälzen und nebeneinander auf ein Backblech legen.

Das Kochfett in einer großen Bratpfanne bei mittlerer Hitze schmelzen (der Boden der Pfanne sollte vollständig mit Fett bedeckt sein). Die »panierten« Süßkartoffelscheiben in die Pfanne legen und auf jeder Seite etwa 2–3 Minuten braten (oder bis sie goldbraun sind). Bei Bedarf mehr Fett in die Pfanne gießen, damit der Pegel konstant bleibt.

Die Scheiben aus der Pfanne holen und durch einen neuen Schwung ersetzen, bis alle gar sind.

VARIANTE
Sie möchten die Süßkartoffelscheiben lieber backen? Vermengen Sie Ei, Mehlmischung und Fett zu einem Teig. Tunken Sie jede Scheibe hinein und verteilen Sie die Scheiben auf einem mit Pergamentpapier ausgelegten Backblech. In der Backröhre bei 175° etwa 20–30 Minuten backen, bis sie außen goldbraun und gabelzart sind.

Beilagen und Salate

Kirschtomaten-Confit

Genießen Sie diese Tomaten als Beilage oder als Basis für eine schnell zubereitete Soße, die Sie über einen Spaghettikürbis geben. Für eine Soße pürieren Sie die Tomaten mit ein paar Basilikumblättern, einer Knoblauchzehe und etwas Olivenöl.

ZUBEREITUNGSZEIT
5 Minuten

BACKZEIT
20–25 Minuten

ERGIBT
2 Portionen

2 Tassen Kirschtomaten
1 EL Entenfett, ausgelassener Speck oder Kokosöl, geschmolzen
Meersalz und schwarzer Pfeffer nach Belieben

RANDNOTIZ
Eine gusseiserne Pfanne lässt sich mühelos von der Herdplatte in die Ofenröhre befördern.

Den Backofen auf 200° vorheizen. Entenfett in eine Pfanne oder eine ofenfeste Schale geben und die Tomaten darin wälzen. Nach Belieben mit Meersalz und schwarzem Pfeffer würzen.

Die Pfanne in die Ofenröhre stellen und alle 10 Minuten herausholen, um die Tomaten mit der Pfannenflüssigkeit zu begießen. Insgesamt 20–25 Minuten backen, bis die Tomaten weich sind und zu platzen beginnen.

NÜSSE
EIER
NACHTSCHATTENGEWÄCHSE
FODMAPS

Gedünsteter Spinat mit Pinienkernen und Korinthen

Eines meiner Lieblingsrestaurants in San Francisco serviert ein Spinatgericht mit goldenen Rosinen und Mandeln, das diesem hier sehr ähnlich ist. Ich bereite es mit Pinienkernen und Korinthen zu.

ZUBEREITUNGSZEIT
5 Minuten

GARZEIT
10 Minuten

ERGIBT
2 Portionen

2 EL rohe Pinienkerne
1 EL Butter oder Kokosöl
4 Tassen Babyspinat, gewaschen

Meersalz und schwarzer Pfeffer nach Belieben
2 EL getrocknete Korinthen

RANDNOTIZ
Sie können für dieses Rezept auch Rosinen und Walnüsse verwenden.

Die Pinienkerne in einer großen Bratpfanne bei schwacher Hitze etwa 5 Minuten rösten. Oft umrühren, damit sie nicht anbrennen. Die Kerne dann beiseitestellen.

Die Butter in der Pfanne zerlassen, Spinat, Meersalz und schwarzen Pfeffer dazugeben und etwa 2 Minuten zudecken. Den Spinat umrühren und schmoren, bis er welk aussieht.

Mit den gerösteten Pinienkernen und den Korinthen bestreuen.

NÜSSE
EIER
NACHTSCHATTENGEWÄCHSE
FODMAPS

Das große Buch der Paläo-Ernährung

Beilagen und Salate

Datteln mit Pekannüssen und Ananas, in Speck gewickelt

Wenn Sie bereits Paläo-Kost bevorzugen, wissen Sie, dass dieses Gericht keine klassische Kombination, aber ein Hit auf Partys ist. Wenn Sie es noch nie probiert haben, passen Sie auf – es macht süchtig! Dank des salzig-süßen Geschmacks sind diese Wickel fantastische Appetithäppchen oder Desserts.

ZUBEREITUNGSZEIT
20 Minuten

BACKZEIT
20–30 Minuten

ERGIBT
12 gefüllte Datteln,
12 Ananaswickel

RANDNOTIZ
Passen Sie auf, wenn Sie in diese kleinen Leckereien beißen. Frisch aus dem Ofen sind sie in der Mitte sehr heiß!

12 getrocknete Medjool-Datteln
2 Dutzend Pekannusshälften
12 Scheiben Speck

1–2 Tassen frische Ananas (ergibt 12 etwa 2 1/2 cm große Stücke)

Den Backofen auf 220° vorheizen.

Die Datteln der Länge nach aufschlitzen und die Kerne entfernen. 2 Pekannusshälften anstelle des Kerns in die Mitte jeder Dattel legen.

Die Speckscheiben in etwa 10 cm lange Hälften schneiden. Jede gefüllte Dattel in ein Speckstück wickeln und mit einem Zahnstocher verschließen. Den restlichen Speck, jeweils 1 Stück, um die Ananasstücke wickeln und ebenfalls mit einem Zahnstocher verschließen.

Die in Speck gewickelten Datteln und Ananasstücke auf ein Backblech legen und 20–30 Minuten backen, bis der Speck gar ist.

VARIANTE
Verwenden Sie Walnüsse anstelle der Pekannüsse als Dattelfüllung.

Medjool-Datteln sind für dieses Rezept ideal. Sie können zwar auch Deglet Nour verwenden, aber diese sind vielleicht zu klein, um eine Pekannuss aufzunehmen.

NÜSSE
EIER
NACHTSCHATTENGEWÄCHSE
FODMAPS

Beilagen und Salate

Gebackener roter Knoblauch

Gebackener Knoblauch macht jedes Gericht aromatischer. Um in Rezepten frischen Knoblauch durch gebackenen zu ersetzen, nehmen Sie 2–3 gebackene Knoblauchzehen auf 1 frische, da gebackener Knoblauch sehr mild ist.

ZUBEREITUNGSZEIT
5 Minuten

BACKZEIT
45 Minuten

ERGIBT
1 Knolle (etwa 12 Zehen)

RANDNOTIZ
Verwenden Sie ein anderes Backfett, das Ihnen schmeckt (Seite 45) anstelle des roten Palmöls.

NÜSSE
EIER
NACHTSCHATTENGEWÄCHSE
FODMAPS

1 Knoblauchknolle
1 EL + 1 TL rotes Palmöl

Den Ofen auf 175° vorheizen.

Das obere und das untere Ende der Knoblauchknolle abschneiden und die äußere Haut entfernen. Den größten Teil der übrigen Haut intakt lassen. Die Knolle auf ein großes Stück Alufolie legen und mit 1 EL rotem Palmöl übergießen. Dann die Alufolie so um die Knolle wickeln, dass das Öl beim Backen nicht herausläuft.

45 Minuten backen. Dann den Knoblauch aus dem Ofen nehmen, die Alufolie entfernen und 1 TL rotes Palmöl über die Knolle gießen.

Den Knoblauch ein wenig abkühlen lassen, dann die Zehen aus der Haut holen und verspeisen oder in Rezepten verwenden.

Gebackene Perlzwiebeln

Gebackene Zwiebeln sind eine vorzügliche Beilage zu Fleisch oder eine Grundlage für Soßen und Dressings. Mit dem Zwiebel-Knoblauch-Aufstrich (Rezept auf Seite 388) wird diese schlichte Beilage zu einem leckeren Aufstrich für Burger.

ZUBEREITUNGSZEIT
5 Minuten

BACKZEIT
30 Minuten

ERGIBT
4 Portionen

RANDNOTIZ
Sie können für dieses Rezept auch große Zwiebeln, in 1 1/2 cm große Stücke geschnitten, verwenden.

NÜSSE
EIER
NACHTSCHATTENGEWÄCHSE
FODMAPS

2 Tassen Perlzwiebeln
2 TL Entenfett, ausgelassener Speck, Butter oder Kokosöl, geschmolzen

Meersalz und schwarzer Pfeffer nach Belieben
1 TL Ihrer Lieblingsgewürzmischung (optional)

Den Backofen auf 190° vorheizen.

Die Zwiebeln in einer mittelgroßen Rührschüssel mit dem ausgelassenen Speck, der Butter oder dem Kokosöl mischen. Die Zwiebeln gleichmäßig auf einem Backblech oder in einer großen gusseisernen Bratpfanne verteilen.

Mit Meersalz und schwarzem Pfeffer (und anderen Gewürzen, wenn Sie wollen) bestreuen.

30 Minuten backen, bis die Zwiebeln glasig werden und an den Rändern ein wenig braun sind.

Beilagen und Salate

Regenbogen-Rotkohlsalat

ZUBEREITUNGSZEIT
30 Minuten

GARZEIT
—

ERGIBT
4–6 Portionen

Nehmen Sie diesen bunten, knackigen Salat mit auf eine Party oder auf ein Grillfest! Er passt hervorragend zur Scholle mit Orange und Macadamianüssen auf Seite 314.

- 1 Tasse Rotkohl, in dünne Scheiben geschnitten oder geraspelt
- 1/2 Tasse Möhren, gerieben
- 1/2 Tasse Brokkolistrünke, geraspelt
- 1/2 Mango, fein gewürfelt

- Saft von 1–2 Limetten
- 2 EL Macadamianussöl
- Meersalz und schwarzer Pfeffer nach Belieben
- 2 EL Macadamianüsse, gehackt

RANDNOTIZ
Wenn Sie keine Mango bekommen, können Sie frische Apfelstücke verwenden.

Rotkohl, Möhren, Brokkoli und Mango in einer großen Rührschüssel vermengen.

Die Gemüsemischung mit Meersalz und schwarzem Pfeffer bestreuen und mit Zitronensaft und Nussöl beträufeln. Wälzen, um die Mischung gut mit dem Dressing zu überziehen.

In einen Servierteller schütten und mit den gehackten Macadamianüssen garnieren.

VARIANTE
Probieren Sie natives Olivenöl extra, wenn Sie kein Macadamianussöl haben.

NÜSSE
EIER
NACHTSCHATTENGEWÄCHSE
FODMAPS

Beilagen und Salate

Zucchini mit Caprese-Nudelsalat

Wenn Caprese-Salat zu Ihren Lieblingsgerichten in italienischen Restaurants gehört, wird Ihnen dieses Rezept gefallen, vor allem auf einer sommerlichen Grillparty.

ZUBEREITUNGSZEIT
30 Minuten

GARZEIT
–

ERGIBT
4–6 Portionen

OHNE NACHTSCHATTEN-GEWÄCHSE?
Tomaten weglassen und stattdessen geriebene Möhren verwenden.

NÜSSE
EIER
NACHTSCHATTENGEWÄCHSE
FODMAPS

- 4–6 Zucchini oder gelbe Kürbisse (5 Tassen, gestiftelt)
- 1 Tasse Kirschtomaten, geviertelt
- 1/4 Tasse Basilikum, in dünne Scheiben geschnitten
- 1 Knoblauchzehe, gerieben oder fein gehackt
- 1/4 Tasse natives Olivenöl extra
- Meersalz und schwarzer Pfeffer nach Belieben

Die Enden der Zucchini abschneiden und mit einem Julienneschneider bis zu den Kernen schälen, um »Nudeln« zu produzieren, die Fettuccine ähneln. (Sie können auch einen normalen Gemüseschäler verwenden.)

Kirschtomaten, Basilikum, Knoblauch, Olivenöl, Meersalz und schwarzen Pfeffer in einer mittelgroßen Rührschüssel vermengen.

Die Zucchininudeln mit der Tomatenmischung wälzen und zum Servieren auf einen flachen Teller oder in eine Schüssel geben.

VARIANTE
Die Nudeln etwa 2 Minuten dämpfen, dann aus dem Dampfgarer holen und im Einsatz auf einem Teller 10 Minuten abtropfen lassen. Dann mit der Tomatenmischung vermengen.

Griechischer Salat mit Avo-Tsiki-Soße

Die meisten traditionellen griechischen Salate enthalten keinen Gartensalat. Dieses Rezept ist meine Version des Klassikers.

ZUBEREITUNGSZEIT
15 Minuten

GARZEIT
–

ERGIBT
2 Salate

RANDNOTIZ
Dieser Salat passt gut zu den Lammkoteletts auf Seite 326.

NÜSSE
EIER
NACHTSCHATTENGEWÄCHSE
FODMAPS

- 4 Tassen Romana-Salat, geschnitten
- 1/2 Tasse Gurkenscheiben
- 1/2 Tasse Kirschtomaten, halbiert
- 1/4 Tasse Kalamata-Oliven, halbiert
- 2 EL Kapern
- 1/4 Tasse Avo-Tsiki-Soße (Rezept auf Seite 322)
- 2 EL natives Olivenöl extra
- 1/2 TL getrockneter Oregano

Den Romana-Salat auf einen Teller geben und mit Gurken, Kirschtomaten, Oliven und Kapern belegen.

Die Avo-Tsiki-Soße und das Olivenöl in einer kleinen Rührschüssel vermengen.

Die Soße auf den Salat gießen und den getrockneten Oregano darauf streuen.

Beilagen und Salate

Möhren-Grünkohl-Salat mit Zitronen-Tahini-Soße

ZUBEREITUNGSZEIT
10 Minuten

GARZEIT
–

ERGIBT
2 Salate

OHNE FODMAPS?
Avocado und Knoblauch weglassen.

NÜSSE
EIER
NACHTSCHATTENGEWÄCHSE
FODMAPS

Roher Grünkohl allein kann zäh sein. Aber wenn Sie ihn quetschen und mit Gartensalat mischen, ist er eine schmackhafte grüne Zutat für Salate.

- 2 Tassen Grünkohl, geschnitten
- 2 Tassen gemischtes Grüngemüse
- 1 Tasse Möhren, gerieben
- 1 Tasse Gurkenscheiben
- 1/2 Avocado, in Scheiben geschnitten

ZITRONEN-TAHINI-SOSSE
- 1 EL Tahini
- 1 EL natives Olivenöl extra
- Saft einer Zitrone
- eine Prise Knoblauchpulver
- Meersalz und schwarzer Pfeffer

Den Grünkohl in eine große Rührschüssel schütten und mit den Händen massieren, drücken und »quetschen«, bis seine mattgrüne Farbe heller wird. Gemüsemischung und Möhren dazugeben und behutsam vermengen. Die Soße in einer kleinen Rührschüssel zubereiten: Tahini, Olivenöl, Zitronensaft, Knoblauchpulver, Meersalz und schwarzen Pfeffer verquirlen.

Die Soße über den Salat, den Grünkohl und die Möhren geben und vermischen, damit sie gleichmäßig verteilt wird. Mit Gurkenscheiben und Avocado belegen und servieren.

Gemischter grüner Salat mit Roten Rüben und Blutorangen

ZUBEREITUNGSZEIT
10 Minuten

GARZEIT
–

ERGIBT
2 Salate

OHNE FODMAPS?
Pilze und Zwiebeln weglassen.

NÜSSE
EIER
NACHTSCHATTENGEWÄCHSE
FODMAPS

Frische Zitrusfrüchte und scharfe Zwiebeln machen diesen Salat zu einer köstlichen Beigabe zu Fisch oder Geflügel. Probieren Sie ihn zur Scholle mit Orange und Macadamianüssen (Rezept auf Seite 314) oder den pikanten gebackenen Hähnchenkeulen (Rezept auf Seite 264).

- 4 Tassen gemischtes Grüngemüse
- 1/2 Tasse gekochte Rote Rüben, in Stücke von Streichholzgröße geschnitten
- 1/2 Blutorange oder eine andere Zitrusfrucht, in Spalten zerlegt
- 4 Pilze, in Scheiben geschnitten
- 2 dünne Scheiben einer roten Zwiebel
- 2 EL Mandeln, in Scheiben geschnitten (optional)
- Saft einer Orange
- 2 EL natives Olivenöl extra
- Meersalz und schwarzer Pfeffer

Das gemischte Grüngemüse auf einer großen Salatplatte verteilen und mit Roten Rüben, Blutorangenspalten, Pilzen wie weißen Zuchtchampignons, roter Zwiebel und Mandelscheiben belegen.

Die Orange über dem Salat ausdrücken, den Salat mit Olivenöl beträufeln und mit Meersalz und schwarzem Pfeffer bestreuen.

VARIANTE
Zu diesem Salat passt jedes Obst. Als ich mir das Rezept ausdachte, hatten Blutorangen Saison, aber Sie können auch Äpfel oder Beeren verwenden.

Beilagen und Salate

Flankensteak-Salat mit Balsam-Vinaigrette

ZUBEREITUNGSZEIT
10 Minuten

GARZEIT
–

ERGIBT
1 Salat von Mahlzeitgröße
1 Tasse Dressing/
16 Portionen

OHNE FODMAPS?
Apfel und Pilze weglassen, stattdessen geriebene Möhren verwenden.

Ein gegrilltes Flankensteak ist ein vorzüglicher, vielseitig verwendbarer Eiweißlieferant. Bereiten Sie das Steak zu wie auf Seite 294 beschrieben, und was übrig bleibt, verwenden Sie am nächsten Tag für diesen Salat als Mittagessen.

- 2 Tassen Babyspinat oder gemischtes Grüngemüse
- 110–225 g Knoblauch-Flankensteak (Rezept auf Seite 294)
- 1/4 Tasse Apfelscheiben (Granny Smith)
- 2 Zuchtchampignons, weiß oder braun, in Scheiben geschnitten
- 2 EL Himbeeren
- 1 EL rohe Mandeln, in Scheiben geschnitten

BALSAM-VINAIGRETTE
- 1/3 Tasse Balsamessig
- 1 TL Dijon-Senf (glutenfrei)
- 1/2 Tasse Sardellenbutter
- Meersalz und schwarzer Pfeffer nach Belieben
- 2/3 Tassen natives Olivenöl extra

Den Spinat oder das Grüngemüse auf einen Teller legen, mit dem Flankensteak und mit Apfelscheiben, Pilzen, Himbeeren und Mandeln belegen und die Balsam-Vinaigrette darüber geben.

Zubereitung der Balsam-Vinaigrette:

Balsamessig, Senf, Sardellenbutter, Meersalz und schwarzen Pfeffer in einer kleinen Rührschüssel verquirlen. Langsam mit dem Olivenöl beträufeln und alles gut vermengen.

Übrig gebliebenes Dressing hält sich in einer Glasflasche im Kühlschrank bis zu zwei Wochen.

VARIANTE
Anstelle der Mandeln können Sie Walnüsse, Macadamianüsse oder Pekannüsse verwenden.

Verwenden Sie beliebige Früchte der Saison.

NÜSSE
EIER
NACHTSCHATTENGEWÄCHSE
FODMAPS

Beilagen und Salate

Spinatsalat mit Walnüssen und Artischocken

Knusprige Walnüsse und cremige Artischockenherzen passen gut zum knackigen Spinat.

ZUBEREITUNGSZEIT
10 Minuten

GARZEIT
–

ERGIBT
2 Portionen

RANDNOTIZ
Mit gegrilltem Huhn oder Steak wird aus diesem Salat eine vollständige Mahlzeit.

NÜSSE
EIER
NACHTSCHATTENGEWÄCHSE
FODMAPS

- 4 Tassen Babyspinat
- 1/2 Tasse rohe Rote Rüben, in zündholzgroße Stücke geschnitten (optional)
- 1/2 Orange, in Spalten zerlegt
- 1/2 Tasse Artischockenherzen
- 16 Walnusshälften

Den Babyspinat auf einer großen Salatplatte verteilen und mit Roten Rüben, Orangenspalten, Artischockenherzen und Walnusshälften belegen.

Pro Portion 2 EL Balsam-Vinaigrette (Rezept auf Seite 378) auf den Salat träufeln.

Gemischter grüner Salat mit Persimonen, Spargel und Fenchel

Persimonen gehören zu meinen Lieblingsfrüchten im Herbst und im Winter. Sie sind nur kurze Zeit erhältlich, aber ihr Aroma rechtfertigt das Warten. In anderen Jahreszeiten können Sie Persimonen durch Äpfel ersetzen.

ZUBEREITUNGSZEIT
10 Minuten

GARZEIT
–

ERGIBT
2 Portionen

RANDNOTIZ
Mit gegrilltem Huhn oder Fisch wird aus diesem Salat eine vollständige Mahlzeit.

NÜSSE
EIER
NACHTSCHATTENGEWÄCHSE
FODMAPS

- 4 Tassen gemischtes Grüngemüse
- 1/2 Tasse roher Spargel, geschnitten
- 1 Persimone, in dünne Scheiben geschnitten
- 1/4 Tasse Fenchel, in dünne Scheiben geschnitten

Das Grüngemüse auf einer großen Salatplatte verteilen und mit Spargel, Persimone und Fenchel belegen.

Pro Portion 2 EL Orangen-Vinaigrette (Rezept auf Seite 382) auf den Salat träufeln.

Soßen und Dips

Sahniger Blumenkohl-Hummus

Diese Variante des traditionellen mediterranen Lieblingsgerichts schmeckt genau wie das Original mit den Kichererbsen.

ZUBEREITUNGSZEIT
15 Minuten

GARZEIT
–

ERGIBT
Etwa 2 Tassen

VARIANTE
Blumenkohl durch Zucchini ersetzen, aber zuerst raspeln und abseihen, um den größten Teil des Wassers zu entfernen.

NÜSSE
EIER
NACHTSCHATTENGEWÄCHSE
FODMAPS

- 4 Tassen Blumenkohl, gedämpft
- 2 EL Tahini
- 1/4 Tasse + 1 EL natives Olivenöl extra
- Saft und Schale einer Zitrone zum Garnieren
- eine Prise Kreuzkümmel
- Meersalz und schwarzer Pfeffer nach Belieben
- eine Prise Paprikapulver zum Garnieren (optional)

Blumenkohl, Tahini, Olivenöl, Zitronensaft und Kreuzkümmel mit der Küchenmaschine vermengen, bis ein sämiger Brei entsteht. Nach Belieben mehr Tahini oder Olivenöl dazugeben.

Den Hummus aus der Küchenmaschine löffeln und mit Zitronenschale, einem EL Olivenöl und Paprikapulver garnieren.

Mit frischem, in Scheiben geschnittenem Gemüse und Oliven servieren.

Anmerkung: Ich verwendete für dieses Rezept orangefarbenen Blumenkohl. Wenn Sie einen finden, nehmen Sie ihn anstelle der weißen Sorte, damit der Dip eine kräftigere Farbe bekommt.

Orangen-Vinaigrette

Dieses Dressing passt hervorragend zum Persimonensalat (Rezept auf Seite 380), aber es schmeckt auch auf anderen Salaten vorzüglich, besonders im Winter, wenn Orangen Saison haben.

ZUBEREITUNGSZEIT
10 Minuten

GARZEIT
–

ERGIBT
3 Portionen Dressing (insgesamt 6 EL)

TIPP
Sparen Sie Zeit, und bereiten Sie eine größere Menge von diesem Dressing zu, um es in der nächsten Zeit über Salate zu geben.

OHNE FODMAPS?
Das Knoblauchpulver weglassen.

NÜSSE
EIER
NACHTSCHATTENGEWÄCHSE
FODMAPS

- 2 EL frischer Orangensaft (etwa eine halbe Orange)
- 1 EL ungefilterter Apfelessig
- 1 TL Dijon-Senf (glutenfrei)
- Meersalz und schwarzer Pfeffer nach Belieben
- eine Prise Knoblauchpulver (optional)
- gemahlene Fenchelsamen (optional)
- 3 EL natives Olivenöl extra
- 1 TL Orangenschalen (optional)

Orangensaft, Apfelessig, Senf, Meersalz, schwarzen Pfeffer, Knoblauchpulver und Fenchelsamen in einer kleinen Rührschüssel vermengen.

Das Olivenöl langsam hineinträufeln und alles gut vermengen.

Mit Orangenschale garnieren.

Soßen und Dips

Hühnerleberpastete

ZUBEREITUNGSZEIT
15 Minuten

KOCHZEIT
30 Minuten

ERGIBT
455 g (4–8 Portionen)

VARIANTE
Ersetzen Sie den Rotwein durch Apfelessig oder Balsamessig.

Ein Bissen dieses Gerichts und ich bin wieder zwölf Jahre alt und sitze in der Wohnung meiner Großmutter in der Upper West Side von New York am Tisch. Es schmeckt genau wie die Pastete, die ich damals aß, umgeben von meiner Mutter, meiner Großmutter und meinen Großtanten.

450 g Hühnerleber (oder andere Leber, wenn Sie möchten)
1 kleine Zwiebel oder 1/2 große Zwiebel, gehackt
2 EL + 1/2 Tasse Butter oder ausgelassener Speck
1/2 Tasse Rotwein
2–4 Knoblauchzehen, zerquetscht
1 TL Dijon-Senf (glutenfrei)
1 Zweig frischer Rosmarin
2 Zweige frischer Thymian
1 EL frischer Zitronensaft
und schwarzer Pfeffer nach Belieben

Hühnerleber und Zwiebeln in einem großen Topf in 2 EL Butter anbraten, bis die Leber braun und die Zwiebel zart wird. Wein, Knoblauch, Senf, Rosmarin, Thymian und Zitronensaft dazugeben und ohne Deckel köcheln lassen, bis der größte Teil der Flüssigkeit verdampft ist.

Die Mischung in die Küchenmaschine geben und mit dem Rest der Butter (jeweils 1 EL) mixen, bis eine sämige Paste entsteht. Meersalz und schwarzen Pfeffer nach Belieben hineinstreuen.

Die Pastete auf einen flachen Teller löffeln und vor dem Servieren in den Kühlschrank stellen.

Genießen Sie diesen Aufstrich auf Sellerie, Möhren, Gurken, Paprikaschoten oder anderem Gemüse.

NÜSSE
EIER
NACHTSCHATTENGEWÄCHSE
FODMAPS

Das große Buch der Paläo-Ernährung

Soßen und Dips

Taramosalata

Wenn Sie sehr aktiv sind, versorgt dieser traditionelle, salzige griechische Dip Sie auf ideale Weise mit Natrium und Stärke. Er passt hervorragend zu den Zitronen-Lamm-Dolmas (Rezept auf Seite 318).

ZUBEREITUNGSZEIT
10 Minuten

KOCHZEIT
30 Minuten

ERGIBT
8 Portionen

1 1/2 Tassen Kartoffeln, geschält
120 g Fischrogen (Tamara)
Saft von 2 Zitronen
1/4 Zwiebel, fein gehackt
1/2 Tasse natives Olivenöl extra

Die Kartoffeln in einem großen Topf Wasser etwa 30 Minuten (oder bis sie zart sind) kochen.

Kartoffeln, Rogen, Zitronensaft, Zwiebel und Olivenöl in die Küchenmaschine geben und mixen, bis ein sämiger Brei entsteht. Mehr Olivenöl dazugeben, wenn Sie mögen. Meersalz und schwarzen Pfeffer nach Belieben darauf streuen.

Schmeckt großartig mit Gurken, Möhrenscheiben oder anderem Gemüse.

RANDNOTIZ
Für diesen Dip nimmt man traditionell Brot als Bindemittel. Denken Sie daran, wenn Sie ihn auf einer Speisekarte sehen und probieren wollen. Da Karpfenrogen von Natur aus recht salzig ist, gehört Salz nicht zu den Zutaten dieses Rezepts. Natürlich dürfen Sie nachsalzen, wenn der Rogen weniger salzig ist.

KARTOFFELN?
Kartoffeln sind zwar keine echte »Paläo-Zutat«, aber nach dem Schälen sind sie fast reine Stärke, die Sie gelegentlich essen dürfen.

NÜSSE
EIER
NACHTSCHATTENGEWÄCHSE
FODMAPS

Soße aus gebackenem Knoblauch und Tahini

Diese einfache Soße schmeckt köstlich mit Zitronen-Lamm-Dolmas (Rezept auf Seite 318), aber auch als Belag für Hamburger und als Dip für frisches Gemüse.

ZUBEREITUNGSZEIT
10 Minuten

GARZEIT
–

ERGIBT
3/4 Tassen
(etwa 6 Portionen)

1/4 Tasse Tahini
1/2 Tasse natives Olivenöl extra
4 Zehen gebackener Knoblauch
(Rezept auf Seite 370)
Saft einer Zitrone
Meersalz und schwarzer Pfeffer nach Belieben

Alle Zutaten verquirlen oder mit einem kleinen Mixer vermengen.

VARIANTE
Ersetzen Sie den gebackenen Knoblauch durch frischen. Geben Sie eine fein geriebene Zehe peu à peu nach Ihrem Geschmack dazu.

NÜSSE
EIER
NACHTSCHATTENGEWÄCHSE
FODMAPS

Soßen und Dips

Einfache Cranberry-Soße

Reichen Sie diese Soße zur Fleischbällchenfüllung (Rezept auf Seite 334) oder zu Ihren eigenen Feiertagsgerichten.

ZUBEREITUNGSZEIT
5 Minuten

KOCHZEIT
15 Minuten

ERGIBT
2 Tassen

RANDNOTIZ
Streichen Sie diese Soße auf die Kürbis-Cranberry-Muffins (Rezept auf Seite 246).

NÜSSE
EIER
NACHTSCHATTENGEWÄCHSE
FODMAPS

- 420–450 g frische Cranberrys
- Biohonig oder Ahornsirup nach Belieben (etwa 1–4 EL)
- Saft und Schale einer Orange (optional; weglassen, wenn Sie die Soße für Mamas gefüllte Kohlrouladen brauchen)

Die Cranberrys in einem mittelgroßen Bratentopf im Saft oder in Wasser sieden lassen, bis alle Beeren geplatzt sind und gallertartig aussehen. Honig oder Ahornsirup nach Belieben dazugeben.

Die Mischung vom Herd nehmen und auf Zimmertemperatur abkühlen lassen, dann für den späteren Gebrauch in den Kühlschrank stellen.

VARIANTE
Mit folgenden Zutaten wird die Soße dicker: 1 Tasse Mandarinenspalten (abgetropft), 1 Tasse Ananas (am besten frisch; wenn aus der Dose: ohne Zucker und sonstige Zusätze), 1/2 Tasse rohe Walnüsse, gehackt (eingeweichte oder getrocknete rohe Nüsse sind ideal).

Zwiebel-Knoblauch-Aufstrich

Bestreichen Sie damit Fleisch aller Art oder mischen Sie einen Löffel in ein Salatdressing, damit es aromatischer wird.

ZUBEREITUNGSZEIT
10 Minuten

GARZEIT
–

ERGIBT
1 Tasse Aufstrich

VARIANTE
Gebratene Paprikaschoten oder Oliven verleihen diesem Aufstrich eine besondere Note.

NÜSSE
EIER
NACHTSCHATTENGEWÄCHSE
FODMAPS

- 1 Tasse gebackene Perlzwiebeln (Rezept auf Seite 370)
- 1 Knolle gebackener roter Knoblauch (Rezept auf Seite 370)
- 1–2 EL natives Olivenöl extra
- Meersalz und schwarzer Pfeffer nach Belieben

Zwiebeln und Knoblauch mit der Küchenmaschine mixen und Olivenöl dazugeben, bis der Brei die gewünschte Konsistenz hat.

Soßen und Dips

Baconnaise

Wenn Sie oft perfekt gebratenen Speck zubereiten (Rezept auf Seite 236), haben Sie reichlich ausgelassenen Speck im Kühlschrank. Bewahren Sie das Fett, das beim Backen abtropft, unbedingt auf, sofern das Fleisch von Weidetieren stammt.

ZUBEREITUNGSZEIT
15 Minuten

GARZEIT
–

ERGIBT
3/4 Tassen

RANDNOTIZ
Verwenden Sie diese Baconnaise, um Eiersalat mit Speck (Rezept auf Seite 248) zu machen.

NÜSSE
EIER
NACHTSCHATTENGEWÄCHSE
FODMAPS

2 Eigelb
1 EL Zitronensaft
1 TL Dijon-Senf (glutenfrei)

3/4 Tassen ausgelassener Speck, auf Zimmertemperatur gekühlt

Eigelb, Zitronensaft und Senf in einer mittelgroßen Rührschüssel vermengen, bis die Mischung hellgelb ist (nach etwa 30 Sekunden). Unter ständigem Umrühren 1/4 Tasse ausgelassenen Speck in einem langsamen, stetigen Strom dazugeben, bis die Mayonnaise dick wird und eine hellere Farbe annimmt.

Sie hält sich in einem Glas im Kühlschrank etwa eine Woche.

VARIANTE
Sie können die Baconnaise auch in einem kleinen Mixer zubereiten. Verdoppeln Sie hierfür am besten die Zutaten. Benutzen Sie die obere Öffnung Ihres Mixers, um den ausgelassenen Speck langsam hinein zu träufeln.

Ananas-(oder Mango-)Teriyaki

Diese köstliche sojafreie Soße eignet sich als Dip oder zum Bestreichen von Fleisch aller Art während des Grillens.

ZUBEREITUNGSZEIT
15 Minuten

KOCHZEIT
15 Minuten

ERGIBT
1 Tasse

RANDNOTIZ
Diese Soße ist ein idealer Dip für Hühnerflügel (Seite 258).

NÜSSE
EIER
NACHTSCHATTENGEWÄCHSE
FODMAPS

1/2 Tasse Wasser
1 Tasse Ananas oder Mango, geschnitten
1/4 TL Ingwer, gemahlen
1/4 TL Knoblauchpulver

1 EL Kokosnuss-Aminos
1 EL kalt gepresstes Sesamöl
1 TL weiße und/oder schwarze Sesamsamen zum Garnieren

Wasser, Ananas, Ingwer, Knoblauchpulver und Kokosnuss-Aminos in einem kleinen Topf bei mittlerer bis schwacher Hitze etwa 10 Minuten sieden, bis die Flüssigkeit etwas reduziert und die Ananas durch und durch gar ist.

Die Ananasmischung mixen, bis sie sämig ist. Ganz zum Schluss das Sesamöl dazugeben und den Mixer ein paar Mal pulsen, um alles zu vermengen.

Mit Sesamsamen garnieren.

Leckereien und Süßigkeiten

Trüffelchips mit Minz- oder Schoko-Orangen-Aroma

ZUBEREITUNGSZEIT
25 Minuten

GARZEIT
–

ERGIBT
1 Dutzend Trüffel

MEHR WÜRZE?
Eine Prise Cayennepfeffer in das Schoko-Orangen-Aroma streuen, damit es peppiger wird.

2 VARIANTEN
Um beide Aromen zu genießen, teilen Sie die Basis und verwenden je eine Hälfte der aromatischen Zutaten, oder Sie verdoppeln die Basis und bereiten beide Rezepte zu.

NÜSSE
EIER
NACHTSCHATTENGEWÄCHSE
FODMAPS

Überraschen Sie Gäste mit diesen supereinfachen Trüffeln, die elegant aussehen und dennoch nur Zutaten enthalten, die Sie wahrscheinlich in der Speisekammer haben.

BASIS FÜR EIN AROMA
2 EL Kokosöl
3 EL Kokosbutter oder Kokosmanna (Sahnekonzentrat)
2 EL Mandelbutter (Mandelmus)
1/4 TL reiner Vanilleextrakt

MINZ-AROMA
2 TL Minzextrakt
1 TL reiner Ahornsirup
1 EL Kakaobohnensplitter
2 EL ungesüßtes Kakaopulver als Überzug

SCHOKO-ORANGEN-AROMA
2 EL ungesüßtes Kakaopulver
2 TL reiner Ahornsirup
Schale einer Orange (1 TL für den Überzug beiseitestellen)
2 EL Kokosraspeln für den Überzug

Bereiten Sie die doppelte Menge der Basismischung zu, wenn Sie beide Aromen probieren möchten!

Kokosöl, Kokosnussbutter, Mandelbutter und Vanilleextrakt in einer Schüssel gut vermengen. Dann die gewünschten aromatischen Zutaten gründlich einrühren.

Die weiche Mischung etwa 10 Minuten in den Kühlschrank stellen, bis der Teig sich mit den Händen zu 2 1/2 cm großen Bällchen formen lässt. Jeden Ball im Überzug rollen.

Die Trüffel auf einen Teller legen und in den Kühlschrank stellen, bis sie fest sind. Gekühlt servieren.

Leckereien und Süßigkeiten

Orangencreme- und Minze-Plätzchen

ZUBEREITUNGSZEIT
15 Minuten

GARZEIT
–

ERGIBT
24 Plätzchen

TIPP
Probieren Sie Ihre Lieblingsaromen als Zutat zur Basismischung!

NÜSSE
EIER
NACHTSCHATTENGEWÄCHSE
FODMAPS

Bereiten Sie diese Leckereien unter der Woche zu, oder bringen Sie sie zu einer Party mit. Niemand wird ahnen, wie einfach dieses Rezept ist!

BASIS FÜR EIN AROMA
1/2 Tasse Kokosöl
1/2 Tasse Kokosnussbutter oder Kokosnussmanna (Sahnekonzentrat)

Bereiten Sie die doppelte Menge der Basismischung zu, wenn Sie beide Aromen probieren möchten!

ORANGENCREME
1/2 TL reiner Vanilleextrakt
Schale einer Zitrone
2 TL reiner Ahornsirup

MINZE
2 TL frische Minze, geschnitten
2 TL Minzextraktöl
2 TL reiner Ahornsirup

Basiszutaten und aromatische Zutaten in einer kleinen Rührschüssel gut vermengen. Eine Mini-Muffin-Form mit Papier auskleiden und die Mischung gleichmäßig verteilen.

Die Plätzchen in den Kühlschrank oder in die Gefriertruhe stellen. Kalt servieren.

Schokolade-Kokosnuss-Kekse

ZUBEREITUNGSZEIT
10 Minuten

BACKZEIT
20–30 Minuten

ERGIBT
1 Dutzend Kekse

TIPP
Geben Sie Walnüsse und Schokochips dazu, damit die Kekse knuspriger werden.

NÜSSE
EIER
NACHTSCHATTENGEWÄCHSE
FODMAPS

Dieses Rezept ist so einfach, dass Sie es nach dem Abendessen »auf Bestellung« zubereiten und die Kekse ofenwarm servieren können.

2 Eier
2 EL Butter, zerlassen und gekühlt
2 EL Ahornsirup (oder mehr für süßere Kekse)
1/2 TL Vanilleextrakt
1 Tasse Kokosraspeln

2 EL ungesüßtes Kakaopulver
1 Prise Backnatron
1/4 Tasse Mandelscheiben oder 1/2 Tasse frische Himbeeren (optional)

Den Ofen auf 190° vorheizen.

Eier, Butter, Ahornsirup und Vanille in einer mittelgroßen Rührschüssel verquirlen. Kakaopulver, Backnatron, Kokosraspeln und, wenn gewünscht, Mandeln gut unterrühren.

Auf einem mit Pergamentpapier belegten Backblech in 12 Schläge aufteilen und mit einer Gabel flachdrücken. 20–30 Minuten backen, bis die Kekse ein wenig fest werden.

Wenn Sie Himbeeren dazugeben wollen, legen Sie nach dem Backen und vor dem Verzehr eine Beere in die Mitte jedes Kekses.

Vanille-Tahini-Trüffel

ZUBEREITUNGSZEIT
25 Minuten

GARZEIT
–

ERGIBT
1 Dutzend Trüffel

VARIANTE
Verwenden Sie 1–2 EL der folgenden Zutaten als Überzug: ungesüßte Kokosraspeln, weiße oder schwarze Sesamsamen.

Wenn Sie Nüsse nicht vertragen, sind diese Sesamtrüffel eine gute Wahl. Sie passen hervorragend zu Jakobsmuscheln nach asiatischer Art (Rezept auf Seite 304) oder zu einer Gemüsepfanne (Rezept auf Seite 286).

2 EL Tahini (»roh«, d. h. aus ungerösteten Sesamkörnern)
4 EL Kokosnussbutter, Kokosnussmanna oder Kokosnusscremekonzentrat
1 EL ungesüßte Kokosraspeln
1–2 TL reiner Ahornsirup

1/4 TL Zimt
1 Prise Meersalz
Samen aus 1/2 Vanillestange oder 1/2 TL reiner Vanilleextrakt
2 EL Sesamsamen als Überzug

Tahini, leicht gewärmte Kokosnussbutter, Kokosraspeln, Ahornsirup, Zimt, Meersalz und Vanillesamen oder Vanilleextrakt in einer Rührschüssel vermengen, bis die Mischung sämig ist. (Eine Vanillestange der Länge nach in der Mitte aufschlitzen und die Samen mit dem Messerrücken herausschaben.)

Aus der Mischung 2 1/2 cm große Bällchen formen und jedes Bällchen in den Sesamsamen oder in einem anderen Überzug (siehe Variante) rollen. Die Trüffel auf einen Teller legen und in den Kühlschrank stellen, damit sie fest werden.

NÜSSE
EIER
NACHTSCHATTENGEWÄCHSE
FODMAPS

Leckereien und Süßigkeiten

Mandelbutter-Cups, dunkel und hell

ZUBEREITUNGSZEIT
40 Minuten

GARZEIT
Weniger als 5 Minuten

ERGIBT
24 Mandelbutter-Cups

VARIANTE
Nehmen Sie Pekannuss- oder Walnussbutter für die Füllung, wenn Sie Mandelbutter nicht mögen.

NÜSSE
EIER
NACHTSCHATTENGEWÄCHSE
FODMAPS

Erdnussbutter-Cups waren viele Jahre lang einer meiner Lieblingssnacks. Diese Version enthält nur sehr wenig Süßmittel und mehr gesunde, natürliche Zutaten.

FÜR DUNKLE CUPS
2 EL Kokosöl, zerlassen
2 EL Kokosnussbutter, Kokosnussmanna oder Kokosnusscremekonzentrat, leicht gewärmt
1/4 Tasse ungesüßtes Kakaopulver
1 TL reiner Ahornsirup
1/4 TL reiner Vanilleextrakt
1 Prise Meersalz
1 Prise Zimt

FÜR HELLE CUPS
3 EL Kokosöl, zerlassen
3 EL Kokosnussbutter, Kokosnussmanna oder Kokosnusscremekonzentrat, leicht gewärmt
1 TL reiner Ahornsirup
1/4 TL reiner Vanilleextrakt
Vanillesamen aus einer halben Stange (eine Vanillestange der Länge nach in der Mitte aufschlitzen und die Samen mit dem Messerrücken herausschaben)
1 EL Kokosraspeln

FÜLLUNG
3 EL Mandelbutter (oder eine andere Butter)
1 EL Kokosöl
1 TL reiner Ahornsirup
1 Prise Meersalz

Alle Zutaten für die dunklen Cups in einer mittelgroßen Rührschüssel verquirlen. In einer anderen mittelgroßen Rührschüssel alle Zutaten für die hellen Cups verquirlen.

Ein Backblech für 24 (oder 2 für 12) Minimuffins mit Papier auslegen und eine 3 mm dicke Schicht der dunklen Mischung (etwa 1 TL) in 12 Mulden und die helle Mischung in die anderen 12 Mulden löffeln.

Die Backbleche in den Kühlschrank oder in die Gefriertruhe stellen, damit die Cups fest werden. In der Zwischenzeit alle Zutaten für die Füllung in einer kleinen Rührschüssel vermengen. Dann die Füllung in einen Plastikbeutel oder Spritzbeutel löffeln und mit einer Schere an einer Ecke ein winziges Stück abschneiden.

Die Cups aus dem Kühlschrank holen und eine kleine Menge (etwa 1/2 TL) der Füllung in die Mitte jedes Cups drücken. Ein kleiner Rand sollte sichtbar bleiben. Wenn alle Cups gefüllt sind, die restliche dunkle oder helle Mischung dazugeben, bis die Füllung bedeckt ist.

Das Backblech wieder in den Kühlschrank stellen und die Cups kalt oder bei Zimmertemperatur servieren.

Leckereien und Süßigkeiten

Kürbiskern-Gojibeeren-Rinde

Dunkle Schokoladenrinde können Sie mit fast jeder Nuss- und Trockenfruchtmischung zubereiten. An diesem Rezept liebe ich die hellen Farben, die aus der dunklen Schokolade hervorstechen.

ZUBEREITUNGSZEIT
15 Minuten

GARZEIT
weniger als 5 Minuten

ERGIBT
10–12 Stück

OHNE NACHTSCHATTENGEWÄCHSE?
Gojibeeren durch Cranberrys oder Kirschen ersetzen.

NÜSSE
EIER
NACHTSCHATTENGEWÄCHSE
FODMAPS

- 1 Tasse dunkle Schokoladenchips
- 1 TL ausgelassener Speck oder Kokosöl
- 2 EL Gojibeeren (Wolfsbeeren), grob gehackt
- 2 EL Kürbiskerne, grob gehackt
- 2 EL Walnüsse, grob gehackt
- 1 Prise grobes Meersalz

Die Schokochips bei schwacher Hitze über einem Wasserbadtopf oder im Mikrowellenherd 30 Sekunden schmelzen lassen. Kräftig rühren, bevor Sie mehr Chips dazugeben. Die Zeit in der Mikrowelle nur in 10-Sekunden-Schritten verlängern, damit die Schokolade nicht anbrennt.

Gojibeeren, Kürbiskerne, Walnüsse und Meersalz unterrühren und die Mischung auf Pergamentpapier in einem Backblech verteilen. Im Kühlschrank abkühlen lassen, dann die Schokolade grob hacken.

Nussige Speckrinde

Was könnte besser schmecken als Speck mit Schokolade? Sie brauchen nur wenige Minuten, um Ihre Gäste mit dieser Köstlichkeit zu beeindrucken.

ZUBEREITUNGSZEIT
10 Minuten

GARZEIT
weniger als 5 Minuten

ERGIBT
10–12 Stück

NUSSMIX
Verwenden Sie zwei oder drei Arten von Nüssen in diesem Rezept. Verwöhnen Sie sich!

NÜSSE
EIER
NACHTSCHATTENGEWÄCHSE
FODMAPS

- 1 Tasse dunkle Schokoladenchips
- 1 TL ausgelassener Speck oder Kokosöl
- 1/4 Tasse geröstete Haselnüsse (oder andere Nüsse)
- 4 Speckstreifen, gekocht und geschnitten
- 1/2 TL Meersalz (am besten geräuchert)

Die Schokochips bei schwacher Hitze über einem Wasserbadtopf oder im Mikrowellenherd 30 Sekunden schmelzen lassen. Kräftig rühren, bevor Sie mehr Chips dazugeben. Die Zeit in der Mikrowelle nur in 10-Sekunden-Schritten verlängern, damit die Schokolade nicht anbrennt.

Die geschmolzene Schokolade auf Pergamentpapier in einem Backblech verteilen. Im Kühlschrank abkühlen lassen. Wenn die Schokolade fast (aber nicht ganz) erstarrt ist, Haselnüsse, Speck und Meersalz gleichmäßig darauf streuen. Vor dem Servieren grob hacken.

Leckereien und Süßigkeiten

Schokocreme ohne Milch

Manchmal scheint es schwierig zu sein, ohne Milch auszukommen, wenn Sie Desserts zubereiten. Aber diese Creme ist überraschend köstlich!

ZUBEREITUNGSZEIT
10 Minuten

GARZEIT
–

ERGIBT
2 Portionen

- 2 reife Avocados
- 1/4 Tasse ungesüßtes Kakaopulver
- 2–4 EL Kokosmilch
- 1 reife Banane (optional)
- 1–4 EL Ahornsirup oder gewärmter Honig (optional, nach Geschmack; kann verzichtbar sein, wenn die Banane sehr süß ist)
- 1/2 TL reiner Vanilleextrakt
- 1 Prise Zimt
- 1 Prise Meersalz

NÜSSE
EIER
NACHTSCHATTENGEWÄCHSE
FODMAPS

Das Fleisch der Avocados in eine kleine Küchenmaschine schaben oder mit der Hand zerdrücken. Kakaopulver, Kokosmilch, Banane, Ahornsirup, Vanilleextrakt, Zimt und Meersalz dazugeben und cremig pürieren. Wenn nötig, die Zutaten zusätzlich verquirlen.

Auf einzelnen Tellern oder in Schalen servieren. Vorher mit Kakaobohnenbruchstücken (siehe Bild), gerösteten Haselnüssen oder Kokosraspeln garnieren.

Pistaziencreme ohne Milch

Diese Variante der klassischen Schokocreme nutzt die natürliche Farbe der Avocado für eine ganz neue Aromakombination.

ZUBEREITUNGSZEIT
10 Minuten

GARZEIT
–

ERGIBT
2 Portionen

- 2 reife Avocados
- 1–2 TL Pistazien- oder Mandelextrakt (nur 1 TL, wenn der Extrakt Alkohol enthält; 2 TL, wenn er Öl enthält)
- 1/4 Tasse Kokosmilch
- 1 große oder 2 kleine Bananen
- 1 EL Ahornsirup oder gewärmter Honig (optional, nach Geschmack; kann verzichtbar sein, wenn die Banane sehr süß ist)
- 1 Prise Meersalz
- 2 EL Pistazien, gehackt

NÜSSE
EIER
NACHTSCHATTENGEWÄCHSE
FODMAPS

Das Fleisch der Avocados in eine kleine Küchenmaschine schaben oder mit der Hand zerdrücken. Pistazienextrakt, Kokosmilch, Bananen, Ahornsirup und Meersalz dazugeben und cremig pürieren. Wenn nötig, die Zutaten zusätzlich verquirlen.

Auf einzelnen Tellern oder in Schalen servieren. Vorher mit gehackten Pistazien garnieren.

Leckereien und Süßigkeiten

Kürbispudding mit Vanille

ZUBEREITUNGSZEIT
10 Minuten

BACKZEIT
45–60 Minuten

ERGIBT
4 Portionen

Wenn Sie allergisch gegen Nüsse sind und Kürbiskuchen ohne Getreide für Sie undenkbar ist, dann probieren Sie diesen Pudding. Er schmeckt so delikat, dass alle ihn genießen und die Kruste nicht im Geringsten vermissen werden.

- 1 TL Zimt
- 1/4 TL gemahlener Ingwer
- 2 Prisen gemahlener Muskat
- 1 Prise Meersalz
- 1 Tasse Kürbispüree aus der Dose (oder frisch zubereitet und abgeseiht)
- 2 Eier, geschlagen
- 1/4 Tasse Ahornsirup
- 1 TL Vanilleextrakt
- 1 Tasse vollfette Kokosmilch

VARIANTE
Dieser Pudding wird zu einer pikanten Beilage, wenn Sie Zimt, Ahornsirup und Vanille durch Zwiebelpulver ersetzen. Mit frischen Salbeiblättern, in Butter angebraten (siehe dazu Butternusskürbissuppe mit Salbei, Seite 348), garnieren.

Den Ofen auf 175° vorheizen.

Einen Topf Wasser (genug, um die Backform zu füllen, siehe unten) zum Kochen bringen.

Zimt, Ingwer, Muskat und Meersalz in einer kleinen Rührschüssel vermengen. Kürbispüree, Eier, Ahornsirup, Vanilleextrakt und Kokosmilch in einer mittelgroßen Rührschüssel vermengen. Die trockenen Zutaten gründlich in die flüssigen einrühren.

Die Mischung in ofenfeste kleine Auflaufförmchen aus Glas oder Keramik gießen, in eine Backform stellen und so viel kochendes Wasser hineingießen, dass die Auflaufförmchen halb im Wasser stehen. Dann die Backform mit den Auflaufförmchen und dem Wasser in die Backröhre stellen.

45–60 Minuten backen, bis ein in die Mitte des Puddings gestochenes Messer sauber herauskommt.

Warm oder gekühlt servieren.

NÜSSE
EIER
NACHTSCHATTENGEWÄCHSE
FODMAPS

Leckereien und Süßigkeiten

Frische Heidelbeerstreusel

ZUBEREITUNGSZEIT
15 Minuten

BACKZEIT
30–40 Minuten

ERGIBT
6 Portionen

Wenn Sie ein einfaches, schnell zubereitetes Dessert suchen, ist gebackenes Obst mit Nussbelag wahrscheinlich das Beste für Sie.

950 ml frische Heidelbeeren
Saft einer Zitrone
1 Tasse Mandelkleie oder Mandelmehl
1/4 Tasse Macadamianüsse oder Walnüsse, gehackt

1/4 Tasse Butter oder Kokosöl, zerlassen
2 EL Ahornsirup
1/4 TL Zimt
2 Prisen Meersalz

VARIANTE
Verwenden Sie Obst nach Ihrem Geschmack, und backen Sie es nur so lange, bis sein Saft blasig und der Belag goldbraun wird.

Den Ofen auf 190° vorheizen.

Die Heidelbeeren auf ein ca. 23 × 23 cm großes Backblech schütten und den Saft einer halben Zitrone über ihnen auspressen. Behutsam wälzen, um die Beeren mit dem Saft zu überziehen.

Mandelkleie oder -mehl, Macadamianüsse, zerlassene Butter, restlichen Zitronensaft, Ahornsirup, Zimt und Salz in einer Rührschüssel vermengen.

Den Nussbelag gleichmäßig auf den Heidelbeeren verteilen und backen, bis die Beeren gar und blasig sind und der Belag goldbraun ist (nach etwa 30–40 Minuten).

NÜSSE
EIER
NACHTSCHATTENGEWÄCHSE
FODMAPS

Leckereien und Süßigkeiten

Gefrorene Himbeertorte

ZUBEREITUNGSZEIT
40 Minuten

GEFRIERZEIT
2–3 Stunden

ERGIBT
1 Torte

RANDNOTIZ
Wenn Sie anderes Obst für die Füllung verwenden, müssen Sie die Menge der Kokosnussbutter der Obstsorte anpassen. Lernen Sie durch Probieren, und notieren Sie Ihre Zutaten für die Zukunft.

NÜSSE
EIER
NACHTSCHATTENGEWÄCHSE
FODMAPS

Mit dieser ungebackenen Köstlichkeit können Sie die Gäste einer Dinnerparty schwer beeindrucken. Oder servieren Sie es nach einer Grillparty. Es ist die perfekte Leckerei im Sommer, weil Sie dafür den Ofen nicht einschalten müssen, sodass das Haus kühl bleibt.

KRUSTE
1 Tasse Macadamianüsse
1 Tasse Walnüsse
4–6 Medjool-Datteln

FÜLLUNG
340 g frische Himbeeren (oder andere Beeren Ihrer Wahl)
1/2 Zitrone, Saft und Schale
2 EL Kokosnussbutter
1 EL Kokosnussöl
6 Medjool-Datteln (mehr oder weniger, je nach Süße der Beeren)

Macadamianüsse und Walnüsse in der Küchenmaschine sehr fein mahlen, bis sie fast wie Nussmehl aussehen. Die Datteln dazugeben, bis die Mischung klebrig wird und in dem Gerät zu einer riesigen »Kugel« wird.

Die Krustenmischung in eine runde Pastetenform mit ca. 23 cm Durchmesser drücken (ausgelegt mit Pergamentpapier, wenn zur Hand) und in die Gefriertruhe stellen.

Himbeeren, Zitronensaft, Kokosnussbutter, Kokosnussöl und Datteln in der Küchenmaschine pürieren. Probieren, um festzustellen, ob Sie genug Datteln verwendet haben und die Torte süß genug wird.

Die Kruste aus der Gefriertruhe holen und die Form mit der Beerenmischung füllen. Die Torte erneut in die Gefriertruhe stellen und mindestens 2–3 Stunden kühlen.

Die Torte vor dem Servieren aus der Gefriertruhe holen, damit sie etwas weicher wird.

VARIANTE
Verwenden Sie kleinere Formen, wenn Sie einzelne Törtchen haben wollen. Ersetzen Sie die Himbeeren durch Heidelbeeren oder Erdbeeren, um das Aroma zu ändern. Wenn Sie Beeren nicht vertragen, nehmen Sie 340 g zerdrückte Bananen.

Leckereien und Süßigkeiten

Mokka-Speck-Brownies ohne Mehl

ZUBEREITUNGSZEIT
20 Minuten

BACKZEIT
30 Minuten

ERGIBT
9–12 Brownies

Wer braucht Mehl, wenn man Brownies mit Kakao, Eiern und Butter backen kann? Zugegeben, Sie benötigen noch ein paar weitere Zutaten, aber damit können Sie ohne Getreide und mit wenig Aufwand eine wahre Köstlichkeit zubereiten.

115 g dunkle Schokolade, geschmolzen und gekühlt
1/2 Tasse Butter oder Kokosöl, zerlassen und gekühlt
1/2 Tasse reiner Ahornsirup
3 Eier

1/2 Tasse + 2 EL ungesüßtes Kakaopulver
2 EL sehr starker Kaffee
2 EL fein gemahlenes Kaffeepulver
2 Scheiben gebackener Speck, geschnitten

RANDNOTIZ
Dieses Rezept ist viel einfacher und ökonomischer als viele andere Brownie-Rezepte ohne Mehl, für die Sie eine Menge Mandelbutter brauchen.

Den Backofen auf 190° vorheizen.

Die geschmolzene dunkle Schokolade, die Butter oder das Öl, den Ahornsirup und die Eier in einer mittelgroßen Rührschüssel vermengen. Das Kakaopulver langsam auf die flüssigen Zutaten sieben und gleichmäßig verquirlen. Den starken Kaffee und das Kaffeepulver dazugeben und gut vermengen.

Eine ca. 23 × 23 cm große Backform mit Pergamentpapier auslegen und die Form mit dem Teig füllen. Die Speckstücke darauf verteilen und den Teig etwa 30 Minuten backen, bis ein in die Mitte eingeführter Zahnstocher völlig sauber herauskommt.

Mit gesiebtem Kakaopulver als Garnierung bestreuen.

VARIANTE
Ersetzen Sie die halbe Butter- oder Ölmenge durch 1/4 Tasse ausgelassenen Speck.

NÜSSE
EIER
NACHTSCHATTENGEWÄCHSE
FODMAPS

REGISTER

Alkohol 27, 61, 63, 66, 69, 77, 88–89, 119
Allergien 16, 24, 50, 55, 74, 80–82, 88, 150
Aloe-Vera-Saft 133, 153
Alpha-Liponsäure 143, 162, 179–180, 187–188, 195, 203, 211
Alzheimer-Krankheit 74, 81, 131, 141, 177
Amarant 27, 89
Aminosäuren 68, 76, 78, 81, 88, 143, 161, 187, 203
Amylase 59–60, 62
Antibiotika 11, 14, 31, 46, 71, 77, 88
Antinährstoffe 37, 60, 72, 76–77, 83, 85, 88
Antioxidantien 79, 83, 133, 143, 153, 187, 195
Appendix 71
Artischockenblattextrakt 153
Autoimmunstörungen 17, 24, 32, 73, 81, 85-86, 130–137
Ballaststoffe 12, 33, 64, 72, 74–75, 88, 103, 105, 111, 134, 144, 154
Beta-Carotin 196
Bier 89
Bioprodukte 14, 22, 29–31, 37, 44, 47, 52, 55, 75, 111, 114, 120, 122
Biotin 143, 161, 187, 203
Bitterstoffe 63-64, 72, 143
Bromelain 154, 172
Brot 13, 17, 27, 34, 42, 49–51, 63, 76–77, 98, 109–110, 113
Budget 43, 46–48, 120
Butter 29–30, 38–40, 43–44, 65–66, 114, 118
Buttersäure 134, 144, 154
Candida 68
Carnitin 143, 172, 203–204, 211–212
Carotinoide 196
Cholesterol 38–40, 103, 117, 141, 143, 185, 187-188
Chrom 93, 107, 143, 161-162, 211-212
chronische Entzündung 24, 38, 74, 80–82, 85–86, 101, 103, 131
chronisches Erschöpfungssyndrom 74, 81, 131, 168-169, 173-175
Coenzym 133, 143, 171, 179, 187, 195, 203
Colitis 74, 81, 149–151
Cordain, Loren 22
Cortisol 85, 88, 99–101, 121, 179
Crossfit 46, 95

Cytokin 79, 195
darmassoziiertes Lymphgewebe (Gut Associated Lymphoid Tissue = GALT) 79–80
Diabetes 46, 67–68, 74, 80–81, 97, 131, 137, 139–141, 143, 177
Diabetes Typ 1 67–68, 74, 97, 131, 139–141, 143
Diabetes Typ 2 67, 141, 177
Dickdarm 61, 69–74
Dörrfleisch 49, 55–56
Dünndarm 24, 61, 63, 65–66, 68–70, 73, 76, 78–80, 82, 84–85, 115, 133
Durchfall 24, 68–69, 71, 74–75, 88–89, 115, 150, 159
Dysglykämie 101, 139–140
Eades, Michael 39
Eier 13, 15, 27, 29, 31, 33, 39–40, 42, 44, 46, 56, 75, 77, 85, 88–89, 104–105, 117, 119
einfach ungesättigte Fettsäuren(MUFA) 45
Eiweiß siehe Protein
entrahmte Milch 105
entzündliche Darmerkrankung 74, 81, 149–150
Entzündung 13, 38, 67, 74, 80–82, 85, 88, 101, 103, 109, 115–117, 121, 123
Fasano, Alessio 22, 80, 85
Fasten 100
Fermentierte Lebensmittel 29, 70–71, 73
fettarme Milch 33, 36–37, 41, 103
Fettsäuren 43, 46, 66, 68–69, 88, 118, 123–124, 161, 171–172, 179, 187, 195, 203, 211
Fibromyalgie 74, 81, 167–168, 173–175
Fischöl 118, 123–124
FODMAPs 29–30, 115, 153
Galle, Gallensalze 39–40, 65–68, 73, 75, 153, 188
Gallenblase 17, 65–69, 73–75, 81, 153
Gastroösophageale Refluxkrankheit (GERD) 62, 64
Gehirn 58, 60, 65–67, 72, 74, 91, 102, 140, 176–183
Gelatine 134, 144, 15
gesättigte Fettsäuren 45
gesättigtes Fett 38–40, 103
Ghee 29–30, 38, 43–44, 46, 53–54, 66
Glucagon 66–67, 98–101

Glucose 66–69, 94, 98–100, 111, 141, 143, 161, 187, 195, 203, 211
Glutamin siehe L-Glutamin
Gluten 9, 13, 17–18, 22, 43, 50–52, 68, 81–82, 88–89, 113
glutenfrei 13, 17, 30, 34, 49, 51, 53, 89, 113, 119
Glycin 134, 144, 154
Glycogen 94
Helicobacter pylori, 63, 88
Herzkrankheiten 38–39, 46, 74, 80–81, 83, 117
Hirse 13, 27, 89
Insulin 13, 66–68, 97–102, 107, 141, 143, 161, 195, 203, 211
Insulinresistenz 143, 161, 195, 203
italienisches Essen 51
japanisches Essen 52
Joghurt 27, 29, 33, 36–37, 41, 43, 70, 74, 103–104, 109
Kaffee 27, 30, 88, 104–105, 114, 119
Kalzium 33, 36–38, 63, 74, 81, 83–84, 93, 114, 162, 172, 180, 188, 196, 212
Käse 15, 27, 33, 36, 43, 53, 89, 162, 212
Kauen 59–60, 63–64, 72, 74, 116, 120–121
Kefir 29, 37, 74, 120
ketogene Kost 177
Kohlenhydrate 13, 38, 47, 57, 59, 61–62, 64, 67, 68, 92, 100, 102, 106, 108, 110, 115, 121
Kokosbutter 30, 57
Kokosmilch 29-30, 114-115, 120
Kräutertees 88, 133, 153
Krebs 17, 46, 74, 80–81, 83, 85, 179, 193–199
Kresser, Chris 8, 22, 62, 64
kropfbildend 29–30
künstliche Süßstoffe 27, 75, 106–107, 111
Lalonde, Mathieu 22
L-Carnitin 143, 171, 179, 203, 211
Leaky Gut siehe pathologisch durchlässige Darmwand
Lebensmittelgeschäft 16, 27, 30, 42-43, 46, 71, 118
Leber 29, 36, 40, 48, 65–67, 69, 73–74, 81, 88, 94, 107, 111, 114
Lebertran, fermentierter Lebertran 36, 88, 124, 133–134, 144, 153–154, 161–162, 171–172, 179–180, 187–188, 195–196, 203–204, 211–212

Lektine 84
L-Glutamin 88, 133, 143, 153, 195, 203, 211
Lindeberg, Staffan 22
Lipase 59, 61–62, 66
Lipide 143, 161, 185, 187, 203
Liponsäure 143, 162, 179–180, 187–188, 195, 203–204, 211
lösliche Ballaststoffe 72, 74–75, 88, 134, 144, 154
Macadamianussöl 44
Magen 58–63, 66, 68–70, 72–75, 84, 88, 105, 115–117, 133, 144, 153–154
Magensäure, siehe Salzsäure
Magnesium 36, 83–84, 93, 107
Makronährstoffe 43, 92–93
Mandelbutter 30
Mandelmilch 29, 114–115
Mastdarm 70, 72–73, 151
Meditation 86
mehrfach ungesättigte Fettsäuren (PUFAs) 44–45, 123–124
mexikanisches Essen 51
Mikronährstoffe 93, 106, 108, 122
Milch 15–16, 27, 29–30, 33, 36–38, 41, 43, 62, 70, 74, 89, 103, 105, 114–115
Milchprodukte 22–23, 27, 29, 31, 36–38, 40–41, 43–44, 46, 50, 74, 77, 81, 83, 104, 114, 116–117
Mineralien 29–30, 36, 63, 74, 81, 83, 88, 119, 122, 143
Morbus Crohn/Crohn-Krankheit 74, 81, 89, 131, 149–151
Müdigkeit 74, 81, 83, 89, 102, 107, 166–175
Multiple Sklerose 74, 81, 131, 167–168, 173–175
Mund 58–59, 72, 74, 81, 89, 140, 185
Muttermilch 16, 62
Nachtschatten 29–30, 116, 135–137
Nahrungsmittelallergien 16, 50, 55, 81, 150
Nahrungsmittelunverträglichkeit 24, 69, 75, 81–82, 115
Nestle, Marion 40–41
Niacin 143, 187, 203, 211
nichtlösliche Ballaststoffe 72
NSAIDs 64, 86, 88
Nussbutter 49, 57, 113
Nüsse 27, 29–31, 33, 42–44, 49, 55–57, 77, 83–84, 88, 105, 109–110
Ochsengalle 73, 153
Olivenöl 13, 23, 29–30, 44, 46, 51, 55, 57, 65–66, 105, 118, 120
Omega-3-Fettsäuren 123, 133, 153, 161, 171, 179, 187, 195, 203, 211
Omega-6-Fettsäuren 123

Pankreas 65–67, 69, 73, 97–98, 102
Pankreatitis 67, 74, 81
parasympathisches Nervensystem 59
Parkinson-Krankheit 74, 81, 131, 141, 177, 179, 181–183
pathologisch durchlässige Darmwand 24, 64, 69, 73–74, 76, 79, 80–82, 85–86, 88, 90–91, 113, 120, 131
Phosphatidylcholin 133, 153, 179
Phosphatidylserin 179
Phytat, Phytatsäure 83
Pizza 11, 35, 53, 102
Probiotika 70–75, 88, 133–134, 144, 154, 161–162, 171–172, 179–180, 188, 211–212
Protease 62
Protein 13, 17, 24, 27, 33, 38, 46, 50–51, 55–56, 61–62, 65, 67, 75, 81–82, 89, 92, 99, 105–106, 112–113, 120–122
Proteinpulver 120–121
Quercetin 88, 133
Quinoa 13, 27, 34, 76, 84, 89
Rapsöl 44, 65
Reis 13, 27, 30, 42, 44, 51–53, 76, 89, 102, 111
Reisen 14, 55–57, 115
Reizdarm 74, 81, 149–150
Restaurants 13, 49–51, 53–54, 77, 113
Retinol 133–134, 144, 153–154, 161–162, 187, 195–196, 203–204, 211–212
rohe Milch 36, 38, 74
Salzsäure (HCl) 58–59, 61–64, 68–70, 73–75, 84, 88, 115–117, 144, 154
Samenkerne 27, 29–31, 33, 36, 42–44, 60, 74, 76–77, 83–84, 88
Saponine 84
Sauerkraut 29, 70, 74, 88, 134, 144, 154, 172, 180, 188, 196, 212
Säureblocker 86, 88, 212
Schweineschmalz 29, 44
Selen 93, 133–134, 143–144, 153–154, 161–162, 179–180, 187–188, 195
Soja 33, 36, 41, 52–54, 56, 89, 114–115
Sojabohnenöl 44, 51, 118
Sojamilch 114–115
Speck 13, 29–30, 39, 43–44, 128
Speicheldrüsen 59, 72
Superlebensmittel 29, 134, 144, 154, 162, 172, 180, 188, 196, 201, 204, 212
Sushi 52
Süßholzwurzel 88, 133, 153
Süßkartoffeln 5-6, 30, 51, 57, 93, 108, 120, 172
Süßstoffe 23, 27, 40, 42–43, 64, 75, 106–108, 111
sympathisches Nervensystem 59

Talg 29, 44
thailändisches Essen 53
Transfette 44
Umstellungszeit 70, 74
US-Landwirtschaftsministerium 31–34, 36–37, 39, 41
vegane Ernährung 116
vegetarische Ernährung 8, 31, 99, 116
Verdauung 13, 24, 29, 38, 58–59, 62, 64, 66, 68–69, 71–74, 76, 78, 84, 97, 115, 117
Verdauungsenzyme 60–62, 64, 66–67, 69, 73, 77, 84, 133, 153, 171, 179
Verstopfung 24, 68, 73, 83, 88–89, 115, 150, 159, 161
Vitamin A 133–134, 144, 153–154, 161–162, 171, 179, 187, 195–196, 203–204, 211–212
Vitamin B1 203–204
Vitamin B3 143, 187, 203, 211–212
Vitamin B5 143–144, 161–162, 187
Vitamin B7 143, 161–162, 187, 203–204, 212
Vitamin C 93, 134, 143–144, 154, 161–162, 171–172, 179–180, 187–188, 195–196, 203–204, 211–212
Vitamin D 33, 122, 133–134, 144, 153–154, 161, 171–172, 179–180, 187–188, 195–196, 203–204, 211–212
Vitamin E 93, 143, 161–162, 172, 179–180, 187, 195–196, 203–204
Vitamin K 114
Vitamin K2 36–37, 114
Vitamine 14, 36–38, 43, 63, 65, 69–70, 77, 89, 92–93, 102, 107–108, 112, 124, 133, 143, 153, 161, 171–172, 179–180, 187–188, 195, 202, 211
Wein 30, 89
Weizen 17, 27, 34, 41, 51–52, 76, 89, 103–104, 151
Wolf, Robb 7–8, 13, 22, 90
Zink-Carnosin 133, 153
Zöliakie 17, 50–51, 74, 80–82, 131, 141, 149, 151
Zonulin 80, 85, 113
Zucker 3–4, 12–14, 22–25, 27, 29, 32, 42, 49, 54–55, 57–58, 63–64, 66–67, 69–70, 76–77, 88, 92–94, 96–109, 111–112, 117, 119, 121, 128

Diane Sanfilippo

REGISTER DER REZEPTE UND ZUTATEN

Ananas
- Ananas-Teriyaki 258
- Ananas- (oder Mango-) Teriyaki 390
- Datteln mit Pekannüssen und Ananas, in Speck gewickelt 368
- Fünf Arten Salsa 296
- Gegrillter Kürbis mit Ananas 342

Äpfel
- Apfelstreuselmuffins 254
- Gedünsteter Rotkohl mit Zwiebeln und Äpfeln 352
- Flankensteak-Salat und Balsam-Vinaigrette 378

Apfelessig 232, 234, 312, 330, 352, 382
- Orangen-Vinaigrette 382

Apfelstreuselmuffins 254
Artischockenherzen 260, 380
Avocado
- Avo-Tsiki-Soße 322, 374
- Lachs im Noriblatt 316
- Lamm-Salatschiffchen mit Avo-Tsiki-Soße 322
- Pistaziencreme ohne Milch 402
- Schokocreme ohne Milch 402
- Würziger Taco-Salat 296

Avo-Tsiki-Soße 322, 374
Balsamessig 324, 378
- Gewürzte Lammfleischbällchen mit Balsamfeigen-Kompott 324
- Kurze Rippchen, in Balsamessig geschmort 278

Bananen 402
Basilikum 300, 374
Bison
- Bisonfleisch mit Butternusskürbis, Kakao und Chili 282
- Feurige Jalapeño-Büffelburger 298

Bisonhackfleisch 298
Blumenkohl 344, 346, 382
- Dicke Brokkoli-Blumenkohl-Suppe mit Speck 336
- Koriander-Blumenkohl-Reis 340
- Mamas gefüllte Kohlrouladen mit Tomaten-Cranberry-Soße 290
- Pürierte Faux-Tatoes 344
- Zitronen-Lamm-Dolmas (gefüllte Rebenblätter) 318

Blutorangen 376

Brei ohne Getreide, 2 Varianten 252
Brokkoli 286, 336, 372
- Dicke Brokkoli-Blumenkohl-Suppe mit Speck 336

Butter
- Schmelzbutter und Ghee 236

Butternusskürbis 342
- Bisonfleisch mit Butternusskürbis, Kakao und Chili 282
- Butternusskürbis und Kumquats 360
- Butternusskürbissuppe mit Salbei 348
- Gegrillter Kürbis mit Ananas 342

Champignons 332
Chorizo-Fleischbällchen 330
Chorizo-Gewürzmischung 232, 330
Coconut-Aminos
- Ananas- (oder Mango-) Teriyaki 390
- Jakobsmuscheln nach asiatischer Art 304
- Rindfleisch und gemischte Gemüsepfanne 286
- Salatkelche mit chinesischem 5-Gewürze-Pulver 272

Cranberrys
- Einfache Cranberrysoße 388
- Kürbis-Cranberry-Muffins 246

Curry-Gewürzmischung 233, 364
Daikon-Rettich 302
Datteln
- Datteln mit Pekannüssen und Ananas, in Speck gewickelt 368
- Kandierte Möhren 340
- Kurze Rippchen, in Balsamessig geschmort 278

dunkle Schokoladenchips 400
Eichelkürbis mit Zimt und Kokosnussbutter 358
Eier
- Apfelstreuselmuffins 254
- Eiersalat mit Speck 248
- Gewirbelte Quiche ohne Kruste 240
- Pesto-Rühreier 252

Einfache Cranberrysoße 290, 388
Einfache gebackene Grünkohlchips 356
Einfache Lachskuchen 310
Einfaches Garnelen-Ceviche 316
Ente
- Geröstete Ente mit Kirschsoße 274

Entenfett
- Kirschtomaten-Confit 366

Esskastanien 334
Feigen 324, 354
Fenchel
- Gebackene Rote Rüben mit Fenchel 362
- Gemischter grüner Salat mit Persimonen, Spargel und Fenchel 380
- Rosenkohl mit Fenchel 350

Feurige Jalapeño-Büffelburger 298
Fischrogen 386
Flankensteak 294, 378
Flankensteak-Salat und Balsam-Vinaigrette 378
Fleischbällchenfüllung 334
Frische Heidelbeerstreusel 406
Fünf Arten Salsa 296
Ganzes gebratenes Huhn mit Zitrusfrucht und Kräutersalz 256
Garam Masala 233
Garnelen 308, 312, 316
Gebackene Rote Rüben mit Fenchel 3623
Gebackener roter Knoblauch 370 und 258, 288, 388
Gedünsteter Rotkohl mit Zwiebeln und Äpfeln 352
Gedünsteter Spinat mit Pinienkernen und Korinthen 366
Gedünsteter Spinat mit Pinienkernen und Korinthen 366
Gefrorene Himbeertorte 408
Gefüllte Paprikaschoten nach italienischer Art 300
Gegrillter Kürbis mit Ananas 342
Gelatine 234
Gelatinewürfel, in Kräutertee getränkt 234
gemischtes Grüngemüse
- Gemischter grüner Salat mit Persimonen, Spargel und Fenchel 380
- Grüner Salat mit Roten Rüben und Blutorangen 376

Gemüsepaprika
- Bisonfleisch mit Butternusskürbis, Kakao und Chili 282
- Einfaches Garnelen-Ceviche 316
- Gefüllte Paprikaschoten nach italienischer Art 300
- Gegrilltes Flankensteak mit Knoblauch, Paprika und Zwiebeln 294

Geröstete Ente mit Kirschsoße 274

Geröstete Feigen mit Rosmarin 354
Geröstete Masrkknochen 288
Geröstete Perlzwiebeln 370,388
Geröstete Rosmarinwurzeln 350
Geröstetes Knoblauch-Aioli
Gewirbelte Quiche ohne Kruste 240
Gewürzmischungen 232
Gewürzte Lammfleischbällchen mit Balsamfeigen-Kompott 324
Ghee
    Schmelzbutter und Ghee 236
Gojibeeren
    Kürbiskern-Gojibeeren-Rinde 400
Griechische Gewürzmischung 233,326
Griechischer Salat mit Avo-Tsiki-Soße 374
grüne Bohnen 286
grüne Bohnen
    Grüne Bohnen mit Schalotten 358
    Gegrilltes Flankensteak mit Knoblauch, Paprika und Zwiebeln 294
Grünkohl
    Einfache gebackene Grünkohlchips 356
    Möhren-Grünkohl-Salat mit Zitronen-Tahini-Soße 376
Gurken 272,296,316,322,374,376
    Fünf Arten Salsa 296
Haselnüsse
    Nussige Speckrinde 400
Hayleys Rinderbauchlappensteak-Tacos 292
Heidelbeeren
    Frische Heidelbeerstreusel 406
    Heidelbeer-Zitrone-Muffins 246
Himbeeren 378,349,408
Huhn 256–267,270–271
Huhn mit Zitrone und Artischocken 260
Hühnerflügel, 2 Varianten 258
Hühnerleber
    Hühnerleberpastete 384
Hühnerschenkel auf Salatblättern 270
Hühnerschenkel mit Senfglasur 266
Indische Gewürzmischung 233,268
Ingwer
    Möhren-Lebkuchen-Muffins 244
Italienisches Wurstgewürz 233,334
Jakobsmuscheln 304
Jakobsmuscheln nach asiatischer Art 304
Jalapeños
    Feurige Jalapeño-Büffelburger 298
    Rohes Sauerkraut mit gerösteten Jalapeños und Knoblauch (probiotisch) 238
Jimaca
    Einfaches Garnelen-Ceviche 316

Kaffeepulver
    Mokka-Speck-Brownies ohne Mehl 410
Kakaobohnenstückchen 392
Kakaopulver 392,402
Kakaopulver
    Bisonfleisch mit Butternusskürbis, Kakao und Chili 282
    Mandelbutterkelche, dunkel und hell 398
    Mokka-Speck-Brownies ohne Mehl 410
    Schokolade-Kokosnuss-Kekse 394
    Trüffelchips mit Minzen- oder Schoko-Orange-Aroma 392
Kandierte Möhren 340
Kapern 260,326,374
Kartoffeln 298,362,364,368
    Knusprige Süßkartoffelmünzen mit Curry 364
    Süße, pikante Kartoffeln 362
    Süßkartoffel-Pfannkuchen 298
Kirschen
    Geröstete Ente mit Kirschsoße 274
Kirschtomaten-Confit 366
Knoblauch, geröstet
    Gebackener roter Knoblauch 370
    Soße aus geröstetem Knoblauch und Tahini 386
    Zwiebel-Knoblauch-Aufstrich 388
Knochenbrühe 234,284,348
Knusprige Süßkartoffelmünzen mit Curry 364
Kohl
    Gedünsteter Rotkohl mit Zwiebeln und Äpfeln 352
    Mamas gefüllte Kohlrouladen mit Tomaten-Cranberry-Soße 290
    Regenbogen-Rotkohlsalat 372
    Rohes Sauerkraut mit gerösteten Jalapeños und Knoblauch (probiotisch) 238
Kokosnussbutter, -creme, -manna, -raspeln
    Eichelkürbis mit Zimt und Kokosnussbutter 358
    Gefrorene Himbeertorte 408
    Brei ohne Getreide, 2 Varianten 252
    Mandelbutterkelche, dunkel und hell 398
    Möhren-Lebkuchen-Muffins 244
    Orangencreme- und Minzen-Plätzchen 394
    Trüffelchips mit Minzen- oder Schoko-Orange-Aroma 392
    Vanille-Tahini-Trüffel 396
Kokosnussmehl
    Heidelbeer-Zitrone-Muffins 246
    Kürbis-Cranberry-Muffins 246
    Möhren-Lebkuchen-Muffins 244
    Vanille-Mandel-Biskuitbrot 250
    Zucchini-Pfannkuchen 248

Kokosnussmilch
    Brei ohne Getreide, 2 Varianten 252
    Butternusskürbissuppe mit Salbei 348
    Kürbispudding mit Vanille 404
    Pistaziencreme ohne Milch 402
    Schokocreme ohne Milch 402
Kopfsalat
    Hühnerschenkel auf Salatblättern 270
    Lamm-Salatschiffchen mit Avo-Tsiki-Soße 322
Koriander
    Thunfisch mit rotem Palmöl und Koriander auf Daikon-Nudelsalat 302
Koriander-Blumenkohl-Reis 340
Koriandergrün
    Koriander-Blumenkohl-Reis 340
    Pesto-Rührerei 252
    Würziger Taco-Salat 296
Korinthen 318,358,366
Kräuter- und Zitronen-Salzmischungen 230
Kreuzkümmel 328
Kühlende Gewürzmischung 323
Kumquats
    Butternusskürbis und Kumquats 360
Kürbis
    Brei ohne Getreide, 2 Varianten 252
    Kürbis-Cranberry-Muffins 246
    Kürbispfannkuchen 242
    Kürbispudding mit Vanille 404
Kürbiskerne 400
Kürbiskern-Gojibeeren-Rinde 400
Kurze Rippchen, in Balsamessig geschmort 278
Lamm 318–326
Lammhackfleisch 318,324
Lammkebabs auf griechische Art 326
Lammkoteletts mit Oliventapenade 326
Lamm-Salatschiffchen mit Avo-Tsiki-Soße 322
Limetten 296,326,372
Macadamianüsse
    Frische Heidelbeerstreusel 406
    Gefrorene Himbeertorte 408
    Seezunge mit Orange und Macadamianüssen 314
Macadamianussöl 308,372
Mamas gefüllte Kohlrouladen mit Tomaten-Cranberry-Soße 290
Mandelkleie, Mandelmehl
    Frische Heidelbeerstreusel 406
    Knusprige Süßkartoffelmünzen mit Curry 364
    Vanille-Mandel-Biskuitbrot 250
Mandeln, Mandelbutter
    Brei ohne Getreide, 2 Varianten 252
    Mandelbutterkelche, dunkel und hell 398
    Trüffelchips mit Minzen- oder Schoko-Orange-Aroma

Mango 296, 372, 390
Mark 288
Mediterraner Lammbraten 320
Medjool-Datteln 368, 408
    Datteln mit Pekannüssen und Ananas, in Speck gewickelt 368
    Kandierte Möhren 340
Meerrettich
    Tomatillo-Garnelen-Cocktail 312
Meersalz
    Zitrone-Kräutersalz-Mischung 230
Melasse 244
Mineralstoffreiche Knochenbrühe 234
Minzenextrakt 392, 394
Möhren
    Kandierte Möhren 340
    Möhren-Grünkohl-Salat mit Zitronen-Tahini-Soße 376
    Möhren-Lebkuchen-Muffins 244
Mokka-Speck-Brownies ohne Mehl 410
Muskat 250, 318, 404
Nori
    Lachs im Noriblatt 316
Nussige Speckrinde 400
Oliven
    Griechischer Salat mit Avo-Tsiki-Soße 374
    Lammkoteletts mit Oliventapenade 326
    Mediterraner Lammbraten 320
    Spargel mit Zitrone und Oliven 338
Olivenöl, natives 374, 376, 378, 382
Oma Barbaras gefüllte Pilze 332
Orangen
    Grüner Salat mit Roten Rüben und Blutorangen 376
    Orangencreme- und Minzen-Plätzchen 394
    Orangen-Vinaigrette 382
    Rinderbeinscheiben, mit Orange geschmort 284
    Seezunge mit Orange und Macadamianüssen 314
    Trüffelchips mit Minzen- oder Schoko-Orange-Aroma 392
Orangen-Vinaigrette 382
Oregano 232–233, 318, 322, 326, 374
Palmöl
    Thunfisch mit rotem Palmöl und Koriander auf Daikon-Nudelsalat 302
Pastinaken
    Geröstete Rosmarinwurzeln 350
    Schweinefilet mit Kreuzkümmel und Wurzelgemüse 328
Perfekt gebackener Speck 236
Persimonen 380
Pesto-Garnelen und Kürbis-Fettuccine 308
Pesto-Rührei 252

Pfefferkörner 284
Pflaumentomaten 320
Pikante Gewürzmischung 233, 278, 310
Pilze 332, 376, 378
Pinienkerne 366
Pistazien 402
Pistaziencreme ohne Milch 402
Pürierte Faux-Tatoes 344
Rauchige Gewürzmischung 232, 258, 262, 342
Rebenblätter 318
    Zitronen-Lamm-Dolmas (gefüllte Rebenblätter) 318
Regenbogen-Rotkohlsalat 372
Regenbogen-Rotkohlsalat 372
Rinderbauchlappensteak 286, 292
Rinderhackfleisch 290, 296, 298, 300
Rindfleisch und gemischte Gemüsepfanne 286
Rohes Sauerkraut mit gerösteten Jalapeños und Knoblauch (probiotisch) 238
Rosenkohl
    Rosenkohl mit Fenchel 350
Rosinen 244, 252, 318, 358
Rosmarin
    Rosmarin-Salbei-Salz 233, 240, 274
rote Paprikaflocken 233
Rote Rüben
    Gebackene Rote Rüben mit Fenchel 362
    Grüner Salat mit Roten Rüben und Blutorangen 376
Rotwein 384
Sahniger Blumenkohl-Hummus 382
Salatkelche mit chinesischem 5-Gewürze-Pulver 272
Salbei
    Truthahnkeulen, mit Salbei geröstet 276
Salbeisalz 276, 348
Sardellenbutter 326, 378
Schalotten 286, 296, 310, 316, 360
Schmelzbutter und Ghee 236
Schokocreme ohne Milch 402
Schokoladen-Kokosnuss-Kekse 394
Schweinefilet mit Kreuzkümmel und Wurzelgemüse 328
Schweinefleisch 236, 328–334
Schweinehackfleisch 280, 330, 332, 334
Schweinespeck 236
Seezunge mit Orange und Macadamianüssen 314
Senf, Dijon-Senf
    Einfache Lachskuchen 310
    Flankensteak-Salat und Balsam-Vinaigrette 378
    Hühnerleberpastete 348
    Hühnerschenkel mit Senfglasur 266
Sesamöl 272, 302, 390

Sesampaste 382, 396
Soße aus geröstetem Knoblauch und Tahini 386
Spaghettikürbis Bolognese 280
Spargel
    Gemischter grüner Salat mit Persimonen, Spargel und Fenchel 380
    Spargel mit Zitrone und Oliven 338
Speck
    Baconnaise 248, 258, 390
    Datteln mit Pekannüssen und Ananas, in Speck gewickelt 368
    Dicke Brokkoli-Blumenkohl-Suppe mit Speck 336
    Eiersalat mit Speck 248
    Mokka-Speck-Brownies ohne Mehl 410
    Nussige Speckrinde 400
    Perfekt gebackener Speck 236
    Rauchige Hühnerschenkel, in Speck gewickelt 262
Spinat 332, 366, 378, 380
Spinatsalat mit Walnüssen und Artischocken 380
Steak 286, 292, 294, 378
Süße, pikante Kartoffeln 362
Süßkartoffeln 284, 298, 364
Süßkartoffel-Pfannkuchen 298
Tahini 252, 272, 376, 382, 386, 396
Taramsalata 386
Thunfisch mit rotem Palmöl und Koriander auf Daikon-Nudelsalat 302
Thymian 230, 384
Topinambur 350
Trüffelchips mit Minzen- oder Schoko-Orange-Aroma 392
Truthahn-Burger mit indischem Gewürz 268
Truthahnhackfleisch 268, 272
Würziger Taco-Salat 296
Zitrone
    Gegrillter Lachs mit Zitrone und Rosmarin 306
    Gerösteter Romanesco mit Zitrone 346
    Zitronen-Lamm-Dolmas (gefüllte Rebenblätter) 318
Zucchini mit Caprese-Nudelsalat 374
Zwiebel-Knoblauch-Aufstrich 388
Zwiebel-Knoblauch-Aufstrich 388
Zwiebeln
    Gegrilltes Flankensteak mit Knoblauch, Paprika und Zwiebeln 294

Tipps zu Paläo-Lebensmitteln

Essen Sie vollwertige Lebensmittel. Meiden Sie Produkte, die modern, verarbeitet und raffiniert sind. Essen Sie so natürlich wie möglich, und verzichten Sie auf Produkte, die den Körper (den Blutzucker, die Verdauung usw.) belasten. Essen Sie nährstoffreiche Lebensmittel, die Energie schenken. Genießen Sie Ihr Essen, und denken Sie beim Essen positiv.

Fleisch, Fisch, Meeresfrüchte und Eier

UNTER ANDEREM:

- Austern
- Bison
- Büffel
- Eier
- Ente
- Forelle
- Gans
- Garnelen
- Goldmakrele
- Hammel
- Heilbutt
- Hering
- Huhn
- Hummer
- Kalb
- Kammmuscheln
- Kaninchen
- Karpfen
- Lachs
- Lamm
- Makrele
- Miesmuscheln
- Reh
- Rind
- Sardinen
- Schnapper
- Schnecken
- Schwein
- Schwertfisch
- Strauß
- Taube
- Thunfisch
- Truthahn
- Venusmuscheln
- Wachtel
- Wels
- Wild
- Wildschwein
- Zackenbarsch
- Ziege

Fette und Öle

- Avocadoöl
- Butter
- Entenschmalz
- Ghee
- Kokosmilch
- Kokosöl
- Macadamiaöl
- Nierenfett
- Olivenöl, k.g.
- Palmöl
- Rindertalg
- Schmalz
- Schweinefett
- Sesamöl, k.g.
- Speck
- Walnussöl

Nüsse und Kerne

- Haselnüsse
- Kastanien
- Kürbiskerne
- Macadamianüsse
- Mandeln
- Paranüsse
- Pekannüsse
- Pinienkerne
- Pistazien*
- Sesamsamen
- Sonnenblumenkerne
- Walnüsse

Getränke

- Kokosmilch
- Kokoswasser
- Kräutertee
- Mandelmilch, frisch
- Mineralwasser
- Wasser

Super-Lebensmittel

MILCHPRODUKTE (VON TIEREN, DIE MIT GRAS GEFÜTTERT WURDEN):
- Butter, Ghee

BIOFLEISCH:
- Leber, Nieren, Herz usw.

MEERESGEMÜSE:
- Rotalgen, Kelp, Seetang

KRÄUTER UND GEWÜRZE

KNOCHENBRÜHE:
- selbstgemacht, kein Fertig- oder Instantprodukt

VERGORENE LEBENSMITTEL:
- Sauerkraut, Möhren, Rote Bete, hochwertiger Joghurt, Kefir, Kombucha

ANMERKUNGEN
k.g. = kalt gepresst
fett = Nachtschattengewächse
kursiv = kann Kropfbildung fördern

* = FODMAPs (fermentierbare Oligo-, Di- und Monosaccharide sowie Polyole; s. S. 115)
^ = Kaufen Sie Bioprodukte!

Gemüse

UNTER ANDEREM:

- Algen
- Artischocken*
- **Auberginen***
- Bambussprossen
- **Blattkohl**
- **Blumenkohl***
- brauner Senf*
- **Brokkoli***
- **Brunnenkresse**
- Daikon-Rettich
- Endivie
- Fenchel*
- **Gemüsepaprika*^**
- grüne Bohnen
- grüne Zwiebeln*
- **Grünkohl**^
- Gurken
- Knoblauch*
- **Kohlrabi**
- Kopfsalat^
- Lauch*
- Lotoswurzeln
- Löwenzahnblätter*
- Mangold
- Maniok (Kassava)
- Möhren
- Okra*
- **Pak Choi (Senfkohl)**
- Pastinaken
- Petersilie
- Pilze*
- Portulak
- Radicchio
- **Rettich**
- **Rosenkohlsprossen***
- Rote Bete*
- Rucola
- Schalotten*
- Sellerie^
- Spargel*
- Speisekürbis
- **Spinat**^
- Steckrüben
- Stielmus (Rübstiel)
- **Süßkartoffeln**
- Taro
- **Tomaten**
- **Tomatillo**
- Topinambur
- **Weißkohl***
- Yambohnen*
- Yamswurzel
- Yucca
- Zuckererbsen
- Zuckerschoten
- Zwiebeln*

Obst

UNTER ANDEREM:

- Ananas
- Äpfel*^
- Aprikosen*
- Avocados
- Bananen
- **Birnen*^**
- Brombeeren*
- Erdbeeren^
- Feigen*
- Granatäpfel
- Grapefruit
- Guaven
- Heidelbeeren*
- Himbeeren
- Kirschen*
- Kiwis
- Kochbananen
- Limonen
- Litschis*
- Mangos*
- Melonen
- Nektarinen*^
- Orangen
- Papayas
- Passionsfrucht
- Persimonen
- **Pfirsiche*^**
- Pflaumen*
- Preiselbeeren
- Rhabarber
- Sternfrucht
- Tangerinen
- Wassermelone*
- Weintrauben^
- Zitronen

Kräuter und Gewürze

UNTER ANDEREM:

- Anis
- Annatto
- Basilikum
- Bockshornklee
- **Cayennepfeffer**
- Chicorée
- **Chipotlepulver**
- Curry
- Dill
- Estragon
- Fenchel*
- Galgant
- grüne Minze
- Ingwer
- Johannisbrot
- Kaffir-Limettenblätter
- Kardamom
- Kerbel
- Knoblauch
- Koriandergrün
- Koriander
- Kreuzkümmel
- Kümmel
- Kurkuma
- Lakritze
- Lavendel
- Lorbeerblatt
- Majoran
- Meerrettich*
- Minze
- Muskatblüte
- Nelke
- Oregano
- **Paprika**
- Petersilie
- Pfeffer, schwarz
- Pfefferminze
- **Pfefferschoten**
- Rosmarin
- Safran
- Schnittlauch
- Selleriesamen
- Senf
- Sternanis
- Thymian
- Vanille
- Wacholderbeeren
- **Wasabi***
- Zatar
- Zimt
- Zitronengras
- Zitronenverbene

Das große Buch der Paläo-Ernährung

DAS GROSSE BUCH DER PALÄO ERNÄHRUNG

Tipps zur Paläo-Vorratshaltung

Frisch ist am besten. Fast alles, was Sie brauchen, bekommen Sie im Lebensmittelgeschäft. Aber Sie brauchen auch Gewürze und einiges als Vorrat, damit Sie schmackhafte Gerichte zubereiten können und über Reserven verfügen. Einige dieser Lebensmittel werden tiefgefroren verkauft und müssen kühl gelagert werden, auch wenn sie verpackt sind.

Kräuter und Gewürze

EINIGE KRÄUTER SIND FRISCH ODER GETROCKNET ERHÄLTLICH. UNTER ANDEREM:

- Anis
- Annatto
- Basilikum
- Bockshornklee
- **Cayenne**
- Chicorée*
- **Chilipulver**
- **Chipotlepulver**
- Curry
- Dill
- Estragon
- Fenchel
- Galgant
- grüne Minze
- Ingwer
- Kaffir-Limettenblätter
- Kardamom
- Kerbel
- Knoblauch
- Koriander
- Koriandergrün
- Kreuzkümmel
- Kümmel
- Kürbiskuchenwürze
- Kurkuma
- Lakritze
- Lavendel
- Lorbeerblätter
- Majoran
- **Meerrettich**
- Meersalz
- Minze
- Muskat
- Muskatblüten
- Nelke
- Oregano
- **Paprika**
- Petersilie
- Pfeffer, schwarz
- Pfefferkörner, schwarz, ganz
- Pfefferminze
- Rosmarin
- Safran
- Salbei
- Schnittlauch
- Selleriesamen
- **Senf**
- Sternanis
- Thymian
- Vanille
- Wacholderbeeren
- *Wasabi*
- Zatar
- Zimt
- Zitronengras
- Zitronenverbene
- Zwiebelpulver*

In Dosen oder Gläsern

UNTER ANDEREM:

- Apfelmus*
- Austern
- Fischrogen
- Hering, wild
- Kapern
- Kokosmilch*
- Kokoswasser/-saft*
- Kürbis
- Lachs, wild
- Oliven
- Sardellenbutter
- Sardinen, wild
- Sauerkonserven
- *Süßkartoffeln*
- Tahini
- Thunfisch, wild
- **Tomaten, sonnengetrocknet**
- **Tomatenmark**
- **Tomatensoße**

Nüsse, Kerne und Trockenfrüchte

- Ananas, getrocknet
- Äpfel, getrocknet*
- Aprikosen, getrocknet*
- Bananenchips (auf Zutaten achten)
- Cranberrys, getrocknet
- Datteln
- Feigen, getrocknet*
- Haselnüsse
- Heidelbeeren, getrocknet
- Himbeeren, getrocknet
- Kastanien
- Kokosbutter*
- Kokosflocken*
- Korinthen, getrocknet
- Kürbiskerne
- Macadamianüsse
- Mandelbutter
- Mandelmehl
- Mandeln
- Mango, getrocknet*
- Paranüsse
- Pekannüsse
- Pinienkerne
- Pistazien*
- Sesamsamen
- Sonnenblumenkerne
- Walnüsse

Produkte Ihrer Wahl

VIELLEICHT HABEN SIE IHRE PALÄOFREUNDLICHEN LIEBLINGSPRODUKTE AUF DEN LISTEN OBEN NICHT GEFUNDEN. TRAGEN SIE SIE HIER EIN, UND VERWENDEN SIE DIE SEITE ALS EINKAUFSLISTE

Fette und Öle

Siehe »Tipps zu Fetten und Ölen«

- Avocadoöl, k.g.
- Ghee
- Kokosöl
- Macadamiaöl, k.g.
- Olivenöl, natives, extra
- Palmkernbackfett
- Palmöl
- Sesamöl, k.g.
- Speck
- Walnussöl, k.g.

Soßen

- Essig: Apfelessig, Rotweinessig, Branntweinessig, Reisessig, Balsamessig (meiden Sie Bieressig)
- Fischsoße
- Kokosnuss-Aminos* (Sojaersatz)
- **scharfe Soße (glutenfrei)**
- **Senf (glutenfrei)**

Getränke

- Grüntee
- Kaffee (Bioprodukt)
- Kräutertee
- Mineralwasser
- Weißer Tee

Süßigkeiten

Für den gelegentlichen Verzehr

- Ahornsirup
- Honig
- Johannisbrotpulver
- Kakaopulver
- Melasse
- Schokolade, dunkel

ANMERKUNGEN

k.g. = kalt gepresst
fett = Nachtschattengewächse
kursiv = kann Kropfbildung fördern
* = FODMAPs (fermentierbare Oligo-, Di- und Monosaccharide sowie Polyole; s. S. 115)

Kaufen Sie möglichst viele Bioprodukte zum Einlagern!

Das große Buch der Paläo-Ernährung

DAS GROSSE BUCH DER PALÄO ERNÄHRUNG

Tipps zur Lebensmittelqualität

Kaufen Sie möglichst viele echte, vollwertige Lebensmittel. Dazu gehören Lebensmittel ohne gesundheitsbezogene Aussagen auf dem Etikett, besser noch: unverpackte Ware, z. B. landwirtschaftliche Erzeugnisse, Fleisch vom Metzger sowie Fisch und Meeresfrüchte. Sobald Ihnen die richtige Auswahl leichtfällt, müssen Sie auf die Qualität achten. Die beste Qualität wäre ideal, aber lassen Sie sich von Werbesprüchen nicht daran hindern, das Beste zu kaufen, was Sie sich leisten können.

Fleisch, Eier und Milchprodukte

Rind und Lamm
Am besten: vollwertige, lokale Produkte von 100 % grasgefütterten oder Weidetieren
Besser: mit Gras gefüttert, geweidet
Gut: Bioprodukte
Notlösung: industriell hergestellte Produkte (ohne Hormone und Antibiotika)

Schweinefleisch
Am besten: geweidet, lokal
Besser: freilaufend, Bioprodukte
Gut: Bioprodukte
Notlösung: industriell hergestellte Produkte

Eier und Geflügel
Am besten: freilaufend, lokal
Besser: freilaufend, Bioprodukte
Gut: Bodenhaltung, Bioprodukte
Notlösung: industriell hergestellte Produkte

Milchprodukte
KAUFEN SIE NUR VOLLFETTPRODUKTE.
Am besten: mit Gras gefüttert, roh/nicht pasteurisiert
Besser: roh/nicht pasteurisiert
Gut: mit Gras gefüttert
Notlösung: industriell hergestellte oder Bioprodukte – nicht zu empfehlen

Fisch und Meeresfrüchte

Am besten: wilder Fisch
Besser: wild gefangen
Gut: artgerecht gezüchtet
Notlösung: in einer Farm gezogen – nicht zu empfehlen

Wilder Fisch und wild gefangener Fisch
»Wilde Fische« haben nur in der Wildnis gelebt und wurden dort gefangen. »Wild gefangene« Fische können in einer Fischfarm gelaicht und dort einen Teil ihres Lebens verbracht haben, ehe sie in die Wildnis zurückgebracht und später gefangen wurden.

WAS DIE ETIKETTEN AUF FLEISCH, EIERN UND MILCHPRODUKTEN BEDEUTEN

Auf Weiden gezogen
Tiere dürfen in ihrer natürlichen Umgebung frei herumlaufen und nahrhaftes Gras und andere Pflanzen oder zu ihrem natürlichen Futter gehörende Insekten/Larven fressen. Dafür gibt es zwar kein Zertifikat, aber Biofleisch muss von Tieren stammen, die ständig Zugang zu Weiden haben.

Bodenhaltung
»Bodenhaltung« heißt, dass die Tiere in Scheunen oder Lagerhäusern gehalten werden, jedoch nicht in Käfigen. Meist lässt man sie nicht hinaus. Dass sie sich gegenseitig mit dem Schnabel verletzen, wird toleriert. Unabhängige Kontrollen gibt es nicht.

Biologisch
Die Tiere bekommen keine Hormone oder Antibiotika, außer wenn sie krank sind. Sie fressen Biofutter und dürfen ins Freie, sofern sie wollen. Nicht immer wird mit Gras gefüttert. Das Zertifikat ist teuer, und einige Betriebe mit gutem Ruf sind gezwungen, darauf zu verzichten. Es gibt unabhängige Kontrollen.

Natürlich
Das bedeutet »minimal verarbeitet«. Das Wort ist oft irreführend. Alle Teilstücke eines Schlachttieres sind minimal verarbeitet und frei von Aromastoffen und Chemikalien.

Freilandhaltung
Das Geflügel muss frei herumlaufen dürfen und darf nicht in Mastparzellen gehalten werden. Das Futter ist nicht vorgeschrieben. Dass Hühner einander mit dem Schnabel verletzen, wird toleriert. Es gibt keine unabhängige Kontrolle.

Natürlich aufgezogen
»Naturally Raised« ist ein vom US-Landwirtschaftsministerium (USDA) verliehenes Prädikat. Es bedeutet meist: »Ohne Wachstumshormone und unnötige Antibiotika aufgezogen.« Über die Gesundheit und das Futter sagt der Begriff nichts aus.

Ohne Hormone
Es ist verboten, Geflügel oder Schweinen Hormone zu verabreichen. Deshalb ist diese Bezeichnung ein Marketingtrick.

Vegetarisch gefüttert
In den USA bedeutet dies, dass das Tierfutter rein pflanzlich ist. Die Behörden prüfen das jedoch nicht nach. Da Hühner keine Vegetarier sind, lässt dieser Hinweis für die so angebotenen Hühner oder Eier darauf schließen, dass die Tiere kein artgerechtes Futter bekamen.

Landwirtschaftliche Erzeugnisse

Am besten: lokal, biologisch, saisonal
Besser: lokal und biologisch
Gut: biologisch oder lokal
Notlösung: konventionell

Wann Bioprodukte kaufen?
Kaufen Sie so oft wie möglich Bioprodukte mit dem Biosiegel. Dieses Güte- und Prüfsiegel ist Produkten aus der ökologischen Landwirtschaft vorbehalten.

Fette und Öle

SIEHE »TIPPS ZU FETTEN UND ÖLEN«
Am besten: biologisch, kalt gepresst und von gesunden Tieren
Besser: biologisch, kalt gepresst
Gut: biologisch oder konventionell

Nüsse und Kerne

Am besten: lokal, biologisch, kalt gelagert
Besser: lokal, biologisch
Gut: biologisch
Notlösung: konventionell

Quellen: www.humanesociety.org, www.ewg.org, www.sustainabletable.org

Das große Buch der Paläo-Ernährung

DAS GROSSE BUCH DER PALÄO ERNÄHRUNG

Tipps zu Fetten und Ölen

Um durch und durch gesund zu werden, müssen Sie die richtigen Fette und Öle verwenden. Das ist der erste Schritt, wenn Sie Mahlzeiten aus vollwertigen Lebensmitteln mit hoher Nährstoffdichte zubereiten wollen. Meiden Sie zu stark verarbeitete und raffinierte Öle und Fette, und bevorzugen Sie Bioprodukte, wann immer es möglich ist. Weitere Informationen finden Sie in den »Tipps zu Kochfetten«.

Essen Sie: GESUNDE, NATÜRLICHE, MINIMAL VERARBEITETE FETTE

Gesättigt: ZUM KOCHEN

Kaufen Sie unverarbeitete Bioprodukte:

- Kokosöl
- Palmöl

Am besten Bioprodukte von Tieren, die geweidet und mit Gras gefüttert wurden:

- Butter
- Ghee (reines Butterfett)
- Schweineschmalz, ausgelassener Speck
- Talg (Rinderfett)
- Gänsefett
- Hühnerfett
- Lammfett
- vollfette Milchprodukte
- Eier, Fleisch und Fisch

Ungesättigt: FÜR KALTE GERICHTE

Kaufen Sie kalt gepresste, native Öle (Bioprodukte):

- Olivenöl
- Sesamöl
- Macadamianussöl
- Walnussöl
- Avocadoöl
- Nüsse und Kerne sowie Nuss- und Kernbutter
- Leinöl**

ANMERKUNG: Ungesättigtes Fett wird meist bei Zimmertemperatur flüssig. Es oxidiert rasch, wenn man es erhitzt. Verwenden Sie kein oxidiertes Fett.

** Kalt gepresstes Leinöl dürfen Sie gelegentlich verwenden. In Zusatzpräparaten oder in Dosen von 1 bis 2 Esslöffeln am Tag ist es jedoch nicht zu empfehlen, weil Sie die Zufuhr von mehrfach ungesättigten Fettsäuren (PUFAs) minimieren sollten.

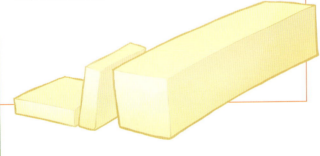

Meiden Sie: UNGESUNDE, KÜNSTLICHE UND RAFFINIERTE SAMENÖLE

Gehärtete oder teilweise gehärtete Öle, künstliche Transfette und butterartige Brotaufstriche sind nicht gesund. Diese Öle werden stark verarbeitet und sind durch Licht, Luft oder Hitze oxidiert.

- Margarine, butterartige Brotaufstriche
- Rapsöl
- Maisöl
- Pflanzenöl
- Sojaöl
- Traubenkernöl
- Sonnenblumenöl
- Färberdistelöl
- Reiskleieöl
- Backfette aus den oben genannten Ölen
- ohne Fett
- butterähnlicher Aufstrich

Das große Buch der Paläo-Ernährung

DAS GROSSE BUCH DER PALÄO ERNÄHRUNG

Tipps zu Kochfetten

Stellen Sie sich beim Kauf von Fetten und Ölen diese Fragen: 1. Wie wurden sie hergestellt? Wählen Sie natürliche, minimal verarbeitete Öle und Fette. 2. Welche Fettsäuren enthalten sie? Je gesättigter sie sind, desto besser sind sie vor Oxidation geschützt. 3. Rauchpunkt? Er sagt Ihnen, wann ein Fett zu heiß und somit beschädigt wird. Die Fettsäuren sind allerdings wichtiger.

Kochkünstler aufgepasst: KOCHEN SIE MIT GUTEN FETTEN!

PRODUKTNAME	% GFS	% MUFA	% PUFA	RAUCHPUNKT RAFFINIERT/NICHT RAFFINIERT
Beste Wahl: Für sehr hohe Hitze geeignet – ÄUSSERST STABILE FETTE				
Kokosöl	86	6	2	175°/230°
Butter/Ghee	63	26	0,03	150°/250°
Kakaobutter	60	35	5	185°
Talg/Rinderfett	55	34	0,03	205°
Palmöl	54	42	0.10	235°
Schmalz/ausgelassener Speck	39	45	11	190°
Entenfett	37	50	13	190°
Für sehr niedrige Hitze geeignet – WENIGER STABILE FETTE				
Avocadoöl*	20	70	10	270°
Macadamianussöl*	16	80	4	210°
Olivenöl*	14	73	11	190°
Erdnussöl**	17	46	32	160°/230°
Reiskleieöl**	25	38	37	210°
Nicht zum Kochen empfohlen – SEHR INSTABILE FETTE				
Färberdistelöl**	8	76	13	105°/265°
Sesamöl*	14	40	46	230°
Rapsöl**	8	64	28	205°
Sonnenblumenöl**	10	45	40	105°/225°
pflanzliches Backfett**	34	11	52	165°
Maisöl	15	30	55	230°
Sojaöl	16	23	58	255°
Walnussöl	14	19	67	205°
Traubenkernöl	12	17	71	215°

GFS: gesättigte Fettsäuren   MUFA: einfach ungesättigte Fettsäuren   PUFA: mehrfach ungesättigte Fettsäuren

* Im Kühlschrank aufbewahrte kalt gepresste Nuss- und Kernöle sind zwar nicht zum Kochen zu empfehlen, aber man kann sie verwenden, um Rezepte abzurunden, oder nach dem Kochen zum Abschmecken beigeben.

** Das Fettsäureprofil dieser Öle sieht auf den ersten Blick gut aus, aber sie sind ungesund aufgrund ihrer Verarbeitungsmethode. Weder für heiße noch für kalte Gerichte zu empfehlen.

DAS GROSSE BUCH DER PALÄO ERNÄHRUNG

Tipps zu kohlenhydratreichen Paläo-Lebensmitteln

Wenn Sie auf Getreide, Hülsenfrüchte und raffinierte Produkte verzichten, verschwinden nicht alle Kohlenhydrate! Auf dieser Liste finden Sie Paläo-Lebensmittel, die reich an Kohlenhydraten sind. Obst und Nüsse enthalten ziemlich viele Kohlenhydrate, aber die Liste enthält auch stärkehaltige Gemüsesorten – die »guten Kohlenhydrate«.

Kohlenhydrate finden Sie nicht nur im Brot — GUTEN APPETIT!

LEBENSMITTEL	KOHLEN-HYDRATE JE 100 g	BALLAST-STOFFE JE TASSE*	KOHLEN-HYDRATE JE TASSE*	ANDERE WICHTIGE NÄHRSTOFFE
Maniok (roh)	38 g	2 g	78 g	Vitamin C, Thiamin, Folat, Kalium, Mangan
Taro	35 g	5 g	46 g, Scheiben	Vitamin B6, Vitamin E, Kalium, Mangan
Kochbananen	31 g	2 g	62 g, püriert	Vitamin A (Betacarotin), Vitamin C, Vitamin B6, Magnesium, Kalium
Yam	27 g	4 g	37 g, püriert	Vitamin C, Vitamin B6, Mangan, Kalium
Kartoffeln	22 g	1 g	27 g, geschält	Vitamin C (Spur)
Süßkartoffeln	21 g	3 g	58 g, püriert	Vitamin A (Betacarotin), Vitamin C, Vitamin B6, Kalium, Mangan, Magnesium, Eisen, Vitamin E
Pastinake	17 g	4 g	27 g, Scheiben	Vitamin C, Mangan
Lotoswurzel	16 g	3 g	19 g, Scheiben	Vitamin C, Vitamin B6, Kalium, Kupfer, Mangan
Winterkürbis	15 g	4 g	30 g, gewürfelt	Vitamin C, Thiamin, Vitamin B6
Zwiebel	10 g	1 g	21 g, gehackt	Vitamin C, Kalium
Rote Rübe	10 g	2 g	17 g, Scheiben	Folat, Mangan
Möhren	10 g	3 g	13 g, gehackt	Vitamin A (Betacarotin), Vitamin K1
Butternusskürbis	10 g	–	22 g	Vitamin A (Betacarotin), Vitamin C
gelbe Kohlrübe	9 g	2 g	21 g, püriert	Vitamin C, Kalium, Mangan
Yambohne (roh)	9 g	5 g	12 g, Scheiben	Vitamin C
Kohlrabi	7 g	1 g	11 g, Scheiben	Vitamin C, Vitamin B6, Kalium, Kupfer, Mangan
Spaghettikürbis	6 g	1 g	9 g	Spuren
Weißrübe	5 g	2 g	12 g, püriert	Vitamin C, Vitamin B6, Kalium, Kupfer, Mangan
Speisekürbis	5 g	1 g	12 g, püriert	Vitamin C, Vitamin E, Kalium

Quelle: nutritiondata.com

* Eine amerikanische »Tasse« entspricht etwa 250 Milliliter

DAS GROSSE BUCH DER PALÄO ERNÄHRUNG

Tipps zu Süßstoffen

Wie viele dieser Süßstoffe verwenden Sie oder finden Sie in den abgepackten Produkten, die Sie gerne essen? Vielleicht ist es Zeit umzudenken! Künstliche Süßstoffe sind nie zu empfehlen. Einige natürlichere Süßstoffe dürfen Sie für Leckereien und besondere Anlässe verwenden. Alle Süßstoffe sind jedoch keine Lebensmittel und keine Nährstoffe.

Natürlich – NUR GELEGENTLICH VERWENDEN

DIE BESTEN PRODUKTE SIND FETT GEDRUCKT. KAUFEN SIE MÖGLICHST BIOPRODUKTE.

- brauner Zucker
- **Datteln (ganz)**
- Dattelzucker
- Dattelsirup
- Rohrzucker
- Rohzucker
- Turbinado-Zucker
- Zuckerrohrsaft
- Zuckerrohrsaft-Kristalle
- Kokosnussnektar
- Kokosnusszucker/-kristalle
- Fruchtsaft (echt, frisch)
- **Fruchtsaftkonzentrat**
- **Honig (roh)**
- **Ahornsirup (Güteklasse B)**
- **Melasse**
- Palmzucker
- **Stevia (grüne Blätter oder Extrakt)**

Natürlich – ABER NICHT ZU EMPFEHLEN

- Agave
- Agavensirup
- Backmalz
- Brauner Reissirup
- Dextran
- Dextrose
- Diastase
- Ethylmaltol
- Farinzucker
- Fructose
- gebutterter Sirup
- gelber Zucker
- Gerstenmalz
- Glucose/feste Glucose
- Glucose-Fructose-Sirup
- hellbrauner Zucker
- Invertzucker
- Johannisbrotsirup
- Karamell
- Lactose
- Maissirup
- Maissirup, fest
- Maltit
- Maltodextrin
- Maltose
- Malzsirup
- Mannit
- Muscovado-Zucker
- Rübenzucker
- Saccharose
- schwarzer Rübensirup
- Sorbitol
- Sorghumsirup
- Traubenzucker
- Xylitol (und andere Zuckeralkohole)
- Zuckerrübensirup

Künstlich – NIE VERWENDEN!

- Acesulfam-K
- Aspartam (Equal, NutraSweet)
- Saccharin
- Stevia: weiß/gebleicht (Truvia, Kristalle)
- Sucralose (Splenda)
- Tagatose

Nicht so PRÄCHTIG
Süßstoff mit 0 Kalorien
Wer zum Teufel weiß, was da drin ist?

Zucker ist Zucker – NICHT WIRKLICH!

ES IST SEHR WOHL WICHTIG, WELCHE SÜSSSTOFFE SIE VERWENDEN, AUCH WENN DIE MEISTEN LEUTE UND DIE MEDIEN ANDERER MEINUNG SIND. ZWAR HABEN ALLE KALORISCHEN SÜSSSTOFFE DEN GLEICHEN KALORIENGEHALT (16 JE TL), ABER ES GIBT EINIGE WEITERE FAKTOREN ZU BERÜCKSICHTIGEN.

WIE WIRD ER HERGESTELLT?

Je stärker ein Süßstoff raffiniert wird, desto schädlicher ist er. Glucose-Fructose-Sirup (GFS) und künstliche Süßstoffe sind zum Beispiel sehr moderne industriell hergestellte Produkte. Honig, Ahornsirup, Stevia (Pulver aus getrockneten grünen Blättern) und Melasse sind viel weniger verarbeitet und werden seit Hunderten von Jahren hergestellt. Honig muss man fast gar nicht verändern. Deshalb empfehle ich rohen, lokalen Biohonig als idealen natürlichen Süßstoff.

WORIN IST ER ENTHALTEN?

Wenn Sie die Liste der Zutaten auf abgepackten industriell hergestellten Produkten lesen, wird offenkundig, dass die meisten stark raffinierte, minderwertige Süßstoffe enthalten. Die Hersteller verstecken oft sogar Zucker in Nahrungsmitteln, die Sie nicht für Süßwaren halten würden. Vielen fettarmen oder fettfreien Nahrungsmitteln wird Süßstoff beigemischt. Meiden Sie solche Produkte!

WIE VERARBEITET IHN DER KÖRPER?

Warum hat die Zuckerwerbung Unrecht? Weil der Körper nicht alle Zuckerarten auf die gleiche Weise verstoffwechselt.

Es ist interessant, dass Süßstoffe wie GFS und Agavensirup wegen ihres hohen Fructosegehalts ziemlich lange als bessere Wahl für Diabetiker galten. Fructose wird nämlich erst von der Leber verarbeitet, ehe sie ins Blut gelangt. Darum waren die Folgen für den Blutzucker nach dem Konsum dieser Süßstoffe scheinbar günstig. Heute wissen wir jedoch, dass die Verwertung isolierter Fructose ein komplizierter Prozess ist, der die Leber enorm belastet. Das kann der Gesundheit schaden.

Fructose ist der wichtigste Zucker im Obst. Wenn wir ganze Früchte essen, unterstützen die Mikronährstoffe und die Ballaststoffe die Verstoffwechslung und Resorption der Fructose. Vollwertige Lebensmittel sind die besten!

Das große Buch der Paläo-Ernährung

DAS GROSSE BUCH DER PALÄO ERNÄHRUNG